키에르케고르의 미완성교향곡

실존주의 기독교, 신앙의 본질이란 무엇인가?

키에르케고르의
미완성교향곡

실존주의 기독교, 신앙의 본질이란 무엇인가?

심영보 지음

인간들은 많은 계획을 세우지만,

그것들을 이루게 하시는 분은 여호와이시다.

–잠언 16:1.

The *preparations* of the heart in man,

and the answer of the tongue,

is from the Lord.

–*Proverbs* chapter 16:1.

사랑하는 아내, 채정에게

사랑하는 딸, 경진에게

사랑하는 사위, 정중에게

사랑하는 아들, 규헌에게

사랑하는 며느리, 서형에게

사랑하는 외손주 쌍둥이, 이준, 이한에게

사랑하는 외손녀, 이설에게

사랑하는 친손녀, 지현에게

이 책을 헌사한다.

감사의 글

필자가 아는 인생의 모든 것은 하나의 과정이다.(All I know is a process.) 과정은 머리카락 한 개의 길이와 머리카락 두께 거리의 과정이다. 여기에서 발생하는 희노애락의 과정 자체가 스스로에 대한 보상이요 신의 선물이다.

인간의 마음에 성취하고 싶은 수많은 계획들이 있지만, 그것을 이루시는 분은 하나님이시다.(Man proposes, but God disposes.) 해 아래서 모든 인생은 '**미완성교향곡**'이다. 해 위에 그 어디엔가 이르게 되었을 때, 비로소 완성된 인생의 영적 시나리오를 쓰게 될 것이다.

인생의 드라마는 항상 "무게"라는 기준이 있다. 어떤 사람이 무거운 짐을 지고 간다라고 말하면, 그 인생의 드라마는 무거움의 드라마가 아니라 가벼움의 드라마이다. 인간의 운명은 무거운 짐이 아니라 밀란 쿤데라(Milan Kundera)의 "참을 수 없는 존재의 가벼움"이라고 할 수 있다.

바람의 무게를 저울에 달아 본 적이 있는가? 인간은 누구나가 연금술사처럼 '바람이 되는 법'과 '바람을 다스리는 법'을 알아야 한다. 날개의 유무가 아니다. 신의 명령을 어기고 도피하는 요나(Jonah)에게서 "존재의 가벼움"이 발견된다. 말씀의 신탁을 받고 방향을 돌렸을 때, 시련의 동풍이 불어온다. 사람들은 이 바람을 다스리지 못했다.

요나에게 매달린 5개의 더블유(W)-"말씀, 바람, 깨우는 이, 큰 물고기, 벌레"(Word, Wind, Waker, Whale, Worm)-중에서 동풍 때문에 바다가 흥분하여 성난 파도가 배를 전복시킬 정도였다. 다행스럽게도 옆에서 깨워주는 멘토가 있었다. 그러나 주사위를 던지는 초이스메이커(Choicemaker)들에 의하여, 요나는 고기밥이 되었다. 구사일생으로 다시 태어났지만 여전히 불평불만이다. 이것을 다독이기 위하여 벌레가 각성의 도구로 다가왔다. 대부분의 인간은 요나 콤플렉스를 경험하면서 살아간다. 이것은 키에르케고르의 콤플렉스와 유사한 과정이다.

사무엘 버틀러(Samuel Butler)는 "인생이란 많은 대중들 앞에서 바이올린을 홀로 연주하면서 그 악기 다루는 법을 익히는 것이다."라고 말한다.

부엉이 울음소리가 북소리처럼 들린다. 숲의 고막을 때린다. 노랫가락처럼 들린다. 부엉이는 잠시 쉬는 틈을 건드리거나 오히려 반향을 일으킬 뿐이다. 모든 자연은 그 피조물들이 연주하는 악기이다. 함부로 악기를 내팽개치거나 깨트리지 말자. 한 가닥 선이 끊어진 바이올린으로는 연주할 수 없다.

멀리서 들으면, 교회의 종소리는 마치 하프처럼 공기를 타고 특정한 진동음을 낸다. 알고 보면, 모든 음악은 하프음악이다. 음악에 맞춰 흔들리는 현들이 공기에 가득 차 있다. 단지 종소리만 울리는 게 아니라 공기가 윙윙거리며 진동하고 그것이 나를 매혹시킨다. 소리가 내 귀에 닿기 전에 수없이 선별되고 수정되고 정제된다.

셰익스피어(Shakespeare)의 희곡 **폭풍우***The Tempest*에서, 번개와 천둥의 폭풍우 소리, 혼돈을 일으키는 소리, 고함소리, 혼잡한 소리, 신음소리, 기계소리, 사냥꾼들의 소리들 등 다양한 소리로 가득 차 있다. 세상에는 귀를 호강시키는 단 소리, 거슬리는 쓴 소리들이 귓전에 들려온다. 음악은 진정제요, 회복제요, 강장제요, 위로제, 수면제이다. 천상의 음악은 인간들의 오장육부를 훑어 내리며, 정신을 차리게 한다. 어지럽고 심난한 마음을 위로해 준다. 흐트러진 마음을 가라앉히고 쓸데없이 들끓고 있는 두뇌를 치유해준다.

음악에서, 스터카토우(staccato)는 "끊음 음으로", 혹은 "단음적으로"라는 의미가 있다. 중간에서 끊어 주며 쉬어 가야 하는 쉼표가 있다. 그것은 전적으로 자신의 의지와 호흡에 달려 있다. 사노라면, 쉼표가 반드시 필요하다. 이 쉼표는 과정의 보상이다. 잠시 중단의 쉼표는 미학적 리듬을 깨지 않고 윤리적 균형을 이루며 종교적 인내의 쉼표로 연계되어야 한다.

음악은 약이다. 약이 되는 음악이 있다. 환상적인 진동과 메아리를 만들어낸다. 피리나 거문고같이 생명이 없는 악기도 음색이 각각 다른 소리를 내지 않으면, 피리를 부는 것인지 수금을 타는 것인지 어떻게 알 수 있을까? 또 나팔이 분명한 소리를 내지 못하면 어떻게 되겠는가? 인생의 전투를 어떻게 준비할 수 있겠는가?(고전14:7-8)

대천사 가브리엘의 나팔이 없다 할지라도 특별한 악기는 전혀 필요 없다. 음악가 자신이 바로 악기이며 음악인 것이다. 14세기 페르시아 시인, 하피즈는 "나는 그리스도의 숨결이 통과해 흐르는 피리의 한 구멍에 불과하다. 그대여, 이 음악을 들어라."라고 충고한다.

음악가는 자기 자신 속에 음악을 간직하고 있다. 음악가가 음악적 표현을 추구하듯이 우주속의 음악도 표현되기를 추구한다. 우주는 날마다 음악을 연주한다. 우리는 모두 위대한 작사자, 작곡가들이다. 인생은 셀프서비스다.

인생 전체가 위대한 깨달음의 빛으로 환해질 때까지, 오늘도 우리는 '하늘나라'를 행해 터벅터벅 걷는다. '하늘 나그네'로서, 그 동안 기도와 후원으로 응원해 주신 모든 분들에게 머리 숙여 감사를 드린다. 특별히 필자를 보상해 준, 사랑하는 가족들, 아내 채정, 딸 경진, 아들 규헌, 사위 정중, 며느리 서형, 그리고 4명의 손주들, 이준, 이한, 이설, 지현에게 감사를 전한다. 이 책이 나오기까지 수고해주신 한국학술정보(주) 채종순 대표님과 양동훈 팀장님, 이혜송 선생님 등 편집원들에게 고마움을 전한다.

2025. 5. 5.
영원한 채무자

서문

　인생이란 음의 고저와 같다. 참된 고저는 참과 거짓 사이에서 날아
다니며 그 안에 아름다움이 깃들어 있다. 좁은 의미에서, 참된 고저는
음악가에게 거짓이 될 수 있다.[1]

　음악은 자연의 소리에 가까워야 한다. 새들의 음악, 그 노랫소리보
다 못한 목사들의 설교소리는 듣기에 고역이다. 새들의 노래 소리가
회중들의 찬양을, 폭풍의 포효하는 소리와 부드러운 미풍의 소리가 교
회의 오르간 베이스와 소프라노 소리를 대신한다.[2]

　알고 보면, 모든 음악은 하프음악이다. 멀리서 들으면, 교회의 종소
리는 마치 하프처럼 공기 속을 지나가면서 특정한 진동음을 낸다. 음
악에 맞춰 진동하는 현들이 공기에 가득 차 있다. 단지 종소리만 울리
는 게 아니라 공기가 웅웅거리며 진동하고 그것이 나를 매혹시킨다.
소리가 내 귀에 닿기 전에 수없이 수정되고 선별되며 정제된다.[3]

　호프만(Ernst Hoffmann)은 **황금단지**에서, "음악은 모든 곳에 머문
다. 음악은 정령들이 사는 나라의 고귀한 말을 전하는 멜로디이다. 그

것은 사람의 마음속에서만 머문다."라고 말한다. 복음의 밑바탕에 깔려 있는 소리는 길을 걷는 소리였다. 동시에 먹을 것을 씹느라 턱이 움직이는 소리였다. 비단을 밟는 듯 사각대의 소리가 들려온다. 발을 조금이라도 물에 적시지 않은 채, 수면을 걷고 있는 그 사람의 발소리다. 출렁이는 파도 소리와 함께 처벅처벅 들려오는 그 발자국 소리는 인간이 아닌 영의 발자국 소리다.

1835년 초가을, SK는 모차르트의 유명한 3개의 오페라, *피가로*(*Figaro*), *매직 플루트*(*The Magic Flute*), *돈 주앙*(*Don Juan*)에 매료되었다. 피가로는 동양적 에로스, 매직 플루트는 그리스 에로스, 돈 주앙은 기독교에 반하는 에로스적 저항을 표현한다. 그는 *이것이냐 저것이냐*(*Either/Or*)에서, "불멸의 모자르트여! 나는 당신에게 모든 것을 빚지었소. 당신 때문에 나는 이성을 잃었소."라고 고백한다.

돈 주앙의 삶은 음악적이었다.(The Don Juanian life is really musically) 그리고 그것은 그의 *파우스트*에서 레나우(Nicolaus Lenau)에게 아주 적절하다. 파우스트가 돈 주앙을 묘사하기 시작한 순간에, 메피스토펠레스(Mephistopheles)로 하여금 음악을 시작하게 한다.

*돈 주앙*에 의하여 표현되듯이, 음악은 절대적 대상이요, 성취할 수 있는 궁극적인 것이다. 환상적 세계이며 인간의 에로틱한 다양한 감정들을 만족시켜 준다.[4] 돈 주앙의 에로티시즘에서, 악마는 음악의 본질적인 영역이다. 돈 주앙은 음악과 함께 서정적으로, *방랑하는 유대인*은 서사적으로, *파우스트*는 극적으로 해석되어야만 한다.[5] 모차르트의 오페라는 최고의 예술작품일 뿐만 아니라 실존의 미학적 양식의 구현

이다. 키에르케고르 인생이 음악을 통한 자아의 매력적이며 강력한 이미지다.

호머(Homer)가 음악에 관해서 **"우리는 듣기는 하지만 아무것도 모른다."**라는 고백은 진실하다. 인간은 음악을 듣지만, 음악을 모르며 이해하지도 못한다.[6] 모든 것은 듣기로 끝난다. 문법의 규칙은 듣기로 끝난다. 법의 명령과 상상의 저음은 청력, 철학적 체계는 청력으로 끝난다. 따라서 미래의 인생은 순수한 음악으로, 위대한 조화로 표현된다. 삶의 불협화음이 곧 해결될 것이다.[7]

필자는 의사가 아니다. 그러나 청진기로 키에르케고르의 *재판관의 책* 가슴에 대고 그의 심장이 뛰는 소리를 들어 보았다. 그의 "갤럽음"(Gallop)을 들을 수 있었다. 전속력으로 달려가는 말발굽 소리가 그의 좌심실 기능을 현저하게 약화시킴으로써 좌뇌에 위험한 신호를 보냈다. 그 갤럽음은 미완성 교향곡으로 연주해 달라는 외마디 요청의 소리였다. 특히 그의 가슴 *재판관의 책*은 고통 중에도 자신의 갤럽음을 눈으로 볼 수 있도록 해달라는 디지털 세계의 상상력을 제시해주고 있다.

그의 모든 글들을 하나로 합쳐 놓으면, 교향곡과 같은 소리를 낸다. 그가 연주하는 악기와 익명의 연주자들은 자신의 '**아바타**'이기 때문이다. 그의 철학, 신학, 문학, 심리학 등의 카테고리 속에는 다양한 장르들과 문학적 장치들이 내포되어 있다. 이들의 화음을 한데 모아 교향곡으로 들려주기 때문이다. 그러나 그의 가장 중요한 교향곡 중심화음에는 죽는 순간까지 머리를 양 무릎 사이에 기워 넣고 엎드려 토로해

낸 기도소리가 *재판관의 책*에서 들려온다.[8]

키에르케고르의 인생을 왜, '미완성교향곡'이라고 하는가? 필자는 그의 인생이 여러 악기의 자리가 비어 있는 채로 연주되는 하나의 협주곡을 듣는 것 같기 때문이다. 아직도 그가 연주해야 할 수마일의 쉼표들이 기다리고 있었다. 그럼에도 불구하고 42살의 나이에 생의 마침표를 찍었기 때문이다. 세상을 떠나기 전, *재판관의 책(BJ, The Book of Judge)*에서, 그가 유언처럼 남긴 19가지 미션의 과제를 발표했다.[9] 만약 이 미션을 위하여 그가 70세까지 28년 동안 더 살았더라면, 얼마나 많은 담론들을 쏟아냈을까 생각해 보면, 상상을 초월한다. 글쓰기에 미쳐 버린 그의 "서광"(書3狂) 때문이다.[10]

그의 *미완성교향곡*은 귀로만 듣는 음악이 아니다. 눈으로도 그 소리를 보라, 귀로도 그 색상을 들어보라는 역설적인 충고다.

> 기타 줄을 튕기면, 소리가 눈에 보이는 것처럼,
> 물 표면에 나타난 색체의 섬광이 달빛을 받으면, 귀로 들을 수
> 있다.[11]

170년 전에 그는 *사이버신학*을 예견하고 있었을 것이다. 그 개혁의 핵심은 가시적인 신학이 아니라 비가시적인 신학, SBNR 신학이었을 것이다.[12]

21세기에 들어 *사이버신학사상*을 연구한 필자로서 그의 종교적 경험과 영성을 분석해 본 결과, 그는 *사이버신학사상*을 소유하고 있었

다. 시간의 공간화, 공간의 시간화, 사이매틱스, 소리의 시각화, 색상의 청각화 등의 담론들은 영적특매장인 사이버 디지털 세계를 예견한 것이다. 특히 그 대표적인 근거는 가시적인 하드웨어적 기독론－"**기독교 공식적인 예배에 참석하지 말라.**"－과 비가시적인 소프트웨어적 그리스도론－"**기독교가 없어도 성도가 된다.**"－을 주장하고 있기 때문이다.[13]

그의 **유언**에 관한 내용은 2022년 5월 5일, 그의 생일, 209주년을 기념하면서, 한국학술정보(주)에서, *키에르케고르의 콤플렉스와 사이버신학사상-재판관의 책-*으로 출판되었다. 그를 연구하려면, 반드시 *재판관의 책*(*BJ, The Book of Judge*)을 정독해야 한다. 특히, 행간에 담긴 그의 감성, "파토스"(pathos), 윤리, "에토스"(ethos), 말씀, "로고스"(logos), 생의 목적, "텔로스"(telos), 그리고 "영성"(spirituality)을 읽어내야 한다.

필자 SYB는 *JP*, *Journals and Papers*에서 찾아낸 유언에 따라 *재판관의 책*이라는 이름을 부여했다. 출판된 *키에르케고르의 콤플렉스와 사이버신학사상*(2022)에서 225개 항의 주제어들을 이미 소개했었다. 그러나 다루지 않았던 담론들의 주제들, 95개 항목을 *미완성교향곡*의 선율에 올려놓았다. 이 책은 그 후편으로 좀 더 그를 객관적으로 분석, 비평해 보는 **필요성, 가능성, 실재성**이 있기 때문이다.

그의 실존주의는 단순한 '철학적 실존주의'가 아니라, '기독교 실존주의' 사상이라고 표현하는 것이 타당하다. 그 영성을 살펴보면, 그는 *기독교 사상가*이기 때문이다.[14]

*키에르케고르의 미완성교향곡*은 4개의 파트로 구성되어 있으며, Part I에서는, 그의 인칭대명사를 중심으로 감성적 이성을, Part II에서는, 이성적 감성을, Part III에서는 종교철학적 기독교 사상과 신학을, Part IV에서는 사이버신학사상을 살펴보았다. 영문학자로서 영문학 작품들의 담론들-*향기쉬기범감*-의 '악보'들을 첨가해 보았다.[15]

*키에르케고르의 미완성교향곡*은 필자가 2022년도에 출판한 *키에르케고르의 콤플렉스와 사이버신학사상*의 후편이다. 전편에서 발표하지 못한 내용들을 다루고 있으며, *재판관의 책*에 대한 분석을 통하여 그의 실존주의 사상과 신학에 대한 45년 동안의 연구를 다 마쳤다고 생각한다. 그의 그림자가 저만치 달아난다. 이 두 권의 책으로, 그를 추종하는 후학들에게 작은 시냇물의 징검다리가 되어 줄 수 있기를 기대한다.

SK의 석학, 하워드 홍(Howard V. Hong)과 에드나(Edna H. Hong) 그리고 SYB

https://www.mprnews.org/story/2010/03/16/howard-hong

SYB는 홍 부부에게 많은 채무를 지고 있다. 이 분들이 번역해 낸 *Søren Kierkegaard's Journals & Papers*,(*JP*), 7권의 책 속에서, "*재판관의 책*"을 찾아내어, 2022년 5월 5일, 그의 핵심 사상들을 *키에르케고르의 콤플렉스와 사이버신학사상- 재판관의 책(BJ).*-으로 출판하게 되었다.[16] 이니셜은 *JP*보다는 *BJ*가 더 의미가 있다. 왜냐하면, 그의 유언을 들어 주고 있기 때문이다. 그리고 신학적, 신앙적 의미의 영성에 더 다가갈 수 있다.

하워드 홍과 에드나는 처음부터 번역본들을 *BJ*라고 제목을 정했어야만 했다. 또한 그는 자신의 다양한 *기독교 강론들(CD)*은 "*사랑의 수고*"(*Work of Love*)라는 제목으로 출판해 줄 것을 유언으로 요청한다. 그 자신이 구약성서, *사사기*, 혹은 *판관기*에 등장하는 "재판관"의 역할을 담당하고 있기 때문이다. "*유언장, 왜, 재판관의 책*이라고 하는 가?" 그 이유를 *키에르케고르의 콤플렉스와 사이버신학사상- 재판관의 책*의 32-40쪽에 해석해 놓았다.

예수의 교향곡은 'G장조'로 이루어진 완성된 교향곡이다. 33살 젊은 청년은 십자가상에서 "**다 이루었다**"[17]라고 고백한다. 그리고 생의 마지막 마침표를 찍는다.

필자는 음악적 다성 음악이 서로 다른 목소리들, 또는 서로 다른 앎과 관찰 방식이 생성적인 방식으로 상호 작용할 수 있는 방식에 대해 생각하는 데 유용한 **은유**라고 생각한다. 다성 음악은 하나 이상의 부분을 음성으로 표현하거나 동시에 이야기를 들려주는 것을 포함한다. 다성 음악에서 멜로디는 많음을 멈추지 않고 얽혀 있다. 목소리는 다른 목소리 주위로 흐르고, 서로의 곁으로 뒤틀린다. 그러나 다성 음악을 들을 때, 여러 의식의 흐름이 마음속에 섞이고 수많은 부분이 어느 한 부분에만 존재하지 않는 하나의 음악으로 합쳐질 수 있다.

살아 있는 세계는 다성 음악적이며, 알 수 없을 정도로 많은 자아가 시간을 통해 즉흥적으로 행동하는 것으로 가득 차 있다. 나는 인간이 이 축축한 야생에 참여하고 소통하는 방식을 더 온전히 인정하는 법제도를 상상하는 것이 기쁘다.

이 책은 한줄기 소리복선(?)이 깔려 있다. 그것은 키에르케고르의 영성과 헨리 데이비드 소로(Henry David Thoreau)의 영성이다. 이 둘을 비교해 보면서 독서를 한다면, 한층 의미가 있을 것이다.

목차

PART II

PART III

PART IV

약어

AC. Attack upon "Christiandom"

BJ. The Book of Judge

CA. Concept of Anxiety

CI. The Concept of Irony

CDR. The Concept of Dread

CUP. Concluding Unscientific Postscript

E/O. Either/Or

FT. Fear and Trembling

JY. Judge for Yourself

M. The Moment

PC. Practice in Christianity

PF. Philosophical Fragments

PH. Purity of Heart

POV. The Point of View of My Works as Author

R. Repetition

SBNR. Spiritual But Not Religious

RBNS: Religious But Not Spiritual

SD. Sickness Unto Death

SE. For Self-Examination

SLW. Stages on Life's Way

SKB. Søren Kierkegaard A Biography

SYB. Shim YoungBo

WL. Works of Love

— PART I —

연세대학교 봄 캠퍼스 전경

눈물은 비와 같다.
하늘의 눈물이다.
두 눈과 하늘의 수문이 열릴 때,
부드러운 봄비가 고요하게 내린다.
그러나
눈물만큼 결실을 맺는 비도 없을 것이다.

-키에르케고르, *재판관의 책BJ*, No.4581.

1 인간이란

톨스토이(Tolstoi)의 *부활*에 의하면, "인간이란 강과 같은 것이다. 어떠한 강이라도 물 자체는 마찬가지다. 어디까지 흘러가도 물은 물이라는 점에는 변함이 없다. 그러나 각각의 강이 어떤 때는 좁게, 어떤 때는 넓게, 어떤 때는 빠르게, 어떤 때는 느리게 흐르는 경우도 있으며, 고요한 때도 있고, 어느 때는 깨끗하고 때로는 탁해지고, 때로는 차갑고, 어느 때는 따뜻해지기도 한다. 인간도 이와 마찬가지다." 그러나 인간은 누구나 깊은 심연이다. 그 속을 들여다보면, 더 어지러워진다.

우베 욘존(Uwe Johnson), *야코프에 관한 추측*에서, "나는 벽 위에 있는 인간이다. 앉을 수도 없다. 서 있을 수도 없다. 웃을 수도 없다. 떠들어 댈 수도 없다."라고 고백한다. 벽 위에 있는 인간은 마치 **"울타리 기둥 위에 올라와 있는 거북이"**처럼 아포리아의 현기증을 느끼며 살아간다.

나는 무엇을 위해 이 세상에 살고 있는가? "인생은 추상적인 것이 아니라 [구체적인 것이며], [군중적인 것이 아니라] 매우 개인적인 것임을 명심해야 한다."[18] 어느 누가 영혼의 밑바닥까지 자기 자신을 보여 줄 수 있을까?

2   나는 반사경이다.

플래너리 오코너(Flannery O'Connor)는 *현명한 피*(*Wise Blood*)에서, "그리스도가 없는 그리스도 교회를 세우라"고 외친다. '교회에 가지 말고 교회가 되라'고 외치는 주장에는 예수를 만나보려고 발버둥치지 않는 2가지 방법-첫째, 죄를 짓지 않는 것. 둘째, 가진 재산을 가난한 사람에게 나누어 주는 것-이 필요하다.

"자연스럽고 건전한 삶에는 *신앙고백*이 모두 이루어지지 않는다. 이것은 일상적인 삶의 마지막 단계 중 하나의 표시이다. 행동에서, 나는 그것을 인정하지 않는다. 단순한 "반사경"으로서 여기에 서 있을 뿐이다."[19] 신앙고백을 행동으로 보여주지 않는다면, 세상을 향한 "반사경"으로서 역할을 할 수 없다.

3   나는 서광환자였다.

토머스 울프(Thomas Wolfe)는 *그대 다시는 고향에 가지 못하리*에서, "쓰면서 살았고 살면서 썼다."라고 고백한다. 뭔가 홀린 사람처럼 글쓰기의 광기에 사로잡힌 울프의 집필 방식이 SK와 비슷했다. 울프는 하루 14시간씩 1만 단어에 이르는 분량의 원고를 집필하던 중, 38세의 짧은 나이에 생을 마감했다.

신뢰와 낙관은 신이 인간에게 준 선물이다. 이 선물들은 예수 그리스도 안에서 마음과 생각을 지켜주는 것들이며, 이 기쁨들이 오히려 우리를 지탱해주는 신뢰의 가치가 있는 기쁨들이다. 그러나 마지막 순간까지 화해, 자유, 평화의 기쁨을 실존적으로 누릴 수 있어야 한다.

SK는 1849년, 12월 23일, 강림절 네 번째 주일, 설교에서, 신랑과 신부, 친구들의 기쁨 등을 예로 들면서 기쁨에는 "완전한 기쁨, 충만한 기쁨, 주님 안에서 기쁨"의 주제를 언급한다. "화해의 기쁨은 온유를 통한 가장 아름다운 기쁨이다. 자유의 기쁨은 걱정에서 벗어나는 가장 복된 기쁨이다. 평화의 기쁨은 하나님이 주시는 가장 완벽한 기쁨이며, 가장 신뢰할 만한 기쁨이다."[20]

본인은 세 가지 화해의 기쁨, 자유의 기쁨, 평화의 기쁨을 누리지 못했지만, *BJ*에서, 이것을 대신한 그 *무엇*이 있었다. 끈기와 인내의 글쓰기 *광기*였다. 그는 인생의 절반, 20년이 넘도록 글을 써왔다. 이것은 그 누구도 흉내 낼 수 없는 것이었다. 펜을 드는 순간, 가장 기쁨의 시간이요, 황홀한 시간이었다. 글쓰기는 그만의 스트레스와 콤플렉스를 제거하며 벗기는 글쓰기 *치유*작업이었다.

내가 글을 쓸 때, 나는 모든 것을 잊어버리기 때문이다.[21]

치유는 고통 받는 인간 존재를 다룬다. 큰 고통을 없애기 위해서 작은 고통들은 감수해야 할 때가 있다. 그의 글쓰기 치유적 담론은 *BJ*, No.637-6909에 걸쳐서 방대하게 언급한다. 철학과 신학, 심리학과 문학, 시와 산문 등, 주로 글을 쓰는 것만이 하루의 일을 마치는 해피엔딩시간이었다.

SYB가 SK를 "서광"(書狂, Graphomania)이라고 부르는 이유가 바로 여기에 있다. 그는 글을 쓰고 싶어 하는 정신병, 서광 환자였기 때문이다. '부정적인 의미의 서광'이 아니라 '긍정적인 의미의 서광'이다.[22]

4   나는 예언자가 아니다.

1849년, *BJ*에서, 자신은 "예언자"가 아니라고 강하게 주장한다. "무함마드는 자신이 "시인"으로, 코란을 "시"로 여겨지는 것에 적극적으로 항의했다. 그는 예언자가 되는 것을 원한다. 나는 예언자로 여겨지는 것을 강력하게 저항한다. 그리고 단지 시인이 되기를 원한다.[23]

그는 예언자가 아니며, 직접계시를 받지 못했다. 스스로 "예언자"라는 호칭을 원치 않으며 "시인"이라고 불러주기를 원한다. 시인의 미션은 "소규모의 개혁자, 시인으로서 전개의 마지막 단계이다. 기독교인 생활에 요구되는 최상의 자격조건은 마치 길들여진 새들 머리 위로 야생 새가 날아가는 것과 같다. 시인의 과제는 희생에 저항하는 것이다."[24] SK는 "자신의 사생활에 관하여, 직접 할 말이 없다." "결국 나는 본질적으로 시인이기 때문이다."[25]

매가 시를 쓴다. 점점 더 넓게 선회한다. 마치 사람이 사유를 상징하는 듯하다. 원을 그리며, 하늘 위에서 빙빙 도는 모습이 점점 생각의 범위를 넓혀가는 것 같다. 움직임으로 시를 쓴다. 하늘을 나는 매는 꿩의 사냥꾼이 아니라 하늘에 스카이라이팅으로 시를 쓰는 시인이다.

시인이라면, 마치 제재소의 보일러에 그것이 만들어낸 부스러기를 공급하듯이, 자신의 시로 몸을 먹여 살려야 한다. 우리는 사랑하는 일을 생계로 삼아야 한다.[26] 시인은 끝내 자신의 기분을 지켜보는 사람이다. 늙은 시인은 고양이가 쥐를 지켜보듯 아슬아슬하게 자신의 기분을 지켜본다.[27] 시인이 수집한 사실들은 날개 달린 진리의 씨앗이다. 시적인 관찰자들은 사실을 무르익은 씨앗처럼 뿌린다.[28]

5 **나는 왜 기독교에서 자랐는가?**

헨리 필딩(Henry Fielding)은 *조지프 앤드루스*에서, "진정한 해학의 유일한 근원은 잘난 체하는 것이다. 이 잘난 체는 허영과 위선 가운데 하나에서 발생한다."라고 묘사한다.

오만과 편견으로 겉만 화려한 1000명의 목사들, 2백만 명의 신자들과 SK는 '나홀로' 외롭게 싸웠다. 기독교계는 "나를 미친 놈, 교만한 놈, 이기적인 놈으로 몰아세운다." 그러나 그는 자기에게 주어진 재능과 아버지의 찬스를 이용할 수 있었지만, 실존적으로 광야에서 외치는 소리로서 덴마크 기독교와 구별되는 *희생*을 요구한다. 무엇보다도 가장 부조리한 배경이 기독교계에 있었다.[29]

*PH*은 한 가지만을 의지하며 집중한다. 그것은 바로 *희생*이다. *희생*에 대한 그리스도의 요구는 결코 멈추지 않는다. *PH*에서, 오직 고독한 단독자로서 하나님 앞에 홀로 서도록 강요하여 성직자들의 허영과 위선에서 해방시키기 위하여 생명의 에너지를 고갈시키는 희생양이 되었다.

겉과 속이 다른 기독교는 희생을 요구하지만, 자기만의 방식으로 호화호식을 누리고 있었다. SK는 "내가 왜 기독교에서 자랐는가?"를 스스로 자문한다. 희생하지 않는 기독교의 현실을 후회하며 개탄한다. 이러한 질문은 20세기, 러셀(Bertrand Russel)의 *왜 나는 기독교인이 아닌가*라는 질문으로 등장한다.

오늘 날, 한국기독교계의 기복신앙에서 누가 *희생양*이 되고 싶어 하는가? 이것이 한국기독교계의 유아론적 생태학이다. 기독교계에서 성장한 것이 잘 먹고 잘 살기 위한 것인가?[30]

6 나는 쇠파리다.

SK의 쇠파리 메타포는 원래 소크라테스에게서 차용해 온 것이다. 소크라테스 별명이 "**쇠파리**"였다. 그가 소크라테스의 "쇠파리"라는 별칭을 *BJ*에서 인용하면서, 쇠파리는 단지 윤리적 의미를 추구하기 위한 것으로 고찰, 성찰, 사색, 고려이다.

왜, 소크라테스는 자신을 쇠파리에 비유하는가?[31] 그는 자신의 실존성과 실재성은 쇠파리라는 것이다.[32] "개인적인 열정의 수단으로 괴롭힘을 당하는 쇠파리"였다.[33] 공격적인 쇠파리가 아니라, 공격을 당하는 쇠파리로서 괴롭힘과 왕따를 당하여 죽게 되는 쇠파리, 즉 *조롱의 순교자*로서 자신을 비유한다. 쇠파리의 기능은 진리의 변증법이기 때문이다. 이것으로 사람들의 편안한 사고방식, 상식을 뒤집어 놓는다. 그 여파로 핍박과 조롱을 당한다.

쇠파리가 되는 것은 기쁨이요, 즐거움이다. 하나님의 섭리에 의해서 최고의 승인을 받아 봉헌되고 헌신되기 때문이다.[34] 쇠파리의 본질은 진리를 위하여 핍박과 조롱을 당하지만 하나님의 섭리에 의한 최고의 헌신이다.[35]

7   나는 여성혐오증자이다.

성직자였던 스위프트(Jonathan Swift)는 *걸리버 여행기*에서, "우리에게는 사람을 미워하기에 충분한 종교는 있지만, 서로 사랑하기에 충분한 종교는 없다."라고 주장한다.

SK가 인간을 미워하게 된 동기는 성장과정에서 경험한 인간들에 대한 반감 때문이다. 저항과 반항의 흔적들이 *BJ*에 남아 있으며 그는 전형적인 '인간혐오증자'이다.[36]

"바람기 있는 여자, 창녀 짓을 한 고멜이라는 여자와 결혼을 하라."는 신탁을 받은 선지자, 호세아의 마음은 어떠했을까?[37] 그는 하나님의 명령에 순종한다. 어떠한 품성과 성격이어야만 하나님의 사역에 동반자로서 이상적인 여인인가? 결혼에 실패한 여인 룻에 대하여, 바다 같은 포용력으로 받아 준 보아스와 같은 남성의 마음은 어떠한가?[38]

1849년, 8월 24일, *BJ*에서, "그녀에 대한 나의 관계성, 상당히 시적인 표현" 27번에서, 그는 약혼녀였던 레기네(Regine Olsen, 1822.1.23.-1904.3.18.)에 대한 평가-"여성은 끔찍한 존재이다"-를 언급한다. 여성의 전통이 붕괴되고 해체되기를 그는 원한다.[39]

셰익스피어의 *베니스 상인*에서 "마음의 만족을 얻은 사람은 그것만으로 충분한 보수를 받은 것이다." 어머니의 성급한 재혼을 개탄한 햄릿의 독백-"약한 자여, 그대의 이름은 여자이다."-을 SK는 염두에 둔 것 같다.[40]

8　나는 어머니가 없다.

　　SK 어머니는 1834년 7월 31일에 소천 한다. 그는 평생 동안 "어머니"라고 다정하게 불러 본 적이 없다. 1835년 6월 1일, *BJ*에서 "최고의 소원"이라는 제목으로 아킬레스(Achillis)의 어머니, 테티스(Thetis)를 소환한다. 트로이 전쟁에서, 아들이 무사히 살아오기만을 기도하는 어머니의 "최고의 소원"을 드러내기 위한 것이다.[41] 그러나 아들 아킬레스는 *아킬레스건*에 화살을 맞고 죽는다.[42]

　　*BJ*에서, 천사와 밤새도록 씨름을 한 야곱을 불러낸다. 천사는 야곱의 발 힘줄을 건드려 그를 절뚝거리게 만들었다.[43] 그러나 야곱은 훨씬 더 강력한 힘을 가지게 되었다.[44] 그는 도망자로서의 에너지가 아니라 순례자로서 에테르를 얻게 되었다.

　　SK의 여성 편견은 어머니에 대한 불신의 감정 때문이다. 모든 저서들과 "**고백록**"이라는 할 만한 *BJ*에서조차 "어머니"를 한 번도 언급하지 않는다. 그는 "어머니를 모르는 불효자이다."[45]

9 나는 빼기를 더 잘한다.

제프리 초서(Geoffrey Chaucer)는 *켄터베리 이야기*에서, "이 세상은 불행이 가득 찬 길거리에 지나지 않는다. 그리고 우리는 그 곳을 오가는 순례자일 뿐이다." 불행과 마주하는 것은 어렵다. 그러나 행복을 갖는다는 것은 더욱 어렵다. 가장 사랑을 받을 수 있는 사람이 누구인가? 순례자인 '나'를 가장 불행하게 만든 사람이다. 어떤 의도성을 가지고 '나'를 불행하게 만들고 있다는 사실은 오히려 나의 동정심을 일깨워준다. '나' 자신의 불행한 슬픔 속에서, '나'는 그를 더욱 사랑한다. 이것이 조건 없이 사랑하는 패러독스다.

사랑에 대한 관계성에서, "왜냐하면, ~이기 때문에"가 플러스가 될 때, 그것은 빼기이며 마이너스가 된다. 그러나 "왜냐하면, ~이기 때문에"가 마이너스가 될 때, 즉 나를 불행하게 만드는 사람은 빼기이며 오히려 플러스가 된다. 이것이 절대적으로 사랑에 대한 관계성에서 감동을 준다.

영적으로 '성장한다', '성숙해진다'는 것은 플러스가 아니라 마이너스다. 더 크게 되는 것이 아니라, 더 작아지는 것이다. 모든 가능성과 개연성, 즉시성 안에 있는 장점들로부터 성장단계들은 더하기가 아니라 빼기이다.

하나님 앞에서 무(nothing, 無)가 되는 것이 최고의 신앙적 행위이다. '영성이 강하다'라고 하는 것은 절대다수의 비극이다. 어쩌면, 모든 것 중에서 돌이 가장 강하다. 그것은 하나님에 대하여 완벽하게 '무지' 하기 때문이다.

SK의 셈법은 오직 하나, 1이어야만 한다. 이것이 그의 "단독자", 외톨이의 신학이다.[46] "네 뺨을 치는 사람에게 다른 뺨도 돌려대라."는 것은 더하기가 아니라 빼기이다.[47] 사랑의 처방전에는 군더더기가 없다. 전후좌우를 막론하고 "오직 더 많이 사랑하는 것밖에 없다." 이것이 사랑의 알파이며 오메가이다.[48]

10   나는 자살에 실패했다.

윌리엄 포크너(William Faulkner)의 *음향과 분노*에서, 흑인 유모 딜시는 "나는 처음과 마지막을 보았다."라고 고백한다. 그녀는 구원의 알파와 오메가를 본 것이다.[49]

E/O*와 *SD의 제목은 괴테의 서간체 소설, *젊은 베르테르 슬픔*(1774)에서 차용해 것이다. "이 세상에서 '**이것이냐 저것이냐**'로 해결되는 일은 극히 드물다. 감정과 행위의 움직임에는 메부리코와 들창코의 차이 정도로 미묘한 어감의 차이가 있다." "그대는 '**죽음에 이르는 병**'이라고 부르는 것을 알고 있을 것이다. 그것으로 인간성이 손상되고 갖

가지 힘이 침식되며 인간성의 작용이 사라져 다시는 회복되지 못하고 아무리 행운의 격변이 일어난다 해도 생활의 궤도를 원래대로 돌이킬 수가 없는 것이다."

*젊은 베르테르 슬픔*은 실존적 불안감을 심화시킨 소설로써 사랑의 삼각관계의 날카로운 끝에서 자살을 선택하는 청년 베르테르의 슬픔을 다룬 스토리이다. SK는 2살 아래인 그의 첫 애인, 보레트와 3년 3개월 동안 연애를 하면서 일방적으로 단교를 선언했으며 레기네를 사랑했던 슐레겔(Schlegel. J. F.)을 애정의 정적으로 삼고 눈에 보이지 않는 치열한 전쟁을 벌였다.[50] 그는 사랑의 삼각관계를 경험하면서, 1년을 사귀던 레기네와 약혼파기를 선언했을 때, 괴테의 *젊은 베르테르 슬픔*을 읽었다.[51]

1839년 7월 20일, 이것이냐, 저것이냐의 그 절망의 기로에서 **자살**을 시도하다 실패하고 난 후, 그는 자살에 관한 통계 정보를 가지고 논문을 쓰고 싶어 한다.[52] 자살을 인생의 "방편"이라고 주장하는 스토아학파들에 대하여 그는 육적, 영적 자살을 신랄하게 비판한다. 특별히 그가 자살에 실패한 이유 중의 하나는 고통 중에 모차르트(Mozart, 1756-1791)를 만났기 때문이다. 모차르트의 음악이 그의 생명을 살린다.[53]

절망이 자살의 깊은 동기이다. 이 죽음의 병에서 탈옥해야만 한다. 자살은 인간실존을 깨는 의미상실의 과정이며, 언제나 그 위험성이 항존 한다. 결정적인 죄로써 하나님의 섭리를 부정하며 반기를 든다. 자살은 의식적으로 하나님을 살해하는 영적 죽음이다. 이것이 가장 끔찍한 죄악이다.

*BJ*에서, 에왈드(Ewald)의 시, "자살에 반대하는 충고"는 의미가 있는 멋진 시를 인용한다.[54] "나는 궁금하다. 바다가 파도를 어떻게 사라지게 할 수 있을까? 나는 궁금하다. 독이 하나님의 도장을 어떻게 갉아 먹을 수 있을까? 나는 궁금하다. 칼이 인간들의 생각을 어떻게 살육할 수 있을까?"[55] 바다, 독, 칼이 상징하는 것은 주검의 도구들이며, 이것들을 피해야 한다.

흄(David Hume)은 "자살이 가해자 외에는 누구에게도 해를 끼치지 않는다. 큰 고통을 완화할 수 있기 때문에, 불법적이거나 부도덕한 것으로 간주되어서는 안 된다." 흄을 비롯한 낭만주의자들은 삶과 죽음이 열정적인 개인에 의해 자유롭게 결정되어야 한다고 자살을 옹호한다. 윌리엄 제임스(William James)는 "자살에 대한 생각에 한 번도 해보지 않은 사람은 교육을 받지 못했다. 삶의 끝, 그 가능성을 고려할 때, 비로소 진정으로 살기 시작한다." 스피노자(Baruch Spinoza)는 "진정으로 현명한 사람들은 죽음이 아닌 삶만을 생각한다." 목숨의 오메가는 스스로 결정해서는 안 된다.

청년으로서 실존적 위기를 겪는 동안 자살을 생각했던 SK는 병든 영혼의 위기를 넘겼다. 원하는 삶을 만드는 것은 각자의 몫이며, 인생은 살 가치가 있다. 노먼 커즌즈(Norman Cousins)는 "삶의 비극은 죽음이 아니며 우리가 살아가는 동안 우리 내부에서 무엇인가 죽는 것이 비극이다."라고 말한다.

생각의 꽃이 있고 생각의 잎이 있다. 우리의 생각 대부분은 그저 나뭇잎일 뿐이다. 생각의 실은 줄기이다. 그 줄기의 주인은 바로 여호와이시다. "곤고한 날에는 하나님을 생각하고" 그 분께 모든 것을 맡겨라.[56]

11 나는 날개 잘린 새처럼 미끼가 되었다.

21세기, 순교의 의미란 무엇인가? 그리스도 예수 안에서 불편하게 사는 것, 가난하게 사는 것, 고아, 과부, 가난한 이들을 위하여 빵을 기부하는 것, 마음과 영혼에 위로를 전하면서 선한 영향력을 끼치는 것, 자신의 달란트를 최대한 활용하여 복음과 하나님의 나라를 위하여 손품, 발품, 영품을 실존적으로 실천하는 것이다.[57]

자신을 미끼의 도구로 삼아 피를 흘리게 하는 일은 특별한 미션이 아니라면 어려운 일이다. 모든 사람들이 다 순교자가 될 수 없다. 그는 순교자가 아니라고 고백한다. 순교자들은 하나님의 섭리 안에서 세상을 위하여 "날개 잘린 새처럼 미끼"가 되어야 한다.[58]

도스토에프스키(Dostoevskii)는 *죄와 벌*에서, "나는 인간을 죽인 것이 아니다. 주의(-ism)를 죽인 것이다"라고 말한다.

인생관에는 두 가지 중요한 형태가 있다. 스토이시즘(Stoicism; 금욕주의)과 크리스챤이즘(Christianism; 그리스도교)이다. 스토이시즘은 극기주의로 인내를 강조한다. 참을성을 칭찬한다. 극기를 높이 평가한다.[59)]

스토이시즘은 인간이 아무리 어려운 상황 속에서도 흔들리지 않는 자신감을 유지하려고 노력한다. 그러나 아우렐리우스(Aurelius)와 에픽테토스(Epictetus)와 같은 금욕주의자들은 자살을 옹호하며 찬양한다. 가장 이기적이며 가장 고립된 자아로 몰고 가며 자살을 "도피처" 혹은 "방편"으로 부추긴다.

금욕주의자, 크리시포스(Chrysippus)에 의하면, 자살은 삶에 대한 에너지를 "열정에 대한 처분"으로 표현한다. 즉 인생열정을 죽이는 것이다. 특히 스토아학파로서 자살을 권장하는 아우렐리우스는 그리스도인들의 순교를 인정하지 않는다.[60)]

스토이시즘의 자살을 부추기는 외적 자아와 내적 자아들은 노예적 근성 때문에 막다른 골목길에서 쉽게 포기하고 상황과 환경에 복종하는 위험에 노출되어 있다. "스토익적 자살"은 마치 "문이 열린 후, 그

문은 초대라는 의미이다.”[61]

스토이시즘은 인간이 죽음에 대한 공포와 전율에서 고통스럽게 견디어내는 엄청난 탄력성이 있지만, 그 탄력성은 오래 가지 못한다. 현실이 아무리 부정적일지라도 인생에 대한 이타적 열정과 헌신이 필요하다. 이것이 ‘살아가는 예술’로서 필수적인 요소이다.

*BJ*에서, 그는 자살을 “교만과 비겁함의 연합”으로 정의한다. 자살을 꿈꾸는 사람들은 알량한 자존심이나 지키기 위하여 교만의 화신으로 변해간다. 자신의 영혼을 비겁할 정도로 사탄과 거래한다. 은 30으로 거래했던 가룟 유다처럼, 흔들리지 않는 자신감을 사탄에 팔아넘긴다.

실존적으로, 그리스도교가 스토이시즘보다 더 우월하다. 스토이시즘은 자살을 부추김으로써 인간을 실패하게 만들고 있지만, 예수 그리스도는 **“세상을 향해 죽으라”**고 외친다.[62]

누구나가 자살할 권리가 있다. 자살은 특권이 아니다. 그러나 하나님께서 인간들에게 “자유의지”를 주었다. 환경과 상황에 복종하고 순종하는 노예적 근성 때문에 자살의 유혹에 빠지게 된다. 신앙은 비참한 현실과 절망을 치유하는 초월적 가능성이 존재한다.

모세의 10계명에는 ‘**자살하지 말라**’라는 경고가 없다. 그래서 ‘자살을 선택해도 무방하다’라는 것이 아니다. ‘자살을 하지 말라’는 것이 제11계명이 되어야 한다. 자살보다는 차라리 세상을 위하여 더 가치 있는 죽음을 선택한다면 어떨까?[63]

극도의 궁지에 몰린 산토끼는 어린애 같은 울음소리를 낸다. 생명체라는 존재의 동일한 조건으로 살아가는 동물들을 함부로 죽이지 말

라. 어린아이의 울음소리를 어떻게 죽일 수 있는가? 할 수 있다면, 육식을 금하라! 자신의 울음소리를 죽이는 것은 자살이다. 자살은 육식이다. 악마를 위한 먹거리용이다.[64]

알베로 까뮈(Albert Camus)는 **페스트**에서, "인간 속에는 경멸해야 할 것보다는 칭찬해야 할 것이 더 많다."라고 강조한다. 인간 본연의 모습은 경멸인가 칭찬인가에 따라 달라지는가?

13   나는 천재이다.

나는 천재다.[65] 직접적으로, 개인적으로 전체적인 것을 생각하려면, 반드시 섭리를 침범해야만 한다. 모든 천재는 압도적으로 내재성과 직접성이다. 천재는 "왜"라는 단어가 없다. 그러나 이것은 섭리의 사역이다. 어리석음의 동반자는 광기에 기인한다. "위대한 천재는 상당한 광기가 있어야 한다."라고 세네카는 **도덕적 에세이**(*Moral Essays*)에서 주장한다.[66] 에라스무스(Desiderius Erasmus)는 **우신예찬**(*Moriae encomium*)에서, "광기는 즐거움과 적지 않은 유쾌함을 주는 정신적 오류이다." 이 어리석음은 가장 고귀한 행동을 수행하는 충동이다. 어리석음과 광기를 구별하고 있지만, 이것을 역설로 처리한다. 에라스무스는 열정이 어리석음에 기초하며 바보와 현자를 구별하는 기준이 된다. 전자는 정열에 의해, 후자는 이성에 의해 지배를 받는다. 이들의 관계를 유추해 보면, 다음과 같은 공식이 성립된다: [바보 : 현인 = 파토스 : 로고스]. 에라스무스는 *우신예찬*에서 자신은 스스로 "멍청이, 바보, 얼간이, 천치" 등이라고 칭한다. 이들은 무척 아름다운 호칭이며 행복한 존재들이다. SK 역시 스스로 "천재"이면서 "바보"라고 칭한다. 따라서 에라스무스의 "영원한 광기"가 그의 "거룩한 광기"로 변한다.

두 개의 마이너 윤리적-종교적 에세이(***Two Minor Ethical-Religious Essays***)에서 "나는 천재이다. 사도는 아니다. 순교자도 아니다."라고 그는 주장한다. "천재"라는 단어는 분명한 탁월성이 포함되어 있으며, 질적으로 어느 것이 더 우수한가를 규정하는 수단으로 작용한다.[67]

누가 천재인가? 바보처럼, 살아가는 인물이다. 누가 성직자인가? 현명한 바보처럼, 살아가는 인물이다.[68] 모든 인류가 다 순교자가 될 수 없다. 누가 순교자인가? 삶의 현장에서, 어려운 이웃들을 돌아보며 사는 것이다.[69]

14 나는 행복하다.

만초니(Alessandro Manzoni)는 *약혼자*에서, "잘 있어라, 산들이여.

물속에서 나와 하늘을 향해 우뚝 솟은 너희들, 단 하나도 똑같은 모습을 가진 것이 없는 봉우리들이여!" 루치아 호수 위를 노를 저어가면서 배로 인생의 위기를 탈출하면서 하는 고백이다.

1842년 2월 27일 SK가 베를린에 있을 때, 친구 에밀 보센(Emil Boesen)에게 보낸 편지에서 자신의 글쓰기에 대한 유추를 밝힌다. 친구의 편지를 받는 순간, 그 즉시 *생생하게 회신을 보내는 것*이다. 이같은 그의 글쓰기는 대화의 구어체와 유사하다.

그는 어린 시절부터 친구로 지낸 보센을 "믿음직한 친구"라고 부른다. 그가 베를린에 있었을 때, 레기네와의 약혼파혼에 대한 스토리를 비롯하여 *E/O*와 *R*의 출판문제에 관하여 서신으로 연락을 주고받을 정도였다.[70]

자신의 영혼의 움직임을 가장 잘 알면서 절대적인 침묵의 증인으로 생각하는 친구, 자기의 비밀을 지켜 줄 것을 당부한다. 친구의 얼굴 표정을 보면 배반하지 않는다는 것을 증명해 준다.[71] 해 아래서 보센은 최후의 순간까지 그의 병상을 지킨 영원한 친구 BFF였다. 그러나 그의 *행복론*은 보센을 제외하면 역설적이다.[72] SK는 산봉우리와 같은 두 연인, 애인들의 봉오리 꽃 사랑보다 우정을 선택했다.

15 나는 그리스인이다.

마르케스(Marquez)는 *백 년 동안의 고독*에서, "죽은 자를 땅 속에 묻기 전까지는 어느 땅의 사람이라고 말할 수 없다."라고 주장한다. 그리스도인들은 하늘과 세상이라는 두 개의 시민권이 있다는 것을 명심해야 한다.[73]

SK의 초기 작품들 속에서, "난 그리스인처럼 말한다", "어느 그리스인의 생각에 의하면, ...", "그리스인의 상상이란 무엇인가?" 등의 표현들이 반복적으로 등장한다. *BJ*에서, 소크라테스 철학뿐만 아니라, "그리스", "그리스인", "그리스 불", "그리스 언어", "그리스 정신", "그리스 신화", "그리스 비극", "그리스-로마", "그리스인들"을 주제어로 제시한다. 이것이 그를 "**덴마크의 소크라테스**"로 만들었다.[74]

"두 영웅이 만나면 싸움은 불가피하다"라는 속담이 있다. 구약성서의 헤브라이즘과 그리스의 헬레니즘이 만나면, 역시 전쟁이 불가피하다. 구약과 신약이 만나도 역시 현실적으로 그 갈등은 어쩔 수 없다. "이에는 이, 눈에는 눈"이라는 구약의 "탈리오의 법칙"이 '이에는 눈으로, 눈에는 이'로 '녹아내라'는 사랑의 역설이 신약의 선언이다. 한 걸음 더 나아가 '적과의 동침'으로 "원수를 네 몸처럼 사랑하라"는 그리스도의 아가페의 법칙이 *탈리오의 법칙*과 충돌한다. 이러한 관점에서, "**덴마크의 소크라테스**"는 역사적으로 단독자의 아이러니다.

그는 "내가 그리스인으로 생각 한다."[75] 그리스인이라는 입장에서 스스로 자신의 정체성을 이야기한다. "그리스인들은 여전히 나의 위로이다."[76]

소크라테스는 그리스인이다. SK는 여기에 절대적인 가치를 두고 그리스인이 될 의도를 가지고 있다. *CI*에서, 의도는 소크라테스를 정복하여 더 위대한 성취를 이루기 위한 것이다. 그것은 *R*에서 전제된 것으로 소크라테스에 대한 의혹을 가지고 학술적인 연구를 반복한다. 반복의 변증법은 이해하기가 쉽다. 반복된 것은 존재해 온 것이다. 그렇지 않다면, 반복이 될 수 없다. 그러나 반복된 것이 여기 있기 때문에 반복은 새로운 것을 낳는다. 형이상학의 관심사가 반복이다.[77] 그의 모험은 매우 성공적이지만 아이러니는 단독자의 사상이다. 스승 소크라테스가 그를 귀신처럼 따라다니기 때문에 이것이 "그리스인"이라고 불리는 유일한 이유이다.[78]

그리스적 아이러니, 소크라테스적 아이러니는 무엇인가?[79] 철학과 사상적인 면에서 그리스인이라고 주장하는 것은 전적으로 맞지 않는다. 유대교와 기독교의 관계성은 아이러니다. 유대교 안에 기독교, 기독교 안에 유대교, 구약 안에 신약, 신약 안에 구약의 관계성은 전형적인 아이러니다. 예수는 유대인이면서 유대인이 아니다. 그리스도는 아이러니다. 바울은 바리새인이면서 바리새인이 아니다. 바울은 "그리스도 안에 있으면 모든 것이 새롭다"라고 주장한다. 바울은 아이러니다. 그는 덴마크인이면서 그리스인 체 시늉한다. SK는 아이러니다.

SK는 개인에 대한 세계의 아이러니다. 그의 단독자는 세계 위에서 맴돌기 때문이다. 소크라테스는 국가에 대한 개인적 아이러니다. 이 차이를 간과해서는 안 된다. 제3의 입장에서, 아이러니는 지속적으로 존재한다.[80] 그는 생태학적으로 덴마크인이지만 사상적으로 그리스인이다라고 의심을 받는다. 그는 스스로 "내가 아마도 귀신인가?"라고 반문한다. 서양 귀신, 동양 귀신이 따로 있는 것은 아니지만 귀신의 양태는 인종을 초월한다.[81]

로맹 롤랑(Romain Rolland)은 *베토벤의 생애*에서, "나는 사상이나 힘으로 이긴 사람들을 영웅이라고 부르지 않는다. 마음이 위대한 사람들만이 나는 영웅이라고 부른다."라고 고백한다. '영웅' 혹은 '간웅' 중에서, 나는 어느 쪽 손을 들어 주고 있는가?

16 나는 철학자이다.

캐리에르(Carriere)의 책에서, 세바스찬 프랭크의 말을 SK는 다음과 같이 인용한다. "철학자가 되기로 언제 마음을 먹었는가?" "나 자신에 대하여 친구가 되어 줄 때이다." "언제 기독인이 되었는가?" "원수가 나 자신이 되기 시작했을 때이다."라고 대답한다.[82]

바람의 저항이 없으면, 새는 하늘을 날 수 없다. 돌에 걸려 넘어져 보지 않으면, 살아있다는 증거를 얻을 수 없다. 바람과 돌에 대하여 질문을 해야 한다. 철학을 하는 근본적인 행위는 끊임없는 질문에 있다. "바람곳간"이 어디에 있는지, 부딪히는 돌이 무엇인지 물어야 한다.[83]

17　나는 군주제를 옹호한다.

아이소포스(Aesopos)는 *이솝우화*에서, "악이 벌을 받지 않는다 해도 하는 수 없다."라고 개탄한다. 그는 시간을 낭비하지 않고 서둘러 목적에 이르는 핵심을 찌른다.[84]

SK는 "홉스와 영국인 왕"에서, 영국과 같은 군주제를 마음속에 그리고 있으며, 특히 덴마크 국왕 크리스찬 8세와 친분을 유지하고 있었기 때문에 국왕의 절대군주제를 옹호한다.[85] 그러나 그는 "우리 시대의 우상, 독재자는 다수, 군중, 통계학이며, 사악한 황제, 사악한 교황, 사악한 관료를 편드는 모든 사람들이다."라는 모순된 주장을 한다.[86]

홉스(Thomas Hobbes)에 의하면, 선천적으로 인간은 반사회적이며, "인간은 인간에 대한 늑대이다." 자연 상태에서 인간은 "만인에 대한 만인의 투쟁"이라고 주장한다.[87]

홉스는 권력 분립의 거부와 언론의 자유에 대한 제한을 명시적으로 찬성한다. 그리고 군주제는 실용적인 근거에서 최고이기 때문에 민주주의가 설 자리가 없으며, 인간의 이기적인 속성과 충동 때문에 이것을 통제하려면, 강력한 정부, 군주제가 필요하다고 주장한다. 홉스가 생각하는 "권력"이나 힘은 본질적으로 하나의 도구로써 안전을 위한 수단이다.[88]

홉스의 *리바이어던*(*Leviathan,* 1651)은 강력한 군주제의 상징이다. 만약 강력한 군주가 없으면, 세상은 온통 전쟁에 휩싸이게 될 것이며 개인의 자아는 "고독하고 비참하고 괴롭고 잔인하며 짧은 인생"이 될 것이다.[89] SYB에 의하면, SK는 "민주주의의 적"이다.[90]

앙드레 말로(André Malraux)는 *침묵의 소리*에서, "인간은 숙명에 반항해 자기 족적을 지상에 남긴다."라고 주장한다. 인간의 조건들 중, 신이 나에게 준 저항의 조건은 무엇이라고 생각하는가?

18 나는 안락사를 꿈꾼다.

1985년 노벨 문학상을 수상한 클로드 시몽(Claude Simon)은 *사기 꾼*에서, "여자가 아이를 배듯이 인간은 스스로 죽음을 잉태한다."라고 주장한다. 죽음은 보편적 운명이다. 세상에 가장 어려운 일은 사는 일 이며, 가장 쉬운 일은 죽는 일이다.[91]

SK의 5명의 형제자매들이 모두 33살 이전에 죽었다. 형과 자기만 이 33세를 넘기고 있으나 이것이 이상하다고 생각한다. 아버지가 어린 시절, 하나님을 저주한 것이 가문의 비극, "대지진"이라고 생각한다. 그는 허약한 체질 때문에 언제나 "6개월도 못 넘길 것이다"라는 불안 속에 살아간다. 아버지가 장수하면 할수록 축복이 아니라 저주이며, 자식들보다 오래 사는 것은 불행이다. 아버지의 모든 희망은 자식들의 무덤 위에 꽃들을 가져다 놓는 것이다.[92]

자살이 안락사라고 할 수 있는가? 행복하여 자살하는 사람은 거의 없을 것이다. *BJ*에서, 그의 의식은 어린 시절부터 항상 죽음의 그림자가 드리워져 있었다. 여기서 벗어나기 위하여 안락사를 생각하고 있었지만, 신앙과 충돌을 일으킨다. 결국 그는 자살에 실패했다. 인간은 충족시킬 호기심이 사라질 때까지 살아야만 한다.

기독교적 관점에서, "죽음은 인간의 본질적인 위로이다." "자신의 죽는 날이 출생하는 날이다." 그리고 "영원"에 대한 갈망이 더 커진다.[93] "영원"의 관점에서, 죽음을 바라보아야 하며 죽음보다 더한 심판이 기다린다. 이것은 죽음에 대한 불안을 극복하는 데 유익하다.

SK는 언젠가는 빌란트의 책-*아리스티푸스와 그의 동시대 사람들*-과 그의 논문, "안락사: 인간이 유쾌하고 고통 없이 죽어야만 하는 방법론"-을 읽어야한다고 고백한다.[94] 안락사의 방법론을 인식하고 있는 그의 마음 밑바닥에는 죽음의 고통이 무겁게 자리하고 있었다. 그가 빌란트의 논문 "안락사"의 독서 여부는 알 수 없지만, 자신의 육체의 가시였던 **"발노성 정신병"**, **"뇌전증"**이라는 **"간질병"**을 덜어내기 위한 '방편'으로 안락사를 항상 염두에 두고 있었다.[95]

헤르만 헷세(Hermann Hesse), 수필 *제멋대로*에서, "내가 사랑하는 유일한 덕목은 '제멋대로'이다. 제멋대로인 자가 복종하는 것은 자기 속에 있는 신성하고 유일한 무조건적인 규칙, 곧 자기가 가진 그대로 의 마음이다." 소로(Thoreau)는 *Journal*에서, "운명은 사납고 제멋대 로다. 그것이 운명이니까. 운명이 그러하듯, 전지전능한 신은 무엇보 다도 사납고 제멋대로다."라고 고백한다.[96]

구약의 신, 여호와와 신약의 신, 예수 그리스도는 차원이 다르다. 여 호와의 원칙은 "이에는 이, 눈에는 눈"으로,[97] 그리스도의 원칙은 "네 몸처럼(490번) 사랑하라"는 것이다.[98] 그리스도는 가난하고 슬퍼하고, 온유하고 의에 주리고 목마르며, 자비롭고, 마음이 깨끗하며, 평화를 사랑하며, 정의를 위하여 박해를 받고 싶어 하는 성격이다.

미하일 레르몬토프(Lermontov)는 시 **"돛단배"**에서, "푸른 바다의 안개 속에 외로운 돛단배가 희끗거린다. 폭풍 속에서만 안식이 있는 것처럼, 반역의 흰 닻은 폭풍을 원한다." 추악한 현실에 맞서 싸우라. "평화로운 안식"(RIP)이 인간들의 마지막 소원일 것이다. 그러나 누 가 죽음을 예측할 수 있겠는가?

19 나는 해커작가다.

헤르만 브로흐(Hermann Broch)는 *베르길리우스의 죽음*에서, "인간의 작품은 모두 어스름한 빛과 맹목 속에서 만들어져야 하며, 언제까지나 부조화 속에 남아 있어야 한다. 그것이 신들의 뜻이다. 그러나 이 부조화에는 저주뿐만이 아니라 은총도 담겨 있다. 나아가 인간의 무기력함과 영혼이 가진 미숙함뿐만이 아니라 그 위대함과 신의 자리로 다가가는 접근까지도 담겨 있는 것이다."라고 주장한다. 부조화는 조화의 반의어가 아니라 반의어의 공존을 지향한다.

SK는 1840년대, 낭만주의자이며 연애작가인 에밀 애레스트럽(Emil Aarestrup)과 수년간 교제하고 있었다. 애레스트럽은 자의식이 강하며 타협을 모르는 외톨이의 성격이었으며, SK가 좋아하는 작가 중의 한 사람이다. 윈터(Christian Winther)에 의하면, 그 당시 애레스트럽은 덴마크에서 미학의 최고 권위자였다. 그러나 SK는 *BJ* 이외에 다른 저서에서도 한마디 언급조차 하지 않는다.[99]

1847-1848년, SK는 경제적 위기를 경험한다. 표면적으로, 그는 심미적 글들을 통해서 수입을 고려해야만 했을 것이다. 필립센(Philpsen)이 18개 기독교 강화집을 모두 구매하여 과거에 출판된 것과 합본으로 재출판해 준 것은 그의 숨통을 터주었다.[100]

모옴(Maugham)은 *달과 6펜스*에서, "미학은 성본능과 비슷한데, 그 야만성까지도 공유한다."라고 주장한다. 종교적 저술가로서 SK가 미학적 저술가로 변신한 것은 '외도'를 한 것이며, 코펜하겐 시민들은 비판의 화살을 퍼붓기 시작했다. 1847년 8월 2일, *WL*이 출판되었을 때, 그의 모든 책에 대하여 사람들은 조롱하고 비웃었다.[101] 이러한 비난 속에서, 1848년 6월 24-27일, 문제의 *여배우의 위기*는 패드레랜데트

지에 최초로 게재된다.[102] 이 작품은 그의 외도와 스캔들 작품이다. 그러나 자신이 할 수 있는 일은 "오직 하나님에게로 도피하는 일이며 행동하는 것"이라고 고백한다.[103] 종교저술가가 왜 심미적 예술가로 변신했는가? 코펜하겐 시민들은 적은 돈을 받고 저질 신문기사나 써대는 그를 품팔이, 삼류, 엉터리 작가, "해커작가"라고 비난한다.[104] 이 문제는 그의 정체성 논란의 문제로 그의 변명은 물론 심미적 저술들을 신학적 해석으로 연계시키는 변증법적 과정의 문제로 볼 수 있지만 전혀 설득력이 없었다.

1848년, 그는 스스로 "나는 종교적 작가가 되지 못했다"라고 고백한다. *E/O*가 출판된 것과 동시에 **두 개의 건덕적 강화**가 동시에 출판되었다.[105] 1849년, "금요일마다 성찬식에서 3개의 강론들"에서, 자신은 "새"(a bird) 같은 존재로서 "진리에 대한 증인"이지만 "순교자"는 아니다. 그리고 다음과 같이 고백한다. "나는 신성모독과 종교성의 영역을 세속적으로 혼란시키는 것에 저항하여 나 자신을 지킬 것이다. 혼돈과 거만한 사유에 의한 타락에 저항하여 안전을 지키며 유지하는데 최선을 다하고 있다."[106] 그러나 그의 약속과 실천은 찾아 볼 수 없다.

햄릿의 우유부단한 성격처럼, SK는 자신의 결단에 대한 책임을 지지 못하는 '자기기만'의 나약한 모습을 보여준다. 인간은 누구나가 자기기만에서 벗어나야만 참된 영이 될 수 있다.[107]

글을 쓰는 작가는 자연을 대필하는 것이다. 작가는 글을 쓰는 옥수수이자 풀이며 대기이다. 신체와 감각은 반드시 정신과 서로 통해야 한다. 총체적 인간으로 지각하여야 하고 지각한 것은 뭐든지 기록될

것이며, 그 기록은 시가 될 것이다.[108]

20 나는 양심의 살인자이다.

헤밍웨이(Hemingway)는 *오후의 죽음*에서, "만약 두 사람이 서로 사랑하면, 해피엔딩은 있을 수 없다."라고 묘사한다. 어느 한쪽이 먼저 세상을 뜨면, 애정도 영원히 처음처럼 지속되지 않기 때문이다. 영혼처럼, 양심 또한 하나가 될 수 없다.

"내가 그녀[레기네]를 떠났을 때, 나는 죽음을 선택했다. 바로 그 이유 때문에 나는 엄청나게 일을 할 수 있었다. 그녀가 풍자적으로 외쳤다: 나는 죽을 것이다. 내가 경솔하게 인생을 막 시작하려는 동안에 모든 것이 정리되었다. 그녀는 여자이다. 나는 아이러니스트이다. 그러나 그 원인은 더 깊은 자리에 있다. 그녀를 떠나라고 나를 유인했던 것, 나의 깊은 심중에 자리 잡힌 불행은 전반적으로 나에게 다른 의미를 띠고 있었다. 그것 때문에 나는 그녀를 불행하게 만들었으며, 내 양심의 살인자가 되었다. 그 때부터 지속된 나의 우울증이 나를 지배하게 되었다. 다른 방도가 없었다. 그녀에 대한 나의 행동을 정당화하기 위하여, 나는 지속적으로 나의 그 기본적인 불행을 상기시켜야만 했다."[109]

"가장 엄숙한 순간에 젊은 소녀가 나의 양심을 살인한다. 걱정한 아버지는 엄하게 그 소녀는 죽게 될 것이라는 확신을 반복했다. 그녀가 불장난하는 여부는 나에겐 관심이 없다. 바로 그 순간부터 나는 최상의 능력에 하나의 생각을 봉사하기 위하여 겸손히 헌신했다. 그러므로 나는 신체와 정신 사이에서 구조적인 불일치 관계가 제거할 수 있어서 그 결과 내가 우주를 깨달을 수 있는지 여부를 나의 의사에게 질문했다. 의사는 이것을 의심했다. 나는 그에게 의지력으로 나의 영혼이 전환될 수 있거나 혹은 이 불일치 관계를 변형시킬 수 있는지 여부를 물었다. 의사는 그것을 의심했다. 그는 나에게 나의 의지의 모든 힘을 움직여 보라고 충고해 줄 수 없었다. 나는 모든 것을 토로했기 때문에 나는 외적 반대는 두려워하지 않는다. 그러나 하나님이 내가 가시를 느끼게 하고 나를 갉아 먹게 했을 때, 내적 반대가 있었다. 이것이 나의 고통이다."[110]

인간은 양심의 살인죄를 범하고 있다. 자기 자신의 삶을 가장 방탕한 규모로 만들어 가게 하는 것, 그것에 집착하면서, 사람들을 강요하여 비극적인 자기 방어 속에서 죽음으로 몰아넣게 하는 일이 너무나 가혹한 일이 아닌가. 그리스도는 항상 핍박을 원치 않았다. 그러나 그가 세상에 온 것은 자신을 위해서가 아니라 기꺼이 고통 받기 위하여 온 신-인이다. 그는 사람들에게 "죄"를 뒤집어씌우기 위하여 온 것이 아니다.[111] "하나님의 눈은 내 양심 속에서 나를 발견해 왔다. 이 눈이 나를 보고 있다는 것을 망각하는 일은 불가능하다. 하나님이 지켜보고 있기 때문에 나는 하나님을 지켜보아야만 했으며 보아야만 한다."[112]

나는 나무처럼 그림자가 없다.

헤밍웨이는 *무기여 잘 있거라*에서, "나는 여자들과 함께 있을 때, 내가 가장 고독해질 수 있는 것은 바로 그 때이다."라고 말한다. SK의 연애철학은 그 고독이 그 중심에 자리하고 있다.[113]

SK는 "이기적이며 배타적으로 더 높은 곳을 가리키는 외로운 가문비나무처럼, 나는 서서 그림자를 드리우지 않으며, 나의 비둘기만이 내 가지에 둥지를 짓는다." 가문비나무는 그 자신이며, 비둘기는 3년 3개월 동안 연애했던 가난한 목사의 딸, 보레트(Bolette, 1815-1887)였다.[114] 그는 *그림자*의 알레고리적인 표현으로 보레트의 *그늘*이 되어주기로 약속했지만 "괴테가 피터 슐레밀의 회색 남자인 것처럼, 주머니에서 파우스트의 그림자를 꺼내 들었다."[115] 그림자의 방향전환을 레기네에게로 돌린다. 그는 가문비나무의 가지에 자신의 둥지를 틀게 된 비둘기, 약혼녀 레기네를 유혹한다. 보레트와 결별을 고하면서, 정치적으로 힘이 있는 레기네 가문과 '정략결혼'(?)을 의도한다. 그러나 이 역시 오래가지 못하고 파혼으로 치닫는다. 이 과정에서 보레트는 그의 배신으로 쓰디쓴 눈물을 흘려야만 했다. 그는 미래를 위하여 자신의 그림자를 팔아넘긴 슐레밀과 같은 인물이다. 좋은 의도나 좋은 결과만으로 나쁜 방법론을 정당화 할 수 없다. 이 역도 마찬가지다.[116]

고된 노동이 드리운 그늘 덕분에 빛을 알아보게 된다.[117] 그러나 그림자는 악마다. "사람들은 모두 정당한 의도를 갖고 있다. 일부러 악마를 안내자로 삼지 않는다. 그림자가 우리와 태양 사이에 생기는 법은 없는 것과 마찬가지다. 태양을 향해 가라. 그러면 그림자는 뒤로 갈 것이다.[118]

콩스탕(Constant)은 *아돌프*에서, "연애가 시작된 초기에 이 관계가 앞으로 영원히 계속되리라고 믿지 않는 인간은 저주 받을 것이다."라고 경고한다.

22 나는 "약속의 땅"에 들어가지 못할 것이다.

SK는 북쪽 스젤랜드로 여름 방학을 떠난다. 1835년 6월 1일, *BJ*에서, 다음과 같이 고백한다. "귀찮기는 하지만, 나는 신학 시험을 위해 공부하기 시작했다고 말할 것이다. 그리고 나의 현재 마음 상태에 비추어 볼 때, 나는 그것을 유익하다고 여기며, 게다가 그것을 통과함으로써 나는 나의 아버지를 행복하게 할 수 있다는 것을 알고 있다. [그(아버지)는 가나안의 진짜 땅이 신학 졸업장의 반대편에 있다고 생각한다. 그러나 또한 늙은 모세처럼 다볼 산에 올라가 내가 결코 들어가지 않을 것이라고 선언한다. 그러나 나는 그것이 이번에는 성취되지 않기를 바란다] 그래서 나는 더 잘 파고들었다."[119]

그는 아버지를 행복하게 해 줄 수 있는 유일한 길은 제대로 신학공

부를 마치고 목사가 되어 아버지 친구인 뮌스터(Mynster) 주교와 같은 인물이 되기를 원한다. 그러나 그는 아버지의 소망에 순응하지만, 정반대의 생각을 품고 있었다. 22살의 젊은 신학생으로서, 그는 이미 신학을 마스터한 신학자처럼 여긴다. 여행지에서의 경험은 죄악으로 물든 악의 이미지, 도시와 이것들을 털어내는 선의 이미지, 숲의 대비를 통하여 자신의 미래와 꿈, 실존적인 문제를 설정한다. 마침내 6가지 가정법을 제시하면서, "자아인식", 혹은 '**실존주의 선언**'이라고 할 만한 '자신만의 진리'를 발견하고 '**실존철학적 신학**'을 내세웠다.[120] 선과 악을 역설적으로 묘사하면서 여기에 브루주아인 아버지, 심지어 모세가 마지막 순간에 *약속에 땅*에 들어가지 못한 비극적 통한을 토로해 냈던 숲, 다볼 산의 경험까지 포함시킨다.

*BJ*에서, 그는 모세와 예수의 유추관계를 추론해낸다. 영적 생명력에서, 모세는 **약속의 땅**에 들어가지 못한다. 모세가 여호수아와의 관계성처럼, 시적인 아침-꿈은 언제나 실재성, 현실성과 관련되어 있다. 여기서 실재성이란, "주의 종 모세가 죽은 뒤에, 주께서 모세를 보좌하던 눈의 아들 여호수아에게 말씀하셨다."라는 하나님의 말씀에 기초한 생사의 갈림길이다.[121]

[모세 : 여호수아 = 여명-꿈 : 실재성][122]

[모세: 예수 = 십계명: 산상수훈][123]

[모세 : 예수 = 호렙산 : 변화산][124]

[모세 : 예수 = 구리뱀 : 십자가][125]

모세는 실패한 인생의 모델이다. 누가 가장 행복한 사람인가? 생의

마지막, 십자가상에서, "**나와 함께 낙원에 가자.**"라는 신-인의 소리를 듣는 사람이다.[126]

가족은 후불이다. 특히 부모들은 자녀들이 모두 젖과 꿀이 흐르는 약속의 땅에 들어가기를 원한다. 마치 욥의 가정처럼, 아버지 미카엘은 자신의 가정도 비극적인 과정을 겪고 있다고 생각하면서 막내아들마저 잃고 싶지 않았다.

23   너는 돼지와 함께 저녁 식사를 하고 있다.

스위프트(Swift)는 "이 세상에서 가장 좋은 의사는 식사, 명상, 그리고 즐거움이다."라고 말한다.[127] 이 삼박자의 리듬, 균형, 절제가 결국은 '빠른 죽음'에 대한 처방전이다.

BJ에서, "나는 요즈음 괴레스의 *아타나시우스(Athanasius)*를 읽고 있는데, 눈으로 읽을 뿐만 아니라, 태양 신경총을 가지고 온 몸으로 읽고 있다."[128] SK의 식탁은 서민들의 식탁을 생각할 수 없을 정도로 항상 풍성했으며, 식사 후, 후식은 커피 알려진 대로 '커피 마니아'로서 상상을 초래한다.[129] 그의 식사 취향으로는 "구운 오리고기, 거위, 절인 양고기, 카레, 시금치, 프랑스 콩, 연어, 비둘기 새끼, 등이며, 점심 저녁으로 고기 스프를 먹었다. 후식으로 맥주, 와인, 커피 등을 마셨다.

그의 식탐과 낭비벽은 괴레스가 제공하는 식탁에서부터 이루어졌다고 볼 수 있다. 코펜하겐 대학교 신학대학 선배였던 트로젤(F. W. Trojel)에 의하면, "너는 돼지와 함께 저녁 식사를 하고 있다"라고 비판할 정도로 식탐과 낭비벽을 비판한다. 절제를 모르는 폭식가이며 주색가라고 비판한다.[130]

24 너는 탕자야!

모옴(Maugham)의 *인간의 굴레*에서, "돈은 육감 같은 것이다. 그것이 없으면, 다른 감각을 제대로 이용할 수 없다."

"저 탕자 같은 놈! 도대체 저 놈이 뭐가 되려고 저러는지 모르겠다."

"아버지, 왜, 또 그러세요. 그 얘기를 제발 꺼내세요. 그 탕자 소리는 하지 마세요. 15년 전 얘기를 또 하면 어쩌려고요?"

"오죽하면, ……"

"아마 그 소리에 동생이 억한 감정을 가지고 있을지 몰라요."

"야, 페드로. 네가 형이니까 따끔하게 혼 좀 내줘라. 형이 돼서 뭐하고 있냐?"

"아버지 말씀도 듣지 않는데, 저라고 무슨 대수가 있겠어요. 고집이 센 놈인데."

"아니, 동생이 신학을 제대로 공부하고 목사가 돼야 되지 않겠냐? 너는 제 코스를 다 마치고 박사학위까지 받지 않았어. 모세가 약속에 땅에 들어가지 못했잖아. 나는 남은 자식들이 모두 가나안 약속의 땅에 들어가기 원한다. 그러니 잘 설득해봐."

"아버지, 동생에게 돈을 주어 여름에 북쪽 스잴랜드에서 여름방학을 보내게 해주세요. 머리 좀 시키고 오라고. 알고 보면, 동생은 생각이 깊은 놈입니다."

"또 돈을 낭비하라는 거냐?"

"…………"

"지 에미 죽고 나서 1년 동안 뭐하고 있는 거냐. 그저 방황하고 있잖어. 그래. 좋다. 네 의견을 생각 좀 해보자. 어쨌든, 잘 설득해서 신학을 마치도록 해봐."

"아버지, 한참 놀 때니까 놀게 해주세요. 언젠가는 정신 차리고 돌아오겠죠."

"니, 육감이 맞으면 좋겠다!"[131]

25 너는 원시인이다.

권터 그라스(Günter Grass)는 **양철북**에서, "이 세상에 아무리 신성하다 해도 가만히 두고 볼 수 없는 일이 있다." 신을 모독하는 듯한 사건은 단순한 도발이 아니라 적나라한 진실을 드러내기 위한 것이다.

"너는 원시인이야"라는 소리를 들으면, 시대에 뒤처진 인물이라는 뜻이기 때문에 기분이 나쁠 것이다. 그러나 이 소리를 듣는 사람은 최고의 행복을 누리며 사는 사람이다. 혹시, "나는 자연인이다"라는 소리를 들으면, 고독을 씹고 있지만, 외롭지 않으며 만물의 창조주 안에서 어머니 같은 마음으로 살아가는 신성에 충실한 사람이다.

선천적으로, 모든 인간은 원시성의 삶을 살아간다. 원시성은 "영"의 가능성이기 때문이다. "영"을 선물로 주신 하나님께서 인간의 원시성이 죽는 것을 원치 않을 것이다.

기독교란 자신의 원시성을 추구한다. 자연과 벗하며, 근면과 절제로 소박하고 검소하게 살면서 금욕적 스토이시즘을 추구하며 인간의 현대성을 죽이는 것이다.

원시성을 살해하라. 그러면 신의 영이 당신을 거부할 것이다. 당신의 신성과 영혼이 죽을 것이다. 원시성을 추구하고 따르라, 그러면 실존적으로 고통스럽다 할지라도 신은 당신의 영혼을 흔쾌히 받아들일 것이다.[132]

에덴동산은 어디인가? "아담과 이브가 에덴에서 쫓겨난 봄 날 아침에도 월든 호수는 있었을 것이다." 월든 호수(Walden Pond)에서 태초의 원시성을 발견한다. 월든 호수는 창조의 알파이다.[133]

로렌스(David Herbert Lawrence)는 *채털리 부인의 사랑*에서, "현대는 본질적으로 비극적인 시대다."라고 주장한다. 나는 현대를 초월하여 희극적인 구석기 시대로 달려가고 있는가?

26 너는 자기-기만에서 벗어나라.

미첼(Mitchel)은 *바람과 함께 사라지다*에서 "지금은 그만 생각하자. 내일 다시 생각하자."라는 말을 절망의 구렁텅이 속에 빠질 때마다 주문처럼 암송한다. 그러나 이 "내일"은 무덤이 기다린다.

인간이 태어난 환경은 개인적인 상황에 따라 다르다. 인간은 일종의 원초적인 진흙이요, 먼지요, "무"(Nothing)의 상징이다. 인간은 죽어서 무로 돌아가기까지 자기 자신을 거의 의식하지 못한 채, 수동적인 상태에서 생존을 계속한다. 그러나 고뇌와 부조리에 따르는 "절망"을 가끔씩 느껴보지만, 본질이 없는 "무"로서 인간은 "불안"의 자유를 느낀다. 그러나 인간은 자유의 현기증과 불안에 압도되어 어떤 철학체계나 결정론적 도그마로 도피하는 자기-기만의 수렁에 빠지는 겁쟁이가 될 수 있다.

SK는 자기-기만의 화신이며 상징이다. *BJ*에서, 자기-기만을 "익명성"이라는 문학적 장치로 활용하기도 하지만, 실존적 차원에서 자기-기만에 갇혀 있었다. "자기-기만은 욕망의 변증법"이다.

라깡은 "**나는 타자이다**"(I is an other)라고 주장한다. 주체가 자아로 환원되지 못하고 자기-기만에 빠지는 것을 경계한다. 자아는 어떤 확장적인 거시 이미지로 이루어진 통일성이다. 이 이미지 안에서 다양한 이상적 이미지들이 중첩되고 융합된다. 성숙되지 못한 자아는 그 이미지를 자신과 접목된 그 무엇과 혼동을 일으킨다.[134]

자아는 대상이자 거짓으로 이루어진 이미지이다. 그래서 주체는 자아가 아니며, 자아도 주체가 아니다. 소외된 동일시를 통해서 이루어진 자아, 거울 이미지는 주체에게는 실제로 획득하기 어려운 이미지를 보여 준다. 이것이 바로 "이상적 자아"이다.[135]

"주체와 이상적 자아 사이에 맺어진 관계, 자기에 대한 사랑을 나르시즘이라고 정의할 수 있다. 자아로서 주체가 계속하여 자기 자신의 이상적 이미지-이상적 자아-를 외부 세계에 투사시킨다. 이것이 타인들과의 관계에 영향을 미칠 수 있다."[136]

자기-기만은 망상증적 현상 중의 하나이다. 자신의 모습을 타인에게 투사시키는 것은 주체 외부에 대한 인식의 교란을 준다. 이상화된 자기만의 렌즈로 세상을 바라보면, 의식적으로 왜곡이 동반된다. 자기 사랑에 빠진다면, 타인에 대한 배려와 섬김보다는 공격할 빌미를 제공한다. 그의 별명이 "포크"였다는 사실은 그의 삶의 여정이 나르시스트였음을 반증해 준다. 그의 자기-기만은 결국은 욕망의 변증법이다. 욕망의 변증법을 통하여 어떻게 주체다운 주체가 되느냐 하는 것이 문제다.

SK는 SBNR 신학자이다. *MBTI*에서 전형적인 *INTP*형이다.[137] 그의 *INTP*와 SBNR은 개인의 컨텍스트와 시대적 산물일 수 있다. 그는 신학자, 산문작가, 시인, 자아의 철학자로서 성공했다고 볼 수 있으나 미학적 관점에서, 익명성으로 저서를 낸 자기-기만은 현실적인 부조리를 해소시키는 *앙가주망*의 실존적 관점에서 실패했다. 그의 삶속에서 진정한 만찬의 자리, "탕부 아버지"가 차려 놓은 탕자를 위한 만찬이 전혀 보이지 않으며, *앙가주망*에 빈약한 실존만을 보여준다.[138]

메리메(Prosper Mérimée)는 *카르멘*에서, 자신이 끼고 있는 반지를 보면서, "어떤 일이건 경계하면서 임해야 한다는 것을 잊지 말라."라고 경고한다. 나의 반지에는 과연 이 같은 경구가 쓰여 있는가?

카렌 브릭슨(Karen Blixen)은 *바베트의 만찬*에서, "우리가 이 세상에서 가지고 가는 것은 오로지 우리가 베푼 것이다!"라고 강조한다.[139]

"본질이 실존에 선행한다."라는 것과 **"실존이 본질에 선행한다."**라는 것 사이에 무엇인 존재하는가? 어느 쪽의 우선순위가 중요한 것인가?

프롬(Fromm)에 의하면, "모순이 인간의 본질이다"[140] 부조리한 존재들의 실존과 본질, 본질과 실존은 하나이어야 한다. SK는 이 사실을 간과했기 때문에 공동체의 참여를 도외시했다. 뮌스터 주교가 이끌었던 덴마크 "국가교회"의 대안으로 '의도적인 그리스도 공동체'를 제시했어야만 했다. 실존적 차원에서, 갚을 능력이 없는 가난하고 소외된 이웃들을 초대하는 공동체를 만들어야만 한다.[141] 궁극적으로, 그가 주장하는 그리스도교의 공동체는 오직 하나, 나홀로, '단독자', "그 고독한 개인"만을 위한 것이었다.

"내가 하늘의 떡이다."[142] 떡은 실존이다. 혼자서 먹으면 그 공동체의 의미가 축소된다. 정신적으로, 육체적으로, 아파하고 신음하는 "그 고독한 개인"들을 위하여 더불어 먹고 마시는 피로연공동체가 되어야 한다. '*어우렁더우렁*' 살아가는 본질과 실존이 하나가 되는 '의도적인 그리스도교 공동체'를 지향해야 한다.

라마나욧 공동체(Ramah Naioth Community)에서, 멋진 춤사위가 벌어졌다. "하나님이 보낸 악한 영"에 사로잡힌 우두머리 사울 왕과 그의 자객들은 4차에 걸쳐 다윗을 죽이려 한다. 그러나 "하나님의 영"이 이들에게 춤을 추게 하고 예언을 하게 한다. 사울 왕은 하루 밤낮을 나체로 춤을 추게 했다. 이들의 원무는 원수조차도 사랑하라는 신이 부여한 '억지 춤'이었다.[143]

잰슨(David Janzen)은 *의도적인 그리스도교 공동체 핸드북(The Intentional Community Handbook,* 2013)에서, 함께 춤을 추는 "원무"의 공동체를 주장한다.[144] 그는 "우리가 함께 먹는 이유"에서, "가난하기 때문에 더 풍요로워질 수 있다."라고 고백한다.[145] 껍질 하나하나를 벗기면서 '자기 비움'의 *케노시스(Kenosis),* 그 사랑을 실행하는 "양파" 샘플공동체라는 은유를 제시한다.[146]

실존주의의 주제는 '임에도 불구하고'이다. 가축에게 짓밟힌 보리도 얼마 있으면 다시 일어난다. 이슬을 맞고 햇볕을 쐬면서 대지에 밟혔던 줄기가 일어난다. 처음에는 너무 무거운 짐을 진 사람처럼, 축 처져 있지만, 이윽고 똑바로 서서 고개를 든다. 태양은 다시 전과 같이 빛의 비를 뿌리고 바람도 전처럼 살랑살랑 불어온다.

자신의 실존적 환경이 '사망의 어두운 골짜기', *데 프로푼디스(de*

profundis)에 서있다 할지라도, 결코 절망해서는 안 된다.[147] *데 프로푼디스*의 시련은 죄의 범주에서 속하기 때문에 일종의 "심리적 실험"의 대상이 된다. 그리스도인들이라면 가면을 쓴 자기-기만의 수렁에서 벗어나 진실성을 지닌 *앙가주망*의 실존적 존재로 거듭 태어나야만 한다.[148]

27 그는 사마귀였다.

잭 런던(Jack London)은 *야성의 절규*에서, "사냥을 당하는 자의 인내력은 사냥을 하는 자의 인내력보다 약하다."라고 고백한다.

SK는 사마귀와 같다. 사마귀의 상징은 "당랑거철"(螳螂拒轍)이다. 중국 제나라의 장공(莊公)이 사냥을 나갔을 때, 길목에서 수레바퀴에 깔려 죽을지도 모르는 위험한 상황에서 사마귀가 앞발을 들고 당당하게 저항하는 모습을 보고 멈추었다는 장자(莊子)의 스토리에서 유래한다.

그는 '당랑거철의 화신'이다. 그는 물불을 가리지 않고 도전과 모험을 시도했다. 아버지와 어머니, 형과 친구들에 대한 반항은 물론 덴마크의 정신적 지도자 그룬투비히, 아버지의 친구 뮌스터 주교, 자신을 가르친 마르텐센 교수 등에 이르기까지 도전장을 내밀었다. "아부"와

는 전혀 거리가 먼 성격의 소유자였다.[149)

그는 사마귀다. 사마귀는 언제나 두 손 모아 빌면서 간청하는 매너를 보여주며 겸손하게 살아간다. 사마귀의 두 손은 '기도하는 손'의 원형이 된다.[150)

사냥감은 그대 자신이다. 자기 자신을 사냥하는 것이 훨씬 더 고귀한 사냥이다. 그대의 눈을 내면으로 돌려보라. 그러면, 그대의 마음속에 아직 발견되지 않은 수많은 곳을 보게 될 것이다. 그곳을 여행하라. 그리하여 자신의 우주에 통달하라.[151)

28 그는 춤꾼이었다.

"빈 마차 바닥에는 대여섯 개의 귀리 알갱이가 놓여 있었다. 그 알갱이는 굴러가는 바퀴의 진동에 맞춰 춤을 추고 있었다. 가장 이상한 패턴들을 만들어 냈다. 나는 그 춤의 패턴에 심사숙고하게 되었다."[152)
그는 자신만의 댄스 스텝을 연습하고 왈츠, 폴로나이즈 등 춤을 개발할 정도로 춤꾼이었다. 그는 말한다: "교회 문을 닫고 그들을 댄스 홀로 전환시키는 것이 더 나을 것이다." "나는 신의 영광을 위해 춤을 춘다."[153)

29 그는 간질병 환자였다.

SK는 뇌전증, 간질 환자였던 칼리굴라(Caligula)와 카스파 하우저 (Kaspar Hauser), 그리고 간질에 대한 해석을 하고 있는 저스티누스 케르너(Justinus Kerner) 의사를 *BJ*에서 언급한다.[154] 그의 의사, 케르너는 "내가 처음 경험했던 이래로 언제나 나에게 충격을 주었던 그 현상(간질)을 해석할 수 있다는 것에 대하여 나는 깜짝 놀라지 않을 수 없었다. 내가 말한 것을 누군가는 정확하게 말한다. 나에게 그 현상은 가장 당혹케하는 거의 꼭두각시놀음과 같은 질병처럼 보였다. 전자는 후자가 끝나는 한 문장으로 시작하곤 한다. 아무도 누가 말하고 있는지 확신할 수 없다."[155]

BJ, No. 5239에서 언급하는 "그 현상"이란 바로 뇌전증 간질을 말한다.[156] "사람 속에 있는 영이 아니고서야, 누가 그 사람의 생각을 알 수 있겠는가? 이와 같이 하나님의 영이 아니고서는, 아무도 하나님의 생각을 깨닫지 못한다."[157]

30 그는 사랑에 실패했다.

제인 오스틴(Jane Austen)은 *오만과 편견*에서, "상당한 재산을 가진 독신 남성이라면, 틀림없이 아내를 찾고 있을 것이다라는 말은 보편적인 진리이다." SK는 엄청난 부와 재산을 가지고 행복한 결혼생활을 할 수 있었음에도 불구하고 이 보편적인 진리를 깬 사나이였다.

그는 "결혼"이라는 주제를 다루면서, 한 장의 그림을 묘사한다. 루소와 젊은 소녀가 함께 있는 그림이다. 이 그림을 설명하는 표제에는 "루소의 첫사랑"이, 바로 옆에 또 다른 그림에는 "루소의 마지막 사랑"이라는 제목이 붙어 있다. 이 얼마나 멋진 풍자인가! 그림에 "루소의 유일한 사랑"이라는 표제의 그림이 있었다는 것을 상상해 보라.[158]

1845년, 그의 고백에 의하면, "결혼에 대한 나의 관계성은 다이애나와 같다." 그리스 신화에 등장하는 다이애나(Diana)는 독신으로서 아이를 낳은 여인들을 옆에서 도와준 처녀성과 사냥의 수호신인 달의 여신이었다.[159]

그는 보레트 집을 방문하는 문제와 그녀와 대화의 내용, 그녀에게 심취해 있는 상태와 갈등을 마치 악마와 "화염검"을 든 천사 사이에서 고민한다.[160] 이른바 그의 대리인이 등장한다 해도 전혀 도움이 안 되는 상황을 토로한다.[161]

그는 "나는 보레트에 대한 상당한 책임이 있다. 나는 처음부터 보레트에 대한 인상을 받았다"고 토로한다. 그는 보레트에 대한 사랑과 집착에 푹 빠져 있었다. 그러나 레기네를 만나고 난 후, 그녀와 에로틱한 사랑을 나눈다. 독신은 자신의 운명이라는 것, 이것이 하나님의 뜻으로 알고 약혼을 포기하려고 했을 때, 레기네의 아버지 테르킬드 올센과 그의 아버지, 형 등의 충고를 들어야만 했다. 그러나 그는 레기네와의 약혼을 포기했다.

레기네의 입에서 비명 소리를 들었던 코펜하겐 시민들은 가만있지 않았다. 그를 향하여, 두 여인을 가지고 놀아난 불한당이라는 소문을 퍼트리며 언론은 그를 깡패라고 비난했다. 첫사랑과 마지막 사랑조차 발로 차버린 윤리적으로 이해할 수 없는 문제아라고 비아냥거렸다. 그러나 SK는 레기네를 그의 유일한 첫사랑이라고 고백하며 '불멸의 여인'으로 만든다.[162]

그는 무슨 생각으로 루소의 사생활, 첫 사랑과 마지막 사랑을 언급하고 있는 것인가? 루소의 아내, 테레쯔(Therese)와 *에밀*(*Émile, ou De l'éducation*, 1762)에서 등장하는 젊은 여인 소피(Sophie)와의 관계성을 생각했을 것이다.[163]

루소의 사랑을 흉내 낸 것이 아닌가라는 의심을 해보지만, 사랑에 실패한 그의 *정직한* 영이 사라진다. 두 여인의 눈물을 어떻게 씻어 줄 수 있을까? 하나님만이 홀로 번개와 불꽃같은 영혼의 소유자, SK의 인생과 영혼을 산산이 찢어 놓았다.

31 그는 병든 영혼의 소유자인가?

"이런 식으로 약혼을 파기한 것은 내 잘못이 아니다. 이것을 하나님은 알고 있다."[164] "이런 식"이란 무엇인가? '나를 포기하라'고 그렇게 요구했건만, 그녀는 그를 포기하지 않았다. 하나님은 이것을 알고 계신다. 절반의 책임은 레기네, 절반의 책임은 하나님, SK는 책임이 없다! 약혼파혼은 하나님의 "신성한 반대"가 있었기 때문이다.

오호라, 미학적 책임과 윤리적 책임을 종교적 책임이 집어 삼키고 말았다. 이것을 *도약*이라고 한다면, 어느 누가 그 도약을 믿을 수 있겠는가! *자기기만*의 '변명'이라고 해야 할 것이다.

병든 마음은 악처럼 삶의 가능성을 경험하는 것이며, 결정론적 사고방식에서처럼, 환상적이거나 가능성이 응고되고, 평평하고, 느리게 죽어간다. 그 결과 자살할 위험성이 한층 높아진다.[165] 병든 마음을 가진 자들은 악에 대한 의식의 짐을 손쉽게 벗어 버릴 수 없다. 세상은 자연적인 선에 의해 도움이 되지 않는 질병으로 묘사한다. 이들은 재물은 날개를 달고, 명성은 숨결로, 사랑은 속임수라고 쓴다.

삶에 대한 관찰과 죽음에 대한 성찰에서 영혼은 고달프고 아프다. 쇼펜하우에르처럼, 그는 철학적 비관론을 소유하고 있다. 그의 병든 마음은 3가지-극단적인 **민감성**, 극단적인 **감수성**, 극단적인 **혐오감**-로 요약할 수 있다. 이것은 영적체험의 핵심들을 갉아먹는다. "**자아의**

예언자"로서, 표면 아래 어둡고 깊은 자아 소유에 대한 금욕적인 희망조차도 사라지게 만든다.[166]

특히 그를 괴롭힌 육체의 가시-"발노성 정신병", "측두엽 간질"-등의 파토스들로 점철된 콤플렉스는 그의 병든 영혼의 난제로 귀착된다.[167]

종교의 심리학을 진지하게 다루려면, 공식적인 대화의 표면을 *자기기만과 속임수*로 포장해야만 한다. 이 같은 전략 때문에 그를 오해한 지인들은 그를 "처마 밑에 매달린 고드름"에 불과하다고 조롱한다. 비난의 소리들은 어두운 그림자가 되어 그의 영혼을 괴롭혔기 때문에 42세라는 단명으로 생을 마감한다.[168] 그의 **"무장된 중립성"**(Armed Neutrality)으로 볼 때, 병든 영혼인지의 여부는 오로지 하나님의 판단 소관이다.[169]

인간의 몸속에서, 영혼의 유통기한은 120년이다. 영혼의 필수품을 사는 데 필요한 것이 무엇인가? "영혼의 필수품을 사는 데 돈이 필요 없다."[170] 필요한 것은 "아버지여 내 영혼을 부탁하나이다."라고 십자가상에서 영혼 구원을 가장 중요하게 여긴 예수 그리스도를 믿는 신앙이다. 이 믿음이 돈이다!

32 그는 철저한 논리학자이다.

　　SK는 논리의 상징을 "키메라"(Chimera)로 제시한다. "키에르케고르는 키메라이다."[171] 논리학과 관련하여 그는 철저하게 카테고리의 3분법-가능성, 실재성, 필요성-을 상징하고 있기 때문이다.[172] 우리 시대가 가장 필요한 것은 3분법 개념들의 시험이다. 이 노선을 따라서 어떤 일을 하고 싶어 하는 사람은 그리스 사람들에 의해 영향을 받는다.[173]

　　그의 키메라는 논리학의 문제만이 아니다. "상상의 긍정적인 성취는 키메라이다." 키메라는 상상력을 증폭시켜 주는 핵심적인 도구였다. "논리를 가지고 있는 것은 당연하다. 그러나 그 주제는 실존하는 주제이다. 모순 속에 있으며, 생성화(존재화)의 과정이다. 결과적으로 존재한다."[174] SK의 논리는 과정의 일부이며, "분기점"이라는 것을 알 수 있다. 그는 다음과 같이 "논리적 문제"를 주제로 다루면서 8개항으로 나누어 설명한다.

　　No.1. 카테고리란 무엇인가. 존재가 범주라고 말하는 것은 무엇을 의미하는가?

　　　　그것은 세계 역사가 점차적으로 축적되는 약어인가?

　　No.2. 범주의 역사적 중요성에 관하여.

　　No.3. 지속적인 양적 증가를 통해 새로운 품질이 어떻게 나타나는가?

No.4. 도약에 관하여.

No.5. 변증법과 열정으로 가득 찬 전환의 차이.

No.6. 모든 역사적 지식은 근사치에 불과하다.

No.7. 결론-생략삼단논법-결정

No.8. 존재란 무엇인가?[175]

논리적 카테고리를 벗어난 당시 덴마크 기독교계 수장, 뮌스터주교에 대하여 "그는 카테고리의 혼동을 일으킨 인물이다"라고 SK는 혹평한다.[176]

그의 논리적 '도약이론'은 아리스토텔레스, 데카르트, 트렌델렌부르크 등의 논리들에서 차용해왔다. SYB가 SK를 '논리학자'라고 주장하는 가장 기본적인 핵심은 그의 **영성**에 있다. 그는 인생의 3단계-"미학적-윤리적-종교적"-를 논하면서 종교적 단계를 다시 2단계-"**종교성 A-종교성B**"-로 분류한다. **종교성 A**는 모든 종교인들에 해당한다. 예를 들어, 복음서에서, 10처녀들이 등불을 들고 신랑을 기다리는 잔치 집 문 앞에까지 와 있는 상황이다. 초대는 받았지만, 다섯 처녀, 50%는 확률적으로 잔치에 참석할 수 없다. **종교성 B**에 속한 하객들만 잔치 자리에 참석할 수 있다. 즉, 상황논리이긴 하지만 가짜들은 하늘나라에 들어갈 수 없다.[177]

그는 "확률" 혹은 "근사치"를 이야기 한다. 즉 "확률"이란 논리를 떠나서는 언급할 수 없다. 그의 확률론에 의하면, 교회나 성당에 직업적인 목사와 신부는 있지만 진정한 "목자"가 없다는 것이다. 대학교

철학과에서, 철학교수는 많지만, 진정한 철학자는 보이지 않는다.

예수의 논리-"나는 길이요, 진리요, 생명이다."-는 비록 메타포로 언급하지만, 가장 단순하고 심오한 논리를 3차원으로 제시한다.[178]

— PART II —

연세대학교 여름 캠퍼스 전경

30번의 여름과 30번의 겨울은
동등한 나이라고 할 수 있는가?

-키에르케고르, *재판관의 책BJ*, No. 5661.

1   무신론자가 되게 해주신 주님께
          천 번 감사드린다.

리히텐베르크(Lichtenberg)는 "무신론자가 되게 해주신 주님께 천 번 감사드린다."라고 말한다.[1] 기독교에 대한 이 같은 풍자에 대하여, SK는 '하나님을 바보로 만드는 덴마크 기독교계'를 사기 치는 것이라고 비판한다.[2]

SK는 매일 아침마다 엎드려 기도한다. 그럼에도 불구하고 무신론자이면서 기독교를 공격하는 리히텐베르크의 하나님에 대한 풍자적 관점에 매력을 느낀다.[3]

볼테르(Voltaire)에 의하면, "하인들에게 하나님이 없다고 말하지마라. 그것을 말하면, 그들은 사발을 훔쳐갈 것이다."라고 전해진다. 자기를 창조한 '신이 존재하지 않는다.'라고 말하면, 새와 쥐들도 따라 할 수 있다.

2   공격과 방어는 단 하나의 머리카락 안에 있다.

"공격과 방어는 단 하나의 머리카락 안에 있다." 기독교가 필요한 것은 배신자들이다. 겉모습으로 포장된 표피적인 기독교에 대항하는 배신자들이 필요하다. 이 배신자들은 변증법적이다.[4]

3 소크라테스는 가장 추한 인간이었다.

SK는 "풍자예술"이라는 제목에서, 소크라테스는 아테네에서 가장 추한 인간이라고 혹평한다. 그가 거리에서 너무 많은 시간을 허비했으며, 항상 연회가 있을 때마다 주변에서 어슬렁거렸기 때문이다.[5]

소크라테스는 어떤 고정된 직업을 갖고 싶어 하지 않았으며, 한 번도 아테네를 떠나 본 적이 없었다. 그는 인간들 중에서 가장 추한 인간이었으며, 매우 얼빠진 인간이었다. 이 같은 이유 때문에, 친구 아리스토파네스(Aristophanes)는 *구름*(*Clouds*)에서, 그를 얼빠진 실수를 하는 자로 조롱한다.[6]

*BJ*의 "소크라테스"라는 제목에서, 크세노폰의 *사과*(*Apology*)를 언급한다: 소크라테스는 진정한 지성적 인물이다. 파토스의 관점에서, 그는 매우 속내를 터놓지 않기 때문에 타자들의 공통적인 문제들을 결코 공유할 수 없었지만, 아이러니라는 수단을 통하여 소통을 했다. 나이 70먹는 노인으로 사형선고를 받았지만, "나의 위가 며칠 동안 고장이 났다. 소화를 위해서 약을 먹어야 할 것이라고 믿는다."라고 고백

한다. 죽음은 결코 시기적절한 알맞은 시간에 도래하는 것이 아니며, 독을 마시는 것은 유쾌한 죽음의 형식이라는 것이다. 우리는 삶 가운데 있으면서도 죽음의 손아귀에서 벗어날 수 없다. 웰빙을 누리고 있다 할지라도 사실은 죽음 속에서 떠돌고 있는 것이다.

키케로(Cicero, 106-43. BC)에 의하면, "그는 마치 목이 타들어가는 갈증을 해소하기 위하여 독을 마신다." SK는 여기에 덧붙인다. "마치 기쁨을 누리는 것처럼, 그는 축제의 분위기에서 독을 마신다."[7] 그는 소크라테스를 "아이러니의 거장"이라고 호평한다.

사드(Marquise de Sade)는 *침실철학*에서, "살인이라는 범죄는 범죄인가? 만약 범죄가 아니라면, 왜 범죄가 아닌 행위를 벌하는 법률을 만드는가? 그리고 만약 범죄라면, 같은 범죄행위로 그것을 벌하는 것이 얼마나 야만스럽고 어리석은 모순이란 말인가?" 나도 사형에 반대하고 있는가?

들쥐는 지하구멍으로 들이친 눈송이를 퍼낸다. 6이라는 숫자는 신성하다. 천국의 마루바닥을 쓸어내야 하기 때문이다. 직업엔 귀천이 없으며 신성하다. 걸인의 구걸하는 일도 신성하다. 비록 신발과 엉덩이가 닳아 떨어진다 할지라도 살아내야 하기 때문이다. 함박눈이 내린다. 바퀴에 깔려도 신음소리 하나 없다.[8]

4   빌라도를 존경하라.

"**진리가 무엇인가?**"라는 빌라도의 질문은 라틴어의 "에케 호모"(*Ecce Homo*), 이 "인간을 보라."는 것과 동일하다.[9]

빌라도 앞에서 "진리가 무엇인가"라는 의미는 "여기, 내 바로 앞에 서 있는 그리스도 안에서 진리, 즉, 세상 속에 있는 진리를 너희는 볼 수 있다"라는 뜻이다.[10] 재판을 받는 자는 누구인가? 빌라도 앞에 서 있는 그리스도가 그와 세계를 재판하는 심판자이다. 빌라도와 세계의 인류들이 재판을 받는다. 완벽한 직접성의 반전이다. 이교도들은 결코 빌라도보다 진리에 더 가깝지 않다. 진리와 더 멀어진 그들이 진리를 십자가에 못 박았다.[11]

빌라도의 아내는 자신의 꿈 때문에 심각한 고민에 빠졌다. 그래서 남편의 그리스도에 대한 유죄판결에 대하여 반론-"이 사람을 손대지 마세요."-을 제기했다.[12] 그러나 빌라도는 그 날 꿈을 꾸지 않았다. 만약 빌라도가 그리스도에 대한 유죄결정을 내리지 않는다면, 그는 황제의 친구가 될 수 없다. 그리고 빌라도는 예수에게 유죄결정을 내린다. 정말 놀라운 것은 꿈을 꾼 빌라도의 아내가 꿈을 꾸지 않은 빌라도보다 더 많은 의식이 깨어 있다.[13] "이 사람은 죄가 없다. 그러므로 나는 이 사람을 응징할 것이다." 이 얼마나 이상한 결론, "그러므로"인가! 빌라도는 3번씩이나 이 말을 되풀이했다.[14]

"이 사람은 죄가 없다. 그러므로 나는 이 사람을 매질로 응징할 것이다."[15] 빌라도의 3번의 "그러므로"는 이상한 쉼표이다. "기독교 세속주의에 빠져 있는 사람들보다도 빌라도는 존경할 만하다. 적어도 빌라도는 그리스도의 친구가 되는 일로부터 그 어떤 이익을 챙기지 않았다."[16] SK는 그리스도와 빌라도를 하나님과 인간, 이상적 인간과 실제적 인간으로 비교한다.[17]

빌라도는 예언자이다. 복음의 세계화를 위하여 최초로 다리역할을 한 인물이다.[18] 그가 빌라도 아내의 꿈 이야기에 대한 해석에서 빌라도보다 그의 아내 프로클라(Procla)가 더 낫다고 평가한다. 그리스도는 세상일에만 열중한 베드로에게 "사탄아 물러가라"[19]라고 비판을 했던 것처럼, 프로클라도 역시 예수의 죽음을 방해하는 사탄의 역할을 하고 있다. 그러나 빌라도는 예수가 가는 길을 방해하지 않았다. 그의 "그러므로"는 이상한 결론이 아니다. 정당하고 타당하다. 그의 아내 프로클라는 에덴동산의 이브처럼, "데이터"를 의미하는 "선악과"[20]에 대한 잘못된 정보를 흘림으로써, 잠시 동안 남편으로 하여금 혼돈을 일으키게 한다.

예수의 재판은 정치적 재판이었다. 빌라도는 "현명한 바보"였다.[21] 유대인들의 "십자가에 못 박으라"는 외침을 무시하고 예수의 신병인도를 로마에 보냈어야 했다. 그 결과로 이 세기적인 재판은 새로운 변수(?)를 맞이했을 것이다. 그럼에도 불구하고, 하나님의 섭리, 즉 반드시 죽어야만 하는 운명과 그 목적성에 반기를 든다면, 예수의 입장에 선 모두 "사탄들"이다. 역설적으로, 유대인들의 "십자가에 못 박으라"

는 외침은 진정 하나님의 섭리와 뜻에 순응하는 "헬퍼들" 울림이었다.

인생은 연극 무대, 인간은 무대 위에 올라선 배우일 뿐이다. 하늘의 뜻을 순종하며 받드는 과정에서, 악역을 담당하는 사람들조차 인류구원을 위한 하나님의 시나리오에서 단순한 배우역할을 할 뿐이다. 빌라도는 공범자, 배신자가 아니다.

빌라도와 프로클라는 예수의 신성을 인정했다. 시나리오 각본대로, 유대종교지도자들의 압력에 의하여 예수를 십자가에 못 박게 했을 뿐이다. 로마로 돌아간 빌라도는 티베리우스(Tiberius) 황제 앞에서, "예수는 우리가 섬기는 모든 신들보다도 더 위해했다"라고 선언한다. 이같은 선언에 대해 티베리우스 황제는 분노를 폭발하게 되며, 빌라도를 참수형에 처한다. 빌라도가 참수형에 당하자, 천사가 그의 머리를 들고 하늘로 올라간다. 이 광경을 옆에서 목격하고 있던 아내 프로클라는 기쁨에 가득 차 갑자기 숨이 멈춰 죽게 된다.

빌라도는 예루살렘에 있을 때, 예수에 대한 재판처리과정에 대한 사과문을 발표한다. "주님, 사악한 유대인들 때문에 우리를 죽이지 말아주시옵소서. 불법한 유대인들의 민족이 아니었더라면, 나는 당신을 반대하지 않았을 것입니다. 왜냐하면, 유대인들은 나에 대한 반항으로 반란을 기획했기 때문입니다. 나는 무지한 가운데 행동했다는 것을 당신은 아실 것입니다. 그러므로 이 죄 때문에 나를 죽이지 말아 주십시오. 그러나 당신은 십자가에 못 박혀야만 한다는 예언을 가르쳐 주었으며, 나와 마지막 죽음의 순간에 함께 하고 있는 당신의 여종, 나의 아내 프로클라를 용서해 주십시오. 나의 죄 때문에 그녀를 책망하지 말아주십시오. 그러나 우리를 용서해 주시고 당신의 의인들 가운데 들어가게 해주십시오."

하늘에서, 빌라도를 구원하는 목소리가 들려온다. "이방인의 모든 세대와 족속들은 너를 복 있는 사람이라고 부를 것이다. 너의 통치하에서 예언자들이 예언한 모든 것이 성취되었기 때문이다. 그리고 너는 내가 다시 강림할 때, 나의 증인으로 다시 등장할 것이다. 내가 이스라엘의 12부족을 심판할 것이며, 나의 이름을 부르지 않는 자들을 모두 심판을 받을 것이다."[22]

빌라도의 개종과 그리스도교 복음화에로의 변화는 *가말리엘 복음* (*The Gospel of Gamalial*)에서 절정에 달한다. "빌라도와 그의 아내는 스스로 예수를 사랑했다. 빌라도는 사악한 유대인들을 만족시키기 위하여 그를 매질했을 뿐이다. 그 결과 빌라도와 프로클라의 마음은 예수에게 더 호의적으로 변했다. 그들은 예수를 사형선고 없이 내주었다."

유월절 명절이 되기 하루 전, 변호사도 없이 정당한 재판을 받지 못하고 예수를 처리하는 빌라도의 재판방식 때문에, 예수가 빌라도의 꿈에 나타난다. "빌라도여, 그대가 나를 매질했다는 것 때문에 우는 것이냐? 두려워 말라! 네가 십자가에 기록한 것이 실재로 성취되지 아니했느냐!"

빌라도는 재판을 한 것이 아니다. 예수를 십자가에 처형하도록 허용한 것은 오직 유대인들에게 그 책임을 돌리는 의도였다. 빌라도는 징검다리였다. 그의 정당성을 어디에서 찾을 수 있는가? 그는 복음의 세계화를 위하여 로마제국을 변화시키게 한 디딤돌이다. 그리스도인

들에 대한 박해와 핍박을 중단시키는 초석이 되었다. 이것은 결코 놀라운 일이 아니다.[23]

빌라도가 예수에 대하여 기록한 십자가상의 3개국 국제공통어, 히브리어, 헬라어, 라틴어의 명패들-"**유대인의 왕 예수**"-을 보라. 이 명패들에 불만을 품은 유대 종교지도자들은 항의한다. "자칭, 유대인의 왕이라 쓰십시오." 빌라도는 일언지하에 거절했다. "나는 쓸 것을 썼노라."[24] 진리 앞에서 진리를 찾았던 빌라도! 인성으로 신성을 감당할 수 없었던 빌라도! 진리의 부채를 짊어진 그 빌라도는 '**그리스도의 도반**'이었다. 십자가의 명패로 국제적인 최초의 선교사가 되었다. 빌라도는 세계 복음화를 위한 최초의 예언자였다.

롤랑은 *장크리스토프*에서, "아무것도 하지 않는 사람들은 결코 착각하는 일이 없다. 그러나 살아있는 진리를 향해 노력하는 사람의 과실은 죽은 진리보다 훨씬 풍부한 결실을 맺는다." 나는 살아있는 돌, 그리스도의 도반이라고 할 수 있는가?

책망하는 산들바람 소리에 귀를 기울이라. 그 소리가 분명히 존재한다. 그 소리를 듣지 못하는 자는 가엾은 인간이다.[25] 지루하기 그지없는 소음도 멀리 떨어져서 들으면, 우리의 천박한 삶을 풍자하는 당당하고도 감미로운 음악처럼 들릴 수 있다.

5   지금도 종교재판이 열리고 있다.

한스 카로사(Hans Carossa)는 *달콤한 환상의 시절*에서, "뱀의 입에서 빛을 빼앗아라."라고 충고한다. 암흑과 같은 내면의 사악한 것들을 극복하고 빛을 붙잡겠다는 지혜가 필요하다. 최소한 "우로보로스"[26)]처럼, 뱀이 자신의 꼬리를 물 수 있는 환경을 만들어, 독을 품어내지 못하도록 막아야 한다.

*BJ*에서, "용서"라는 주제에서, 종교재판에 회부된 지오다노 브루노(Giordano Bruno)의 관용과 너그러움을 그는 언급한다. 하나의 사상 때문에 화형으로 순교자가 된 브루노의 인간성에 관해서 언급한다. 그는 생명의 위험을 피하기 위하여 숨었지만, 종의 배반으로 발각이 되고 체포된다. 그러나 지금 어쩔 수 없는 위험한 상황에 놓여 있지만 행복하다.[27)]

브루노의 스토리는 군중들에 의하여 *정신병*으로 취급당하는 관대함, 너그러움이다.[28)] 이것은 마치 겟세마네 동산에서 잡히시기 바로 직전, 가롯 유다를 향하여, "친구여!"라고 다정하게 불러주시는 예수의 용서하는 마음을 연상케 한다.[29)]

브루노는 "마음이 편협하고 협소한 정통파들은 당나귀 꼬리를 예배하고 찬양한다"라고 조롱한다. 그 나귀 위에 타고 그리스도는 예루살렘에 입성했다.[30)] 이 같은 브로노의 의식은 사제로서 형식적인 도그마에 갇혀 있는 가톨릭에 대하여 저항하는 모습이다. 그는 "하나님은 치터의 연주가 가능한 인간이 아니라, 치터를 가지고 있지 않은 인간과 같다. 이것은 전적으로 하나님의 능력과 연주 사이의 관계를 아주 멋지게 묘사한다."[31] 브루노가 세속적인 종교재판에 넘겨졌을 때, 가능한 한 온화하고 평화로운 재판이 진행되기를 기대했으며, 어떤 경우에도 피를 흘리는 것을 원치 않는다. 그 결과 그는 화형에 처해진다.[32]

용서는 종종 망각과 관련이 있다. 그러나 그 본질은 무의미하며, "용서하는 것은 잊어버리는 것"이라는 대중 심리학적 훈계가 있다. 용서할 때, 잊어버리는 것을 잊어버리라. 잊어버리는 것은 실제로 가능하지도 않고 필요하지도 않다. 잘못을 용서하는 것이 그것을 잊는 것이라면, 잊어버리는 것이 비자발적인 행동이기 때문에 어떻게 자발적으로 누군가를 용서할 수 있는가? 그리고 잊을 수 없으며, 고통스러운 기억이 계속 되살아난다면, 그것이 정말로 용서 받았다는 것을 어떻게 알 수 있는가?

SK는 브루노의 '용서의 실존'과 신학에 대하여 긍정적으로 평가한다. 용서가 잊어버리는 것이라면, 결코 의도적으로 용서할 수 없다. 잊어버리는 것과 같지 않다면, 결코 용서했다고 확신할 수 없다. 진정한 용서는 잊혀지지 않은 것이 더 이상 재기할 수 없는 바다에 던져지는 것이다.

21세기에, 천주교, 개신교를 막론하고 여전히 종교재판이 열리고 있다. 진리가 아닌 도그마 전쟁으로 영혼들을 죽이며, 화형에 버금가는 폭력을 휘두른다. 작은 실수와 잘못을 눈감아 주지 못하고 정죄한다. 목자가 아닌 사제와 목사들이 양들을 판단하여 "출교"로 추방한다.[33] 양들은 목사들을 비판하며 저주한다. 이러한 사태들을 두고 **"하나님의 실수"**라고 할 수 있는가?[34] 성경을 손에 든 자들이 총을 든 자들보다 더 위험하다.

예수 그리스도에게는 도그마가 없다. 만약 있다면, 그것은 사랑과 용서이다. '가라지도 알곡과 함께 자라도록 내버려 두라.'[35] 누가 "가라지"인지, 누가 "알곡"인지 판단하는 것은 신의 위치에 서서 공개적으로 신성모독죄를 범하고 있는 것이다. **"기독교가 없어도, 사람은 누구나 성도가 된다."**[36] 죄가 많은 곳에 은혜가 넘친다.[37] 하나님, 예수그리스도, 성령은 이데올로기를 초월하여 "하나님의 형상"을 닮은 모든 인류에게 사랑과 은혜를 베푸신다.

드러내지 않은 것은 잊혀질 것이다. 그러나 잊혀진 것이 다시 나타난다. 용서하라. 용서하면, 그 실수가 다시 되풀이되지 않는다. 솔직한 고백은 신성에 다가갈 수 있다. "에포케"(*Epoche*), 판단을 중지하라! "무장된 중립성"으로 비판이나 정죄를 중지해야 한다. 최후 종말론적 시간에 맡겨라! 판단은 하늘에 소관이다.[38]

도그마란 새들이 들려주는 음악이다. 특히 개똥지빠귀는 순간의 도그마를 전한다. 순간의 교리는 곧 영원의 교리다. 영원의 교리는 곧 하느님의 존재를 인정한다. 개똥지빠귀는 플라톤이나 아리스토텔레스보다 훨씬 현대적인 철학자이다. 숲 속으로 들어가 새들의 노랫소리에 귀를 기울여라.[39]

6 카르페 디엠은 현실 도피적이다.

리처드 바크(Richard Bach)는 *갈매기의 꿈*에서, "천국이란 장소가 아니다. 시간도 아니다. 천국이란 바로 완전한 경지를 뜻한다."라고 주장한다. 그리스도의 고독한 영혼을 끊임없이 추구한 SK는 천국의 가장 내면적인 심연 속에서 고독 자체를 즐긴 철학자이다.[40] 독수리처럼, 그는 고독한 철학자였다. 홀로 인간의 손길이 닿지 않는 높은 곳에 둥지를 틀고 살아간다.[41] 홀로 자기만의 공간에서 이 독수리는 획득한 노획물을 방의 벽지 아래 집어넣고 벽지를 붙인 다음 거기에 서둘러 그림을 그려 넣고 아무도 볼 수 없게 만든다. 고립된 자아로서 획득한 노획물로 자기만의 오늘을 즐긴다.

카르페 디엠-"오늘을 즐기라"-은 실제 현실에서 행복의 수확으로 이어지는 경우는 드물다. 따라서 지금 현재의 향유를 뜻하는 "오늘을 즐기라"는 것만큼 현실 도피적인 것도 없을 것이다. 이처럼 천박한 담론도 없을 것이다. 하루의 행복을 수확하려는 욕망은 신속하게 성취되지 않는다. 그것을 나태한 침대생활로 착각하고 순간적으로 얼마든지 즐길 수 있다. 카르페 디엠은 삶의 편안함을 강력하게 기원하는 것이지만, 삶 자체가 위험해진다.

카르페 디엠은 현재가 결핍된 그 무엇이다. 쾌락과 고통 등을 유발시키는 피상적 특성을 내포하고 있다. 하루를 편안히 낭비하는 삶의 방식이 되기 때문에 존재의 막강한 힘을 발휘하지 못한다. 현재를 어떻게 하면 유지하면 좋을까? 이것에 대한 처방은 독창적인 냉정성이다. 카운터 밸런스, 균형추를 찾는 것이다. 이 균형추가 발견되면, 안분지족(安分知足)의 삶을 살 수 있다. "유토피아적 노이로제", 혹은 '유토피아적 분열증'에서 벗어날 수 있다.[42]

칼 맑스는 "**존재가 의식에 앞선다.**"라고 말한다. 그의 유물론적 유토피아는 현실 참여적 실존주의와 휴머니즘이다. 그러나 정신, 의식, 자아에 만 에너지를 쏟아 부은 SK가 본받아야 할 점이라고 본다.

*희망의 원리(Principle of Hope)*에서, 블로흐는 "모든 변질된 실존주의는 썩어빠진 주관주의나 다름없다"라고 주장하며 SK의 주체적 실존주의를 비판한다. 감정에서 나오는 모든 것은 한낱 수다에 불과하다. 그는 스피노자의 "무지의 피난처"라는 논리를 가지고 SK의 파토스를 비판한다. SK의 "절대성"은 "앞을 바라봄"이라는 의미의 희망이며, 비낭만주의적 요소를 제거한 "희망 속의 조심성"이다. 이것이 SK의 이상적 핵심사항이다. 그러나 절대성은 현재의 시간 속에서 그 가치와 사랑을 찾는 것은 실현 불가능하다. 아무런 지평이 없는 내면성만을 추구하기 때문에 전체적인 인간 구원은 불가능하다. 따라서 SK의 "카르페 디엠"은 현실 도피적이다. 거짓과 진실의 여부, 그 성취여부를 떠나서 "유토피아적 노이로제", 혹은 '유토피아적 분열증'으로 인해 현실을 외면하고 있기 때문에 블로흐는 그에게 독창적 냉정성을 요구한다. 그의 약혼파문은 현실 도피적 행각이다.

7 기독교의 공식적인 선포는 궤변적이다.

    세르반테스(Cervantes)는 **돈키호테**에서 "이룰 수 없는 꿈을 꾸고 싸워 이길 수 없는 적과 싸웠으며, 이룰 수 없는 사랑을 하고 잡을 수 없는 저 별을 잡으려 했다"고 고백한다.

    BJ에서, 왜, 고르기아스(Gorgias, BC 483?-BC 376)를 소환하는가? "궤변법, 궤변가들"이라는 제목에서, "기독교계에서, 기독교의 공식적인 선언은 궤변적이다."라고 주장한다. 기독교계가 길을 잃고 헤매고 있는 모습에 대한 강력한 저항을 표출해 왔는지 알 수 있다. 그 결과 그는 **"목사들을 피하고 공식적인 예배에 참석하지 말라"**고 주장한다. 특히 교활하고 위선적이며 타락하고 부패한 자아 모순적인 기독교계와 목사들을 비판한다.[43] SK가 살았던 19세기 중반이나 사이버, 메타버스 시대를 살아가는 21세기에도 여전히 동일한 현상들이 나타난다.

    고르기아스에 의하면, "비극은 하나의 속임수이다. 그 속임수에 의하여, 속이는 자가 속이지 않는 자보다 더 의롭게 보인다. 속이지 않는 자보다 속임을 당한 자가 더 현명하게 보인다." 이것은 연기에 관한 이야기다. 연기는 존재하며 항상 속임수가 될 것이다.[44]

    SK는 고르기아스의 비극의 개념을 공식적인 기독교에 접목시켜 비판한다. 공식적인 기독교는 하나의 속임수이며 성직자들은 하나같이 속이는 사기꾼들이다. 즉 "속이지 않는 자보다 속임을 당한 자가 더 현명하게 보인다." 설교를 들으며 앉아 있는 성도들이 목사들보다도 더 현명하다.

신은 생성과정의 신이다. 존재하는 것이 아니라 "생성화"(Becoming) 된다. '존재한다'는 것은 존재의 권능을 제한하는 실수를 범하게 된다. 이 같은 실수를 하지 않도록 신은 모세에게 "**나는 스스로 있을 것이다.**"라는 '생성화'의 정체성을 언급한다.[45] 신은 언제나 이동하며 움직이는 신이다. 결코 "명사"의 신이 아니며 "동사"의 신이다. 하나님은 붙박이 된 신이 아니라, 언제나 이동하며 움직이신다. 기독교계와 교회 안에 갇혀있는 존재의 신을 벗어나서 생성화의 신을 영화롭게 존경하며 믿어야 한다. 신은 단어와 감각이 동일한 기준으로 측정될 수 없으며, '비존재의 존재화', '존재의 비존재화'라는 두 개의 빈 괄호 속에 신의 존재화를 채우는 '과정의 신'이다. 이 같은 궤변 또한 역설적 모순의 과정이다. 그 결과, 과정에로의 '도약의 신'에 이른다. "**기독교는 존재하지 않는다.**"라는 SK의 주장은 교회 안에서 선포되는 "설교"들이 존재의 비존재화라는 '우신'(愚神)을 찬양하며 섬기는 것이라고 비판한다.

하나님은 영이시다. 바로 '비존재화의 존재화'라는 항상 역동적으로 움직이는 신의 모습을 추구해야 한다.[46]

고르기아스는 파토스(Pathos)보다는 로고스(Logos)를 선호한다. 그럼에도 불구하고, SK가 고르기아스를 소환하는 이유는 그의 궤변 속에 역설과 모순이 들어 있기 때문이다. 또한 자신의 비극적인 생의 과정은 하나의 '속임수'라는 것을 수사학적으로 표현하기 때문이다. 특히 비극적 속임수는 자신이 주장하는 자기기만과 밀접하게 연계되어 있다.

하나님은 과정의 신이다. 예수는 과정의 신이다. 성령은 과정의 신이다. 모든 것은 과정이다. 과정 그 자체가 스스로에 대한 보상이다.

8 하나님을 교묘하게 제거하는 방법

윌리엄 새커리(Thackeray)의 *영국의 속물들*에서, "추잡한 것에 대해 천박한 욕심을 부리는 인간, 그것이 속물이다"라고 주장한다.

하나님을 피하는 방법은 있어도, "하나님을 제거하는 방법"이 도대체 무엇인가? 혹시 신성모독죄에 걸리지 않는가? 결코 그렇지 않다. *BJ*에서, 토로해내는 4가지 경고들을 제시한다.

첫째, 동굴 속 교회들. 인간의 가시적인 모든 것, 특히 성전을 건축하는 일은 하나님을 기피하며 멀리하는 것이다. 그러나 디아스포라, 산산이 흩어져 갈피를 잡지 못하고 있을 때, 모인 곳이 동굴 속 카타콤이었다. 이때가 가장 하나님의 임재와 실재성을 느끼던 순간이었다. 둘째, 기념비적인 화려한 성전건축물들. 세월이 지나면서, 성직자들은 예루살렘 성전보다 더 크고 화려한 기념비적인 건물들을 세우게 된다. 중세교회들처럼, 가시적으로 가장 썩은 냄새를 풍기면서 하나님을 제거시키는 방법이다. 기독교계는 하나님으로부터 최대한 거리를 두려고 몸부림친다. 화려한 것과 정비례하여 하나님은 멀리 달아나 계셨다. 인간들의 외모 지상주의가 하나님의 자리를 대신 차지하고 지금은 그 자리가 눈요기요, 볼거리요, 랜드 마크요, 관광명소로 변해버렸다. 셋째, 자격 없는 성직자들. 성직자들이 없었을 때, 그리스도인들은 모두 형제자매들이었다. 그러나 성직자들의 수가 증가하면서 하나님은 점점 멀어지기 시작했다. 겉으로 증가하는 수가 많아질수록 하나님의 권위를 대신하게 되었다. 섬기려는 종의 모습이 아니라 섬김 받기를 좋아하는 속물근성으로 바뀌어 지고 말았다. 넷째, 괴물 같은 교리. '기독교는 완벽하다', '기독교는 성장한다'라는 구호가 단계적으로 하나님을 먼 거리의 뒷방으로 모시게 되었다. 뒷방신세가 된 하나님이 힘을 쓰지 못하자 성직자들은 조직적으로 괴물같은 교리와 교단을 조직하게 된 것이다. 하나님의 신세가 점점 무기력해지고 고립과 소외감은 날로 깊어만 갔다.

"하나님을 믿고 있는 단 한사람, 가난하고 버림받은 단순한 사람이 절대적으로 모험을 할 것이다. 그 곳에 하나님이 현존하시고, 그를 더 불행하게 만들 것이다. 하나님이 그 곳에 현존할 수 있도록 일해야만 한다."[47] 여기서 제3인칭의 그는 누구인가? "하나님 나라"의 변화와 개혁을 위해 하나님을 제거하지 않는 속물근성에서 벗어난 진정한 목회자들일 것이다.

9 하나님은 집이 필요 없다.

오웰(George Orwell)의 **동물 농장**(*Animal Farm*)에는 모세의 **십계명**처럼, "일곱 가지 계명"이 등장한다. 동물들을 의인화시킨 교훈들이다, 첫째, 두 개의 다리를 가진 것은 모두 우리의 적이다. 둘째, 네 개의 다리와 날개를 가진 것은 모두 우리의 친구들이다. 셋째, 우리들은 옷이 없다. 넷째, 우리들은 침대에서 자지 않는다. 다섯째, 우리들은 술을 마시지 않는다. 여섯째, 우리들은 다른 동료들을 죽이지 않는다. 일곱째, 우리들은 모두 평등하다. 동물들이 옷과 침대가 없다면, 이들의 집은 '있는 그대로'의 자연이다. 자연의 집 속에서 모든 동식물들이 거주한다. 여우도 굴이 있고 들의 백합들과 공중의 새들도 자연을 집과 둥지처럼 살아간다.[48]

SK에 의하면, "설교는 교회 밖에서 해야 한다." 그가 주장하는 교회는 비가시적인 교회이다. 그는 "**영적이지만, 종교적이지 않는**" *SBNR* 성도요, 신학자였다.[49] 하나님이 보시기에 성직자들과 성도들이 영적으로 문서를 위조하고 위폐를 만들고 위조죄를 범하고 있는 '**종교적이지만 영적이지 않는**' *RBNS* 위선자들이 적지 않다.[50]

하나님은 하늘에 계신다. 성전과 기도원, 교육관, 카페 등은 하늘에 계신 하나님을 조롱하며 하나님을 바보로 만든다. *우신*을 위한 목적으로 세워진 것들이다. 세상의 온갖 폭풍우를 막기 위하여 설계된 "하나님의 집"이라고 여기면서 가면무도회를 즐긴다. 그러나 하나님은 영이시다. 하나님은 집이 필요 없다. 예수도 머리를 의지할 돌베개조차 없었다.[51] 3년 동안 공생애를 살아가던 예수가 건물에 관심이 있었다면, "46년"에 걸쳐 세운 **"예루살렘 성전"**보다 더 예술적이며 아름다운 성전을 세웠을 것이다.[52] 그리스도는 하늘에서 이 땅으로 여행 온 있는 그대로의 시공간에서 만남과 헤어짐의 영적 공간이여야 한다. 지붕 뚜껑이 있는 성전은 교회라고 할 수 없다. 오늘날 "하나님의 집"이라는 교회, 성당건물들이 **"바벨탑"**처럼 치솟는다.[53] 들의 백합과 공중의 새처럼, 있는 그대로의 몸, 하나님의 성전과 더불어 찬양하며 섬겨라.

교회가 어디인가? 어디에서 하나님을 만날 수 있는가? "사람들은 종소리에 순종하여 따뜻한 교회의 난롯가에 몰려든다. 그러나 하나님은 마치 불타는 덤불숲에서 모세에게 나타나신 것처럼, 서리가 뒤덮인 덤불숲을 산책하는 나그네에게 자신을 드러내신다." 신을 만나기 가장 좋은 곳은 자연이다. 바람소리나 풀벌레 소리, 산새소리조차 멈추는 순간, 하나님의 음성을 듣는 최적의 공간이요, 다락방이요, 기도처이다. 소맷자락에 내려앉은 눈송이에서 완벽한 결정체를 보여준다.

모든 사람들은 누구나가 자신의 몸뚱이라 불리는 성전을 지어 자신이 숭배하는 신에게 바친다. 그는 자기만의 순수한 양식에 따라 성전을 건축해야 한다. 대리석을 쪼아서 그 일을 모면할 수는 없다.[54] 성령과 동행하는 내 몸뚱이가 바로 하나님의 밭이며 성전이다.[55] 내 육신 속에 들어 있는 영혼이 하나님의 안식처이다. 나홀로 하나님을 만나라. 인간의 손으로, 인공적으로 만들어진 종탑과 벽돌건물교회에는 소

음만 있을 뿐이다. 신의 음성을 듣기에 요원하다.[56]

10 기독교는 존재하지 않는다.

"기독교는 존재하지 않는다.""기독교가 없어도, 인간은 성도가 된다." 이것이 SK의 기독론이다.[57]

객관적 교리가 있다는 것은 환상, 망상의 덫에 사로잡혀 있는 것이다. 루터의 교리, 95개 조항들은 그 당시의 도그마였다. 지금은 오직 단 하나의 이론, "기독교는 존재하지 않는다." 이것은 교리적 이단도 종파 분열도 아니지만, 모든 것 중에서 가장 위험한 것이다. 이것은 기독교로부터 추방, 탈락이 될지 모른다. 이것은 신기루일지 모른다. 객관적 교리가 있다는 것을 용감하게 자랑하며 호소하고 있기 때문이다. 이 객관성의 이면에서, 목사들과 교회들은 '우리는 기독인이 아니다'라는 주체성과 분리되어 있다.[58]

기독교는 존재하지 않는다. 객관성과 상식은 진리가 될 수 없다. *CP*, *Part II*, *chapter II*에서 그가 언급하고 있듯이, **"주체성이 진리다."**(Subjectivity is the Truth). 21세기에 기독교의 문화는 180도로 변하고 있다. 오프라인에서, 로컬처치의 존재가 쇠퇴해가고 있는 반면에 온라인에서, '사이버교회', '메타버스 교회', '디지털 교회' 등의 신앙공동체들이 증가하고 있다. 메타버스 안에서, 하나님을 믿는 모든 성도들은 자신의 분신, "아바타"를 가지고 복음을 전하며 설교를 할 것이다.[59]

11   최고의 예언이 무엇인가?

예언도 유통기한이 있는가? 그 기간은 어느 정도여야 하는가? 유월절 전날, **"내가 떠나는 것은 너희에게 유익하다."**라는 예수의 말씀은 하루 24시간 만에 성취되었다.[60] 지금까지 있었던 성취된 예언 중에서, 그 유통기한이 가장 짧은 최고의 예언이다. *BJ*에서, 그리스도의 이 땅에서의 **실존**[*틸베렐스Tilvaerelse*]은 성숙한 순간에 이르러 신성의 충만함이 더 이상 개인의 **존재**[*실존들Existents*]으로서 담아 낼 수 없었던 순간이 되었다.[61] 예언적 실존이 존재의 열매로 맺히는 성취라고 할 수 있다.

산헤드린의 수장, 대제사장 가야바(Caiaphus)의 예언이 8일 만에 성취되었다. "한 사람이 백성을 대신하여 죽어서 민족 전체가 망하지 않는 것이 당신들에게 유익하다는 것을 생각하지 못하고 있소."[62] 요한의 해석에 의하면, "예수가 민족을 위하여 죽으실 것을 예언한 것이다. 민족을 위할 뿐만 아니라 흩어져 있는 하나님의 자녀를 한데 모아서 하나가 되도록 죽으실 것을 예언한 것이다."[63]

만약 6,000년 전의 예언이 지금 21세기에 이루어졌다면, 그 동안 지구촌에 살다간 사람들에게 주는 의미는 무엇인가? 예언에도 유통기한이 있어야 한다. 만약 예언이 24시간 이내에 이루어진다면, 바로 그 예언은 '하루살이'처럼, 인간들의 삶을 충격적으로 바꾸어 놓을 것이다. 탕자처럼, 아버지 집을 떠나 다시 집으로 돌아가는 예수의 나그네 여정처럼, 그렇게 진행되는 시나리오라면, 예언은 바로 그 유통기한이 짧을수록 의미가 있을 것이다. 예언의 유통기한은 씨앗을 뿌려서 꽃이 피고 열매를 맺히도록 하는 최소한 4계절의 기간이면 충족될 것이다. 만약 예수의 공생애가 3년이라면, 이 기간은 '예언오메가'의 열매를 맺기에 가장 이상적이며 넉넉한 예언기간이 될 것이다.

12   시간과 미래의 의미란

리처드 바크(Richard Bach)는 *갈매기의 꿈*에서, "가장 높이 나는 새가 가장 멀리 본다."라고 말한다. 높고 깊은 생각으로 앞날을 내다보며 살아가라는 미래의 비전에 대한 꿈을 제시한다. 시간이란 "내 생각은 본질적으로 현재시제이다."[64]

시간이란 무엇인가? 베이컨(Francis Bacon)은 "시간은 강물과 같다. 강물은 가볍고 부드러운 것들은 부풀어 오르게 하고 무겁고 단단한 것들은 가라앉게 한다."라고 말한다. 물리학자들은 '시간이 흐른다.'라고 말하지 않는다. 시간은 모든 순간이 한꺼번에 얼어버린 얼음덩어리이다. 시간이란 인간의 편의에 따라서 만들어진 인위적인 개념, 혹은 환상이다. 우리는 시간을 죽인다. 그러나 시간이 우리를 매장시킨다.[65] "시간이란 내가 낚시하려가는 시냇물일 뿐이다. 가느다란 물줄기는 흘러가지만, 영원은 남는다. 하늘에는 물고기가 있고, 늘 바닥에는 별이 총총하다.[66]

13 　 "균형"의 의미란

토마스 하디(Thomas Hardy)는 *테스*에서, "자연의 여신은 눈을 뜨면, 행복해질 수 있을 때, '보라!'고 말해주는 경우가 거의 없다. 또 '어디에 있느냐?'라는 외침에 대해서도 '여기에 있다!'라고 대답해 주는 일이 거의 없다. 나중에는 그 숨바꼭질이 지겹고 진부한 것이 되어 버린다."라고 묘사한다.

세상에는 "균형"이 있다. 하나님은 어느 분에게는 기쁨을, 다른 분에게는 눈물을 흘리게 한다. 그리고 가끔씩 쉼을 허락하신다. 그러나 무지개가 맑고 푸른 하늘보다 더 아름답다. 눈물로 시야가 흐려진 눈속에서 하나님은 훨씬 더 아름답게 그 자신을 반영시킨다.[67] *BJ*에서, 그의 영성은 '파토스의 눈물이요', '파토스의 신앙이요', '파토스의 신학이다.' 인간의 운명적 아이러니, 새옹지마(塞翁之馬)의 스토리를 연상케 한다. 결코 내일 일을 자랑치 말고 겸손하라.

14   "단독자" 사상은 어디에서 패러디한 것인가?

예수 그리스도는 책 한 권도 남기지 않았다. 땅에다 손가락으로 그 뭔가(?)를 두 번 썼을 뿐이다.[68] 그러나 **도마 복음서**에는 *예수가 편지를 썼다*는 기록을 남긴다. 이 책에서, 4세기 초, 팔레스타인의 카이세아리아의 주교, 에우세비우스의 주장에 의하면, AD. 50년에 죽은 에데사의 왕 아브가루스(King Abgarus of Edessa)는 예수와 동시대 인물로서, 그가 예수 사이에 주고받은 편지가 존재한다. 에데사 시의 공공등록부와 기록을 시리아크 언어로 쓴 것을 발견하여, 그가 헬라어로 번역한 것이다.

SK는 왜 아브가루스 5세(Abgarus V)를 언급하는가? 예수와 아브가루스 왕과 주고받은 편지 때문이다. 아브가루스 왕이 예수에게 보낸 편지의 내용은 다음과 같다: 첫째, 약과 약초 사용하지 않고 행해지는 치료법을 안다. 둘째, 장님, 절름발이, 나병을 치료, 부정한 정령과 악마를 내쫓은 것을 알고 있고 건강을 회복시킨 보고가 있다. 셋째, 그대가 하늘에서 내려온 하나님이며, 하나님의 아들이라는 것을 안다. 넷째, 그러므로 나는 당신에게 편지를 쓴다. 여행의 수고를 덜어주고 나의 병을 고쳐 주기를 바란다. 나는 유대인들이 그대를 비웃는 것을 듣고 있다.

아브가루스 왕의 편지를 받은 예수는 3명의 초청을 거부하면서 그 대신 편지를 썼다:

> 아브가루스 왕이여, 그대는 보지 못한 나를 믿었으니 행복하다. 나를 본 사람은 나를 믿지 말며, 보지 못한 사람은 믿고 살지도 모른다. 나를 두고 쓴 것이다. 나는 이 나라에서 사명을 다해야 하고 그 후에 나를 보낸 그에게 다시 전달되어야 한다. 그러나 내가 승천한 후에 나의 제자 가운데 한 사람을 보내서 너의 병을 고치고 너에게 생명을 줄 것이며 그 모든 것이 너와 함께 있을 것이다.[69]

SK의 단독자 사상은 **도마복음서** 제16장, "평화와 충돌"에서 추론한 것이다. 그는 그의 형과 누나들의 가족사의 비극과 함께 자신이 사생아라는 의식으로 가정이라는 공동체에 의심을 갖게 되었다. 아버지와 어머니를 의붓 부모들, 계부들이라고 생각한다. 이러한 생각은 아버지와 어머니, 자신의 출생비밀에 대한 의혹과 **도마복음서**의 "그들은 홀로 설 것이다"라는 메시지에 천착한다.

마태와 누가의 메시지-"너희는 내가 땅위에 평화를 주러 온 줄로 생각하지 말라. 평화가 아니라 칼을 주어 왔다. 나는 아들이 제 아버지를, 딸이 제 어머니를, 며느리가 제 시어머니를 거슬러서 갈라서게 하러 왔다. 사람의 원수가 제 식구일 것이다."에서 "홀로 설 것이다"라는 '외톨이'의 정체성을 생략해 버렸다.[70]

여기서 "홀로 설 것이다"라는 것은 가족 공동체에서 벗어나는 가출이다. 하나님 앞에 홀로서는 **"코람데오"**(Coram Deo)-**"하나님 앞에 서 있다."**-의 상황을 만들어 간다. 예수도 가족들을 뒤로한 채, 가출했었다. 코람데오의 단독자, 외톨이는 예수 자신의 정체성이다.

SK는 "목회세미나에서 행한 설교"[71]-빌립보서1:19-25-에서, 단독자의 위치를 제3인칭으로 표현한다. "우리가 한 몸의 지체들이라 할지라도 *여전히 홀로 서있다*는 것과 여러분 안에는 내적 생명이 있다."[72] 단독자는 자기중심주의자이다. 그의 상황은 영광스런 입장이 아니라, 가공할 만한 고통의 자리이다.[73] 그는 내외적으로 십자가의 고통이 따른다. '홀로 하나'라는 의미는 여호와 하나님이 유일신이라는 정체성을 보여준다. 물론 예수 그리스도까지도 적용된다.[74] "주께서만 홀로 그 백성을 인도하셨다. 다른 신은 옆에 있지도 않았다."[75] 여호와 야웨도 단독자이시다. 오직 야웨에게만 윙크하라, 한눈팔지 말라.

윌리엄 시드니 포터(William Sydney Porter)는 *마지막 잎새*에서, "현자의 선물"을 언급한다. 주인공은 붉은 벽돌에 달라붙어 항상 높은 곳을 향해 올라가려는 한 그루의 담쟁이덩굴과 연합하여 폐병으로 죽어가는 젊은 여성의 생명을 살려낸다. 결국 '주는 것'은 이타적 사랑과 함께하는 '**죽음의 선물**'이다.[76] 이웃의 타자성을 생각할 때, 물질을 초월하여 자신의 목숨까지도 희생시키는 선물이다.

SK는 "주체성이 진리다"라고 주장한다. 그러나 레비나스(Levinas)는 "전체성이 진리다"라고 반박한다. 주체성과 전체성에는 그 나름의 갈피들이 존재한다. 레비나스에 의하면, 인간은 자신의 주체성과 결별을 선언하고 자신의 감옥에서 탈출할 수 있다. 그 결과 이웃이 보이며 타자를 향하게 된다. 이 타자성을 통하여 자아가 무엇인지 자신의 정체성을 알 수 있다.

SK와 레비나스의 '이웃개념'은 그 결을 달리한다. 전자는 도매금으로 팔려가는 전체성으로 이웃과 거리가 멀다면, 후자는 소매금으로 이웃과 가깝다. 전자의 이웃은 역설적으로 자아이론으로서 전체성의 개념이라면, 후자의 개념은 환대이론으로서 역설적 주체성이다.

이러한 주체성과 전체성의 틈새 속에서 이웃들은 원치 않게 신음하고 있다. 우리의 이웃은 누구인가? "**네 이웃을 네 몸처럼 사랑하라**"는 그리스도의 말씀에 비추어, 이념적 이웃과 실존적 이웃 중에서 어느 것이 더 그리스도의 이웃에 접근하고 있는가?

　SK의 이웃은 누구인가? "인간은 자기 자신이 가장 가까운 존재이다." 즉, "인간은 자기 자신이 이웃이다."[77] 결국 이웃은 자신의 이웃이다. 그에게 인간이라는 타자성의 이웃은 '이차적으로' 존재한다. 왜냐하면, "나"라는 자아가 동시에 그 자체이며 그 이웃이기 때문이다. 그러나 이 주체성에 함몰되면, "선한 사마리아인"이라는 타자성의 이웃을 만나기가 어렵다. 설령 만난다 할지라도 도피만이 살길을 추구하는 제사장이나 레위인처럼 줄행랑을 칠 것이다.[78] 그래서 그는 "**자아의 예언자**"이다. 그는 고독하다. 외롭고 쓸쓸하다. 우수에 가득 찬 외톨이다. 자기 자아가 바로 이웃이기 때문에 그에게는 이웃과 친구가 거의 없다.

　SK의 이웃개념은 다양하다. 첫째, 소크라테스의 "추한 것"에서 출발한다. 소크라테스는 "추한 것"이 바로 이웃이다. "추한 것을 사랑하는 것"이 기독교의 사랑의 출발이며 윤리적 대상이다. 둘째, 물리적으로, 거리상 가까운 곳에 사는 사람이다. 셋째, 심리적으로, 자아가 가장 가까운 이웃이다. "가까운 곳에 사는 이웃이 그대 자신보다도 가까울까?"라고 반문하다. 넷째, 이웃의 개념은 자기 자신의 중복이다. 다섯째, 이웃은 모든 사람이다. 평등의 진리와 진정성에서, 이웃은 "타자"이다. 그리고 수천 명이든, 한 명이든 차이가 없다. 만약 한 사람이라도 타자가 된다면, 온 인류가 다 이웃이다. 그러나 율법을 실천하기 위해서는 한 사람으로 족하다. 여섯째, 이웃은 자기애이다. 자기애는 홀로 있어야만 한다. 만약 두 사람이 있다면, 자기 아닌 상대방이 곧 이웃이다. 만약 백만 명이 있다면, 그들 하나하나가 다 우리의 이웃이다.[79] 일곱째, 철학자들의 이웃은 타자성이다. 타자적 존재이다. 즉 자기애 속에 빠져 있는 이기주의자가 시험을 받는 존재이다. 따라서 추상적 사유의 이웃이란, 존재하지 않는다. 여덟째, "선한 사마리아인"에 등장하는 이웃은 일반적인 이웃이다. 가장 다급하게 그 무엇의 도움을 받을 수 있는 사람이 이웃이다. 즉, 그가 즉시 의지할 수 있는 사람이 아니라, 그 자신 스스로 이웃이 되어 준 사람이 이웃이다. 아홉째, 내가 의무를 지고 있는 상대방이 바로 그 사람의 이웃이며, 내가 그에게 의무를 다할 때, 내가 그에게 이웃이 된다.

레비나스의 이웃은 타자를 향한 존재론적 모험의 대상이다. 내 바로 앞에, 뒤에, 좌우로, 위아래로 근접해 있는 이웃들이 타자성의 이웃이다. 고통당하는 바로 너, "선한 사마리아인"이라는 타자성의 이웃을 말한다.

하나님은 외부로부터 와서 주체의 사유에 충격을 가하시며, 주체로 하여금 끊임없이 자신의 사유를 넘어서도록 부추기시는 분이시다. 하나님이 타자성을 통해 자신을 드러내시기 때문에 타자나 이웃에 대한 윤리적 관계를 맺을 수 있다. 따라서 하나님은 전적인 타자이며, 하나님의 현현은 실존적으로 타자를 환대하는 일이다. 구체적인 현장은 예수 그리스도의 '사회보장복지정책'을 통하여 나타난다. 굶주린 자, 목마른 자, 나그네 된 자, 옷이 없는 자, 환자, 감옥에 갇힌 자 등 고통 받는 이웃들의 얼굴을 통해 나타나신다.[80] 타자의 얼굴을 통하여 스스로 그 고통을 받으며 그 자리에로 낮아질 때, *케노시스 데이*(*Kenosis Dei*)

흔적을 보여 준다.[81]

이 같은 흔적은 이방인들까지도 절대적 환대를 지향해 간다. 데리다의 **환대이론에 관하여**에서 "어떤 나라에서는 집 안에 맞이하는 이방인은 하루 동안 신이다." 주인은 자기 집에서 더 이상 주인일 수 없다. 이것은 고통 받는 나그네는 물론 적대적 감정을 지니고 있는 원수까지도 수용해야만 한다. 다만 "선한 청지기"의 역할과 위험을 감수할 수밖에 없는 자기희생적 이타성이 요청된다.[82] 그러나 SK의 자아의 주체성과 전체성은 이웃과 거리가 멀다. 실존적으로 고통 받는 이웃을 찾아나서는 발품과 손품이 보이지 않는다.

나와 이웃은 비대칭적이다. 그럼에도 불구하고, 복음에 빚 진 자로서, 이웃에 대한 '대칭'을 시도함으로써 사랑과 사회적 자본의 빚을 갚아야 한다.[83]

사랑은 동시에 열리는 두 개의 문이다. 하나님을 사랑하는 것과 이웃을 사랑하는 문이다. 한쪽 문을 열지 않고 다른 쪽 문을 열 수 있다는 것, 한쪽 문을 닫지 않고 다른 쪽 문을 닫는 것은 불가능한 일이다. 어려움에 처한 이웃들을 보고도 마음의 문을 닫는 사람은 '누락의 죄'를 범하는 동시에 하나님을 몰아내고 문을 닫는 사람이다. 나그네들을 무조건적 타자성으로 환대했던 아브라함처럼, 문을 열 수 있다면, 삶의 놀라운 변화가 발생할 것이다.[84]

마음은 신의 선물이 아니다. "인간은 어릴 때부터 그 마음의 생각이 악하기 때문이다."[85] 마음은 제 갈 길을 가기 때문에 신의 마음도 한탄하고 근심하며 걱정하신다.[86] 영혼은 신의 선물이다. 마음이 가는 제

갈 길을 억제하며 다스린다. 영혼이 그대의 주인이 되고 있는가?

16 부자로 죽기 위해 가난하게 산다.

존 번연(John Bunyan)의 옥중에서 쓴 작품, **천로역정**에서, "지갑은 부풀고 영혼이 메말라 있는 것은 큰 저주를 받은 표시이다."라고 묘사한다. SK는 "하나의 환상"이라는 표제어에서, 모든 사람은 평생을 조롱당하고 비웃음 당하며 핍박을 받으며 *가난해야* 하며 감옥에 갇히고 살육을 당해야 한다. 세상에서 버림을 받도록 삶을 살아갈 권리를 가지고 있다.[87]

"**나 자신에 관하여**"라는 표제어에서, SK는 "*가난하게* 살 수 있는 능력을 나는 가지고 있지 못하다. 항상 인정하고 있듯이, 나는 사적인 수단의 혜택을 가지고 있다. 이것이 모든 것을 바꾸어 놓았다. 만약 내가 가난하게 사는 것이 동정을 받는다면, 그것이 두려워진다."[88]

기독교는 교리가 아니라 실존이다. 사회적 약자들에게 무관심했던 그는 가난 속에서 허덕이며 살아갈 자신이 없었다. 캘빈(John Calvin)은 자신이 돈을 벌 수 있는 많은 기회가 있었으며 실상 갑부였지만, 실제적으로 가난하게 살았다. 여기서 권력에 대한 자아포기는 이중적 위험이 따른다. 그가 재벌이면서 가난하게 살기를 원했기 때문에 도처에서 중상 비방하는 소리를 들었다.[89] 캘빈과 SK 사이의 중요한 차이점은 실존적인 가난에 대한 관점이다. 전자는 실제적인 가난을, 후자는 명목상의 가난을 주장하면서 가난을 회피하고 있다.[90]

에라스무스는 "**사람은 너무 탐욕스러워서 부자로 죽기 위해 가난하게 산다.**"라고 주장하면서 부자들을 조롱한다.[91] 에라스무스는 사회적 약자들에 대한 실존적 관심을 가지고 있었으나, SK는 이들에 대하여 거의 관심이 없었다.

찰스 디킨스(Charles Dickens)의 소설, *크리스마스 캐럴*(*A Christmas Carol*, 1843)의 주인공, 수전노 스크루지 영감을 연상케 한다. '부자로 죽기 위해 가난하게 살고 있는' 사람들이 적지 않다. *부자로 살기위해 가난하게 죽어야 할 것이다.*[92]

경제적 속박이 없는 단순한 자연생활 속에서 인간은 얼마나 자유로울 수 있는가? 소로는 *월든*(*Walden*. 1854)에서, "나의 계획은 가난하게 사는 것이 아니다. 단지 먹고 사는 일에 대부분 시간을 소비하면서 살고 싶지 않을 뿐이다. 만약 돈을 쓰는 방법을 아는 사람이라면, 절대로 돈 버는 데 시간을 다 바치지 않을 것이다."라고 고백한다. 소로가 금욕주의를 추구했던 진정한 금욕주의자라면, SK는 사치와 방탕을 일삼은 "어플루엔저", 부자병에 걸린 탕자였다.[93]

17   진정한 공동체는 무엇인가?

SK는 아리스토파네스(Aristophanes)의 문학성을 다음과 같이 인정한다. "문학적 경멸의 개념은 다음과 같이 특징 지어 질 수 있다. 일종의 재능이 있다고 해도, 그것은 아이디어에 대한 정당성이 없으며, 삶에 대한 관점이 없으며, 비겁하고, 탐욕스럽다. 따라서 익명이 자연스럽게 발생한다. 그 차이를 제대로 보려면, 그리스의 붕괴와 아리스토파네스의 희곡을 대조적으로 생각해보라. 아리스토파네스는 하나의 사상에 대한 권위를 가지고 있으며, 그의 천재성은 현저하며 개인적인 용기에 의해 고양된다."⁹⁴⁾

*BJ*에서 인용하고 있는 작품은 *말벌,새*이다.⁹⁵⁾ 특히 아리스토파네스는 *새*라는 작품은 굴뚝새를 왕으로 내세워 바벨론과 같은 **"구름뻐꾸기나라"**, 도시국가를 건설하여 인간들과 신들의 횡포에서 벗어나고자 시도한다. 이 유토피아의 목적은 신앙공동체, 교회, 종교집단들이 무엇을 해야 하는지를 비유적으로 제시해주면서 현대의 '진정한 공동체'가 무엇인지를 경고해준다. 어우렁더우렁 더불어 살아가는 모습이 중요하다는 것을 보여준다.⁹⁶⁾

로렌스(David Herbert Lawrence)의 *아들과 연인*에서, "새는 가고 싶은 곳으로 가려고 하여 날고 있을 뿐이다. 하늘을 나는 것이 영원으로 이어진다고 생각해서 날고 있는 것이 아니다."라고 지적해준다.

새들을 의인화시킨 이 *새*는 개인의 개성을 절대화시키지 않는다.

공동체로서 집단을 어떻게 형성하며 살아갈 것인가를 고민한다. 지상에서 올라오는 모든 제물의 향기를 차단하고 인간들을 공격한다. 겉으로 그럴듯한 종교인들, 돈에 눈이 어두워 부모를 몰라보는 불효자식들, 뇌 속이 텅 빈 학자들, 이치를 망각하고 법을 농락하는 재판관들, 입으로 자기부정을 외치면서, 실존적으로 자기를 부인하지 않는 자들이 새들의 왕국으로 들어오는 것을 단호히 거부한다.

만약 눈에 보이는 가시적인 교회가 있다면, 그 신앙공동체는 가정교회이다. "당신의 집이 하나님의 집이 되어야 한다." 특히 집이라는 공간 중에도 "거실"[97]이야말로 공동체 중의 공동체이다. 거실은 모였다 각자의 방으로 흩어지는 생활공간이다. 거실이 없는 진정한 공동체는 바로 자신의 '몸'이다. 인간의 몸이 성령이 내재하는 진정한 '성전'이다.[98]

18 코로나-19와 콜레라

찰스 부코스키(Charles Bukowski)는 *빌어먹을 소년시대*에서 "나는 인간을 싫어하는 것도 여자를 혐오하는 것도 아니지만, 혼자 있는 것이 좋았다. 작은 장소에 혼자 앉아 있는 것이 마음이 편하다. 나 스스로와 항상 즐겁게 사귈 수가 있다."라고 고백한다. '나홀로의 고독'은 조금도 불행한 것이 아니다. 고독을 즐기지 못하는 자는 자립은 있을 수 없다.

　SK는 "콜레라의 의미"에서, 역병의 의미를 다음과 같이 언급한다: 콜레라의 의미는 인간들을 훈련시키는 경향이 있다. 전쟁이나 다른 어떤 재앙의 훈련이 아니다. 그것들은 인간들을 함께 모이게 한다. 그러나 역병은 개인에게로 전염되어 단독자가 되게 하며, 신체적으로 그들을 가르친다.[99]

　사실, 2020년, "사회적 거리두기"는 '신체적 거리두기'로 표현하는 것이 맞다. "뭉치면 살고 흩어지면, 죽는다."라는 담론이 진리라고 한다면, '뭉치면 죽고 흩어지면 산다'라는 담론, 역시 진리라고 할 수 있다. 21세기 코로나-19가 새로운 환경에서 새로운 돌연변이 "단독자"(A Single Individual)를 창조해 냈다.[100]

　최초 신앙공동체, 교회는 '모였다 흩어지는' 비가시적 공동체였다. 고정된 시공간이 아니라, 유동적인 시공간의 공동체였다. "단독자"는 '신체적 거리두기'의 가장 독창적인 담론이며, 바이러스와 유혹에서 벗어날 수 있는 최첨단의 방어기제이다. 단독자는 나홀로의 "방화벽"이다. 코로나-19로 인한 지구촌의 신음소리는 단독자의 환경을 무시한 결과라고 해도 과언이 아니다. 단독자는 언택트의 상징이다. 이러한 관점에서, SK는 예언자요, 선지자였다.[101]

19 겨울의 미학

셸리(Percy Bysshe Shelley)는 "서풍부"(Ode To the West Wind)에서 바람을 향하여 예언의 나팔이 되어달라고 간청하면서 "겨울이 오면, 어찌 봄이 멀 수 있으랴!"라고 노래한다. 계절에 순응하며 사는 것이 하늘의 뜻이다.

"겨울은 여름의 생략형이다."[102] 그러면, 여름은 겨울의 생략형인가? 그렇다! SK는 인간의 시간, 계절, 세월의 "크로노스"(chronos)를 가지고 밀당을 한다. 인생의 겨울을 여름처럼 살아라! 인생의 여름을 겨울처럼 살아라! 하늘의 시간, "카이로스"(kairos)를 기대하며 살려는 몸부림에 박수를 보낸다. 계절의 도약에 서풍이 분다.

봄은 펄떡이는 한 마리 물고기와 같다. 삶과 죽음이 다른 만큼이나 겨울과 봄은 다르다. 겨울이라고 불리는 위대한 옛 시, 여름이 지나면, 다시 겨울이 온다. 자연은 이러한 리듬을 매우 좋아해서 아무리 반복해도 싫증을 내지 않는다.[103]

20 인간은 지푸라기에 걸려 넘어진다.

셍키에비치(Henryk Sienkiewicz)의 **쿠오바디스**에서, "쿠오바디스 도미네?(Quo vadis, Domine?)", "주여, 어디로 가시나이까?"라고 베드로에게 묻는다.

기독교는 인간의 지혜가 아니라 하나님의 명분이다.[104] 베드로가 그리스도를 부정하고 한 소녀를 두려워했다.[105] 베드로는 지푸라기에 걸려 넘어졌다. 그는 가야바의 두 하녀들의 입에서 나오는 고발–"당신도 저 갈릴리 사람 예수와 함께 다니던 사람이지요?", "이 사람은 나사렛 예수와 함께 다닌 사람입니다."–을 두려워했던 그는 사도로서 그리스도를 배반한다.[106]

"물에 빠지면 지푸라기라도 잡는다." 베드로는 물에 빠져 허우적거린다. 가느다란 지푸라기라도 잡지 못하고 도피한다. 결국 믿음의 집은 "폭풍 때문에 무너지는 것이 아니라, 모래 위에 짓기 때문이다."[107] 기독교 박해를 피해 도피하던 베드로에게 그리스도가 나타나 "네가 내 백성을 버렸으니 내가 가서 다시 십자가에 매달려야겠다."라고 순교를 명한다.

에밀 졸라(Emile Zola)는 1898년 1월 13일자 신문 로로르(L'Aurore) 지에서 "나는 고발한다."라고 밝힌다. 나는 진실과 정의를 위하여 배반한 나를 고발하고 있는가?

21 "어찌하여 나를 버리시나이까?"

나다니엘 호손(Hawthorne)은 *주홍글씨*에서 인간의 힘으로는 숙명을 어쩔 수가 없는 **"어두운 필연"**을 언급한다.

*출애굽기*에서 하나님은 모세에게 자신의 신비스런 이름-**"나는 나다."**(I am that I am)[108])으로 존재와 실존을 언급한다. "나는 나다"라는 여호와의 언급은 "술어가 없는 존재"로서 최고의 존재를 의미한다. 따라서 이 은유는 인간의 부적절한 질문에 대한 가장 멋진 신의 응답이다.[109]) 모든 인간의 해석을 불가능하게 만드는 '신의 목소리'이다. 이해 불가능한 존재에 대하여 믿게 하는 방법론적 선택으로 하나님은 바로에게 10가지 기적을 '실존적으로' 보여준다.[110])

이 '신의 목소리'는 모든 사상에 대한 최고의 원리이다. 유어 반복적으로 "내향적 무한성"을 의미한다. 최고와 최저는 유사성이 있다. "나는 나다"에서 두 개의 "나"라는 유사반복은 무한대이며, 다른 것들은 잡동사니 쓰레기가 될 수 있다.[111])

아들의 목소리를 아버지는 왜 외면하시는가? 이 땅에서, 아들이 33년의 세월보다, 81세 이상까지 살도록 가만 두지 않으신다. 아버지는 아들에 대한 인간적인 동정심을 허락지 않으신다. 군중의 목소리에 아버지는 아들에게 사약, **'죽음의 잔'**을 허락하신다. 그러나 "군중의 목소리", 즉 "하나님의 목소리"에 예수는 순종하여 십자가를 기꺼이 짊어지신다. 예수의 목소리보다 군중의 목소리에 하나님은 손을 들어 주신다. 이것은 인류를 위한 아버지와 아들의 공동구원 사역이다.

겟세마네 동산에서, '**죽음의 잔**'을 피해달라고 간청했던 예수의 목소리-"아버지여 나의 영혼을 당신의 손에 맡기나이다."[112]-는 "하나님의 목소리가 아니다." 이 목소리는 순수한 인간 예수의 목소리이다. 그러나 신과 인간의 목소리라고 이분법적으로 분류하면, 신-인을 부정하는 결과를 초래할 수 있다. 예수는 신이다. 아니다. 예수는 인간이다. 아니다. 예수는 삼위일체 하나님이시다. 아니다. 누구의 목소리가 맞는 것인가? SK의 이러한 표면적인 주장은 인간 예수의 삼위일체의 하나님을 부정하기 쉽다.

"**나의 하나님, 나의 하나님, 어찌하여 나를 버리시나이까?**"[113] 이 고통의 원형이 무엇인가? 그리스도를 따르며 모방하려는 사람들을 위로해 주고 있는가? 이 최후의 말씀은 인과응보로 이해되었다. 기적의 권능을 가진 인간 예수는 신과의 관계성을 상실한 것이며, 극단적으로 소멸에 가까운 최후의 이 비탄은 신-인 사이에 존재하는 골 깊은 분열의 파토스이다.[114]

이 최후의 고백은 궁극적인 자유의 영적 시험이며 고통의 자유이다. 그 버림의 고통은 강제가 아닌 스스로 자유롭게 떠맡은 것이다. 그러나 이 고백을 이해하는 것은 불가능하다. 신성이 그리스도 안에서만 나타나기 때문이다. 순수하게 인간적인 측면을 강조하면, 그것은 신성모독이 될 수 있다. 그의 인성은 오직 믿음과 경배일 뿐이다.[115]

*SE*에서, 모든 순교자들은 최소한 이 같은 경험은 하지 않는다. 신-

인은 조건 없이 단순하게 자발적으로 십자가의 고통에 참여한다.[116]그러나 이 목소리–"아버지여 나의 영혼을 당신의 손에 맡기나이다."–는 하나님의 목소리가 아니다."[117] *BJ*에서, 그는 유대인들이 그를 "십자가에 못 박으라"로 외쳤을 때, 군중들의 목소리 하나님의 목소리였다.[118] 예수가 가는 고난의 첨경이다. 운명적인 길을 결코 방해하지 않는다. 군중의 목소리는 배신이 아니며, 공범이 아니다.[119]

아퀴나스(Thomas Aquinas)는 하나님의 최초 속성 중의 하나를 "단순성"이라고 주장한다. 즉 하나님 안에서 본질과 실존의 차이는 존재하지 않는다. 하나님은 복잡한 것을 피하신다. "아버지의 뜻"과 "하나님의 목소리"는 동일하다. 이것이 서로 다르다면, 예수의 성육신과 성만찬은 그 존재 이유를 주장할 수 없으며 거짓이 될 수 있다. "군중의 목소리는 하나님의 목소리였다."와 "배신자들의 목소리였다."라고 동시에 주장하면, '하나님의 섭리'를 부정하는 '신성모독죄'에 걸릴 것이다.

가룟 유다는 예수가 심어준 배반의 명분 때문에 스승의 비명 소리를 듣지 못했다.[120] 그럼에도 불구하고 그 배반이 없었더라면, 인류의 구원이 없었을 것이다. 만약 가룟 유다의 귀에 이 비명 소리가 들렸더라면, 그는 어떻게 해석했을까?

아들 예수의 비명을 어머니가 들었을 때, 어머니는 아들의 최후의 순간을 각오를 하고 있었을 것이다. "검이 너 자신의 영혼을 찌를 것이다."라는 신탁을 들었기 때문이다.[121] 과연, 어머니 마리아는 이 비명 소리를 아들의 목소리로 들었을까? 아니면, 신의 목소리로 들었을까? 아들 예수의 이 외마디에서 마리아는 신-인의 목소리로 들었을 것이

다.[122]

어두운 필연적 관계 속에서, 하나님에 의하여 인간 예수는 버림을 받았다. 누구에게나 "코람데오"는 조건 중의 조건이다. 이것은 인간을 향한 신의 저주이며, 또한 인간의 "케노시스"-자아로부터 벗어난 특별한 비움-를 요청하는 조건으로 자아를 완전히 털어내는 것이다.[123] 스데반 집사가 돌에 맞아 죽을 때, 손에 돌을 든 사람들은 "신성모독죄"로 스데반을 고발한다. 그도 십자가형으로 처벌해야만 했다. 그러나 순교자는 자아-만족에 의하여 동기부여가 되지 않는다.

22 호스피스는 마지막 임종자리다

마지막 임종의 자리, 그 죽음의 자리가 그대를 위해 준비되었을 때, 그대는 결코 다시 그 자리에서 일어날 수 없다는 것을 알았을 때, 그대 주위에서 사랑의 꽃이 소리 없이 피어나 아름답게 자란다. 그 꽃을 볼 수 있는 사람, 그 향기를 맡을 수 있는 사람, 그 믿음은 이 세상 그 무엇보다도 숭고하고 아름답다!

그대 주위에 있던 사람들이 서서히 하나둘씩 물러간다. 떠나간다. 사라진다. 고요가 그대 주변만이 머물러 자라고 있다. 적막함만이 두툼하게 살이 쪄 간다. 오직 그대와 가장 가까운 부모, 남편, 아내, 자식들, 형제자매만이 지켜본다.

그대와 가장 가까이 지냈던 사람들도 하나둘씩 자리를 떠나간다. 또 다시 고요와 적막함이 자라서 침대 주위를 맴돌고 있다. 오직 가장 절친한 한 사람의 온기만을 느낄 수 있다. 이제는 그 조차도 사라져 버린다. 마지막 남은 그 조차 침대를 떠나갈 때, 바로 그 순간, 임종의 자리엔 또 한 사람이 등장했다.[124] 최초로 사랑해 주셨던 그 분! 최초로 사랑이 무엇인지 가르쳐 주셨던 그 분! 나의 하나님! 너의 하나님! 그의 하나님! 그녀의 하나님! 우리들의 하나님! 너희들의 하나님! 그들의 하나님! 전 인류의 생명을 책임지고 계신 예수 그리스도!

나무는 죽는 법을 가르쳐 준다. 나무의 웰빙은 웰다잉이다. 나무가 나무에게 죽는 법을 가르쳐 줄 때, 그 교훈을 배워야 할 것이다. 나무는 "고독사"를 하는가? 나무는 죽어갈 때, 바로 옆에 친구들이 지켜보고 있다. 그래서 나무는 외롭지 않다. 하늘을 향한 나무의 상승과 하강은 자연스럽다. 상승이 하강이요, 하강이 상승이다. 나무는 다시 땅으로 주저앉아 몸을 눕혀 기둥부터 기꺼이 흙속으로 하강할 때, 새로운 에너지를 공급해 준다. 인간 중심적인 사고방식 때문에 인간만이 외롭다.[125]

인간은 과연 죽는 법을 가르쳐 주는가? 죽음이 주검에 이르는 과정, 그 죽는 법은 저마다 다를 것이다. 호스피스 철학은 하늘과 땅 사이의 중간 역에 있다. 그러나 죽음을 연기시키지 않는다. 죽어가는 과정에 최소한의 존엄성을 부여하기 위함이다. 한국의 사회적 현상 중의 하나인 "고독사"의 문제는 죽는 법이 무엇인지를 가르쳐 주지 않는다. 단순히 홀로 죽어갈 때, 옆에서 지켜주는 이가 없다. 호스피스 사역—말기 환우의 영적 돌봄-과 같은 위로는 웰다잉이라 할 수 있다.

23 하나님은 우리의 눈물을 씻어 줄 것이다.

브레히트(Bertold Brecht)는 *서푼짜리 오페라*에서, "영웅을 필요로 하는 국가는 불행하다."라고 주장한다. 이상적인 사회와 국가라면, 영웅은 불필요하다.

*BJ*에서, 요한 아른트(Johann Arndt), 제3권 서문에서, "다윗이 사모하여 가로되 베들레헴 성문 곁 우물물을 누가 나로 마시게 할꼬"-, 의지를 희생시키는 본보기가 무엇인지 보여준다.[126] 다윗은 베들레헴 성 우물물을 간절히 마시고 싶어 했다. 세 사람의 영웅이 죽음을 무릅 쓰고 적진을 뚫고 들어가 그 우물물을 가져왔다. 과잉충성의 지독한 아첨이다. 그러나 다윗은 그 물을 마시지 않고 여호와 제단에 부었다. 세 용사가 자신의 목숨을 걸고 구해온 물을 먹지 않고 포기한 다윗의 태도는 자기애와 자기의지와 뜻을 포기한 것이다.

어떤 것에 이기적이고 감각적이라는 것을 인식하는 순간, 자아부정 속에서 그것을 포기해야만 한다. 즉시 포기하지 못하면, 특별경찰의 감시를 받게 된다. 그러나 이 문제는 각자의 정직성에 남겨두어야 한다. 그것은 너무 쉽게 마스크가 되기 때문이다. 인간은 자아부정 속에

서 위험한 모든 것을 깨지 못한다. 절대적으로 쾌락과 욕망을 깨는 것이다.[127]

아른트는 *진정한 기독교*에서, "자기애는 부패한 것"이라고 주장한다. 최고의 달란트를 빼앗아 가는 자기애는 셀프 나르시시즘으로 생존에만 관심을 갖는 동물적 본성이다.[128]

아른트는 *헌신적인 책*(*Sande Christiandom*)에서, 병든 아이가 있는 엄마가 고통을 당하고 있는 것만큼이나 고난을 당하는 사람들과 함께 하나님은 온화하게 주무신다. 엄마는 아기가 움직이자마자 깨어나는 것처럼, 하나님도 동일하게 깨어난다. 이것이 방심의 경계를 에두르는 '파토스의 명작'이다. 우리가 잠들고 있는 동안, 하나님은 우리를 계속 지켜보고 있다.[129]

하나님은 우리의 눈물을 씻어 줄 것이다. 만약 당신이 눈물을 흘리지 않는다면, 하나님은 어떻게 그 눈물들을 씻어 줄 수 있을까? 이 단순한 진술에서, 진리와 감동적인 설득력이란 무엇인가?[130] 예수도 울었다.[131] 눈물과 통곡이 없다면, 하나님도 위로해 줄 수 없을 것이다. 울어야 한다.

파도가 육지를 향하여 여행을 떠난다. 햇빛 속에서 거품이 이는 해변, 이곳은 순수한 야생의 장소라서 아첨을 할 여지가 없다.[132]

24 성경이란?

"성경은 고속도로 표지판이다. 그리스도는 길이다."[133] *BJ*을 쓸 때, 그는 거의 대부분 성경을 인용하고 있다.[134] 그의 영성은 성경에 기초한다. 그의 미학적, 윤리적, 종교적 글에는 성경인용이 항상 붙어 다닌다.

성경은 인간의 뇌를 숙주로 활용하는 자비로운 바이러스와 같다. 아세라 악성 바이러스를 예방하고 제거하고 예방하는 백신주사와 같다.[135] 인생의 VIP로써 인생의 가치(Value), 정체성(Identity), 목적(Purpose)을 위한 나침판이요, 콤파스요, 랜드 마크다.

25 예수 그리스도는 행복하다.

예수의 "사랑하시는 제자", 그는 누구인가? 그 분의 친교는 무엇인가? 신-인, 인간의 아들, 예수 그리스도는 행복하다. 마지막 최후의 순간까지, 십자가 밑에서 지켜보던 "사랑하시는 제자", BFF가 있었다. 그는 이 땅에서 마지막 호흡이 멈추는 순간까지 동행한다.

나의 BFF는 누구인가? 나는 누구의 BFF인가? 친교, 친밀도, 친밀감, 인터머시, 코이노니아는 "한도 없는 투자"가 필요하다. 오감은 물론 육감까지도. 생명까지도 내어 주는 친구가 있다면, 그/그녀는 행복하다. "친구들을 위하여 목숨을 버리면 이보다 더 큰 상이 없을 것이다."[136]

3년 동안 동고동락했던 가룟 유다가 있어서 더 행복했다. 만약 "**친구여**, 어서 네 할 일을 하라."는 예수의 요청이 없었더라면, 십자가의 비극은 코미디 희곡이 되었을 것이다.[137] 인간 최고의 특권은 비극이다. 인간의 몸으로 그 십자가의 비극특권을 누리기 위해서 하나님이 이 땅에 오신 것이다.

26 기도

기도의 아버지는 침묵이다. 그 어머니는 고독이다.[138]
"작고 세미한 음성"을 듣기 위하여. 함부로 입을 벌리지 말라. 하나님의 이름을 값싸게 부르지 말라. 오늘, 하루만이라도 그 입을 다물라!

— PART III —

연세대학교 가을 캠퍼스 전경

가을은 구름의 시절이다.
가을은 소리의 시절이다.
가을은 색상의 시절이다.
가을은 회상의 시절이다.

-키에르케고르, *재판관의 책BJ*, No.2842-45.

1 정치학

1) 정치는 패러디다.

아리스토파네스(Aristophanes)는 *리시스트라타*에서, "백성을 다스린다는 것은 참으로 간단하다. 이것저것 할 것 없이 모조리 섞어서 약간의 달콤한 말로 사로잡아 음식을 끊이는 요령으로 이야기하면 되는 것이다." 여성해방운동의 기수였던 리시스트라타는 돼지고기를 파는 푸줏간 주인이 정치인으로 성공한 사연을 요리의 레시피 통치술로 이야기한다.

"정치는 패러디다."[1] 모든 현상은 그 자체의 패러디로 끝난다. 따라서 추상적인 사고에 도취된 정치가들이 스스로 모순에 빠지게 된다. 정치는 사랑으로 치장한 가장 끔찍한 이기주의이다. 정치는 "광명한 천사"의 모습을 한 사탄이다.[2]

SK의 정치-사회적 사상의 초점은 **단독자**에 있다. 정치사회적 갱생은 단지 종교적 갱생을 통하여 이룰 수 있다. 이 길은 **단독자**의 길로 향하는 것이며, 사람들을 책임 있는 **단독자**가 되게 하는 것이다. 단독자 속으로 들어감으로써 세상 밖에서 그리고 개인 자신 밖에서 영원(하신 하나님)과 관계성을 맺는 것이다. 그는 이러한 발전을 "질적 운동"이라고 부른다. 인간은 절대자에게 절대적인 관계 속으로 들어가기 때문이다.[3]

정치는 땅에서 시작하여 땅에 남는다. 반면에 종교는 위에서 시작하여 변화를 추구하고 땅에 속한 것들을 하늘로 끌어 올린다. 기독교와 정치관계성의 핵심은 절대자와 절대적으로 관계를 맺으면서 상대적인 세상을 사랑하고 실행하는 것이다.[4]

아리스토텔레스에 의하면, "군중"이란 동물적 자질이다. 그의 *정치학*(*Politics,* 1278)에서, 군중은 국가에 기초한 인간 본성의 유기체적 통일체이다.[5] 선한 삶의 목적, 사회생활의 목적, 인생 자체의 목적에 따라 3가지 연합이 등장한다. 그가 구분하는 세 가지는 "데모스"(Demos-특별한 목적을 가진 아테네의 집회), "프레소스"(Plethos-복수성), "오클로스"(Ochlos-군중 혹은 대중)이다.[6]

"인간은 사회적 동물이다." 사회성은 본질적으로 몸과 마음의 종합이다. 그러나 기독교는 영과 연관되어 있다. 사회성은 "영"으로부터 연역될 수 없으며, 교회는 참되고 순수한 영이 아니다. "회중"은 영이 되기 위하여 인내로써 양보와 조화를 추구해야 한다.[7]

인간이 믿고 있는 것은 연합의 힘이다. 그러나 하나님은 그 피라미드식 연합을 전적으로 반대하신다. 하나님은 버려진 비참한 인간쓰레기들을 선택하시고 그들에게 가장 가까이 계시기 때문이다. 인간 피라미드가 얼마나 잔인한지를 보고 계신다. 만약 피라미드의 사상이 사소한 것을 수용하지 못한다면, 가장 작은 진리의 부스러기조차 보지 못할 것이다. 한 세대가 지난 후, 인간은 다시 그 피라미드 연합을 시도하지만, 마치 바벨탑 건설 중단을 시도했던 하나님은 그 피라미드의 모든 것을 붕괴시킬 것이다.[8]

셰익스피어의 **오셀로**에서, "빛나는 칼은 칼집에 넣어라. 그렇지 않으면, 밤이슬을 맞아 녹이 슬 것이다."라고 베드로처럼 칼을 들고 쫓아온 관리들에게 말한다. 피라미드식 정치는 예리한 칼날과 손잡이가 있는 칼이다. 정치는 시스템이 아니다. 유기체적 문화다.

정치인이면서 성직자인 것만큼 매력적인 것은 없다. 목사는 "실재성"의 한복판에서 종교성에 대한 증인이 되어야 한다. 목사가 되는 것은 생계유지 수단이 아니다. 정치인이 되지 말고, 기독교의 증인이 되라. 목사는 군중들과 일상생활 속에서 코메디 연기를 하는 배우와 같다.[9]

정치학은 기독교를 위한 "우회도로"이다. 그리고 기독교는 더 위험하다. 그것은 매우 대중적이기 때문이다.[10] 예수의 정치학은 부분적으로 유대인이라는 민족주의적 관점을 언급하지만, 결코 민족주의자가 아니다. 예수 그리스도는 세계주의를 지향한다.[11]

빅토르 위고(Victor Hugo)는 *레미라제블*에서, "진보야 말로 인간의 존재 방식이다."라고 주장한다. 신의 역사발전사관에 의하면, 시간의 흐름, 그 진보 속에 보수가 내포되어 있다. 인간 예수는 진보주의자이다.

정치는 모래와 자갈이 잔뜩 들어 있는 사회의 모래주머니다. 대립하는 두 정당이 각각 절반을 차지하고 국가도 소화불량에 걸린다.[12] 정부는 짐승이다. 짐승보다 더 나쁜 폭력을 휘두른다. 악마의 폭력이다. 21세기, 2024년 12월 3일, 대한민국에서 비상계엄은 세상의 모든 아름다움에 어두운 그림자를 드리웠다. 이 그림자는 악마의 딜레마다.[13] 대다수 국민들이 국가적 모래주머니에 빠져 멘탈 붕괴를 경험하고 있다.

대기는 눈에 보이지 않는 화살로 가득하다. 자신의 길이 아닌 모든 길은 운명의 길이다. 그러므로 자신의 길에서 벗어나지 않도록 하라.[14]

2) 민주주의와 공산주의

SK는 민주주의를 해체시킨다. 그 자리에 군주제를 옹립한다. "**군중은 비진리이다.**"(The crowd is untruth)[15]라는 담론 속에는 다수결의 원리를 지향하는 민주주의 자체를 부정한다.[16]

낡은 형태의 모든 독재는 힘을 잃게 될 것이다. 그러나 또 다른 독재의 형태-사람들의 공포-는 "추론적 평등"이다.[17] 모든 독재 중에서, 이것이 가장 위험하다. 공산주의자들은 인권을 위해서 투쟁하지만 궁극적으로 공포를 독재의 수단으로 이끌어간다.

인간들은 하나님 앞에서 본질적으로 평등하다. 그러나 군중을 동원한 기독교는 하나님을 폐지하고 공포를 야기시킨다. 이것은 지독한 혐오의 대상이다.[18] 마키아벨리는 **군주론**에서, "사랑받는 것보다 두려워하는 것이 훨씬 더 안전하다."라고 주장한다. 정치인들은 백성들을 두려워할 줄 알아야 한다. 경천애민의 정신이 정치인의 자질이다.

"이웃들[군중]이 선량하다고 여기는 많은 것들[다수결]을 내[단독자] 영혼은 나쁘다고 믿는다. 만약 내가 무엇인가를 후회하게 된다면, 아마도 선량한 행동에 대해서일 가능성이 높다. 나는 어떤 악마에게 홀려서 그렇게 선량하게 굴었을까?"[19]

3) 정부의 형태

SK는 최소정부를 추구한다.[20] 국민들이 대통령, 총리, 장관, 국회의원이 누구인지 모르는 나라가 있다면, 이상적인 정부라고 할 수 있다. 사람들의 정부는 고난을 경험한 소수의 순교자를 만들어 낸다. 요셉의 형제들은 요셉으로부터 수익을 본 것처럼, 소수의 순교자들에게서 이득을 본다. 소수는 영원을 위한 가장 좋은 약제이다.[21]

세금 동전에 관한 스토리에서, 예수는 "이것이 누구의 형상이냐?" "허가 낸 사람이 누구인가?"를 묻는다.[22] 만약 그리스도인이 되기를 원한다면, 제일 먼저 그대의 손가락을 물어뜯고 그 무엇보다도 정치에 관심을 가져라. 동전에서 보는 그림이 원주민인가 혹은 외국인인가 그 여부는 잊으라. 그에게 세금을 내어주고, 한 순간도 말다툼으로 낭비하지 말라. 이것이 예수가 의미한 것이다. 하나님의 것은 마땅히 드려라. 황제의 이미지가 세금동전에 있기 때문이다. 그러나 그리스도인은 하나님의 이미지를 품고 있기 때문에 전 인격으로 행하라. 그 분의 이미지를 지닌 사람에게 전심으로 주어라.[23]

오늘날 국가는 종교가 필요 없다는 것처럼, 귀족행세를 원한다. 그러나 종교는 국가가 필요 없다는 것처럼 무시한다.[24]

기드 모파상은 *아마블 할아버지*에서, "종교란 천국의 금고를 채우기 위해서 인간의 지갑을 털거나 주머니를 비우는 일이다."라고 조롱한다. 나는 빈털터리로서 천국의 가치에 대하여 긍정적인가?

2 경제학: 돈은 분자이다.

1) 모든 것이 돈의 주위를 맴돌고 있다.

돈은 순수한 추상성이며 순수한 추상화이다. 재산이나 돈의 가치로서가 아니다.[25] 따라서 "모든 것이 돈의 주위를 맴돌고 있다."라고 SK는 *BJ*에서 주장한다.[26]

성서에서 "**돈은 모든 것의 해답이다.**"[27] 돈의 에너지, 파우어, 그 위력은 눈에 보이지 않는 귀신도 불러올 수 있다.

2) 돈은 분자이다.

*BJ*에서, 자신의 경제논리를 밝힌다. 철학과 신학을 경매에 부쳤을 때, 낙찰은 신학이다. 철학을 구매하는 사람들은 거의 없다.[28] 철학은 명상이요, 신학은 패러독스이다. 철학과 신학은 함께 화해할 수 없다.

그는 상류층 부르조아 계급으로 금수저 출신이다. 그는 결코 "라면"을 먹어 본 적이 없다. 그는 자칭 귀족으로서 프롤레타리아 계급의 흑수저에 대하여 관심이 전무하며 가난하게 살아갈 자신이 없다고 고백한다. *BJ*에서 하는 고백을 들어보라:

> 내가 도약을 할 수 있었던 것은 천재였기 때문이며, 고통의 아이디어, 고난의 복음을 제시한 것은 엄격한 기독교 가정에서 태

어나 반항적 행동 때문이며, 사회적 지위를 얻은 것은 돈 때문이다."[29)]

　그는 상속받은 돈으로 저서들을 출판해 내는데 적지 않은 투자를 했으며, 사회적 명예와 신분을 유지하는 데 사용했다. 만약 그가 아버지로부터 상속재산이 없었더라면, 그의 명성은 초라했을지 모른다. 인생의 90%는 돈이다. 경제학은 **돈**에 관한 관점이다.[30)] SK의 돈에 대한 정의는 다음과 같다.

> 돈은 분자이다;[**WL**에서] 자비는 분모이다.
> 그러나 분모가 여전히 더 중요하다.[31)]

　가장 기본적인 분수개념으로, 분모가 커질수록, 분자 값은 더 작아진다. 반대로 분모가 작을수록 분자는 커진다. 그러나 분모가 더 크다. 분모는 사랑, 자비이기 때문이다. 사랑이 많을수록 돈의 가치가 떨어진다. 돈보다는 사랑의 기부에 더 비중을 두어야 한다는 분수개념은 SK만의 독특한 산술적 이론이다. 그러나 실재적으로, 이론과 실재 사이에 깊은 괴리가 있었다. 그는 이 멋진 이론을 실천하지 못했다. 상속받은 수백억의 재산을 기부하지 못하고 자신의 의지대로 사용했기 때문이다. 그렇다고 '돈이 분모요, 사랑은 분자이다'라는 논리로 생활하지도 못했다.

　만약 '돈은 분모다'라는 주장으로 사랑을 논했다면, 그는 사랑보다는 돈에 초점을 맞추고 저축에 몰두했을 것이다. 그러나 그는 커피 마

니아로서 매시간 커피를 마셨다. 커피 한잔 마시는 것이 버거웠던 서
민층들에게는 상상할 수 없는 사치였다.[32]

복음서에서 충성하지 못한 집사에 관하여, "불의한 탐욕의 신, 맘
몬"이라는 표현은 공평하지 못한 부를 뜻한다. **맘모니즘**은 사람들을
전적으로 구별시키는 특성을 지니고 있다. 이 같은 불의가 바로 돈의
속성이다.[33]

그의 소비지출성향은 아주 다양하지만, 성경에 나오는 *탕자*처
럼 상속재산을 모두 탕진한다. 그래서 그는 스스로 자신은 "**탕자**"(a
prodigal son)이며 심지어 하나님께서 "**너는 절약했어야만 했다.**"라는
경고를 듣게 된다.[34] 그는 탕자이기 때문에 절약했어야 하며, 참회하
며 회개한다. 그는 그림을 그린다거나 신발을 제조하거나 마차를 운전
함으로써 돈을 버는 것이 차이점이 아니라, 돈과 이익을 비난하는지의
여부에 관심을 가졌다. 모든 것은 평등하지만, 단지 재정적인 관점에
서 윤리적인 것이 그 차이를 결정한다.[35]

"개인적으로 나 자신에 관하여"라는 글에서 그는 경제적 위기를 고
백 한다: 내가 만약 전적으로 재정적 자산이 없었더라면, 그것이 나에
게 도움이 되었을 것이라고 믿는다. 왜냐하면, 그 때, 나는 나의 생계에
관하여 내가 할 수 있는 일들을 어쩔 수 없이 했을 것이다. 그리고 그
렇게 하는 것이 허락되는 것에 대하여 나는 양심의 가책을 느끼지 않
았을 것이다. 사실 여전히 돈이 있었기 때문에, 내가 엄청난 혜택과 엄
청난 의지를 했다는 것을 이해할 수 있을 때, 나는 있던 그 자리에 그
대로 있어야만 한다. 이 같은 갈등에 관한 어려운 점은 한편으로는 '영

혼을 슬퍼하는 것'이 두렵고, 다른 한편으로는 '하나님을 유혹하는 것'
이 두렵다.

1848년은 종합소득세를 내지 못하여 재정적인 위기에 부딪친다.
그의 곤경을 이해해 주는 사람은 아무도 없었다. 비록 탕자가 되었지
만, 그것은 순수한 이상적 의미를 지니게 되었다. 하나님 앞에서, 잘못
되었다.[36] "너는 절약했어야만 했다."는 것이 하나님의 강력한 경고였
다. 결과적으로, 모험하는 사람이 두려워한다면, 하나님은 말씀하신
다. "그렇다. 너는 그것 때문에 너 자신을 비난해야만 한다." "비록 내
가 이런저런 실수를 했다 할지라도, 하나님은 여전히 사랑이시다. 나
는 이것을 믿는다. 나는 회개한다. 하나님의 사랑은 봄이다. 결코 마르
지 않는다."[37]

셰익스피어의 **맥베스**에서, 맥베스가 국왕의 살해를 상상하면서 "눈
에 보이는 공포는 마음속으로 그리는 공포에 비하면 아무것도 아니
다."라고 토로한다. SK는 "아직도 살아있는 자의 보고서로부터"[38]에
서, 33세, 34세를 넘길 수 없다는 가문의 저주와 언제 죽을지 모른다
는 불안과 공포 때문에 1855년 9월까지 생존해 있는 동안 저축과는
무관하다는 생각이 들었을 것이다. 그 결과 그는 '무조건 쓰고 보자'라
는 "어플루엔자"(Affluenza), 과소비 병에 걸려 있었다.

3) 실존의 경제학과 파산선고

CI, E/O 등 익명의 책들 20여 곳에서 돈에 관한 메타포와 예시들을
언급하고 있지만, 그의 '경제학'은 **BJ**, "실존의 경제"라는 타이틀에서

주장하는 "경매와 입찰"의 실존적 관계성에서 찾아야 한다. 그의 실존적 경제학의 명제-"모든 실존은 경제적으로 구성되어 있다."-는 두 가지 방향으로 제시한다. 즉 경제적 파산선고와 실존적 파산선고이다.

첫째, 형이하학적 측면의 경제적 파산선고이다. 파산선고는 돈에 관한 철학이다. SK는 실존적 손해, 실존의 파산상태를 경험한다. 1838년 8월 9일 아버지가 소천하자, 형과 동생이 엄청난 유산상속으로 10년 동안 유복한 생활을 하면서 최초로 자신의 책 19권의 출판비용을 충당한다. 풀타임 직업이 없이 재정적으로 남들처럼 보상을 받는 월급쟁이 직업을 선택하지 않고도 부를 누렸다. 아버지가 죽고 난 후 물려준 재산이 4층 아파트를 포함하여 한화 270억 2천만 원 정도였다.[39) 이 엄청난 돈을 그가 죽을 때까지 18년 동안 전부 소비한다. 통장에 한 푼도 남기지 않았다.[40)

물론 그의 경제적 파탄의 원인은 자신의 탓도 있지만, 1848년, 덴마크의 정치경제적 상황을 파악해 보아야 한다. 1848. 8.26, 프로이센과 영국 등으로 전쟁과 휴전이 반복되면서, 국가의 재정상황 악화로 인플레이션이 극도로 진행되었다. 1848-49년, 그는 불경기 동안에도 가지고 있던 현금으로 정부 채권과 증권을 구매하는 등 상당한 현금을 보유하고 있었다. 그러나 채권하락과 인플레이션 등으로 생애 말년에 자금 압박으로 종합소득세를 내지 못하는 고통을 겪는다. 이러한 재정 압박으로 작가가 되는 길을 포기한다. 남은 부동산 매각, 현금 재산을 매형인 런트 이름으로 국립은행에 분할시도로 재산을 보관케 한다.[41)

둘째, 형이하학적 측면의 실존적 파산선고이다. SK의 실존적 경험담은 "코르사이르"[42], 즉 한담-풍자 저널사건에서 비롯된다. 이 사건을 통해서 그는 지독한 비난과 조롱을 경험한다. 그 결과 그는 자칭 **"조롱의 순교자"**라고 고백한다. 그는 자신을 괴롭히는 동시대인들을 마치 요셉의 형들에 비유하면서 형들은 악을 의도했으나, 하나님은 그 악을 선으로 바꾸어 놓았다고 주장한다.[43]

경매장에서는 돈을 많이 거는 쪽에서 입찰이 성립된다. 그러나 '누가 입찰의 키를 쥐고 있느냐'라고 그는 자문한다. 하나님이 입찰의 열쇠를 쥐고 있으며, 결론은 하나님에 대한 "무조건적 순종"이라고 고백한다.[44]

SK가 21세기에 살아 있다면, 그리고 진정한 경제인이라면, 이 시대의 경제학자 존 롤스(John Rawls)의 "차등의 원칙"-"가장 약자에게 속하는 사람에게 이익이 돌아가는 경우에만 사회경제적 불평등을 인정한다"-을 배웠어야만 했다.[45] 자기 자신만을 위한 소비자 병, "어플루엔자"의 화신이라고 할 수 있다. 이러한 관점에서, 그는 21세기의 "경제사상가"라고 불릴 수 없으며, 그의 '경제학'은 한마디로 *F학점*이다.

SK는 **"군주제"**를 옹호하면서 "민주주의"에 대한 반감을 드러냈으며, 반시장적 자본주의 요소들을 주장한다. 그가 "자본주의 꽃"이라고 할 수 있는 증권, 채권에 투자하는 모습을 보면, *아이러니*가 아닐 수 없다.

4) 자본의 투자론, 그 우선순위는 무엇인가?

기독교의 자본 우선수위를 SK는 다음과 같이 밝힌다. 첫째, 돈이 있고 완벽해지기를 원한다면, 가난한 사람들에게 모두 나누어 주어라. 둘째, 돈이 있고 그 돈을 자선 기업이나 다른 곳에 사용하기를 원한다면, 그것 또한 좋은 일이다. 셋째, 돈이 있고 그 돈을 인생을 즐기기 위하여 그러나 허용 가능한 방법을 직시하면서 사용하기를 원한다면, 기독교는 이것을 인정할 것이다. 넷째, 돈을 벌어야만 하다면, 기독교는 모든 것을 사용하기 위하여 돈을 벌기 위하여 많은 시간을 허비하는 것보다 오히려 종교성을 위하여 더 많은 시간을 갖기 위하여 그대의 생필품들을 제한시키는 것을 더 선호한다.[46]

첫 번째, 두 번째 항목에 대해선, 그는 할 말이 없을 것이다. 금수저 출신으로서 이 같은 자신의 주장을 실천에 옮기지 못했다. 세 번째 항목에서, 기독교가 인정하는 인생을 즐기는 데 사용하는 돈의 "허용 가능한 방법"이 무엇인지 밝히지 않는다. 네 번째 항목에서, 그의 이론과 실재사이의 괴리가 존재한다. 예를 들면, 그의 서재에는 커피 잔이 50개, 지팡이는 100여 개가 놓여 있었다. 즉 생필품이 아니라 사치품이었다. 또한 그가 전속으로 고용한 마부, 라센(Lassen)에게서 받은 월 마차대여료 영수증에는 1850년에만, 132 릭스달러를 소비했다.

SK의 결론에 의하면, "기독교는 돈 버는 일을 의심한다. 방종을 위한 돈 벌기에 많은 시간을 허비하는 것에 기독교는 관대하다. 그러나 돈으로 가장 진지하게 삶에 투자한다면, 그때 기독교를 배반하는 것이다."[47] 그는 "하나님께서 작가 생활에 도움을 주시기를 원합니다. 아니면, 다른 방법으로 생계유지할 수 있도록 허용해 주시기를 소망합니다."라고 기도 한다. 그의 전 생애를 돌이켜 볼 때, 이 같은 그의 경제논리는 참 아이러니하다.

5) 경제적 참회

버지니아 울프(Virginia Woolf)의 *자기만의 방*(*A Room of one's Own*)처럼, SK는 실존적으로 자기만을 위해 살아왔으며, 그리스도인으로서 '풍요속의 빈곤'을 경험했다. 그러나 그는 '빈곤 속에 풍요'를 경험하지 못했다. 그리스도인들은 이 '빈곤 속에 풍요'를 경험해야만 한다.

SK는 "나의 미래는 경제적으로 더 어려워질 것이다. 그러나 아무리 상황이 변한다 할지라도 손에 쥐어지는 것이 없다면, 그것이 복이다."[48] 그는 참회한다. 이 모든 죄의 원인들, 자신이 만들어 낸 **"자아-캡슐"**(inclosing reserve), 고통스런 감옥, 그 고통과 처벌을 견디어 내야만 한다. 그는 하나님의 용서를 구하면서, 그 "자아-캡슐은 나에게 죄의 직접적인 이유가 될 수 있다."[49]

그에게 유일한 친구, 에밀 보센(Emil Boesen)이 있었다. 그러나 독서를 통한 멘토들이 많았지만, 외부에서 "자아-캡슐"을 깰 수 있는 살아있는 경제적 생존전략을 위한 '진정한 멘토'들이 없었다.[50] 그는 '삶의 경제'에서 실패자이다. "엄청난 돈을 소유하고 있었기 때문에 자기가 소유한 것이 얼마나 되는지 알 수 없었다. 결국은 돈에 무관심해진다는 가능성이 존재한다."[51]

아버지 마이클 페더슨(Michael Pederson Kierkegaard, 1756.12.12-
1838. 9.10)은 아들에게, "너는 돈 때문에 아무것도 할 수 없을 것이
다"라고 충고했다.[52] 그는 아버지가 죽고 난 후, "나는 처음부터 모든
것이 아버지 덕이다."라고 고백하지만, 어쩌면, 아버지의 예언이 성취
되었을지 모른다.

"**자아-캡슐**"은 깨지기를 원하지만 깨트리지 않는 '자기만의 방'이
며, 그의 콤플렉스다. 하나님의 구원을 요청하지만 정반대 방향으로
행동하는 의식의 흐름을 엿볼 수 있다.

잠언기자는 "돈은 만사를 해결하는 도구"라고 강조한다. 돈은 귀신
도 부를 수 있지만, "돈을 사랑해서는 안 된다."라고 바울은 주장한다.
그리스도인들의 경제관은 생활 속에서 '미니멀 라이프'를 추구해야 한
다. 자기 자신의 안위, 복지, 행복만을 위한 '맥시멈 라이프'는 '그리스
도의 사회복지 헌장'에 역행하는 것이다.[53]

인간은 모두 "선택메이커"[54]이다. 인간은 선택을 위하여 창조되었
다. 주체적으로 '선택을 만들어 내는 자'로서 반드시 그 선택에 스스로
그 책임을 져야 한다. 문제는 나의 선택이 하나님의 "거대한 옵션" 가
운데 미세한 모래알만큼이나 효력이 있는가, 어떻게 선한 영향력을 행
사할 수 있느냐의 과제일 것이다.[55]

③ 양심론: 달은 지구의 양심이다.

1) 양심의 심리학

프란츠 카프카(Franz Kafka)는 *변신*에 첫머리에서, "어느 날 아침에 잠에서 깨어났을 때, 침대 속에서 자신이 한 마리의 기괴한 벌레로 변신해 있는 것을 발견했다."라고 시작한다. "나는 벌레요, 사람이 아니다."라고 고백하는 다윗을 연상케 한다.[56] 피를 빨아 먹는 기생충이나 독충은 양심이 없다. "양심의 벌레가 그대의 영혼을 갉아 먹을 것이다."라고 셰익스피어는 충고한다.[57] 그러나 양심의 벌레는 찌르는 침이 없다. 그것은 밤에만 활동하는 올빼미와 친구사이기 때문이다.[58]

"달은 지구의 양심이다"[59]라는 메타포는 매우 인상적이다. 자연현상을 통하여 인간의 양심에 노크한다. 달은 태양에 빛을 빌려다 사용하는 순수한 채무자이다. 달에도 이중성이 있다. 위선적인 면이 보인다. 휘영청 밝은 달빛으로 도둑들이 설치는 도둑들을 외면하며 눈감아 준다. 조용한 양심은 천둥 속에서도 잠을 잔다. 달은 수박의 논리인가? 토마토의 논리인가? 아니면, 뫼비우스 띠(Möbius strip)로 위장된 것인가?

나쁜 양심은 인생을 흥미롭게 만든다. 절망 속에 있는 인간이 마지막 오락의 수단을 움켜쥐는 것은 당연하다.[60] '양심은 악의 형태'라는 헤겔의 말에는 진리가 있다. 군중들이 양심이라고 언급하는 것은 양심이 아니다.[61] SK는 묻는다. 하나님과 사람들 앞에서, 양심을 소유한 사람들이 얼마나 될까?[62]

타자들이 자기를 판단하지만, 그것은 오로지 외피만을 두드릴 뿐이다. 타자들이 자기를 오판했을 때, 자기 자신만은 그 오판을 인식한다. 책임을 은밀하게 인식하는 사색적 지식은 시시각각으로 양심과 혼동을 일으킨다. 만약 그 방향이 외적인 것이라면, 신성하지 못하며 이교도적인 것이다. 그 때, 그것은 양심의 문제가 된다.[63]

사람들은 아늑한 안전을 위하여 양심을 폐지한다.[64] SK는 "단독자-양심"이라는 주제에서 "집단은 비진리이다."라고 주장한다. 양심을 집단이기주의로 만들어 왜곡시키려는 심리적 시도들이 있다. 대중들의 공적 생활의 실체는 실제적으로 처음부터 끝까지 양심이 결여되어 있다.[65] 양심의 문제로 기존 질서와 충돌을 일으키는 사람은 영웅이다. 양심을 가진 개인은 국가 위에 존재한다. 양심을 억제하거나 구속하는 국가의 법들은 폐지해야 한다. 진리가 양심의 문제가 될 때, 압박이 필요하다.[66]

기독교는 고통의 자유이다. 진리는 세상에서 고통을 받아야 한다. 영혼구원에 관심이 있다면, 진리를 위하여 기꺼이 고통을 받아야 하는 모방자가 되어야 한다. 이것이 기독교이다. 죄는 고뇌하는 양심의 가장 깊은 고통 속으로 던져 넣기에 충분하다.[67] 무화과나무에 앉아 있는 세리 삭개오(Zacchaeus)는 자신의 어둠과 슬픔의 세월 속에서 고통스런 양심 때문에 고뇌했다. 그러나 그 고뇌하는 양심이 뽕나무 위에서 사라진다.[68] 삭개오처럼, 진정한 자유를 위한 자발적 도전이 필요하다. 사람은 하나님의 진노를 피하기 위하여 양심에 복종해야 한다.[69]

2) 양심은 자아-계시인가?

카뮈(Albert Camus)의 *전락*(*The Fall*)이라는 철학적 소설에 등장하는 주인공 클라망스(Clamence)는 양심의 문제로 고뇌한다. 주인공의 위선에 대한 최종 실현은 고통과 타락이라는 주제이다. 진정성에 관한 한, 자아-계시만큼 미묘하고 교활한 표현은 없으며, 그것은 엄청난 의무가 부여된다. 양심에 호소하고 그 압력을 개탄하는 것은 매우 쉽고 호화롭다. 그러나 양심의 압력을 개탄하는 것은 아주 쉽게 **자아-계시**가 될 수 있다.[70]

3) 양심의 문제에 걸리는 것은 무엇인가?

SK는 1854년 뮌스터가 죽자, 공교회와 그 예배에 도전한다. 1855년 3월 21일, 사적으로는 알고 있지만, 공식적으로 잘못된 것이 하나도 없다고 생각하는 사람들에게 "양심의 문제"를 제기했다. 같은 해, "이것은 말해야만 한다, 그러니 말하게 하라."(This must be said, So let be said)라는 브로셔[71]에서, **현재 진행 중인 공적인 예배에 참여하지 말라**고 충고한다. 신약성서시대의 기독교가 아닌 것을 요구함으로써 하나님을 바보로 만드는 일에 참여하지 말라고 경고한다. "순간"의 팜플릿에서, 그는 공적인 예배가 하나님을 신성모독하고 있다고 비판한다. 회중들과 목사들의 세속적인 이득에 대하여 조금도 비판하지 않으면서 그들의 예배를 "기독교 예배"라고 부른다. 예수는 예언자들의 무덤을 장식하는 서기관이나 바리새인들을 "위선자", 혹은 "피를 흘리는 죄"를 범하는 자들이라고 비판한다.[72] 그리스도는 "일요예배"를 아주 신랄하게 심판할 것이다.

SK는 개인적으로 공식예배에 대한 탄핵의 결과를 수용한다. 죽기 바로 직전, 평화롭게 용서를 구하는 기도를 했지만, 평신도가 아닌 목사의 성찬을 거부했다.[73]

인간이 하나님을 찾는 행위는 예배의 시작이다. 언제나 2가지 요소-"공포와 환희"-가 있다.[74] 이 두 요소들은 죄인으로서 인간과 거룩한 존재로서 하나님에 대하여 인간의 왜소함과 하나님의 고상함의 감정적 조화를 이룬다. 그는 "하나님을 찾는 것이 무엇인가"라는 글에서, 가장 정화되고 합리적인 하나님을 위한 예배는 공포와 전율 속에 있는 행복이다.

예배의 본질적인 요소는 기본적으로 내향성이다. 외적인 형식에 비중을 두지 않고 진리에 투자하는 정도에 따라 가치가 있다. 결과적으로, "진정한 예배는 하나님 앞에서 무(無)가 되어야 하는 것이다."[75]

양심은 비밀을 공유하는 설교자이다.[76] "고요는 모든 영적 생활의 조건이다." "양심의 소리, 고독 속에서 하나님의 심판의 소리에 귀를 기울일 수 있도록 고요를 추구하는 것은 매우 중요하다."[77] 그러나 양심은 침묵과 고독을 방해한다. 양심은 문학적 의미의 "홀로"라는 정신적 고독의 상태, 고요와 침묵을 의미한다. 침묵이란 내공집중을 위하여 외부세계로부터 숨는 것을 의미한다. 고독에 대한 욕망은 인간 내부에는 있으며 영혼이 존재하는 것에 대한 척도의 표지이다.[78]

양심 속에서, 하나님은 권력이다. 하나님은 여전히 양심이 있는 곳에서 주인이다.[79] 비양심적인 성직자들은 누구인가? 목사는 가장 경건하지 못한 위선자이다. 사람들 중에서 가장 불행한 사람이 목사다.[80] 목사들은 겉치레에 찌들어 버렸다. 가장 깊은 차원에서 타락하게 된 것이다.[81] "우리가 목사라고 부르는 것은 모든 사람들 중에서 가장 불행한 사람이다."[82]

4) 양심은 부끄럽게 만들고 수줍어하게 만드는 영이다.[83]

자신의 양심과 영혼을 악마들과 거래하는 성직자들이 수두룩하다. 양의 가죽을 쓴 늑대처럼, 순진무구한 양들의 피를 빨아먹는다면, 그리스도의 "빛과 소금"은 무용지물이 될 것이다.[84] 인간을 단지 불안하게 만드는 양심은 놀라운 것이며, 개인을 위하여 놀랍게 기획된 것이다. 그는 양심을 주제로, 자신의 "기독교적 입장"의 과정을 스스로 *BJ*을 통하여 양심고백을 해 왔다. 그 결론은 "*기독교는 존재하지 않는다.*"이다.[85]

만약 양심이 숨기는 장소의 기능을 한다면, 차라리 양심을 소유하지 않는 것이 더 좋을 것이다. 실용적인 사람들은 매우 특별한 목적을 위하여 양심을 도구로 생각한다. 양심이 도구가 된다면, 매우 부적절하다.[86] 죄에 일그러진 양심은 극단적인 저항에 부딪친다. 진리 안에서 기독인이 되는 것은 인간 최대의 고통이기 때문이다. 절대적 존재로서 그리스도는 우리를 영으로 만들기 위하여 모든 상대성들을 파괴시키기 때문이다. 그러나 영이 되기 위하여 우리를 가능한 불행하게 만드는 위기들을 경험해야만 한다.[87]

5) 양심은 유통기한이 없다.

구약성경에는 "양심"이라는 단어가 등장하지 않는다. 신약성경에서, 특히 복음서에서는 집단적 군중들의 비양심적 행위들에 대한 그리스도의 비판이 등장한다. 그리스도의 군중의 집단적 양심의 가책사건-"**너희 중에 죄 없는 자가 먼저 돌로 치라**"[88]는 유명하다.

양심은 참된 마음, 진실한 마음, 깨끗한 마음이다. 양심의 생각들이 마음판에 기록으로 남아서 사람들이 감추고 있는 비밀들이 그 날이 오면, 심판을 받아 드러나게 될 것이다.[89] 양심은 유통기한이 없다. 평생 따라 다닌다.[90] 성령을 돕는 것이 있다면, 그것이 바로 양심이다. 양심은 성령과 공동으로 참/거짓을 구별해주며, 드러나게 해 준다.[91]

양심에는 강한 양심과 약한 양심이 있다. 약한 양심을 상하게 하는 것은 그리스도에게 죄를 짓는 것이다.[92] 하나님을 섬기는 자세는 청결하고 깨끗한 양심으로 섬겨야 한다.[93] 더러워진 양심을 깨끗하게 하는 것은 그리스도의 피이다.[94] 죽은 행실을 떠나 살아계신 하나님을 섬기게 하는 것이다.[95] 선한 양심과 선한 행실을 가져야 한다.[96] 바울은 "어찌하여, 내 자유가 남의 양심으로 판단을 받는가?"라고 항변한다.[97]

양심이란 파우어다. 그 힘이 시간과 장소에 따라서, 권력의 눈치에 따라서, 이해관계의 득실에 따라서, 자아의 편익에 따라서 달라진다면, 그는 불행한 인간이다. "정의, 공정, 민주주의는 어둠 속에서 죽는다." 양심의 힘은 어둠과 적당히 타협하지 않는다.[98] 오히려 양심은 어둠을 걸러내는 필터링 역할의 기수이다.[99]

6) 양심을 일깨워주는 기도

하늘에 계신 아버지, 우리 속에 있는 양심을 일깨워 주시고 당신의 소리에 귀를 기울이는 영적인 귀를 열어주시어 당신의 말씀에 주의하도록 인도하소서. 그래서 하늘에서 행하시는 것처럼 당신의 뜻이 우리를 위하여 수수하고 분명하게 울리게 하소서. 세속적인 약삭빠름과 섞이지 않게 하소서. 고난의 소리에 무감각해지지 않게 하소서. 구원을 이루기 위하여 "공포와 전율로" 우리가 깨어 있게 하소서. 그러나 율법이 가장 크게 울려퍼질 때, 율법의 진지함이 우리를 소름끼치게 할 때, 율법이 시내광야에서 천둥처럼 울려퍼질 때, 우리는 당신의 자녀들이라고 우리에게 속삭여주는 부드러운 소리가 되게 하소서. 그래서 우리가 "아바, 아버지"라고 기쁨으로 외칠 수 있게 하소서.[100]

4 자유론: 어금니는 자유가 있는가?

1) 자유란 무엇인가?

"자유는 가능성이다."[101] 이것은 SK의 명언 중의 명언이다.[102] 비록 인간이 자유에 관하여 걱정하지 않는다 할지라도, 모든 것은 자유로워야 한다. 설령 자유가 자신을 죽인다 할지라도, 인간은 자유로워야 한

다.[103)

　"자유는 가능성이다"라는 주장에 대하여, 가능성의 자유인가? 자유
의 가능성인가? 가능성의 자유는 자유의 가능성으로 읽어야만 한다.
자유의 가능성에서, 자유는 시들어간다.[104) 그 가능성이 "자발성" 혹은
"필연성"이 된다거나, "실재성"이 된다는 것은 아니다. 자유는 공짜가
아니기 때문이다. 자유는 반드시 희생과 책임이 따른다. 진리가 인간
의 진정한 자유를 위하여 십자가상에서 처절하게 신음하며 고통을 당
한다. 진리의 자유가 골고다의 십자가에서 죽었다. 진리의 자유는 바
로 희생양이다.

　인간은 자신의 상황과 환경을 만든다. "모든 사람은 자기 자신의 운
명을 만들어 내는 대장장이다". "인간의 선택이 자신의 운명이 된다."
라고 줄리어스 뮬러(Julius Muller)가 아름답게 표현한다.[105)

　인간은 사회적 동물이다. 만약 법이 없다면, 자유는 방종이 되기 쉽
다. "실존주의는 모든 법에 대하여 적대적이다." 실존은 기본적인 전
제로서 자유의 우선성을 강조하기 때문이다.[106)

　만약 "자유"의 동의어가 "방종"이라면, 반드시 책임이 뒤따라와야
한다. 만약 "자유"의 반의어가 "구속"이라면, 반드시 그 희생을 짊어져
야 한다. 하나님이 자기 자신에 반항하도록 자유로운 존재들을 창조한
것은 철학이 버틸 수 없는 "십자가"이다.[107) 그러나 그 십자가 위에 그
것이 매달려 있다.[108)

2) 선택의 자유는 유일한 형식적인 조건이다.

선택의 추상적 자유는 환상이다.[109] 인간은 가장 생생한 자유에 대한 감각을 가지고 있다. 그 때, 선택의 자유, 혹은 선택의 "고뇌"는 끝이 난다.[110]

인간은 열정과 집중으로 선택한다. 선택의 자유는 자유의 유일한 형식적인 조건이다. 그러나 선택의 자유를 강조하는 것은 자유의 확실한 상실을 의미한다. 선택의 자유는 그 정도에 따라서 자유의 내용은 결정적이다. 비록 그것이 선택이라 할지라도 선택은 존재할 수 없다.[111]

인간은 "영"이다. 그러나 인간이 영이 되기까지는 긴 여정이 남아 있다. 따라서 자유는 인간들에게 많은 문제를 야기시킨다. 왜냐하면, 인간들이 지속적으로 선택의 자유를 연기하기 때문이다.

선택의 자유는 심판이다.[112] 자유란 선과 악을 위한 능력으로 분별 없이 생각해서는 안 된다. 악은 또한 선이 되기 때문이다. 악의 기초가 의지의 남용이라고 말할 수 없다. 바로 그 남용이 악이 되기 때문이다.[113]

자유란 형식을 해체시키는 것이다. 진정한 기독인은 형식에 관심이 없다. 자유로운 인간은 석양의 총잡이처럼, 장전된 권총을 지니고 다닌다. 그는 출구를 알고 있으며, 자살을 생각하며 배회하는 금욕주의자와 같다. 따라서 그는 고난 속에서 인내를 할 수 있다. 순교자라는 운명적 출구가 신호를 보낼 때조차도 하나님 안에서 자유를 의식한다. 하나님에 대한 믿음이 클수록, 축적하고 싶은 세속적인 욕망은 적어진다. 따라서 형식들에 관하여 무관심이 증폭된다.[114]

3) 어금니의 자유

인간은 해방으로부터 자유를 선호한다. 그 어떤 대가를 치르더라도 자신을 방어한다. 마치 씹어 부수고 깨트리는 어금니에게 말하는 것과 같다. "나는 너를 자유케 할 것이다. 잇몸을 느슨하게 해주지. 신경을 줄여 줄게." 어금니는 응수할 것이다. "노 땡큐. 나는 내가 존재하는 것처럼 좋게 만들 것이다."

자유의 관점에서 감각적인 인간도 있다. 하나님과 인간은 서로 이해하지 못한다. 동일한 언어로 말할 수 없다.[115]

4) 자유는 "좁은 길"이다.

좁은 길에는 자발성의 조건이 놓여 있다. 만약 그리스도가 자발적 행동이 없었다면, "그 길은 때때로 좁고 쉽다."라고 말했을 것이다. 그러나 그리스도는 "그 길은 좁다."라고 말한다.[116]

만약 자발적 행동을 인정하지 않는다면, 이 세속적인 삶이 고통스럽다. 그 "길은 좁다"는 것을 의미한다. 따라서 자발성이냐, 비자발성이냐, 둘 중의 하나를 선택해야 한다. 특히 하나님은 그리스도인들에게 고통을 보낸다. 자발적으로 그리스도인이 된다는 것은 고통으로부터 자유로울 수 없다. 오히려 그 반대이다.[117] 진정한 진리의 길은 자유가 아닌 고통의 길이요, 고난의 길이다. **"진리가 너희를 자유케 하리라."**(The truth will set you free.)는 그리스도의 말씀 속에 숨겨진 비밀은 역설적인 '자유의 고통'이다.[118] '고통의 자유'이다. 누가 이러한 자유를 누릴 수 있겠는가?[119)]

5) 영은 자유를 자극한다.

영이란 사선을 넘는 경험이 필요하다. 죽음을 경험한 사람은 영이 무엇인지 알 수 있을 것이다. 영은 마치 인간의 몸무게가 새털처럼 가벼워 하늘을 나는 것이다. 만유인력의 법칙이 반전되는 것이다. 엘리야가 창공을 날아서 하늘로 승천한 것처럼,[120)] 도끼가 물위로 떠오르는 것처럼[121)] 베드로가 물위를 걸어간 것처럼,[122)] 그리스도의 부활한 몸처럼, 구름을 탈 수 있을 정도로 가벼워지는 것이다.[123)] 영이란 바람의 메타포이다.[124)]

인간의 수면은 자유로운 영의 순간이요, 잠은 죽음이요, 영의 자유로운 시간이다. 신체적인 죽음을 경험하지 않더라도, 몸속에 갇혀 있는 영이 육신의 장막을 잠시 벗어나 자유로운 영혼이 될 때, 진정한 자유를 누릴 수 있다. 여기에 신앙의 신비가 있다.

영은 자유를 자극한다. 옥문을 열리며 손의 수갑을 벗겨지게 한다. 환희와 기쁨을 준다.[125)] 따라서 자유란 궁극적으로 '나의 영'을 각성시키는 것이다.

영은 진리를 추구한다. 진리는 영을 보듬어 안아 아우르는 환경을 만들어 간다. 구원은 자극의 상처를 입히는 것이다. 그 진리 안에서 영적 탄력성의 균열을 치유하고 회복시키는 과제를 안고 있다. 귀신들조차도 자유와 구원을 위하여, 영의 자극이 필요하다.[126)]

자유는 위험하다. 욕심과 욕망대로 자유를 요리하면, 자신도 모르게 죄를 짓게 된다. 자유의 본질적인 기능은 생명과 사랑이다. 생명을 사랑하는 자유야말로 가장 가치 있는 자유이다.[127]

5　의지론: 의지는 절망의 공식이다.

1) 의지의 결정적 요인

SK의 논쟁 지향적 의지는 어디에서 비롯된 것인가? 어린 시절 아버지의 "탕자 같은 놈"이라는 꾸지람에서부터 싹이 트기 시작한다. 결코 져서는 안 된다는 강박관념의 의지적 작용이 하루도 글을 쓰지 않으면 버틸 수 없는 "서광"(Graphomania)이라는 습관을 낳게 했다.[128] 자신이 판단하여 결정한 내용에 대하여 결코 굽히지 않는 의지적 퀵소티점(Quixotism)[129]은 레기네와의 약혼파혼, 코르사이르 사건, 형과의 갈등으로 마지막 숨을 거두는 병실에서 형의 면회를 거부하는 행동을 보여준다. 이 같은 그의 행동은 MBTI 심리분석에 의한 INTP유형의 성격 탓도 있겠지만,[130] 1835년 8월 1일, 길브제르그를 방문하면서, 그의 마음속에 굳어진 **"실존주의 선언서"**의 "여섯 가지 가정법"이 그로 하여금 '생에 대한 의지'를 굽히지 않았던 결정적인 요인으로 작용한다.[131]

2) 인간은 자기 자신의 별이다.

모든 일에는 원인이 있다. 현대의 카오스 이론이나 시인들에 의하면, 나뭇잎이 떨어지면, 멀리 있는 별이 반짝거릴 수 있다.

인간의 자유의지는 "자아-의지"와 같다.[132] 우리가 행복하게 사느냐 혹은 불행하게 사느냐는 의지에 달려 있다. 왜 하나님은 인간들에게 자유의지를 주셨는가? 이것 때문에 인간들이 죄를 짓는 것이 아닌가? 악용될 수 있지만, 의지의 자유는 선이며, 신성하게 주어진다. 만약 그것이 없다면, 바르게 살아 갈 사람은 아무도 없기 때문이다. 의지가 하나님을 외면함으로써 그 이동이 어떻게 발생하는가? 의지의 자유는 중간선이다. 의지는 악의 기본적인 원인이다.[133]

모세. 크로이(M. Kroy)의 "마음의 지도"(Map of Mind)에서, 그는 인간의 본능(ID)---〉 상상력, 의지, 기억---〉의도---〉 양심, 관심---〉 결정능력: 감성표현, 방어기제, 언어변형, 의식---〉 결정---〉 수행의도라는 마음의 지도를 그린다. 여기서 3가지 희망사항 중, "의지"는 의도를 가지고 곧바로 "결정능력"과 "결정"으로 향하게 되는 직선통로 직행한다.[134]

이 같은 의지는 하늘의 신이 주었는가? 의지의 사촌, "이성"이 주었는가? *BJ*에서, 인간의 자유의지에 대한 설명을 많지 않다.[135] 그는 이성과 의지를 선호하지 않기 때문이다. 그러나 그는 인간의지의 중요성을 제시한다. 그의 **"단독자"**의 개념은 자아의지의 덩어리요, 부산물이다. 결국 인간은 자기 자신의 별이 된다.

3) "만약"에게 모든 것을 거는 것은 회의주의 일종이다.

SK는 피상적으로 영적 가치와 더 깊은 만남을 원치 않는 평범성에 대하여 비판적이다. 평범성은 성경을 해석하는 방법을 알고 있다. 그 방법은 성경이 말하는 요구와 노력을 회피하는 것이다.

그는 능력이 부족하다는 의미에서 평범성을 비판하지 않는다. 열정 결핍으로서 평범성을 판단한다. 결정적으로, 선을 향한 의지의 부족이다. 평범하다는 것은 열정이 없다는 것이다.[136) 열정이 없다는 것은 의지의 결여이기 때문에 생에 대한 열정적 의지가 필수적이다.

자신의 의지가 아닌 "만약"(IF)에게 모든 것을 거는 것은 회의주의 일종이다. 그것은 긍정이 아닌 공상이다. 그리고 이것은 기독교가 밧줄로 견인해가는 군중들이다. 모험을 하지 않기 때문이다. 결국 기독교를 죽이는 것이다.[137) 신앙은 모험 없이는 불가능하다. 자신을 영과 관련시키는 것은 시험을 받는 것이다. 의지로 믿는 것은 삶의 변화를 의미하며 시험을 받는 것이다.

4) 의지는 절망의 공식이다.

까뮈는 **표리**에서, "삶에 대한 절망 없이는 삶에 대한 사랑도 없다." 라고 주장한다. 이 부조리한 삶 속에서, 나는 절망의 크기에 비례하여 사랑하는 것인가? 아니면, 사랑의 크기에 비례하여 절망하는가?

고통을 야기시키는 상황에서, 포기의 이름으로 아름답게 포장하여 이야기하는 것은 일종의 절망이다. 영원과 소망에 절망하는 것, 세상적인 것과 덧없는 것을 무시하기 위하여 의지에 절망하는 것이다.[138] 자신이 되고 싶어 하는 의지를 갖지 않는 것, 자신을 제거하고자 하는 의지를 갖는 것, 자신을 삼키려하는 것이 모든 절망의 공식이다.[139]

신앙은 의지를 포기하는 것이다. 신앙은 모든 인지와 의지의 표현을 요구한다. 신앙이 없는 사람은 형벌을 받게 될 것이다.[140] 기독교 신앙의 개념은 무엇인가? 믿음은 의지의 문제이다. 마땅히 해야 하기 때문에 마땅히 해야 하는 것이다. 하나님을 경외하며 무조건 순종하는 것, 이해를 원하는 헛된 사고와 헛된 상상력에 대항하여 자기 자신을 방어하는 것이다.[141]

앙드레 지드(André Gide, 1869-1951)는 *돌아온 탕자(L'enfant prodigue)*에서, 자신의 아버지로부터 해방을 시도한 탕자의 자유와 그 의지의 권리는 정당하다고 주장한다. 왜냐하면, 진정한 자유인이 되는 방법을 제시해 주고 있기 때문이다.[142]

5) 눈 뜬 장님을 어깨에 짊어진 강인한 시각장애인이다.

쇼펜하우에르는 *의지와 표상으로서의 세계(The World as Will and as Representtation)*에서 실존의 가장 깊은 내면적 본질은 맹목적이며 통제 불능의 생에 대한 의지(will-to-life) 혹은 본능이라는 것을 입증하려고 시도했다.[143] 이것은 개인이 의식하고 있는 것보다 인간존재를 엄청난 정도로 지배한다. 개인의 의지는 어떠한 희생을 무릅쓰고서라도 생명을 지속시키고 싶어 한다. 이것은 모든 것을 품어 안는 생에 대한 의지로부터 나온다.

지성은 의지의 노예이다. 그러나 지성 그 자체는 의지의 결정에 영향을 미치지 않는다. 지성과의 관계성에서, 의지는 눈 뜬 지체장애인을 어깨에 짊어진 강력한 시각장애인과 같다. 개인의 지성이 발달하면 할수록 실존은 더 많은 고통으로 채워진다.[144]

쇼펜하우어에 의하면, 인간이 죄를 짓는 두 가지 원인-사탄의 유혹과 자유의지의 남용-을 지적한다. 이 두 요소는 분리될 수 없으며, 죄는 항상 자유의지의 남용 때문에 발생하기 때문이다. 그러나 자유의지의 남용은 그것만으로 설명할 수 없다. 다른 한편으로, 사탄의 행위 탓으로 돌리면 돌릴수록, 더욱 더 유혹은 마술 혹은 강박관념에 다가간다.[145]

6 모방론: 세상을 향하여 죽으라.

1) 그리스도는 원형이다.

기독교의 본질적인 모습이 무엇인가? "내 인생의 중심사상"이라고 부르는 시대적 "동시성"과 함께 "원형"으로서 그리스도를 모방하며 알리는 것이다.[146] 고통당하는 그리스도의 고난을 모방하는 일이 그의 저서, *BJ*의 핵심이다.

그리스도와 관련하여 모든 순간은 "나 자신"을 그리스도와 연계시키는 것이며 제자가 되겠다고 맹세하는 것이다. "제자도"는 모방하는 것이 핵심이다.[147] 모방의 의미는 "그리스도가 하신 말씀을 반복하는 것이다."[148] 그 모방의 해법은 신앙의 도약에 의하여 도달할 수 있으며, 신앙의 과제는 하나님에 의하여 마음에 상처를 입지 않는 것이다.[149]

그리스도인이 된다는 것은, 엄격히 말하면, 세상을 향하여 죽는 것이다. 검이 심장을 뚫고 들어오는 것과 같다. 사람들에 의하여 증오와 저주를 받고 하나님에 의하여 버림을 받는 것이며, 희생을 당하는 것이다. 이런 방식으로, 그리스도인은 수퍼맨이 된다. 이것이 신약에서 요구하는 "모방"이다.[150]

구세주, 구속자로서 그리스도의 원형은 성도가 원형처럼 되도록 도와주는 것이다.[151] 원형은 모든 것을 살육한다. 말하자면, 그것을 성취하는 사람은 하나도 없기 때문이다. "그 구속자"는 모든 이들을 구원하기를 원한다. 그러나 그리스도는 둘 다이다. 구원을 요구하면서 은총을 헛되이 요구하는 것은 기독교의 사기이다.[152]

2) 패러디 메커니즘

SK의 기독론의 두 번째 중요한 원리는 '패러디 메커니즘'이다. 패러디 메커니즘은 '모방 메커니즘'이다. 기독교는 교리가 아니다. 하나님을 믿는 것에 대한 특별한 실존, 즉 믿음과 모방이다.

SK는 왜 '모방 메커니즘'을 주장하는가? 그는 세상과 충돌하는 것이 필요하기 때문이다. 기독교 윤리, 무조건성과 일치하여 나타나는 행동에 의한 충돌이다. 그러한 방식으로 상황과 그 상황적 긴장 속에서, 제자가 되는, 믿는 자가 되는 실제적인 문제를 강조한다.

행동이나 행위의 상황은 제자가 되기 위한 전제이다. 결과적으로, 믿는다는 것은 상황에 일치하는 것이며 이것은 믿음과 모방 사이에 상호 관계성을 증명해준다.[153] 이것이 '모방 메커니즘'이다.[154]

하나님의 영, 생명의 영을 모방한다거나 '복제기능'은 모순의 절정으로 나타난다. 비교는 원형이 될 수 없다. 비교가 아닌 닮음, 본받음, 모방이다. 그러나 이 모방은 완전함의 모방이 아니며, 또한 그렇게 될 수 없다. 인간은 의인도 아니고 불완전의 존재이기 때문이다.

패러디 메커니즘은 '서투른 모방'이요, '흉내 내기의 모방'이다. 그럼에도 불구하고, 패러디 메커니즘은 SK의 기독론의 첫 번째 중요한 원리, '믿음의 메커니즘'을 보충해주고 보완해 주는 핵심적인 환유의 과정이다.

3) 반응모방

예수의 강도만난 이웃에 대한 비유와 질문은 청중의 기대와 예상을 전복시키는 충격적인 반전이다. 제사장도 아니고 레위인도 아닌 그동안 무시와 멸시를 받아왔던 아웃사이더이지만, 사랑을 실천하는 롤 모델, 사마리아인과 동일시하며 일체감을 갖도록 유도한다. 예수의 "감정이입"과 "동정심"은 여기서 두드러지게 나타난다.[155]

"원수를 사랑하라."[156] 그러나 "나의 원수는 나를 사랑한다."라고 표현하면, 다수의 청중들의 마음이 불편할지 모른다. 원수가 나를 좋아하게 해야 하며, 존경하도록 만들어야 한다. 타자의 고통에 대하여, 어떻게 행동할 것인가, 기꺼이 내부로부터 영향과 감동을 받게 함으로써 자신의 위치와 입장에 관한 의문을 불러일으키게 하는 것, 이것이 '파토스의 철학'이요, '파토스의 신학'이다.

예수의 교육적 비유프레임은 아는 것과 행하는 것, 인지와 행동 사이의 특별한 관계성을 지적해준다.[157] 청중들에게 비유의 비밀을 풀어주는 것으로 충분하지 않다. "가서 그와 같이 행하라." "그와 같이"라는 부사는 반응모방을 가리킨다. 그러나 사마리아인과 함께 있으면, 생명이 위험하고 적지 않은 비용이 들어갈지 모른다. 그래서 우리는 제사장과 레위인을 닮아가는 것이다.[158]

예수의 권고는 모방과 실행 사이에서 생생하고 공개적인 대화에 참여하도록 초대한다. 이 비유는 살아있는 이웃을 사랑하는 실행의 가능성들을 공개하며, 능동적으로 생명을 해석하고 "이와 같이" 반응모방의 실행을 요구한다.[159]

공중의 새와 백합[160]은 비유와 반응모방의 원형이다. 이들의 생태여정을 모방하라. 만약 새와 백합이 인간의 메타포라면, '비오면 비 맞고 눈 오면 눈 맞으며 살아라.' 새와 백합은 있는 그대로의 실존, *SFT*이다. 보고(Seeing) 느끼고(Feeling) 믿고(Trusting)의 대상이다. '비교하지 말라.' 비교는 곁눈질이다. 반면교사의 대상이 아닐지라도, 새와 백합을 모방하라.[161]

오늘도, 새와 꽃들이 나를 심판한다.

4) 감사는 모방이다.

"모방은 감사의 기쁜 선물이다."[162] SK는 모방과 은혜의 관계성을 3가지로 표현한다. 첫째, 모방은 실존적인 행동의 방향이다. 둘째, 선물-신앙으로서, 그리스도와의 관계성이다. 셋째, 신앙의 열매로써 모방이다.

믿음이 우선이다. 그다음이 감사이다. 엄격한 의미에서, 감사는 "모방"이다. 믿음과 모방은 감사의 관계성이다. 모방은 율법의 필수조건이 아니다. 율법의 시스템이 존재하지만 모방은 더 강한 감사의 표현이다. 모방은 율법의 요구가 아니다. 그리스도는 이 같은 종류의 왜곡된 제자도를 반대한다.[163]

5) 모방하지 않은 자는 범죄자이다.

모방의 원형으로서 세상에 왔던 그리스도는 끊임없이 **"나를 모방하라"**고 요청한다. 그 원형은 유일한 구세주이다.[164] 하나님이 요구하시는 애모는 모방이다. 인간은 기꺼이 원형이신 그리스도를 숭배해야 한다.[165] 십자가를 짊어지는 예수를 모방하려면 자기 부정의 인간이 되어야 한다.[166]

6) 모방은 "세상을 향하여 죽는 것"이다.

윌리엄 워즈워드는 "무지개"(Rainbow)에서, "어린이는 어른의 아버지다"라고 고백한다. 새와 백합처럼 순수하고 순진한 특성을 모방하라는 뜻이다. 어린 아기의 순수성이 바로 어른들의 스승이요, 선생이다. 아기는 있는 그대로의 실존적 모방이 아니면, 성장할 수 없다.

세상을 위하여 죽는 것이 *실존적으로* 무엇을 의미하는가? SK는 그리스도와 동시대를 생각하면서 3가지-**가난하게 사는 것, 경멸 속에 사는 것, 핍박 속에서 사는 것**-를 제시한다. 그리스도를 모방하는 것은 그리스도의 삶과 일치해야 한다. 만약 이 3가지가 그리스도교의 교리가 된다면, 반드시 실천해야 한다. 그리스도는 실존적으로 세상을 위하여 죽었기 때문이다. 특별히 영원한 구원을 원한다면, 그리스도처럼 희생양이 되어야 한다.[167]

기독교계의 모든 예술은 모방이 제거되었다. 세상의 구세주는 지금 어린 아기이며, 아기에 의하여 구원을 받는 것은 새와 백합으로부터 "배우는 것"과 같다. 이것은 실제의 "스승"보다 새와 백합이 더 진정한 스승이 되기 때문이다.

두 극단 사이에는 진동이 존재한다. 그리스도의 죽음을 강조하는 것인가? 아니면 아기 그리스도를 강조하는 것인가? 전자는 모방을 회피한다. 모방의 현장은 진리를 증거하고 그것 때문에 고통을 당하는 곳이어야 한다. 중세의 실수는 금욕주의를 절대적인 **텔로스**($\tau\acute{\epsilon}\lambda o\varsigma$), 목적으로 삼은 것이었다. 그리스도를 "모방"하기보다 "복제"했다. 그리스도는 본질적으로 가난을 가르치지 않았다. 그리스도는 진리를 증거하기 위하여 가난을 가르쳤다. 중세시대는 모방을 생략하고 그 자리에 단순한 교리로 대체시키고 미학적, 예술적 표현이 되게 만들었다.[168]

세상을 향하여 죽어야만 한다면, 순교적 죽음에 대한 "자발성"은 필수적이다.[169] SK는 '금수저'였다. 부자청년을 향하여 사유재산의 사회적 기부를 요구한 그리스도의 충고에 귀를 기울이지 않았다. 백합과 새, 그리고 어린 아기의 가난을 모방하라, 본받으라고 하면서 '*실존적으로*' 실행하지 못하는 것은 마치 중세를 향한 공격과 비난이 자신에게로 *부메랑*이 되어 되돌아온다. '진리를 위하여 그대의 재산을 기브하라' 하지 아니하고, "가서 네 소유를 팔아서 가난한 이웃들에게 나누어 주라." 하셨다.[170] 그러나 복음을 위하여 경멸과 핍박을 당하면서 순교에까지 이른다면, 하늘의 상급이 클 것이다.[171]

7   윤작론: 희망을 포기하라!

1) 권태는 모든 악의 뿌리이다.

윤작(輪作)이란 해마다 혹은 몇 년마다, 논과 밭에 다른 작물들을 심거나 혹은 토양의 질을 높이기 위한 객토, 퇴비, 화학비료를 사용하여 토양을 바꾸는 것이다. SK에게 윤작이란 농작물 돌려짓기를 말한다.[172]

윤작론에는 명언과 속담들이 등장한다. "권태는 모든 악의 뿌리이다."[173] "게으름은 악마의 배게이다."[174] "어린이는 하찮은 것에도 즐거움을 느낀다."[175] "모든 이들이 케이크를 갖고 있지만, 아무도 먹을 수 없다."[176] "그 어떤 것에도 경탄할 만한 것은 아무것도 없다."[177] 이 속담들이 주는 교훈은 노동의 즐거움이다.

2) 하나님의 윤작

SK는 농사꾼이 아니다. 농사를 겨 본 경험이 없지만 풍부한 사람처럼 이야기한다. 그의 세속적인 처세술, 이 코칭의 원리들은 모두 환영할 만한 것들이 아니다. 설득력이 없고 비난의 화살을 받을 만한 것들도 있다. 그러나 인간의 관계성을 '윤작논리'로 제시한 것은 의미가 있다. 다람쥐 쳇바퀴 식으로 산다는 것은 지루함을 느끼게 해줄 수 있다. 그러므로 항상 변화를 추구해야 한다. 그가 추구하는 변화의 반복은 질적 변화를 추구하는 변증법적 반복이다.[178]

'하나님의 윤작'은 비극에서 희극으로 끝난다. 아브라함이 뿌린 씨앗, 이삭의 '윤작' 대상은 수풀에 걸린 "숫양"이었다.[179] 인간의 소중한 생명을 위하여 준비된 "희생양"으로, 마지막에는 전 인류를 위한 준비된 구원의 씨앗, "속죄양"으로 예수그리스도가 '윤작'이 되는 것을 볼 수 있다.[180]

3) 19가지 윤작 원리

SK의 윤작론에는 다음과 같은 19가지 원리가 등장한다. 토양의 변화가 아닌 작물 종류, 씨앗의 변화를 추구한다.

첫째, 권태와 나태의 원리, 지루함은 모든 악의 뿌리이다. 그러나 게으름은 악이 아니다. 그러나 라틴어 속담에 "게으름은 악마의 베개이다."[181] 인간의 운명은 노동이다. 땀을 흘려야 한다. 자신을 즐겁게 하는 것이 운명이다. 둘째, 역마살의 원리, 윤작은 저속하고 몰취미하며 예술을 모르는 환상에 기초한다. 고국에서 해외로, 이 먹거리에서 저 먹거리로, 이 별에서 저 별로 광적인 희망의 끝이 없는 여행이다. 비논리적이며 거짓된 무한성은 폐지되어야 한다. 셋째, 제한의 원리, 이 원리는 세상에서 "유일한 구원의 원리"이다. 자기 자신을 제한할 줄 안다면, 지략, 기략, 재치, 슬기, 임기응변의 재주가 풍성해진다. 창의력을 생성시키는 요소이다.[182] 넷째, 강도의 원리, 확장이 아니라 세기를 통하여 위로를 추구한다. 다섯째, 탐색의 원리, 작은 동작이나 소리에도 민감하게 작용하는 즐거움을 준다. 여섯째, 망각과 회상의 원리, 모든 생명의 동작과 통제를 작동시키는 보편적 원리이다. 망각은 쓸모가 없어진 것을 회상이라는 최고의 감시 밑에서 조심스럽게 잘라버리는 큰 가위이다. 회상과 망각은 동일한 기술이다. 망각과 회상은 인간을 완벽하게 해주며 실패와 좌초, 침몰을 막아준다. 회상은 위험한 무기이다. 망각과 회상을 불가능하게 하는 것은 마지막 순간까지 인생의 경험을 즐기는 것이다. 인생은 '요로인생'이다. 일곱째, 희망포기의 원리, 희망을 버리는 것이 예술적으로 사는 것이다. 희망이 있는 한, 자신을 제한시킬 수 없다. 희망은 성실하지 못한 선장이며 프로메테우스가 준 의심스런 선물이다. 희망을 버리라. 여덟째, 우정의 원리, "우정은 위험한 것이다." 친구란 필요한 상대가 아니라 잉여적 제3자이다. 호감적 요소와 비호감적 요소의 상호 동의하는 것이 진정한 우정이다. 서로에 대한 겸손한 종, 하인이 되어 주는 것이다. 아홉째, 불쾌감 회상의 원리, 불쾌한 감정은 인간의 관계성을 소멸시키며 무가 되게 한다. 그러나 인생의 삐뚤어진 감정이 짜릿한 구성요소이다. 열 번째, 휴경법의 원리, 풍부한 땅을 가진 경험이 풍부한 농부는 휴경을 권장하지만, 땅이 적은 농부는 휴경이 불가능한 불행을 초래한다. 단 한 사람하고만 교제하는 것은 불행한 일이다. 항상 자기 자신을 변화시켜야 한다. 열한 번째, 결혼의 원리, 결혼은 우정보다 더 위험한 것이다. 결혼하자마자, 상대의 단점이 보이고 불편하고 원망하며 상호 불신을 초래한다. 열두 번째, 공직 취업반대원리, 공직에 취업한다는 것은 있으나마나한 인간으로 기계의 톱니바퀴 신세를 면치 못하며 노예로 전락하는 것이다. 자신의 주체성을 상실하는 것이다. 열세 번째, 기분통제 원리, 자신의 감정과 기분을 통제할 줄 알아야 한다. 상대의 기분을 예측하고 반응을 살피는 것이 비극적 갈등을 해소시키는 것이다. 열네 번째, 자의성의 원리, 직접성 속에 자의성을 삽입하는 것으로 삶의 현실을 자의적인 관심으로 흩트려 놓는 즐거움이 건강에 유익하다. 열다섯 번째, 탐색수단의 원리, 감상적이며 분노를 발생시키는 사람을 놀려주는 일이 가장 효과적인 탐색수단이다. 열여섯 번째, 내기의 원리, 인생의 일체는 내기라는 입장이다. 자극제로서 흥분 효과가 있다. 열일

곱 번째, 현실성의 원리, 현실을 직시하는 눈은 항상 변해야 한다. 자기기만은 곤란하다. 열여덟 번째, 미니멀리즘의 쾌락원리, 가장 작고 하찮은 것들이 인생의 즐거움을 주기에 풍성하다. 파리 한 마리, 거미 한 마리조차도 엄청난 즐거움을 준다. 사소하고 작은 일들에 세밀한 관심을 갖는 것이 중요하다. 열아홉 번째 아르키메데스 점(Archimedean point)의 원리, 동일성을 생성시키는 기술적인 성취는 지구 밖에서 전 세계를 들어 올릴 수 있는 아르키메데스 점의 원리이다. 예를 들어 동시에 망각했지만, 다시 회상된다는 것을 암시한다.[183]

8   의사소통론: 대화의 단절은 지옥이다.

1) 감추기 방식

그레이엄 그린(Graham Green)은 *제3의 사나이*에서, "지옥을 믿기 때문에 천국을 믿기 시작했다. 그러나 오랫동안 마음속으로 친근하게 그릴 수 있는 것은 오직 지옥뿐이었다."라고 고백한다. 거지 나사로를 품에 안은 아브라함과 지옥에 있는 부자의 대화는 오갈 수 없는 '물리적인 구렁텅'이가 있음에도 대화가 이루어진다.[184]

감추기 방식은 익명성이다. 그의 대부분 익명의 저서들은 모두 자

신의 간접화법들이다. 이른바 가짜 몸 동아리들, 아바타들이다. 이들
은 진짜 사람들의 모습이며 결코 죽지 않는다.[185] 이것들은 자신의 글
에 대한 책임을 전혀 지지 않는다. "나"(I)라는 주체성을 회피한 정체
성을 드러내지 않는 포스트모더니즘적 소설 속의 주인공들과 같다. 그
러나 이 같은 픽션형 간접화법은 "열린 결말"을 추구한다. "저자의 죽
음"이며, 저자의 모습이 사라진 것이다. 누구인지 모른다. 이것은 마치
니체가 언급하는 "신의 죽음"과 같은 논리이다.

익명성은 "나"라는 "주체성"을 희석시키는 전략이다. 익명성은 제
3인칭 화법으로, 1인칭이 짊어져야 하는 의무와 책임에서 벗어나겠다
는 의도이다. **주체성이 진리다**라는 주장을 간접소통방식으로 전달
한다면, 의심을 품게 된다. 즉 **전체성이 진리다**라는 레비나스의 주
장에 동조하는 격이다.[186]

존 캐그(John Kaag) 교수는 **니체와 하이킹**(*Hiking With Nietzsche*)
(2018)에서, SK의 간접소통법은 "미치도록 교묘한 수법"이다. 소크라
테스가 완벽하게 다듬어 놓은 지적인 교묘한 속임수다. 메시지는 저자
가 전혀 책임을 지지 않는다. 이 간접소통법은 "선생은 우상이 되지 않
으면서 가르칠 수 있고, 학생은 추종자가 되지 않으면서 배울 수 있게
하는 기능을 말한다." 사람들은 이 방법이 심오한 교육적 기능을 지녔
다고 하지만, 익명성은 실존적 자유에 반하는 수동적 공격과 자기기만
의 혼합이다.[187]

2) 드러내기 방식

BJ는 익명성의 "간접의사소통법"과는 차원이 다르며, 위선과 자기기만의 차원을 떠난다. 아우구스티누스와 루소의 고백처럼 양심의 진정성을 토로해 낸다. 따라서 ***BJ***은 직접화법으로 진정성을 표출시키는 기능을 한다. 4066쪽에 달하는 그의 방대한 직접화법의 고백은 마치 루소의 고백과 같다. **"내가 악할 때의 고백은 내가 나를 싫어하는 고백이다. 그러나 내가 경건할 때의 고백은 경건함을 나에게 돌리지 않는 고백이다."** 윤리적 의사소통은 간접화법이어야 하지만, 종교적 의사소통, 즉 기독교적 의사소통은 직-간접화법이어야 한다.

BJ는 그의 '직접의사소통방법'으로 포스트모던 내러티브 기법 중, "자아반영성"을 추구하는 메타픽션적 저널이다.[188]

3) 감추기와 드러내기의 융합

SK의 의사소통은 직접화법과 간접화법을 공유하는 '**쌍방형 직간접 의사소통법**'이다. 이것은 기만과 위선을 탈출하는 진정성을 보여준다. 이 같은 공유는 밤과 낮이 하나로 공유되는 ***뫼비우스 띠***와 같은 글쓰기 형식으로 그만의 '스토리텔링의 전략'이다.[189]

그의 이러한 의사소통의 핵심은 궁극적으로 신과 인간의 소통에 초점이 맞추어진다. 즉 "왜 기독교가 세상에 들어왔는가?"에 있다.[190] 그리스도의 화법들은 비유, 직유, 환유, 알레고리, 은유 등으로 점철되어 있으나 중요한 것은 직접화법의 메타포이다. "나는 길이요, 진리요, 생명이다."라는 등, 예수의 7개의 메타포는 모든 담론을 아우르는 핵심적인 진리이다.[191] 메타포의 주체성은 파토스를 건드리는 "나"(I)이기 때문이다.

영의 1차적인 의사소통방식은 유비쿼터스(Ubiquitous)이다. 하나님의 영은 인간의 언어로 소통하는 방식과는 전적으로 다르다. 바벨탑 사건 이전의 언어는 "글로솔라리아"(Glossolalia)이다. 아담과 이브가 하나님과 주고받은 에덴동산의 최초의 언어, 자동적으로 혀가 움직여서 나오는 신경언어학적 바이러스, "글로솔라리아"는 인간의 뇌로 습된 언어가 아니다. 하나님이 최초로 인간에게 가르쳐준 언어는 아람어, 히브리어, 헬라어, 아람어, 라틴어가 아닌 '로고스의 언어'이다. 혀가 자동적으로 움직여서 나오는 말, 즉 오순절 다락방에서 소통이 이루어진 이상한 언어, 방언이다.[192] 오순절 사건은 바벨탑 사건을 뒤집어 놓은 사건이다. "글로솔라리아"를 통하여 하나님은 80억 지구촌 사람들의 기도들을 '한 순간 한번으로' 처리하신다.[193]

영의 2차적인 글로솔라리아 방식은 **메타버스**에서 이루어지고 있다.[194] 영은 영으로 소통한다. 인간은 메타버스 공간의 아바타를 매개로 하나님과 소통, "초월성"에 좀 더 다가가게 되었다. 코로나-19는 신체적 거리두기로 인한 소통의 중단이 있었음에도 불구하고 비가시적인 사이버공간에서 의사소통을 촉진시키는 모티브를 제공해 주었다. 지구촌이라는 시공간에서 국경의 장벽을 넘어 직접화법의 효율성이 무엇인지 적나라하게 보여 주었다.

21세기의 '하이터치소통방식'은 하나님의 커뮤니케이션 전략이다.

따라서 영적인 존재가 되지 아니하면, 신의 음성을 들을 수 없다. 설령 듣는다 해도 그것은 인간의 위선이며 거짓일 것이다.[195]

천국이란 무엇인가? "천국이란 대화가 조금이라고 가능한 장소다." 대화의 중단은 지옥이다. 온-오프라인에서, 조금이라도 대화가 가능한 곳이 바로 천국이다.[196]

9 사랑론: 나를 가장 불행하게 만드는 사람을 사랑할 수 있는가?

1) 위험에 노출된 사람들

나다니엘 호손(Hawthorne)은 *젊은 굿맨 브라운*에서, "악이 인간의 본성이다. 악이 유일한 행복이어야 한다."라고 악마의 말을 들려준다. 이 악마의 말을 들은 사람들은 철저하게 인간혐오증에 빠지게 된다.

*BJ*에서, 사랑은 "**나를 가장 불행하게 만드는 사람을 사랑하는 것이다.**" 이러한 사랑의 정의는 그리스도의 "원수를 네 몸처럼 사랑하라"는 것을 대체한 것이며, 파토스적으로, 설득력 있는 '사랑에 대한 정의'라고 볼 수 있다. 그러나 그의 사랑실천은 미지수이다. 그는 "**인간혐오증**"에 걸려 살아왔다고 고백하기 때문이다.[197]

SK는 "네 이웃"과 "네 원수"를 "사랑하라."는 주장을 실존적으로 풀어서 깊이 있게 정의를 내리고 있으며, 사랑이 *무엇이냐*라고 하는 개념적 정의는 심리적으로 잘 파악하고 있다. 그러나 적과 동침하면서 보듬어 안아서 아우를 수 있어야 진정한 사랑이다. 이웃들의 고통을 위하여, 자발적으로 **"위험에 노출된 사람들"**은 사랑을 실천하는 진실한 사람들이다.[198] "위험에 노출된 사람들"은 누구인가? 배고픈 사람, 목마른 사람, 나그네, 옷이 없는 사람, 병든 사람, 감옥에 갇혀 있는 사람들을 찾아가 물심양면으로 뭔가를 내어 주는 사람들이다. 이것이 그리스도와 기독교 자선의 핵심이다. 이 자선여부는 기독교를 가장 무시무시한 이분법적 종교-**양이 되는가?/염소가 되는가?**-로 만들어 간다. 가장 비극적인 판결-**천국이냐?/지옥이냐?**-로 끝이 난다.[199] 인간 혐오증에서 벗어나는 것이 급선무이다.

몰리에르(Moliere)는 *타르튀프 사기꾼*, 제3막에서, "누군가 나를 만나러 오거든 헌금 받은 돈을 감옥에 있는 죄수들에게 나누어 주러 갔다고 전해라." 나도 위험에 노출된 사람인가?

2) 땅콩 한 개의 사랑

SK는 사랑에 대한 *무엇(What)*과 *어떻게(How)* 사이에는 너무나도 깊은 골이 패여 있다. 사랑을 *어떻게 실천해야 하느냐*에 대한 실천 신학은 거의 찾아볼 수 없다: 첫째, 그는 20여 년 동안 키워준 어머니에 대하여 한 마디 언급이 없다. 둘째, 그는 형에 대한 저항으로 형제사랑을 이야기 할 수 없다. 마지막 순간까지 형을 문전박대하고 있다. 셋째, 그는 애인들에 대한 변심으로 에로스 사랑을 이야기할 수 없다. 두 여성의 사랑을 저버렸다. 넷째, 그는 친구들 사이의 우정에 대하여 이야기할 수 없다. 단 한 사람을 제외하고는 친구가 없다. 다섯째, 그는 사회적 약자들에 대한 사랑을 논할 자격이 없다. 사회적 기부를 한 적이 거의 없다.[200]

발자크(Balzac)는 *고리오 영감*에서, "사랑은 소비지만 증오는 축적이다"라고 말한다. 나는 마음통장에 얼마나 많은 증오를 저축하고 있는가?

3) 사랑의 삼각형

인간은 자기 자신을 사랑하는 것을 피할 수 없다. 이것이 *WL*의 기본적인 핵심이다. 공적으로 인정을 받으면서 자신의 정체성을 위한 욕망, 그 "자기애"는 동일한 목적을 추구하는 다른 타자들과 충돌하게 된다. SK는 '삼각형의 관계적 패턴' 속에서, *WL*의 주제를 "공동체 혹은 사회의 변증법"으로 주장한다.[201] 사랑의 삼각형 관계적 패턴은 피히테의 삼분법-*Beziehung, Bezug, Einheit*-에서 차용해 온다. 즉 관계(relation)-참조(reference)-통일(unity)이다.[202]

자기애는 자기 존중에 대한 욕망이다. 타자와 역사를 의존하지 않고서, 인간은 자아가 될 수 없다. 타자가 없다면, 자기 자신을 사랑하는 것은 불가능하다.[203]

종교의 최고 형태에서처럼, 개인은 기본적으로 하나님과 관계를 맺고 있다. 그런 다음 공동체이다. 그러나 이 기본적인 관계가 최고이다.[204] 그 과제는 개인에서 인류로 이동하는 것이 아니라, 개인을 성취하기 위하여, 인류를 통하여 개인으로 이동한다.

한 개인이 자기 자신을 하나의 통합적 존재로 선택할 때, 생성되는 사랑과 영성의 지형도를 광범위하게 묘사한다. 반복의 관점에서, 외적 행동과 내적 상태사이의 관계성이 특징이다. "사랑은 죽음을 요구한다."라고 말할 때, 사랑은 타자를 죽음으로부터 구할 수 있다. *WL*의 2부의 주된 내용은 반복의 실체적 특성을 드러낸다.[205]

사랑은 자기-기만에서 벗어나야만 한다. 타자를 속이는 행위는 자기-기만이다. 속이는 자는 사랑할 수 없다. 최고선과 최고의 복으로부터 자기 자신을 속이기 때문이다. 영적인 세계에서, 자기 자신의 영혼을 소유하는 것이 인간이 성취할 수 있는 최고의 목표이다. 통합으로서 자기 자신을 선택하는 것은 자아 존중의 실존을 위한 조건이다.[206]

그리스도의 **사회보장정책-마25:35-36**의 대상자들은 "**위험에 노출된 사람들**"이다. SK는 그리스도의 사회보장정책의 실천을 위한 동시대적 실현에는 거의 관심이 없었다. 이것은 그가 스스로 "자신은 탕자였다"라는 고백에서 증명해 주고 있다. 그의 희생적 사랑이 땅콩 한 알 정도의 실천을 했다고 한다면, 그 가능성은 있을 것이다.[207] 한 인간의 삶은 그가 저술한 책들과 실생활에서 말과 행동이 일치하지 않을 때, 그 신뢰성이 떨어진다. 그 믿음과 사랑은 군중들의 귀에는 "울리는 꽹과리"가 될 것이다.[208]

자기-기만에서 벗어난 사랑, 자기 부정을 통한 사랑이야말로 가장 기본적인 사랑이다. 그도 *WL*에서 자기-기만, 자기-부정을 언급한다. 전 인류가 **탕자**이기 때문에, 모든 인류는 아버지의 사랑을 받을 수 있

다. 그러나 고갈된 탕자들은 소생의 탕자들을 케어할 에너지가 부족하다.[209]

생택쥐페리(Saint-Exupéry)는 *야간비행*에서, "사랑한다는 것은 우리가 서로를 바라보는 것이 아니라 한 방향을 같이 바라보는 것이다."라고 주장한다. 나의 사랑은 위험에 노출된 사람들에게 사시 눈으로 바라보고 있는가?

10 행복론

1) 행복이란 무엇인가?

세르반테스(Cervantes)는 *돈키호테*에서, "아하, 질투여! 한없는 악의 근원이자 덕을 갉아 먹는 벌레여! 질투가 주는 것은 불쾌함과 원한과 노여움뿐이다."라고 돈키호테는 마지막 말을 남긴다. 질투는 몸과 마음을 망가지게 만드는 불행의 지름길이다.

진실은 좋다. 하지만 행복은 더욱 좋다. 이것이 보통 사람들의 감성이다. 그러나 SK는 "모든 **타자들의 행복을 방해하고 어지럽혀야만 한다.**"라고 주장하며, 이것이 자신의 미션이라고 밝힌다.[210] 행복이란 "그것이 존재해왔을 때만이 존재하는 유령이다."[211] 유령과 같은 "행복은 절망의 가장 큰 은신처이다." 행복이란 무엇인가? 누구든지 그것을 가지려는 사람들에게 주고자 하는 욕망이다.[212]

신성은 왜 지체장애인, 시각장애인, 언어 장애인들과 연합하려고 하는 것일까? 신성은 왜 행복한 사람들을 질투하는 것인가?[213] "나, 주 너희의 하나님은 질투하는 하나님이다."[214]

2) 행복 반전의 변증법

요셉은 행복한 인생을 보냈을까? 바로의 꿈에 대한 요셉의 해석에서, 불행의 시기에 행복이란 마치 7년 기근 동안에 7년의 풍요와 같다. 이것은 개탄스러운 일이다. 그 현상이 7년의 과정이 아니라 몇 시간, 몇 날의 과정 속에서 반복되고 있다. 이것을 제외한다면, 이집트에서, 7년의 기근이 발생한 후, 그 모든 풍요로움이 망각될 것이다.[215] 요셉이 총리가 되기까지 17년 동안의 고난의 여정에서, 행복이란 *새옹지마*의 과정인가?

모세는 행복했는가? "약속의 땅"으로 들어가지 못한 그는 비극적 주인공이다. 후계자 여호수아를 제외하고 언제나 존재한다. 모세와 여호수아와의 관계는 우리 인생의 시적인 여명-꿈이 그 실제성과 같다.[216] [모세 : 여호수아 = 여명-꿈 : 실제성]에서 보여주는 유추등식처럼, 모세가 한이 많은 "이상"이라면, 여호수아는 행복한 "현실"이다.[217]

욥은 행복한 생을 살았을까? 그는 행복한 시절에 하나님을 잊지 않도록 자녀들을 위하여 매일 기도했다.[218] 그러나 엄청난 비극을 겪는다. SK는 자신의 "반전의 변증법"에서, 욥의 불행에 대한 반전을 시도

한다. 상실 그 자체는 이득이다. 이득은 아무것도 상실된 것이 없는 것이다. 상실은 어떤 것을 단순히 잃는 것이 아니며 아무것도 상실한 것이 아니기 때문에 이득이다.[219]

뒤마(Dumas)는 *춘희*에서, "인생은 아름다운 것이다. 어떤 안경을 쓰느냐에 따라서 달리 보이는 것이다."라고 주장한다. 내가 쓴 선글라스가 세상을 하얗게 보이게 하는가?

3) 그물에 걸린 물고기는 행복한가?

기독교에 관한 한, 어부가 고기를 낚는 것과 같은 이기적인 의미에서 영원의 의도는 사도들을 낚아 올리는 것을 의미하지 않는다. 영원은 인간의 구원을 원한다. 인간들은 스스로 속이기를 원하고 바보가 되기를 원하기 때문에 그 자체를 바꾸지 않는다.[220]

어부는 물고기가 필요하다. 그는 그물을 바꾼다. 운명적으로 그물에 걸리는 것은 구원을 받게 된다. 이것이 기독교의 방법이라면, 물고기는 변해야만 한다. 만약 어부가 그물 바꾸기를 결정하지 않는다면, 더 작게 됨으로서 물고기는 어부를 바보로 만들 것이다.

구원의 조건을 바꿈으로써 인간은 자기 자신을 바보로 만들 때, 성공한다. 영원은 조건을 바꾸지 않기 때문이다. 물고기는 정당하다. 그리고 그물에 걸리는 것을 피하기 위하여 모든 것을 의미 있고 신중하게 행동한다. 인간은 그물을 피하기 위하여 수단과 방법을 가리지 않는다. 이 때, 인간은 자아를 속인다. 붙잡히지 않는 것이 행복이다. 혹은 정당한 방법이 아닌 방법으로 붙잡히는 것이 행복이다. 인간은 자아를 속이는 존재이다. 붙잡히는 것이 구원을 받는 것이기 때문이다. 만약 그물에 걸려 자유롭지 못하다면, 전혀 행복한 것이 아닌가?

4) 행복은 통곡하고 슬퍼하는 것인가?

하나님은 사랑이시다. 전 인류는 마치 연합하여 한 목소리로 소리친다. "이 땅에서 우리를 행복하게 만들어 주는 것은 하나님의 뜻이다." 하나님은 사랑이시기 때문이다. 그러나 기독교는 외친다. **"너희는 통곡하고 슬퍼할 것이다. 세상은 기뻐할 것이다."**[221] 내가 통곡하며 슬퍼하는 것이 도대체 어떻게 하나님의 뜻이란 말인가? 그렇다. 이것이 기독교이다. 그러나 내가 하나님의 뜻을 바꾸기를 원하면서 "아닙니다. 중단해주세요."라고 말할 때, 하나님은 내 앞에서 테이블을 내려치시며 손의 촉감으로 알 수 있는 권력자가 아니다. 하나님은 마치 존재하시지 않는 것처럼 존재하며, 아무런 일이 발생하지 않은 것처럼 행동하고 계시다.[222] SK는 "영원한 행복을 위하여 나는 예수 그리스도를 의지해야만 한다."라고 고백한다.[223]

신앙이란 이해할 수 없는 것을 이해하는 것이다. 하나님을 경외하는 힘으로 이해할 수 있다. 이생에서 고통의 중단 다음에 오는 순수한 행복의 현 상태는 존재하지 않는다. 고통이 사라지면, 그것은 완전한 것이 아니라 본질적인 기독교로부터 배교이다. 그 배교자가 더 부패한다. 세속적인 인간에게서 발견할 수 있는 안전이 행복이라고 여기는 것이다.[224]

쥘 르나르(Jules Renard)는 **일기**에서, "행복은 찾아내는 것이다."라고 고백한다. 인생을 꿰뚫어 본 인간만이 토로해 낼 수 있는 행복이란 과연 무엇인가?

5) 행복의 내공은 무엇인가?

레마르크(Erich Maria Remarque)는 *개선문*에서, "나는 복수를 하고 사랑을 했다. 이것으로 충분하다. 모든 것은 아니지만, 인간으로서 더 이상 바랄 수 없을 정도이다."라고 고백한다. 최악의 처지에서 땀 흘려 살아온 생의 여정을 역설적으로 깨끗하게 정리하면서 내뱉은 고백이다.

어쩔 수 없이 위험한 상황에 놓여 있지만 행복하다고 고백한다면, 그 행복의 미친 내공이 아닌가? SK는 하나의 생각, 사상 때문에 순교자가 된 인물, 브루노를 소환한다. 브루노는 살기위해 도피했지만, 종의 배반으로 체포된다. 그러나 위험한 상황에 놓여 있지만 "행복하다"라고 고백한다. 이것이 행복의 내공이다.[225] 배신을 당한 고통 속에서 행복을 느낄 수 없다. 그러나 "복수는 나의 것이다"라는 하나님의 말씀을 인정하고 수용할 때, 절망적인 고통을 완벽한 용서로 마주할 때, 진정한 행복이 있는 것이다.[226] 사랑은 모든 것을 정복한다. 더 정확히 표현하면, 사랑은 "투쟁하는 사랑"이다.[227] 사랑은 죽음보다 강하다.

6) 절대적 행복

조지 엘리엇(George Eliot)의 *사일러스 마너*에서, "행복을 문 밖으로 쫓아내면, 그 행복은 문을 열고 받아들이는 타인의 것이 된다."라고 주장한다.

비교는 불행의 원천이다. 비교하지 않는 것이 절대적 행복이다. 단독자와 하나님과의 관계성에서, 타자들과의 비교가 등장한다. 하나님은 절대적 권리를 가지고 모든 것을 요구하지만, 하나님 관계성의 그 자체는 절대적 축복이며, 무한한 깊이의 절대적 행복이다. 만약 이것이 사랑의 관계성이라면, 타자와의 그 어떤 비교는 망각된다.

포도원에서 일하는 노동자의 비유적 의미는 자신과 타자를 비교하는 것은 불행해진다.[228] 만약 "나는 이 모든 악과 핍박을 하나님을 위하여 기쁘게 참는다."라고 말하면서, "나를 괴롭히는 자들이여, 당신들은 다음 세계에서 고통을 받을 것이다."라고 덧붙인다면, 그것은 세속적인 마음이다. 하나님에 대한 관계성은 매우 유익하고 특별한 축복의 부담이다.[229]

기독교는 신성과 인성사이의 접촉이다. 하나님과 인간 사이에 역사의 거리를 제거하면서 살아가는 것이 행복이다. 그리고 하나님의 그 가까움은 역사적인 문제가 된다.[230]

그리스도인이 된다는 것은 하나님과 친족관계를 형성하는 것이다. 그러나 그 원형과 모방은 또한 특별해야 한다. 그리고 "누구든지 나를 인하여 실족하지 아니하는 자는 행복하다."[231] 그리스도인들은 해 아래서 불행해지는 것이며 기꺼이 그렇게 되어야 한다.[232]

7) 가장 사랑을 받을 수 있는 사람이 누구인가?

이 질문에 대한 답은 "나를 가장 불행하게 만든 사람이다."[233] 이것은 사랑에 대한 가장 완벽한 공식이다. 이 역설적인 사랑에는 불행을 치유하는 동정심이 존재한다.

사랑에 대한 관계성에서, "왜냐하면, ~이기 때문에"가 플러스가 될 때, 그것은 빼기이며 마이너스가 된다. 그러나 만약 "왜냐하면, ~이기 때문에"가 마이너스가 될 때, **나를 불행하게 만드는 사람**은 빼기와 같은데, 그것은 더하기 플러스가 된다. 이것이 사랑에 대한 관계성에서 감동을 준다.[234] 나를 행복하게 해주기 때문에 누군가를 사랑하는 것은 자기중심주의이다.[235]

8) 순교자들은 행복했던가?

인간은 즐기기 위하여 행복을 원한다. "고요가 없으면, 행복이 없다."[236] 하나님은 자녀들이 행복과 평온함을 누리는 것을 원치 않는다. 영은 끊임없이 움직인다. 여기에 기독교의 유일한 반칙이 존재한다.[237] 순교자들은 정착하고 싶어 하는 이 세계에서 행복을 느끼지 못한 사람들이다. 그들은 고향을 떠나 발걸음을 서둘러 옮기는 (하늘) 나그네들이다. 종말을 향한 미션의 과정에서, 그들의 인생은 **충돌효과**가 있다. 그 **충돌효과**로 세상으로부터 버림을 받는다. 이 세계의 순조롭고 행복한 생명과 고요한 죽음에 대한 이질성 때문이다.[238]

진리를 위하여 가난과 고통을 받는 것이 사도의 미션이다.[239] 진리를 위하여 풍요와 행복을 누리는 것은 속칭 "개독교"의 본질이다. 진정한 성직자와 성도란 세속적인 행복의 의미와는 거리가 멀다. 사도적 미션은 가난과 고통을 몸소 실천하며 보여주는 것이다.

구원과 행복의 함수관계는 **충돌효과**를 일으킨다. 세속적인 생명과 가치보다는 하늘의 영원한 생명과 가치에 더 비중을 두고 있기 때문이다. 영혼의 기쁨은 실존적 불안을 야기 시키지만 실존적 불안에 대하여 염려하지 않는다. 순교자들은 이 땅의 행복보다는 저 하늘의 기쁨을 소망했던 용기와 결단의 소유자들이었다.[240]

9) 아멘의 행복

"'아멘'이라는 한 단어 이외에는 한 마디도 말하지 않는 충동을 느꼈다. 나의 불행이 나의 복이 되었다. 아버지에 의해서 나는 구원을 받았다. 그러나 나를 구원해 줄 수 있는 어떤 사람의 존재를 상상한다는 것은 불가능하다. 잠재성에 의하여 나는 작가가 되었다. 핍박이 없었더라면, 내 인생은 나 자신의 것이 되지 못했을 것이다. 우울증이 내 인생 모든 것을 어둡게 만들었지만, 그것 역시 형용할 수 없을 정도로 복이 되었다."[241]

SK는 "나의기도"라는 제목에서, "하나님의 사랑을 받는 것과 하나님을 사랑하는 것은 고통이다."라고 주장한다. 행복은 '기쁨의 고통이요. 슬픔의 기쁨이다.[242] 역설적인 그의 행복은 한 차원 도약한다. 즉, **"나는 모든 타자들의 행복을 방해하고 어지럽혀야만 한다."** 어느 누가 이러한 행복을 선호하겠는가? 그의 행복론은 마치 예수 그리스도의

*산상수훈*의 팔복에 대한 강론과 같다.[243] 이러한 역설적인 행복이 없다면, 사랑과 행복 속에서 누리는 '**슬픔의 기쁨**', '**기쁨의 고통**'을 소유할 수 없다. 스스로 생을 포기하는 자살보다는 세상을 향하여 죽는 것이 행복이다.[244]

죽음의 시간이 다가올 때, 짙은 어둠이 싹튼다. 영원한 행복의 햇살이 눈에 너무 밝게 빛나기 때문이다.[245] 이 햇살은 죽음을 초월한 상태에서 맛보는 하늘의 것이다. "현재, 나는 매우 불행하기 때문에 꿈속에서 형용할 수 없을 정도로 행복하다."[246]

뒤마는 *춘희*에서, "나는 악덕을 퍼트리는 것이 아니다. 다만 고귀한 마음이 불행 속에서 드리는 기도가 들릴 때는 언제나 그것을 널리 전해야겠다고 생각할 따름이다."라고 고백한다. 나는 학대받고 경멸당하는 약자들의 슬픈 목소리에 얼마나 귀 기울이며 기도하고 있는가?

11 우정론: 가롯 유다는 예수의 친구인가?

1) 날개 없는 사랑이다.

우정이란 모래 속 고랑이다. 우정은 이해 속 햇살이다. 우정은 날개 없는 사랑이다. 우정은 인생의 포도주이다. 우정은 지속적인 사용에도 불구하고 닳아 떨어지지 않는다. 우정의 불꽃은 걱정거리들 속에서 가장 밝게 빛이 나야만 한다. 인생의 사막을 통과하면서 우정의 꽃이 피어난다. 우정은 역병 그 이상이다. 정직보다는 더 오랫동안 버티는 약삭빠른 사기꾼이다. 우정은 번거로운 짐이 되는 위로자이다. 우정이란 무엇인가? 역병 그 이상이다.[247]

친구란 무엇일까? **친구란 자연의 걸작품이다.** 껍질이 거칠게 자라는 것을 막아준다. 친구들이란 독수리와 타조의 짝짓기이다. 친구 없는 인생은 증인 없는 죽음이다. 가장 좋은 거울은 옛 친구이다. 너의 친구는 감사로 씨를 뿌리고 거두는 너의 밭이다.[248]

우정과 친구의 개념들은 다양하다. 공통의 이상을 위한 노력이 없는 우정이란 명분이 없다. SK는 명분 없는 우정에 대하여 조롱한다. 우정이란 '이미' 위험한 것이다. 결혼은 더욱 위험하다. "천생배필"[249] 이라고 생각하는 순간 그 사랑을 단절해야 한다. 특히 그는 여성과의 우정, 사랑에 대하여 "위선과 허약" 이외에 아무것도 아니다.[250]

모파상은 *기책*에서, "결혼이란 낮에는 나쁜 감정을 주고받고 밤에는 악취를 주고받는 행위에 지나지 않는다."라고 비판한다. "결혼해도 후회하고 안 해도 후회한다."는 SK의 말에 나는 평생 독신으로 살 수 있는가?

2) 우산은 내 친구

"우산은 나[SK]를 결코 저버리지 않는다. 끔찍한 폭풍우가 몰아치는 순간이었다. 나는 콘젠스 니토르브에 서 있었다. 모든 사람들에 의

해서 버림을 받았다. 그 때 나의 우산이 안에서 밖으로 나왔다. 그것의 불신 때문에 내가 그것을 포기해야 하는지 아닌지, 그리고 인간을 혐오하는지 여부가 당황스러웠다. 나는 우산에 대한 애정이 지극하기 때문에 비가 오든, 햇살이 나든 항상 들고 다녔다. 단지 그 용도 때문만이 아니라, 나는 항상 우산을 사랑한다는 것을 보여 주기 위해서였다. 때때로 나는 방안에서 마치 내가 밖에 있는 것처럼, 우산에 기대어, 그것을 펼치고, 손잡이를 내 턱에 고인 채, 나의 입술에 갖다 대기도 하면서 계단 위 아래로 걷곤 했다."[251]

인간들보다도 더 사랑했던 그의 우정은 바로 우산이었다. 우산의 상징은 보호막이다. 외부로 부터 다가오는 자연의 내외적 세력들을 차단해 준다. 그의 별명, "포크"는 찌르기와 논쟁을 좋아했기 때문에 친구들이 곁에 있어 줄 여유가 없었다. 그의 말은 언제나 교회 처마 밑에 매달린 "고드름"과 같이 날카롭고 예리했다.[252] "불가피한 우산"과 '짝사랑'을 한 철학자는 아마도 그가 최초일 것이다.[253]

3) 우정은 개울이다.

욥(Job)은 자기 자아를 위로하기 위하여 모든 것을 참아냈다. 그러나 그의 세친구들은 그의 고난의 불에 기름을 부은 격이었다. 친구들이 욥의 고통을 죄로서 설명하고 있는 점이 충격적이다. 그는 도저히 참을 수 없었다.[254]

당신이 고통을 당하는 것, 불행해지는 것은 하나님이 당신을 사랑하고 있다는 증거이다. 고통을 당하는 것은 하나님과 관계성을 맺는

표시이다.[255)]

*욥기서*에서 우정의 잔인성을 보여준다. 불행해지는 것은 범죄 혹은 죄라고 해석하는 잔인함이다. 이것은 본질적으로 인간의 이기심이다. 이생에서 인간에게 발생할 수 있는 진정성과 혼동을 일으키는 인상을 피하고 싶어 한다. 따라서 자신을 방어하기 위하여 고통을 죄로 설명한다. 그것은 자기 자신의 잘못이다.

욥은 하나님과 관계성에서 자신이 옳다고 항변한다. 그러나 친구들은 위로해주기보다는 죄 때문에 고통을 받는다며 그를 괴롭힌다.[256)]

욥의 우정론은 '개울론'이다. "얼음이 녹으면, 흙탕물이 흐르고, 눈이 녹으면, 물이 넘쳐흐르다가도 날이 더워지면, 쉬 마르고 날이 뜨거워지면, 흔적조차 사라진다. 물줄기를 따라서 굽이쳐 흐르다가도 메마른 땅에 이르면, 곧 끊어진다. 너희가 이 개울과 무엇이 다르냐? 너희는 남의 말꼬투리나 잡으려고 하는 것 아니냐? 친구라도 서슴지 않고 팔아넘길 놈들이다."[257)] 개울만도 못한 친구들에게 배신감만 느낀다. 세 친구들은 영적으로 '계산된 우정'의 화신들이다. 친구들의 오해와 아내의 조롱으로 욥은 더 스트레스가 쌓였다.[258)] 세 친구들은 젊은 청년 엘리후(Elihu)만도 못한 우정으로 *욥기서*의 막을 내린다.[259)]

4) 가룟 유다는 예수의 친구인가?

예수는 유다를 속였다. 그의 기대치를 실망시켰다. 따라서 그가 복수하는 것은 아주 당연하다. 유다는 은 30냥을 받지 않을 것을 알고 있었다.[260)] 유대종교지도자들은 처음부터 유다를 압박하면서도 자신들

의 신실한 동지로 들어오는 것은 원치 않았다.[261]

헤롯과 빌라도는 정치적 이해득실 때문에 하루 사이에 친구로 변한다.[262] 이들의 주된 전략은 **"정보 조작"**(Spin Control)이다.[263] 누가 제일 먼저 유다에게 접근했느냐? 누가 그에게 유혹의 손을 내밀었느냐? 은 30냥으로 사람을 매수하고 있다는 복음서 기자의 기록은 유치하며, 유다를 희화화시키는 발상이다. 동시성의 상황 속에서, 유다는 호의적인 평가를 받지 못했다. 은 30냥의 문제는 엄청난 정도의 뇌물에 비하면 아무것도 아니며 강조할 내용이 아니다. 많고 적음의 문제가 본질을 흔들어 놓지는 못한다. 그리스도는 유다에게 고상함이 무엇인지 보여 줄 수 있는 기회를 얻었다. 그러나 세상은 더 사악하고 악한들은 더 교활해져간다. 궁극적으로 그리스도만이 유다가 배신자라는 것을 알 수 있었다. 고상한 사람은 그를 비난해야만 하는 난처한 딜레마에 빠지게 된다. 아마 이해된다거나 믿을 수 없을 것이다. 그러나 고상한 사람의 그 영향은 미미하다.[264]

5) 빌라도는 예수의 친구이다.

빌라도는 존경할 만하다. 빌라도는 적어도 그리스도의 친구가 되는 일로부터 그 어떤 이익을 챙기지 않았다.[265] 빌라도의 아내, 프로클라는 자신의 꿈 때문에 심각한 고민에 빠졌다. 남편의 그리스도에 대한 유죄판결에 대하여 반론-"이 사람을 손대지 마세요."-을 제기했다.[266] 그러나 빌라도는 그 날 꿈을 꾸지 않았다. 만약 그가 그리스도에 대한 유죄판결을 내리지 않는다면, 그는 황제의 친구가 될 수 없었다. 결국 그는 예수에게 유죄판결을 내린다. 꿈을 꾼 빌라도의 아내가 꿈을 꾸지 않은 빌라도보다 더 많은 의식이 깨어 있다.[267] 이 같은 SK의 해석은 나무는 보고 숲을 보지 못하는 한계를 드러낸다. 유다, 빌라도, 유대종교 지도자들은 하나님의 구원의 섭리를 완성시키는 데 일조한 인물들이다. 그러나 빌라도의 아내는 예수의 가는 길을 방해하는 사탄의 역할을 한다. 마치 선생이 가는 길을 막아섰던 베드로에게 선생은 "사탄아 물러가라"고 호통을 친다.[268] 빌라도는 하나님의 섭리를 완성시키는 진정한 예수의 친구였다.[269]

철학자들이 언급하는 친구란 필수적 타자가 아니라, 잉여적 타자이다.[270] 그는 "길을 잃고 헤매일 때, 나는 많은 친구들이 있었다. 진리를 알았을 때, 나는 거의 홀로일 뿐이다."라는 괴테의 말에 동의한다.[271] 이 같은 입장은 그의 철학적 모토인 나홀로, "단독자"의 개념과 일치한다. 우정은 단지 상호 보증일 뿐이다.[172] 따라서 그에게 친구란 잉여적 타자이다.[273]

6) 우정을 위한 기도

하늘에 계신 아버지! 우리는 당신께서는 무소부재하신 분이라는 것을 모두 잘 알고 있습니다. 만약 이 순간에 병상에서 누군가 당신을 부르신다면, 만약 누군가 바다 속 깊은 고뇌 속에서, 혹은 더 큰 죄의 고통 속에서 당신에게 울부짖는다면, 당신은 그의 소리를 듣기 위하여 가까이 계시다는 것을 우리는 너무나도 잘 알고 있습니다. 그러나 당신은 여기 당신의 집, 당신의 회중이 함께 모이는 곳에도 계시옵니다.

많은 사람들이 무거운 생각으로부터 혹은 자기들을 따라다니는 버거운 생각들로부터 자유로워지고 싶어 합니다. 그러나 많은 사람들은 고요하고 만족스런 생활을 하고 싶어 합니다. 아마도 감사하는 마음속에서 숨겨진 성취된 욕망 때문에 즐거운 생각 속에서 누군가는 덮여 있습니다. 그러나 그들 모두는 당신을 찾을 필요가 있습니다.

오, 하나님, 당신은 축복의 친밀함 속에서 감사하는 친구이십니다. 당신은 강력한 연합으로 약자들을 위로해 주십니다. 당신은 은밀한 위로 가운데 걱정하는 사람들의 피난처이십니다. 당신은 눈물을 새시는 동안 통곡하고 있는 사람들의 막역한 친구이십니다. 당신께서 죽어가고 있는 인간의 영혼을 받아 주실 때, 임종의 순간에 놓여 있는 최후의 친구이십니다.

오, 하나님, 당신은 모든 사람들의 아버지이십니다. 이 시간 당신을 찾을 수 있도록 허락하소서. 각 사람의 필요에 따라서 선한 증거의 선물로 당신을 찾게 하시옵소서. 그래서 행복한 사람이 당신의 선한 선물을 위하여 당신 안에서 적절하게 기뻐할 수 있는 유쾌한 담력으로 승리하게 하소서. 슬퍼하는 사람이 당신 안에서 당신의 완벽한 선물들을 받을 수 있도록 유쾌한 담력을 얻게 하소서. 우리 인간들에게는 확실히 이러한 것들 사이에서 차이들, 슬픔과 기쁨의 차이들이 존재합니다. 그러나 오. 하나님, 당신에게는 이러한 것들 사이에 차이가 없습니다. 당신에게서 나오는 모든 것들은 선하고 완벽한 선물입니다.[274]

12 게릴라론: 게릴라들은 진리의 비밀요원인가?

1) 게릴라는 1회분의 작은 알약이다.

게릴라는 비정규병으로서 유격대원들이다. 정규병들을 후방에서 지원하며 적을 타격하여 치명적인 해를 입힌다.[275]

SK의 익명, F.F., H.H., M.M., P.P.들은 게릴라들이다. 이들은 저서들의 글쓰기에서 활용된다. 이들 중에서 H.H.가 가장 유능하다. H.H.가 누구냐고 묻는 형에게 그는 자신이라고 고백하지만 H.H가 주장하는 내용 때문에 형제 사이에 마지막까지 화해할 수 없는 갈등을 일으킨다.[276] F.F. 게릴라는 파더랜드 신문 기사에 실린 제목에서, "*E/O*의 저자가 누구인가"에 대한 서명으로 F.F.로 등장시킨다. 또한 게릴라 F.F.는 뮌스터 주교가 강조하는 "국가교회", "제도화된 기독교계"의 타당한 개념들을 칭송하는 수단으로 이용한다.[277] 그러나 이것은 비판받아야 하며, 부정되어야만 한다.[278]

게릴라들은 마치 "**1회분의 작은 알약**"이 되어야 한다. 그 목적과 역할은 "**각성**"을 위한 것이다. SK의 이러한 '각성운동'에 형이 제동을 걸었다.[279]

2) 누가 게릴라인가?

SK는 1848(?)-49년에, "**영적 게릴라들**"이라는 제목에서, 목사의 필요성과 자질에 대하여 16가지 중요한 자질과 필요성에 대하여 주장한다. "목사는 강력한 웅변이 필요하다. 그러나 불평보다는 침묵 속에서 웅변이다."[280]

개혁은 정치적 운동으로, 종교운동으로, 영적 전쟁으로 치닫는다. 그는 목사의 자질을 다음과 같이 주장 한다: 첫째, 학문적, 학자적 교육을 소유하고 있어야 한다. 둘째, 목사는 강력한 웅변이 필요하다. 목사는 불평보다는 침묵 속에서 웅변이 필요하다. 셋째, 인간적인 마음이 필요하다. 판단과 비난에 대한 절제력을 배워야 한다. 넷째, 희생의 기술을 통한 권위를 이용하는 법을 알아야 한다. 다섯째, 절제 있는 교육으로 복종과 고통을 받을 준비가 되어 있어야 한다. 여섯째, 갈등을 완화시켜야 한다. 일곱째, 훈계하고 권면할 줄 알아야 한다. 여덟째, 세워주고 격려할 줄 알아야 한다. 아홉째, 감동을 주어야 한다. 열 번째, 결코 무력을 사용해서는 안 된다. 열한 번째, 자아에 대한 복종으로 절제해야 한다. 열두 번째, 무엇보다도 인내가 중요하다.[281] 목사들의 투쟁은 과학적 셈법 게임이 아니라 **영적 게릴라의 전초전**이 되어야 하며 인간적 열정으로 군중들을 분열시킬 수 있어야 한다.

3) 게릴라들은 순교자들이다.

게릴라와 유사하게 잠복활동을 하는 경찰비밀요원이 있다.[282] 이 요원은 SK의 스파이의 캐릭터이다. 그는 "진리의 비밀요원"을 "순교자"라고 부른다.[283] "윤리-종교적 에세이의 싸이클"에서, '우주적인 것-단독자-특별한 단독자'의 '**특별한 단독자**'는 "순교자"를 의미한다. 순

교자들은 하나님의 섭리 안에서 "날개 잘린 새처럼 미끼"가 되어야 한다.[284]

SK는 "나는 역시 진리를 위하여 나의 생명을 희생시킬 권리를 가지고 있지 않다. 즉, 죽음에 처해진다거나 나 자신 스스로 죽음에 처해질 수 없다."[285] H.H.에서, 자신의 순교는 "조롱의 순교자", "웃음의 순교자", "사색의 순교자"이다.[286] 그는 단지 "섭리의 장난감에 불과하다"라고 고백한다.[287]

13 자기-기만론: 자기기만의 전략은 산파법이다.

1) 카멜레온형 자기기만을 배운 것인가?

로버트 스티븐슨(Robert Louis Stevenson)의 *지킬 박사와 하이드씨*에서, 선과 악이 공존하는 평범한 남자, 악을 해방시키는 약을 발명하고 이중적인 생활을 하는 남자를 묘사한다. "그 인간은 사실 지킬 박사야."라는 표현이 SK에게 어울린다.

예술이란 가면이다. 이 가면에 의해서 진실이 밝혀진다. "짐짓 꾸밈"(Affectation)은 반은 의도적으로 타자들의 비자발적 특이한 성격의 특징들을 모방했을 때, 그 자체를 표현한다. 이 모방들은 좋은 옷으로 보이려는 가식적 위장술이다.

뮐러(Poul Martin Møller, 1794-1838)는 자신의 에세이에서, "짐짓 꾸밈"을 3가지로 언급한다.[288] 첫째, 순간적인 짐짓 꾸밈. 해가 없다. 타자의 관점을 채택하기 위한 도움으로 자신을 타자의 정서적 상태와 함께 감정이입하려는 소망이다. 이것은 일반적으로 사회생활을 이용한다. 둘째, 영원한 짐짓 꾸밈. 좀 더 심각한 문제이다. 제2의 성품이 되는 과정이다. "자아의 거짓요소를 통합시키고 자신의 개성을 왜곡시킨다." 자신의 말이 "실제적 자아와 일치하지 않는다는 결과를 낳는다. 개인은 점진적으로 냉혹해져 그 뒤에 숨기 때문에 얼굴이 보이지 않는다. 셋째, 변하는 짐짓 꾸밈. 이 경우는 최악이다. 당연한 역할의 영속성이 없다. 개인은 완전히 변할 수 있기 때문에 개인생활에서 진리의 완전한 부재의 결과를 초래하며, 사고와 의지에 어떤 지속적인 핵심이 전혀 없다. 그러나 매 순간마다 그는 자기의 삶을 순간적인 개성이 되게 한다. 그리고 다음 순간에 그것을 폐지한다.

변함의 가시적인 표현에 대하여, 뮐러는 카멜레온을 선택한다. "대부분 사람들은 환경에 따라서 자신의 몸 색깔을 마음대로 변화시키는 카멜레온 형이다. 이들은 환경의 수동적 산물들이다." 뮐러에게 "짐짓 꾸밈"은 인위적인 언술행위 보다도 더 많은 존재론적 결함의 문제 이상이다. 짐짓 꾸밈은 상당한 유혹을 받는다.

"짐짓 꾸밈"은 자기기만이다. 이것은 철학적이며 심리적인 역설로 이어진다. 사람이 자기 자신을 속일 때, 누구를 속이는 것인가? 이 질문은 뮐러의 꾸밈분석의 명백한 배경을 형성한다. 그리고 뮐러는 개인과 사회에 대하여 무의식적 의미의 추적을 선택했다.

*BJ*에서, "나는 두 얼굴을 가진 야누스이다. 한쪽에서는 웃고 다른 쪽에서는 울고 있다."[289] "나는 농담을 손상시키면 사람들은 웃는다. 그러면, 나는 운다."[290] 그는 비극과 희극을 결합시킨다. 디드로(Denis Diderot)의 *라모의 조카*에 의하면, "마지막에 웃는 자가 가장 크게 웃는 자이다."

밀물과 썰물의 파도는 종이 위에 진주와 해초를 뿌린다. 일기는 영혼의 조수간만을 나타내는 달력일지 모른다.[291] 생각은 세상의 일부를 상징으로 사용하며, 세상이 지닌 의미의 일부이다. 우리가 가진 생각이 인간의 가장 중요한 사건이다. 다른 것들은 바람이 쓰는 일기에 불과하다. 진정성 탈출의 장치로서 '일기의 고백'은 양심과 영혼의 진술이며, 자신의 정체성을 드러내주는 가장 신뢰할 만한 내면의식의 장치이다. 그러나 자신의 자아, 즉 영을 지키지 못하면, 자기기만은 경계성 인격 장애, 나르시시즘 인격 장애의 원인이 될 수 있다.

2) 자기기만은 "최적가치체계"를 무시하는가?

오스카 와일드(Oscar Wilde)는 *가면의 진실*에서, "사람들은 1인칭으로 말할 때, 가장 솔직하지 못하다. 그에게 가면을 주어보라. 그러면 진실을 말할 것이다."라고 주장한다.

*BJ*는 그의 진심이 담겨 있는 양심적 '고백록'이다. 산파법이나 아이러니의 수법으로 글을 썼다고 하지만, 일기에서까지 자기 자신을 속이지는 않는다. 설령 속인다 할지라도, 익명으로 출판한 책들 속의 아바

타들과는 전적으로 다르다.

고백이란 파토스적 관점이 아닌 에토스적 관점이다. 일기의 고백은 감성보다는 윤리 쪽에 더 가깝다. "양심"이라는 에토스를 언급하고 있기 때문이다. 인간의 가장 불편한 것 중의 하나가 바로 "양심"이다. 양심은 자기 계시의 초석이다. 자기의 양심을 속여서까지 일기에 기록으로 남기는 일은 그리 흔치 않다.[292]

자기기만과 위선의 일차적 방식은 '가리기' 혹은 '감추기' 방식이다. 그러나 직접적으로 기만과 위선의 대상으로 지목된 주체의 주관적 고백이 문제가 된다. 일기란 '가리기' 혹은 '감추기'에 대한 반작용으로 드러내기 방식을 취한다. **BJ**에서, 한 가지-"**비밀노트**"-만 제외하고 자신의 속내를 진술하게, 드러낸다.[293]

BJ에서, SK는 "나는 내 손을 기꺼이 보여주지 않는다." 그는 자신의 '속사람'을 좀처럼 보여 주지 않는다.[294] 이것은 그의 성격으로 치부하기에는 너무나 성급한 판단이라고 할 수 있으며, 소통부재 현상을 일으킬 것이다. 그러나 "나는 항상 내 속임수의 의상을 입고 있다."[295] 의상의 철학에서, 인간들은 모두 옷으로 위장한 채, 진정한 속내를 드러내지 않는다. 발가숭이가 되었을 때, 겉모습이 어떠한지 조금은 알 수 있지만, 그 '속사람'은 알 수 없다.

SK는 사랑하는 애인, 안티고네(Antigone)를 저버린다. 그녀가 자신의 사적인 고뇌와 함께 할 수 없기 때문이다. 그래서 그는 그녀에 대한 자신의 온전한 사랑이 사기, 위선, 자기기만이 되도록 해야만 했다.[296] 그러나 이 같은 불량행위가 가족들을 분노케 하며, 레기네의 오빠를

"보복자"로 만든다.[297] *BJ*에서, 자기 자신을 제3인칭, "나의 영웅"이라고 표현하는 것은 책임 회피형 사기꾼으로서 자기기만의 전형이다. 자신은 노골적인 위선자였다는 것을 레기네가 믿도록 노력한다.[298] 그러나 그가 베를린에서 귀국할 때, 그녀는 "내가 위선자였다."라고 확신할 것이다.[299] 그는 미학적으로 조롱을, 윤리적으로 악당이라는 비난의 소리를 듣는다. 종교적으로 스스로 위안을 삼고 있지만 사랑을 저버린 것은 기만이며 불법행위이다.[300]

크로이(M. Kroy)는 *양심의 구조적 이론*에서, "인간의 가치체계가 어떻게 성장하는가라고 질문하면서, 무엇이 인간의 "최적가치체계"인가를 제시한다. 이타주의와 이기주의는 서로 충돌을 일으킨다. 인생을 불행하게 만드는 것은 후자이다. 이 후자는 자아 중심적 가치체계에 몰입하기 때문에 자아희생과 불안 사이에서 화해할 수 없는 딜레마로 빠져든다. 따라서 SK의 고백에서, "죄의식 노이로제"는 피할 수 없는 실존적 딜레마의 극단적 표현이다.[301]

세상의 비난하는 소리를 듣기 전, 인간의 "최적가치체계"의 방향이 어디에 있는지 살펴야 한다. 마치 겟세마네 동산에서, "땀방울"이 "핏방울"로 변하는 예수의 내적갈등처럼 경험해 보아야 한다.[302]

3) 기만의 틀은 필수적인가?

18세기에는 자신의 이름이 세상에 알려지기를 원하는 전통적인 모더니즘시대였지만, SK는 자신의 저서들을 익명으로 출판했다. 이 같은 익명성의 심리학적 동기와 의도는 다른 데 있을 수 있지만, 익명성

은 21세기 사이버, 디지털 시대, SNS의 소통방식에 제격이다.[303]

그는 미학적 예술 장치, 혹은 글쓰기 기법으로 "기만의 틀"로 표출시킨다.[304] 프로테우스가 지속적으로 기만을 변경하는 것처럼, 산파술의 기교는 기만의 변증법적 결과들이며 모든 간접의사소통은 기만을 포함시킨다.[305]

하나님은 영이시다. 영이신 하나님의 사전에는 "사기꾼", "자기기만"이라는 단어가 존재하지 않는다. 그러나 그는 '하나님의 필수적인 자기기만', '인간의 필수적인 자기기만'의 의미를 두 가지 측면에서 제시한다. 전자는 하나님의 불변성과 신실하심의 자기기만과의 연관성에 대하여, 후자는 자신의 카테고리는 사람들을 속여서 신앙을 갖도록 하는 것이다. 하나님의 불변성과 신실하심은 하나님도 변할 수 있다는 것과 인간을 실재적으로 속이시기를 원하신다. 루터(Luther)의 고백에 의하면, "만약 내가 속게 된다면, 나는 인간들보다는 하나님에 의해서 속임을 당하고 싶다.[306] 그는 설교에서, "'오 하나님, 당신은 나를 속이셨습니다.'"라고 고백한다. 하나님이 어쩔 수 없이 "자기기만"을 사용할 때, 인간의 자기기만과 다르다. 속게 되는 것은 끔찍한 일이며, 특히 하나님에 의해서 속게 되는 것은 두려운 일이다. 하나님은 나를 속여서 내가 진리가 되게 하시는 분이시다.[307]

*E/O*의 제2판을 후원할 때, SK는 *CUP*를 저술한다. "여기서 나는 이 책을 철회한다. 순서상, 그것은 필수적인 자기기만이었다. 가능하다면, 사람들을 속여서 종교성[신앙]이 되도록 하는 것이 지속적인 나의 과제였다. 산파적으로, 그것은 확실하게 영향력이 있었다. 그러나 나

는 그 책을 철회할 필요가 없다. 나는 결코 그 저자[요하네스 클리마쿠스/SK는 편집자]라고 주장한 적이 없기 때문이다."[308] 그러나 "나 자신의 시적관점"에서, "나는 성인이 아니고 참회자이다. 참회자는 형언할 수 없을 정도로 고통을 받는 것이 적절하며, 그 고통 속에 만족이 있다. 만약 내가 순수한 동시대의 인간이라면, 군중들의 모든 조롱과 학대를 나에게로 돌릴 수 있다면, 나는 더 행복했을 것이다. 참회자가 됨으로서, 진리를 섬기는 명예를 가진 나는 인간들의 학대를 유익한 것으로 여긴다. 나는 가장 바보 같은 것으로 여겨지는 자기기만의 영역에서 특별히 확실하게 성공했다."[309] 이른바, SK는 '성공한 사기꾼'이며 '자기기만자'이다.

4) 자기기만의 전략은 산파법이다.

도스토에프스키(Fyodor Mikhailovich Dostoevskii)는 *카라마조프가의 형제*들에서, "인간이란 언제나 남에게 속기 보다는 자기가 자기에게 거짓말을 하고 싶어 한다. 그리고 당연히 남의 거짓말보다는 자기 거짓말을 더 잘 믿는다."

속이는 것은 기만 속에서 무한한 기교가 요구된다. 인간은 기만에 관해서 명확한 정보를 가지고 있다. 그는 속이는 자를 확실하게 붙잡을 것이다. 그러나 그의 기만은 새로운 것이 될 것이라는 사실을 무시한다. 그는 바보 가트리에브(Stupid Gottlieb)[310]의 반대이다. 때때로 바보 가트리에브가 마치 그를 붙잡을 것처럼 보인다. 가트리에브는 의무적으로, 과거에 행한 것을 실행하기 위하여 들었던 것을 행한다. 속이는 자에 관하여, 사람들은 바보 가트리에브와 같다. 속이는 자는 다음에도 동일한 일을 한다. 그리고 그들은 속게 된다. 이것이 산파법이다.[311]

SK의 과제는 사람들로 하여금 본질적인 그리스도인으로 각인시키는 것이다. "나의 과제는 진리 안에서 사람들을 속이는 것이다. 그들이 저버린 종교적 헌신을 하도록 하는 것이다. 그러나 나는 권위가 없다. 권위 대신에 그 반대를 이용한다. '전체적인 과제는 나의 훈련과 교육을 위한 것이다. 이것은 소크라테스적 접근법이다. 마치 무지한 사람처럼, 선생이 되기보다는 피교육생이다.'"[312]

사기꾼의 카테고리는 의도적 자기기만이다. 이것 때문에 우울증에 더 깊숙이 빠져든다.[313] 사기꾼-세상은 속고 싶어 하며, 사기꾼은 성공할 것이다.[314] "속이는 자의 "숨겨진 영성" 그리고 그 상자가 깨지는 법"이라는 제목에서, 기독교의 객관적인 가르침은 사기라는 것이다. 그 화살은 뮌스터에게로 향한다.[315] 기독교를 객관적으로 가르치는 자들은 궤변론자들이며, 위선자들이다. 자신들의 입맛에 맡도록 진리를 자르고, 그 조건들을 일치시킨다.[316]

플라톤의 *대화(Cratyllus)*에서 "스스로 속게 되는 것은 최악이다." 라고 언급하는 것은 아름답다.[317] 다른 한편으론, SK는 교활할 정도로 세련된 자기기만적인 기독교에 대하여 공격한다.[318]

고르기아스(Gorgias)에 의하면, "비극은 하나의 기만이다. 속이는 자가 속이지 못한 자보다 더 의롭게 보인다. 속이지 못한 자보다 속임을 당한 현자처럼 보인다."[319] 망상, 광신에 관해서, 자기 자신을 속이도록 허용하는 자는 속이지 못한 자보다 더 현명하다.[320] "시간, 영원과 관련하여 속이기"에서, "자기기만은 시간 속에서는 가능하나, 영원속에서는 불가능하다. 모든 것이 드러나기 때문이다."[321]

5) 자기기만은 심리적 방어 메커니즘인가?

1846년 2월에 출판한 *CUP*에서, 가명의 요한네스 클리마쿠스가 "독자와 함께 이해를 목적으로"한 "부록"이 등장한다. 이 "부록" 다음에 그는 실명으로 "처음이자 마지막 선언"(A First and Last Declaration)을 발표한다. 익명의 저서들에서, 그 자신의 것은 하나도 없다. "한 사람이 말하는 목소리는 나로부터 나오지만, 나의 목소리가 아니다. 그 손으로 쓴 육필은 나의 것이지만, 나의 필체가 아니다. 합법적이며 문학상으로, 그 책임은 나에게 있다. 익명작가들과의 관계에서, 나의 개인적 실재성은 부담이 되는 실재성이다. 그들은 자유롭게 살기 위하여 사라지기를 원한다."[322] 자신의 필체를 인정하면서 자신의 것이 아니라고 주장하는 것은 독자들을 우롱하는 것이다. 독자들이 "저자"라고 부를 때, "나는 저자다"라는 것을 필체로 인정하는 것이다.

"자기기만의 전략은 산파법이다." 인간은 거짓되거나 검증되지 않은 신념을 유지할 때, 자기기만을 이용한다. 심리적으로, 자기 자신에게 거짓말하는 것은 자기방어의 행위다. 무의식적인 방어 메커니즘으로서 자기기만은 심리적 전술이며, 장기적으로 더 해롭다.

자기기만은 실제적으로 "습관적 속임수"가 지속되기 때문에 인지적, 정서적 조화는 유지하기가 어렵다. 자신이 누구인지에 대한 진리의 일부를 배제하고 어떤 형태의 환상 아래에서 산다는 것을 의미한다. 이 같은 속임수는 그가 *어느 여배우 인생의 위기*의 "습관의 속임수"라는 표현에서도 찾아 볼 수 있다.[323]

6) 그리스도는 누구에게 "직격탄"을 날리는가?

인생에서 만남의 사건들이 중요하다. 특히 학교에서 사제지간의 만남은 인생의 운명을 좌우케 한다. SK의 "짐짓 꾸밈"과 자기기만은 뮐러의 영향이 크다고 할 수 있다. 자기기만은 자아캡슐 속으로 자아를 가두는 폐쇄성이 전략이다.

SK는 자기기만의 상징이다. 만약 그가 뮐러를 만나지 않았더라면, 그는 아이러니에 대한 논문을 쓰지 못했을 것이다. 뮐러의 "짐짓 꾸밈"을 복음을 전하는 선교전략으로, 성숙한 그리스도인이 되도록 하는 영적 전략으로 삼기에는 거북스러운 면이 적지 않다. 왜냐하면, 그가 속한 사회적 사교-신앙의 집단들이 "엘리트" 집단이기 때문이다.[324]

그리스도의 '잔치에 초대받은 사람들'의 비유에서, '땅을 샀다, 소를 샀다, 결혼했다'는 등의 이 핑계, 저 핑계 대는 모습 속에서, 사람들의 자기기만과 위선이 잘 나타난다. "초대 받은 사람들 가운데서 (자기를 기만하는 사람은) 아무도 나의 잔치를 맛보지 못할 것이다"라고 그리스도는 '직격탄'을 날린다.[325] 즉 하나님은 인간에게 자아훈련의 영을 주셨다.[326] 자기 절제의 영으로 세계를 향하여 선한 영향력을 끼칠 수 있도록 정직해야 할 것이다.[327]

14 침묵론: "무덤보다 더한 침묵"은 무엇인가?

1) "무덤보다 더한 침묵"은 무엇인가?

태초에 침묵이 있었다. 하나님을 사랑하는 사람은 반드시 침묵을 사랑한다. 예배의 장소는 침묵이 머무는 곳이다. 만약 게으름이 사탄의 놀이터라면, 침묵은 천사의 놀이터이다. 만약 소리가 이 세상의 테마곡이라면, 침묵은 하늘나라의 음악이요, 천체와 우주의 음악이다.[328]

그가 레기네와의 약혼 파혼의 원인은 "거룩한 반항"이 있었기 때문이다. "거룩한 저항"에 대한 주장을 심리학적 실험으로 처리한다.[329] 레기네는 암사자처럼, 싸우며 저항했지만, "거룩한 반대"가 있었다. 만약 "거룩한 저항"이 없었더라면, 레기네가 이겼을 것이다.[330] 그래서 그는 레기네의 에로틱한 사랑의 입을 열게 하고 차단시키는 **"괄호전략"**의 침묵 속에 그녀를 가두어 놓는다. 그의 괄호는 그녀의 고통스런 침묵의 공간이었다. 그러나 "거룩한 반항"에 대한 이유를 밝히지 않는다. 이것이 그의 **"비밀노트"**와 함께 "무덤 보다 더한 침묵"이 되었다.[331]

2) 기도의 아버지는 침묵이다.[332]

밤의 주인공은 역시 달이다. 달은 침묵의 증인이요, 지구의 양심이다. 그러나 이들의 상관관계 메타포에서, SK는 달에게 역설적인 감사

와 불평을 토로한다. "감사하다. 달이여, 그대는 사랑하는 연인들의 약
속장소, 강도들의 잠복, 수전노의 불안, 경찰관의 졸음에 대한 침묵의
증인이다. 그러나 당신은 특별히 도둑들에게만은 편파적이다. 당신 자
신이 도둑이며, 태양으로부터 햇살을 훔치고 있다. 달은 대도이다."[333]
소리 없는 기도는 침묵의 반향이다. 그럼에도 불구하고, 달빛은 침묵
의 소리 없는 목소리이다.

3) 침묵은 천재이다.

아모르(Amor)가 푸시케(Psyche)를 떠날 때, "만약 침묵을 지킨다
면, 너는 신동을 낳을 것이다. 만약 네가 그 비밀을 폭로하면, 보통 인
간을 낳을 것이다."라고 말한다.[334]

비밀 지키는 법을 아는 사람들은 신동이 된다. 말하는 사람은 보통
인간으로 남는다.[335] "침묵하는 것"은 그 밖에 상상할 수 있는 모든 것
에 관하여 말할 수 있는 것을 뜻한다. 그렇지 않으면 누군가 침묵하는
것은 눈에 띄기도 하며 의심스럽기 때문이다. 그리고 그 때는 정확하
게 침묵이 아니다. 완전한 침묵이 아니다.[336]

"침묵은 천재이다." 그러나 침묵은 내재화의 방법이다.[337] 침묵을
"천재"라고 부르는 것은 어느 누구와도 함께 대화할 수 있는 선물이
다. "침묵 속에 숨겨진 침묵은 의혹이다. 의심을 불러일으킨다. 그것은
어떤 것을 배반하는 것과 같다. 최소한 그는 자신이 침묵하고 있다는
것을 배반한다.[338]

SK는 1850년, 오랜 동안 침묵과 씨름하여 왔다. "나의 상황을 편안하게 하려고 나는 얼마나 노력했던가! 나를 방해하는 것은 교만이 아닌가? 그러나 또한 나를 억제하는 것이 있다. 내가 더 오랫동안 끝까지 참고 견디면 견딜수록 나는 더 깊은 상처를 받을 것이다. 그것은 마치 하나님이 나를 시험하는 것처럼 보인다. 이제 만약 내가 위안을 추구했었다면, 내가 필요했을 때, 그 도움은 찾아왔다. '너는 믿음이 없구나, 왜 좀 더 오래 버티어 보지 않았느냐?'라고 하나님께서 말씀하셨을 것이다. 이 같은 긴장을 유지할 때, 영적 고통은 끔찍하다. 그리고 그것은 자아-고문, 혹은 교만이라고 생각한다."[339]

4) 침묵은 영성의 방법이다.

*들의 백합과 공중의 새*를 구성하는 3가지 거룩한 담론, 첫 부분에서 그는 말한다. "인간만이 말할 수 있기 때문에, 침묵을 지킬 수 있다는 것은 예술이다." "말하는 것"은 공개성과 직접성을 위한 표현이다. 반면에 침묵은 사색을 전제로 한다. 따라서 침묵은 영성을 위한 조건이다. "침묵의 사상은 최고를 지향하는 영성의 방법이다."[340]

이와 같이 영성으로서 침묵은 모든 적절한 창조와 행동의 조건이 된다. 예를 들면, 시인은 자신의 내적인 존재의 소리를 듣기 위하여 "자연의 침묵"을 추구한다.[341] 그것은 또한 미학적 영역에서도 사실이다. 특히 행동이 위태로울 때, "비밀과 침묵은 그것들이 영성의 조건이 된다. 바로 그 이유 때문에 인간을 위대하게 만든다."[342] 인간이 모순적인 의지 때문에 보편성보다는 더 높은 곳을 지향하려는 것은 이 침묵 때문이다. 그러나 여기에 그 침묵이 신성한 것이냐, 혹은 악마적인 것이냐의 역설이 존재한다. 만약 침묵이 악마의 덫이라면, 인간은 자기 자신과 타자와의 소통을 차단시킨다. 반면에 신성한 것으로서 침묵은 단독자와 함께 신의 통찰을 의미한다.[343] 그리고 *CDR*에서, "확장과 동일하며 위대한 사상의 모태 속에 동봉된 것보다 가장 아름답고 고상한 개성이다." 그러나 이것 때문에 윤리성을 대표하는 단독자와 보편성 사이에 충돌이 발생한다.

*FT*에서, 요하네스 드 시렌시오(Johannes de Silentio)에 의하면, 아브라함이 자기의 아들, 이삭을 희생시켜야 한다는 윤리성과 충돌하게 하면서 행동을 요구하시는 분은 하나님이시다. 아브라함은 보편성 밖에 놓여있으며 다른 사람들에게 아들의 희생을 말할 수 없다. 그가 말을 한다 할지라도 사람들은 그를 이해할 수 없다. 그는 "절대자와 절대적 관계에서" 단독자로서 등장한다.(103)

이상적인 윤리적 행동은 침묵을 전제로 한다. 말로써 직접 표현할 수 없는 영원성이 포함되어 있기 때문이다. 특히 어떻게 침묵이 하나님께 복종하며 윤리적-종교적 시작이 되는지를 지적한다. 들의 백합과 공중의 새들은 인간들의 스승들로서 배우는 방법을 다루고 있다. "가장 깊은 의미에서 하나님 앞에서 침묵하는 것은 하나님을 경외하기 시작하는 것이다.(323, ed. tr.) 그리고 "이 침묵은 순종하기 위한 첫째 조건이다." 내적으로 기도하면 할수록 말 수가 적어지는 놀라운 일이 발생한다. 마침내 말하는 것은 더 대조적인 것으로 "청자"(323)가 된다.

괴테에 의하면, "고뇌 속에서 말할 수 없을 때, 하나님은 말할 수 있는 힘을 나에게 주셨다." 고통은 인성이요, 침묵은 신성이다. 윤리적으로, 괴테에게는 후자가 표준이다.[344]

5) 침묵은 영적 생활의 조건이다.

침묵은 익명사용을 위한 결정적인 역할을 한다. 익명으로 그의 저술의 실재적인 목적을 감출 수 있었다. 그는 1847년 그의 형, 페드로에게 편지를 쓴다. "침묵은 내 인생에 필수적입니다. 정확하게 침묵을 통하여 힘을 얻습니다. 내가 말하고 싶어도 나에게 가장 중요하고 내 인생을 결정하는 문제에 관하여 나는 침묵을 지켜왔습니다."[345]

스스로 자기 자신을 가두고 싶어 하는 침묵은 개방성, 수용성, 반응성의 태도를 성취하려는 전제조건이다. 고요는 모든 영적 생활의 조건이다. 익명의 작가 쿠이담(Quidam)에 의하면, 고요는 "무한의 무이며 무한적 내용 가능성의 포용력 있는 형식이다."[346] 그는 또한 "책임을 검증하는 고요는 성령의 권능을 통하여 자기 자신을 도와야만 한다."[347]

양심의 소리, 고독 속에서 하나님의 심판의 소리에 귀를 기울일 수 있도록 고요를 추구하는 것은 매우 중요하다."[348] 그리고 이 고요를 통해서 어떻게 인생을 변화시키는지, 인간은 "자기 자신은 아무것도 할 수 없다는 것"을 배우게 된다.(40) 그는 "진리 안에서 하나가 되었기" 때문이며, "열린 마음을 위하여 고요 속에 숨겨지기를" 바라기 때문이다.(47-48. ed. tr.) 전지하신 분 앞에 서 있기 때문에, 고요가 그를 붙잡는다.(49-50.ed. tr.) 언젠가는 양심이 단독자와 함께 말하는 영원한 고요 속에서, "영원의 계산"이 이루어질 것이다.(186. ed. tr.)[349]

그러나 당대의 사람들은 고요는 단지 종교적 즐거움, 혹은 "무위의 고요"만을 인식하고 있었다.[350] 여기에는 영적 생명이 없으며, "죽음의 고요, 소멸"로서 끝이 난다. 고요, 깊은 고요, 축제의 고요, 고요의 축제 등 기독교계의 모든 거룩한 이야기를 비꼬듯이 SK는 이야기한다. 그리고 고요는 종교성에 잘 어울리지만 본질적으로 기독교의 종교성은 고통이다. 그러므로 기독교의 종교성은 불안을 야기시키는 문제이다.[351] SK는 양심의 조바심을 야기시키며, "내적 깊이의 방향에서 불안을 일깨워주는 것"을 자신의 과제로 삼았다.[352]

6) 침묵을 지키는 사람만이 순교자가 될 수 있다.

"침묵을 지키는 사람만이 순교자가 될 수 있다." SK의 언급에 형, 페드로는 일관성이 없다고 비판한다. 그러나 그는 페드로가 일관성이 무엇인지 모른다고 비판한다. 순교의 가능성을 주장한다. 인간은 자기 자신을 진리를 위하여 죽음에 내어주는 권리가 없다는 이 주제를 그는 방어해왔기 때문이다. 동시대 사람들은 이것을 엄청난 오만함이라고 여긴다. 진리를 위하여 죽음에 내어주는 것과 같은 단계는 죄를 공유하기 위하여 '참여하라'는 순교초대로 확대된다.[353]

7) 아르키메데스의 침묵

아르키메데스의 점, 전 세계를 들어 올릴 수 있었던 그 점은 세계 밖, 시공간의 제한 밖에 놓여 있다. 하나님에 대한 관계성에서, 침묵은 아르키메데스가 말하는 세상 밖의 어느 점과 같다.

1935년, SK는 여름 시골 길브제르그를 방문한다. "이 장소에서, 나는 바다가 미풍에 의하여 너울거리는 것을 보았다. 바다가 조약돌을 가지고 노는 것을 보았다. 여기서 나는 바다 표면이 변하여 엄청난 눈구름을 만드는 것을 보았다. 그리고 폭풍의 저음이 가성으로 노래하는 것을 들을 수 있었다. 여기서, 나는 세계의 등장과 파멸을 목격했다. 진정으로 침묵을 요구하는 광경이다."[354]

세계 밖에 존재하는 아르키메데스 점은 하나님 앞에서 깊은 내적 침묵 속에 있는 것이다.[355] 하나님에 대한 관계성의 침묵은 원기를 회복시키는 것이다. 절대적 침묵은 아르키메데스가 말하는 세상 밖의 지점 혹은 잭(jack)과 같다.[356] 그러나 진리에 대한 증언의 문제가 될 때, 기독인은 침묵을 지킬 수 없다. SK는 자기 시대의 성직자들은 "진리에 대한 증인들"이 아니다 라고 주장한다.[357]

물구나무를 서서 세상을 바라보라. 좀 힘들겠지만 끊임없이 달라지는 신기루처럼 보인다. 실제적인 지각능력과 변덕스런 상상력으로 영향을 받는다. 이 자연은 천상의 장으로 보이지 않을 것이다. 낯선 것은 언제나 우리 안에 존재한다.[358]

8) 피타고라스의 침묵

SK는 "사회-정치적 사상"에서, "피타고라스적 침묵"의 필요성을 강조한다. "'저널리즘이 지금까지 등장한 가장 부패한 궤변이다.' 언론은 지성적으로나 정신적으로 중산층에게 아부해 왔다. 따라서 우리는 피타고라스적 침묵이 필요하다."[359]

피타고라스의 침묵은 예수가 제자들에게 3년 동안 침묵을 지키게 했던 것과 동일하다. "나는 3년 동안 제자들에게 침묵을 지키게 했던 철학자 피타고라스의 방법론을 기억할 것이다. 나는 그것이 올 것이라고 감히 말할 수 있다. 만찬은 아침에 시작하는 것이 아니라 저녁에 하는 것처럼, 영적 세계에서도 마찬가지이다. 태양이 우리를 먼저 비추어주고 그 모든 영광을 누리기 이전에 어떤 시간을 위하여 우선 일해야 한다." 그러나 SK는 영적인 침묵에 대하여 절대 반대한다. "하나님이 그 햇살과 비를 선인과 악인에게 비추어 주신다고 말하는 것이 사실이라 할지라도 영적 세계에서는 그렇지 않다.[360] 그래서 "주사위는 던져졌다. 나는 루빈콘강을 건너고 있다! 이 길이 나를 의심할 여지없이 전투에 내몰았다. 나는 그것을 포기하지 않을 것이다."[361] SK의 루빈콘 강은 침묵의 강이다.

9) 침묵은 가장 잔인하고 끔찍한 형벌이다.

SK의 유일한 희망은 목사가 되는 것이었다. 목사가 되는 것이 자신의 죄에 대하여 어떤 보상을 받기 위한 유일한 길이 되기 때문이다. 여기에 변증법적 모순이 존재한다. 자신의 죄에 관하여 침묵을 지키는 것이 타자들에게 도움이 될 수 있는지의 여부, 그리고 보다 더 효율적으로 조용한 방법을 추구하는 것, 혹은 모든 것을 폭로하는 것이 더 나은 지의 여부에 달려 있다.[362]

"어느 누구도 말을 하지 않을 때, 하나님은 심판하신다."라는 독일 속담이 있다. 즉 모든 이들이 침묵을 지키고 있을 때, 비난을 생각하는 사람과 불평을 꿈꾸는 사람이 한 사람도 없을 때, 혹은 고소하는 사람이 죽었을 때, 하나님은 심판하신다.[363] 하나님의 침묵은 가장 잔인하고 끔찍한 형벌이다.

10) 그리스도의 침묵

존 키츠(John Keats)는 "희랍 항아리 부"(Ode on a Grecian Urn)에서, "들리는 선율도 달콤하지만, 들리지 않는 선율이 더 달콤하다."라고 고백한다. 눈을 감는 순간, "들리지 않는 선율"은 사라지고 내 영혼의 호흡을 들을 수 있을 것이다.

그리스도는 치료해준 사람들에게 그것을 말하지 않도록 금지하신다. 그러나 그것을 금지하면 할수록 사람들은 그것에 대하여 더 많이 퍼트린다. 과시를 원하지 않는 것이 그리스도 안에서 진리였다. 그것은 다른 사람들 안에서도 역시 진리였다. 칭찬하는데 집착하게 되면, 위험이 따르기 때문이다. 만약 치료받은 '한센병 환우들과 청각, 언어 장애우'가 재치가 있었더라면, 그들은 말했을 것이다.[364] 주님 자신이 그것을 금지하셨다. 그러므로 우리는 침묵을 지켜야 한다. 결국, 그것

이 그의 뜻이다.[365]

그리스도는 침묵했다. 그의 완전한 침묵에는 2가지 이유가 있다. 방어할 타이밍인데도, 가장 잔인한 거짓과 위증이 있었는데도 한 마디도 하지 않았다.[366] 이것은 무엇을 의미하는가?

사람은 몸이 존재하는 한 항상 무언가는 듣게 된다. 이 세상 어디에도 완전한 정적, 고요란 없다. 침묵은 없다. 침묵이란 소리의 단절이나 차단이 아니다. 본격적으로 들을 준비를 한 청자가 "작고 세미한 소리"의 미, 침묵의 미를 듣는 것이다.

숨만 쉬고 있어라. 그러면, 침묵이 다가온다. 침묵은 반응한다. 세상의 아우성 소리 이면에 침묵의 소리가 있다. "신을 사랑하는 사람은 반드시 침묵을 사랑한다."라고 토마스 머튼(Thomas Merton)은 호소한다. 예배의 장은 침묵의 장이어야 한다. 침묵의 장에서 소리가 들리면, 그것은 소음이요, 잡담이다.

"내면의 소리"는 침묵의 시공간이 요청된다. 그것을 채우기 위해 자연적인 충동에 저항하도록 누군가 요청한다. 하나님의 존재여부, 침묵여부를 떠나서, 침묵은 보살핌의 한 형태이다.

기타 줄을 튕기면, 소리가 눈에 보이는 것처럼, 물 표면에 나타난 색체의 섬광이 달빛을 받으면, 귀로 들을 수 있다.[367] 전자는 눈의 침묵이요, 후자는 귀의 침묵이다. 진리는 눈과 귀사이의 침묵거리에 존재한다. 침묵은 '소리 없는 목소리'이다. 이 목소리의 주인은 한 살박이 젖먹이와 같다.

침묵은 음악이다. 철둑길을 따라 산책할 때, 얼어붙은 땅을 울리는 내 발자국 소리가 거슬린다. 밤의 침묵에 귀 기울이고 싶다. 침묵은 긍정적인 것으로 귀에 들린다. 귀를 막고 걸을 수는 없다. 울려 퍼지는 침묵은 마치 음악과도 같아서 나는 전율한다. 침묵을 들을 수 있는 밤. 나는 말로 다할 수 없는 그 소리를 듣는다.[368]

11) 침묵을 위한 기도: 침묵을 축복해 주소서.

"하늘에 계신 아버지, 당신께선 여러 가지 방법으로 인간에게 말씀하고 계십니다. 홀로 지혜와 통찰을 소유하고 계신 당신이여, 그럼에도 불구하고 당신께선 자신을 그에게 이해시키기를 원하고 있습니다. 당신은 침묵 속에서 그와 함께 대화하고 계십니다. 제자를 시험하기 위하여 침묵하고 있는 이에게 말씀하십니다. 그는 사랑하는 사람을 테스트하기 위하여 침묵하고 있는 이에게 말씀하십니다. 그는 또한 통찰의 시간을 위하여 침묵하고 있는 이에게 말씀하십니다. 때가 왔을 때, 더욱이 내적으로 향해가도록 하십니다.

하늘에 계신 아버지, 인간이 홀로 저버림을 당하고 침묵 속에서 당신의 음성을 듣지 못하고 있을 때, 그것은 서로의 분리가 영원히 지속될 것이라는 것을 그에게 의미하지 않습니다. 인간이 당신의 음성을 들을 수 없는 사막에서 극도로 지쳐 있는 침묵의 시간 속에서, 마치 그것이 완전하게 사라진 것처럼, 그에게 보이지 않습니다.

하늘에 계신 아버지, 이것은 대화의 친밀도에서 단지 침묵의 순간이라는 것이 사실이지 않습니까. 이 침묵을 축복해 주소서. 인간에게 당신의 모든 말씀으로 축복해 주소서. 당신이 침묵하고 있을 때, 당신은 말씀하고 계신다는 것을 그에게 결코 잊지 않도록 해 주소서. 만약 그가 당신에게 기도한다면, 그에게 자신감을 허락해 주소서. 당신은 마치 사랑으로부터 말씀하고 계시는 것처럼, 사랑으로부터 침묵하고 계십니다. 그래서 당신은 침묵하고 계시든지, 혹은 말씀하고 계시든지, 당신은 여전히 동일한 아버지이십니다. 당신께서 입의 말씀으로 가르치시든지 혹은 당신의 침묵으로 교육시키시든지 여전히 아버지의 부성으로 대하고 계십니다."[369)]

15 그림자론

1) 그림자는 사고 싶지만 팔 수 없다

유진 오닐(Eugene O' Neill)은 *느릅나무 그늘 밑의 욕망*에서, "과거를 어떻게 잊을 수 있겠는가? 과거란 현재를 가리킨다. 그리고 미래도 마찬가지다. 우리는 거짓말을 해서 과거로부터 도망치려 한다. 그러나 소용없다. 인생이 그것을 용납하지 않는다."라고 주장한다.

*BJ*의 "변증법, 변증법적"이라는 제목에서 그림자가 등장한다. 극단적인 악의 형태는 바로 '생각의 그림자'요, '마음의 그림자'다. 이것은 모든 이성을 거스르는 악의 형태로 언제든지 변할 수 있다. 그림자는

"누군가 그것을 사고 싶지만, 팔 수 없는 것이다. 뒤에서 찌르는 악당이다. 번거로운 짐이 되는 위로자이다."[370] 과거의 기억이란 돈을 주고사고 팔 수 있는 그림자가 아니다. 즉 '살아있는 기억매체'가 구매자와판매자의 그림자로 작동한다. 과거의 그림자가 인간들의 발목을 잡는다.

인간이 그림자를 소유하는 것은 필수적이다. 하만(Haman)과 같은인물처럼, 모든 사람은 생명을 내건 위기 속에서 자신만의 특별한 목적을 갖는 것이 필요하다.[371] 하나의 개념과 영원에 논쟁적으로 반대하는 사람들에 이르기까지 수많은 그림자의 변화들이 존재한다.[372]

하만은 모르드개와 갈등으로 이스라엘 백성들을 모조리 잡아 죽이려는 말살음모를 기획했던 인물이다. 그러나 에스더 왕비의 결단으로아하수에로 왕 앞에 나아가 역사의 흐름을 반전시키고 이스라엘 민족을 구사일생으로 구원해 낸다. 에스더의 그림자는 "죽으면 죽겠다."는목적으로 이스라엘 백성들을 위한 그늘이 되어준다.[373] 에스더는 **그림자 전쟁**에서 승리한 여걸이었다.

개똥밭에 굴러도 이승이 좋다. 그러나 현세적 삶이 치열하면 할수록, "영원"은 더욱 더 잘 묘사된다. 내세는 실제적인 삶의 단순한 그림자에 불과하다. 반면에 하늘나라를 성공적으로 묘사할 수 없다 할지라도, 그리스도인들에게 현세는 단지 내세에 대한 그림자일 뿐이다. 내세에 대한 생각이 그리스 사람들의 개성에서 진화되었는가, 혹은 어떤외적인 도움이 있었는가를 생각해보라.[374]

마르셀 프루스트(Marcel Proust)는 *잃어버린 시간을 찾아서*에서, "과거는 풍화되어 잊혀지는 것이 아니라 무의식적 기적으로 남아 있다가 초시간적 감각을 계기로 되살아난다."라고 주장한다. 나의 기억하고 싶지 않은 과거, 그 존재의 본질은 무엇인가?

2) 우울증은 나의 그림자이다.

우울증은 "뇌에 생기는 날벼락이다."[375] 햄릿은 "이 세상의 모든 것들이 너무나 지루하고 싱겁고 가치 없게 보이는구나."라고 우울증을 토로한다.

불행하게 만드는 그림자는 무엇인가? "나의 모든 걱정은 의심의 여지없이 우울증이다. 우울증과 상당 부분 무겁게 드리워져 있다."라고 SK는 고백한다.

"나의 원래 생각은 무엇이었는가? 그녀[레기네]를 떠났을 때, 내 생각은 어때했는가? 나는 참회자이다. 결혼은 불가능하다. 항상 불행을 만드는 그림자가 있을 것이며 결혼식에 항의한다. 하나님께서는 내가 이것을 잊고 싶었거나 잊어버린 척했음에도 불구하고, 다른 한편으로는, 내가 필요성을 느낀 참회자로서 하나님께 정직하기를 원한다면, 가능성을 가져야만 하는 결정적인 종교적 삶은 결혼과 결합될 수 없다. 만일 하나님께서 나의 죄를 내게 내리신다면, 나는 반증을 통해 다른 인간을 위해 나를 구원해 달라고 하나님께 간구해야 하는 상황에 있어서는 안 된다. 즉, 내 인생은 절망적인 쾌락주의가 되거나 가능한 무조건적으로 일관된 존재가 되어야 한다."[376]

"섭리가 나를 위해 한 일에 대해 감사하는 마음으로 '**아멘**'[377]이라는 단 한 마디를 제외하고는 더 이상 말하고 싶지 않다. 나는 사랑에 불행해졌지만 다른 사람이 되지 않고도 행복할 수 있다고 생각하는 것은 불가능하다. 나의 불행은 나의 축복이 되었다. 나는 죽고 사라진 자, 나의 아버지에 의해 구원 받았지만, 어떤 살아있는 사람이 나를 구원할 수 있다고 생각하는 것은 불가능하다. 나는 나의 잠재력에 따라 정확하게 저자가 되었다. 그때 나는 박해를 받았지만, 그것이 없었다면 내 삶은 내 것이 아니었을 것이다. 우울은 내 인생의 모든 것을 그림자로 만들지만, 그것 역시 형언할 수 없는 축복이다. 그것이 바로 내가 형언할 수 없는 하나님의 은혜와 도우심으로 나 자신이 된 방법이다. 만일 이것이 내가 믿고 내 마음을 쉬게 하는 복된 생각보다 나에게 적지 않다면, 그가 모든 사람을 똑같이 사랑하신다는 것을 그의 편파성으로 말하고자 하는 유혹을 받을 뻔했다. 문자 그대로 나는 아버지와 함께, 하나님과 함께 살았다. 아멘."[378]

레몽 라디게(Raymond Radiguet)의 *육체의 악마*에서, "어떤 이의 불행은 다른 이의 행복이 되는 수가 있다."라고 주장한다. 나의 행복이 어떤 이의 불행이 된다면, 그 행복은 행복하겠는가?

3) 부성애는 그림자일 뿐이다.

SK는 "하나님의 부성애"라는 제목에서, 그 정체성을 언급한다. 바울의 에베소 교회에 보내는 편지의 내용-"이름을 주신 아버지 앞에 무릎을 꿇고 빈다."-을 인용한다[379] 하늘과 땅에 있는 부성애는 하늘에 있는 아버지의 이름을 따라 부여된 것이며, 아버지의 이름은 땅에서 하늘로 상승한 것이 아니라 하늘에서 땅으로 하강한 것이다. 그 결과 "그대가 이 땅에서 가장 훌륭한 아버지를 모시고 있다 할지라도, 그는 단지 **"의붓 아버지"**일 뿐이다. 단지 "아버지"라고 명명되는 부성애의 반영일 뿐이다. **그림자요,** 반사요, 그림이요, 메타포요, 부성애의 희미한 표현일 뿐이다."[380] 이 같은 그의 주장은 진정한 부성애는 영적인 아버지를 강조한다. 즉 부성애는 그림자일지라도 "예수 그리스도 안에 있는 하나님의 사랑"에서 우리를 단절시킬 수 없다는 바울의 고백을 덧붙인다.[381]

4) 하나님은 회전하는 그림자가 없다.

SK는 자신의 "첫사랑"이라고 고백하는 성경구절이 있다. "온갖 좋은 은사와 온전한 선물이 다 위로부터 빛들을 지으신 아버지께로부터 내려온다. 그는 변함도 없으시고 회전하는 그림자도 없으시다."[382]

인간은 "언제나" 첫사랑으로 돌아가야 한다.[383] 하나님은 빛을 창조하셨지만 변하는 것이나 움직이는 그림자가 없다. 영적인 존재들과 신적인 존재들은 그림자가 없다. "하나님의 형상"을 따라서, 진리의 말씀으로 태어난 이들은 신들이다. 그들은 그림자가 없다. 그림자가 보이는 것은 창조된 피조물이다. "더러운 것들과 넘치는 악"들은 그림자의 형상들이다. 하나님의 변치 않는 사랑, 그 "첫사랑"으로 돌아가는 것이 중요하다.

그림자와 그늘은 다르다. 전자는 하나요, 후자는 다수이다. 그림자는 단독자로서 하나의 그늘만을 만들어 내지만, 그늘은 다수로서 많은 그림자들을 만들어 낸다. 독불장군의 그림자만으로 살아갈 수 없다.

그림자가 모여 그늘이 되고 그늘이 모여 서로 상생하며 공생하는 쉼터가 된다. 수고하고 무거운 짐을 짊어지고 갈 때, 잠시 그리스도의 그늘에서 쉬어감이 어떠하리?[384]

16 귀신론: 내가 귀신인가?

1) 조현병

프린스턴 대학의 카우프만 교수는 24개의 부정적인 스펠링 D를 제시해 주고 있지만, 그가 보지 못한 중요한 것이 있다. 그것은 "귀신"이다. 데몬은 마스크가 두 개다. "악마, 귀신, 사신"의 의미가 있고 "비범한 사람, 명인"의 의미가 있다.[385]

귀신을 이해할 때, 주목해야만 하는 요인은 "도약"이다. 즉 귀신은 예측여부와는 관계없이 돌연한 행동과 변화를 보이는 비약, 급변현상을 일으킨다. 귀신의 의도성에 의하면, "나는 참을 수 없는 것이 있다. 누군가 나를 통제하려고 한다. 귀신 스스로 최소한의 천리안을 가지고 그 치료법이 무엇인지 인식하고 있다. 그러나 귀신은 자신의 질병 치료를 두려워한다.[386] 바로 이 치료가 참을 수 없는 유일한 것-"그것이 나에게 전적으로 치명적이다"-이라고 외친다.[387]

"조현병"은 현악기 줄이 조율 되지 못하는 경우처럼, 뇌의 전두엽, 변연계, 기저 핵의 이상 현상, 유전자의 비정상 등에서 그 원인을 찾기도 하지만 일반적으로, 조현병은 '귀신에 걸렸다'라고 생각한다.[388] 그리스도가 귀신을 쫓아내는 것처럼, 조현병 환우들에게 각별한 관심과 위로가 필요하다. 위로하는 자에게는 역설이 존재한다. 행복한 사회와 사람들을 불안하게 만들어 위로자가 원치 않는 잔인한 모습처럼 보이게 하여 그들을 치료해주는 것이 "위로자"의 몫이다.[389]

2) 비가 그친 후에 솟아나는 버섯들은 누구인가?

1848년, SK는 "기독교 목사들"에 대하여, 마치 비가 그친 후에 솟아나는 버섯들처럼, 귀신들이 사도가 될 때, 가장 위험하다. 진정한 종교성이 필요하다.[390]

그는 "현대의 소유와 망상"에 관한 책을 쓰려는 충동이 있었다. 이 주제에 대하여 사람들이 자기 자신까지 포기하며 어떻게 미치게 되는지를 말한다. 어떻게 집단을 형성하고 동물적 분노가 인간을 사로잡는지, 악마적 욕망에 비유한다.[391] 그는 목사들의 골 깊은 혼돈과 부패에 대한 반성을 요청한다.

3) 누가 메시아의 비밀을 먼저 알아보는가?

귀신은 "투시력"이 강하다. 비상한 통찰력과 천리안이 있다. 그러나 인간들은 한치 앞을 내다볼 수 없는 존재들이다. 귀신들은 예수 그리스도를 알아보는데 제자들은 선생을 제대로 인식하지 못한다. 이것이 복음서에서 등장하는 아이러니이다. 거라사(Gerasenes)의 공동묘지에서 살고 있는 귀신들린 사람은 "멀리서"도 예수 그리스도를 알아본다.[392] 그러나 엠마오(Emmaus)로 걸어가는 두 제자들, 글로바(Cleopas)와 다른 제자는 아주 가까운 거리에서조차도, 옷깃이 스치는 한 식탁에서 앉아 있는데도 알아보지 못한다. 제자들의 눈과 귀는 귀신의 통찰력보다도 못한 인식력을 가지고 있다.[393]

귀신은 바울의 손수건과 앞치마의 위력을 알아본다.[394] 그러나 제자들은 3년 동안 동고동락 속에서도 '달달봉사들'이었다.[395] 귀신들이 메시아의 비밀을 먼저 알아보는 것은 무엇 때문일까?

그리스도의 복음은 가난한 자들을 위한 것이다. "가난"이라는 말은 단순히 실존적 빈곤만을 의미하는 것이 아니라 정신적 고통 받는 모든 것들에 관한 것이다.[396] 즉, 불행한 사람들, 비참한 사람들, 학대받는 사람들, 지체장애인들, 나병환자들, 귀신들인 사람들 등 복음은 그들에게 좋은 소식이다.[397]

영적인 세계에서, 선한 영과 악한 영이 존재한다. 악한 영들인 귀신들은 그리스도 앞에서 무릎을 꿇고 신-인, 그리스도가 진정한 "하나님의 아들"이라는 것을 인정한다.[398] 귀신들의 특성은 집단으로 움직인다. 귀신들 중에는 돼지 떼 2,000마리 속으로 들어가 엄청난 개인의 재산상의 피해를 가져오기도 한다.[399]

4) 영의 생각은 절제와 인내의 정오시간이다.

SK는 귀신의 특성 중의 중요한 요소를 "비약", 즉 행동의 변화로 본다. 그의 "비약이론"은 마치 귀신의 속성과 흡사하다.

*CA*에서, 익명의 주인공들은 악마 혹은 귀신을 선에 관한 불안으로 정의한다. 그리고 악마의 다양한 형태들을 열거한다. 악마적인 사람은 선과의 소통을 피하며 자신의 협소하고 제한된 세계에 갇히게 된다. 역사성을 공격하고 싶어 안달하는 악마적인 것이 있다. 그러나 기독교와 관련하여 자유롭고 공개적으로 의심의 문제를 제기한 사람은 전무하다. 레싱(Lessing)이 아마도 유일한 사람일 것이다.[400]

유머는 종교적이거나 악마적인 것 중의 하나이다. "뒈져라, 꺼져라."[401] 영이 시험하는 생각들이 존재하지만 귀신이 시험하는 것인지 분별해야 하는 지혜가 필요하다. 40일 광야에서 귀신에 의한 공복 시험을 받은 예수처럼, 금식은 귀신이 추구하는 생각들에 대항하는 가장 좋은 치료제이다.[402]

아침과 저녁의 햇살이 귀신을 위한 시간이라면, 영의 생각은 절제와 인내의 정오시간이다. 기진맥진한 혼미한 상태 속에서도 상대적으로 고통을 받고 있는 영은 가장 좋은 현실성의 치료제이다. 신성조차 끌어당기려고 시도하는 악마적 유혹을 차단하라!

니콜라이 고골리(Nikolia Vasilievich Gogol)는 *검찰관*에서, "너 자신의 얼굴이 찌그러져 있는데 거울을 원망한들 무슨 소용이 있느냐?"라고 충고한다. 지구촌의 오지, 벽지들에는 아직도 거울을 보는 것을 꺼려하는 종족들이 있다. 거울을 바라보는 순간, 자신의 모습과 영혼이 거울 속으로 빨려 들어가 귀신에 납치되며, 거울은 귀신이 만들어 낸 저주의 물건이라고 생각한다.[403] 물에 비친 아름다운 자신의 모습, 영상을 보고 심신이 수척해지고 나약해진 나르시스(Narcissus)는 반사된 자신의 모습을 보자 물에 빠져 죽는다.[404] 사진 찍는 것, 초상화를 그리는 것 등은 자신의 혼과 영혼을 빼앗긴다고 생각한다.

SK는 평생을 뇌전증으로 고생했다. 그는 '살아있는 귀신'과 함께 42년을 보냈다고 할 수 있다.[405] 기독교의 핵심은 영적 체험이다. 실존적 경험이며, 영적 자산이다. 이러한 체험이 없다면, 궁극적으로 '신앙의 의식화'와 '신앙의 생활화'는 기대할 수 없다.

17 죽음론: 거위들 발에 짓밟혀 죽을 것인가?

1) 어느 순간이든 낮을 위해 여물어 있어야 한다.

존 스타인 벡(John Steinbeck)은 *분노의 포도*에서 "나는 대지이다. 그리고 비이다. 얼마 뒤면, 나에게서 풀이 자랄 것이다."라고 고백한다. SK는 "공동묘지에서"라는 제목에서, "죽음에 대한 진지한 명상 속에서도 인간은 미소를 지어야 한다."라고 주장한다. 모든 것이 평등하다라는 것이 아니라, 여전히 차이가 있다. 어린 시절, 무덤에 꽃을 갖다 놓는 것은 큰 차이를 보여준다.[406] 누구나가 자신의 전 영혼에 쏟아 부은 비문의 마지막 유언들은 충격적인 웅변들이다.[407] 그 곳에서 모든 무덤이 설교를 한다.[408]

죽음은 인간의 본질적인 위로이다. 죽는 날이 출생하는 날이다. 그리고 영원에 대한 갈망이 더 커진다.[409]

하이데거와 카뮈의 죽음학에 도전하는 월터 카우프만(Water Kaufmann)의 죽음학에 의하면, "죽음이란 불안의 면류관이다."[410] 그는 "죽음을 환영한다." 이 같은 주장은 죽음의 편재성을 부정하는 것이다.[411] 죽음을 축제로 생각하는 니체는 "나는 죽음과 재생을 축제로 축하하기를 원한다." 이 같은 소망은 자라투스트라가 죽음을 연기할 정도로 영원회귀 사상을 주장한다.[412]

죽음도 선택인가? **BJ**에서, "어느 것이 더 나쁜 것인가? 사형집행을 당할 것인가? 혹은 거위들의 발에 의하여 천천히 짓밟혀 죽는 것인가?[413] 마치 막 죽을 운명처럼 살아가는 것은 인생의 지혜라고 생각한다.[414]

인간은 죽음을 바보로 취급한다. 정교할 정도로 끔찍하게 자신을 속인다. 영원은 갑자기 혹은 신속한 접촉이 아니기 때문이다. 영원에로의 도약은 어리석은 것이 아니라 가장 가공할 만한 자기-속임수이다.[415] 죽음은 질병이다. 질병에 저항하면서, 몸과 영혼 사이에 고통과 괴롬 당하는 관계성을 갖는 모든 육체는 그 속에 뿌리를 내리며 모든 것들을 끝장낸다.[416] 죽음은 쇠사슬이다. 사로잡힌 동물은 "우리"에서 날마다 어슬렁거린다. 날마다 죽음을 생각하며, 쇠사슬의 길이를 측정한다.[417] 죽음은 잠이다. 아주 고요한 수면이다. 부드럽고 우아하게 잠자러 떠난다.[418] 죽음을 논할 때, 윤리적인 단계에서 심미적 단계로 잘못된 도약이 있다. 유일한 진정성은 인간은 죽을 것이라는 것이며, 심판을 받기 위하여 하늘로 올라 갈 것이다. 죽음에 관한 핵심을 비윤리적으로 왜곡시켜야 한다.[419] 죽음의 순간에 모든 것을 직시하고 가능한 한 가까이 죽음을 데려온다.[420]

2) 죽음을 환영하라.

존 번연(John Milton)의 *실낙원*에서, 사탄은 "지옥에서 다스리는 것이 천국에서 모시는 것보다 훨씬 낫다."라고 외친다. 이 땅에서 인간은 찌르는 아픔이 있는 지옥을 소유해야 만 한다. 그리스도인이 된다는 것은 죽음과 투쟁이다. 산자들은 죽음의 고통 때문에 신음하는 그를 보고 웃지 못하며, 저주하며 싫어한다는 말을 하지 않는다.[421]

마음속에 똬리를 틀고 앉아 있는 뱀과 같은 죽음의 공포를 어떻게 극복할 수 있을까? 전능하신 신을 축복 속에 만나게 될 마지막 날을 기다려야 한다. 하나님을 만날 기쁜 날을 연기하는 것은 비신앙적이다. 하나님 앞에서 전적으로 홀로 존재하는 것을 인식하는 것이다. 기독교는 가능한 한 죽음을 가까이 다가오게 하는 것을 원한다. 이것이 우리가 이 땅에서 사는 방법이다.[422]

죽음과 거래하는 것은 유익하다. **"죽는 것이 이득이다."** 이것은 에피쿠르스(Epicurus)가 언급한 것보다 더 죽음을 속이는 멋진 방법이다. "죽음은 나를 붙잡을 수 없다. 내가 존재할 때, 죽음은 존재하지 않으며 죽음이 존재할 때, 나는 존재하지 않기 때문이다."[423]

죽음의 문지방은 햇살보다 더 밝아온다. 죽음의 순간에 가장 아름다운 표현이 있다. "우리 주님께서 그를 환하게 밝혀주신다. 모든 것이 무덤만큼이나 캄캄해 질 때, 하나님은 밝게 비추어 주신다."[424] 죽음의 시간이 다가올 때, 진정한 성도에게는 어둠이 싹튼다. 영원한 행복의 햇살이 그의 눈에 밝게 빛나기 때문이다.[425]

죽음의 공포보다 심판의 공포가 더 고통스럽다. 기독교는 "죽음의 공포"를 제거하고 그 자리에 "심판의 공포"로 대체시킨다. 이것이 우리의 마음을 에리게 만든다.[426]

영이 성숙해지면, 죽음을 갈망한다. 만물은 인류에게 인생의 열정을 환기시킨다. 만약 인간이 하나님과 적절하게 관계를 유지한다면, 사랑받고 사랑하는 영이 될 수 있다면, 삶에 대한 열정은 빼앗기고 죽음을 갈망하게 된다.[427]

죽음이란 지렛대이다. 몸의 주검, 바로 그 성전을 무너트리고 다시 갈림길에 서게 하는 막대기이다. 인간은 언제나 이 막대기 위에 놓여 있다.[428]

불필요한 재산을 소유하는 것은 자신의 장례비에 불과하다.[429] 자신이 자신의 장례를 치를 필요는 없다. 하늘의 신이 장례를 준비해 줄 것이다. 모든 영혼이 그 분의 것이기 때문이다. 빈손으로 왔으니 빈 몸으로 간다. "네가 젊어서는 스스로 띠를 띠고 네가 가고 싶은 곳을 다녔으나, 네가 늙어서는 남들이 너의 팔을 벌릴 것이고, 너를 묶어서 네가 바라지 않는 곳으로 끌고 갈 것이다."[430] 공수래공수거(空手來空手去)

의 허무주의는 신의 섭리이다. **잉여재산**은 가난 한 이웃들에게 나누어 주고 가라. 하늘에서는 **냉수 한 컵**의 상을 잃지 않을 것이다.[431]

3) 젊은 청년의 죽음: 십자가에 못 박으라.

셀린(Louis-Ferdinand Céline)은 *밤의 끝으로의 여행*에서, "정의를 입 밖에 내는 인간들이 결국은 제일 정신 나간 사람들처럼 보인다."라고 주장한다. 그대가 주장하는 정의는 어디에 있는가?

*BJ*에서, "그를 '십자가에 못 박으라'는 군중들의 목소리는 하나님의 목소리였다." SK는 성만찬의 죽음공포 드라마에 등장하는 "공범", "배신"에 대하여 180도로 전혀 다른 이율배반적인 모습을 보인다. 그는 "유대인들이 그를 "십자가에 못 박으라"로 외쳐댔을 때, 군중들의 목소리가 하나님의 목소리인지 궁금해진다."[432] SK가 이 같은 전제를 제시하는 속내는 다른 데 있었다. "'그를 십자가에 못 박으라'는 군중들의 목소리는 하나님의 목소리였다. 동시에 '아버지여 나의 영혼을 당신의 손에 맡기나이다.' 이 목소리는 하나님의 목소리가 아니다."라고 주장한다.[433]

*BJ*에서, "십자가에 못 박으라"는 "군중들의 목소리는 하나님의 목소리였다." 이 소리들은 예수의 운명, 그 분이 가는 길을 방해하는 것이 아니다. 군중의 목소리는 결코 장애물이나 걸림돌이 아니다. 또한 군중들은 배신자들이 아니며, 공범들이 아니다.

제비 뽑힌 예수, 그 분의 운명은 아버지의 뜻과 대제사장들에 의해 결정되었다.[434] "아버지의 뜻"과 "하나님의 목소리"는 동일하다. 이것이 서로 다르다면, 예수의 성육신과 성만찬은 그 존재 이유를 주장할 수 없으며 거짓이 될 수 있다. "군중의 목소리는 하나님의 목소리였다." '군중의 목소리는 배신자들의 목소리였다.'라고 말하면, 이 또한 "아버지의 뜻", 즉 '하나님의 섭리'를 부정하는 꼴이 되어서 심각한 부조리가 발생한다.

아직 재판이 끝나지도 않은 상황에서, 군중들의 목소리는 하나님의 섭리에 순응한 대가의 **"죽음의 선물"**이다. 이 목소리는 선험적으로 예수의 죽음에 동의하는 축제와 환희의 목소리이다. 이것은 역사상 세계 최대의 신과 인간이 공동으로 벌이는 역사적 예수의 **'생전 장례식'**을 거행한 것이다. 인간들의 이러한 목소리는 하늘에 계신 "아버지의 뜻"에 실린 거룩한 무도축제의 장에서 들려오는 '환송찬가'의 메아리로 천상을 울릴 것이다. 그러나 마지막 겟세마네 동산에서 이 **'죽음의 잔'**을 피해달라고 간청했던 예수의 목소리–"아버지여 나의 영혼을 당신의 손에 맡기나이다."–는 "하나님의 목소리가 아니다." 왜, 이 목소리는 '하나님의 목소리가 아닌 것인가?' 순수한 인간 예수의 목소리인가? SK의 이러한 고백은 신앙적으로, 신학적으로, 영적으로 하나님의 아들, 유대인의 왕, 신-인간이신 예수의 삼위일체의 하나님을 부정하는 것이다. 인간 예수의 목소리를 하나님께서 외면하시는가? 그렇지 않다. 33년의 세월보다, 81세 이상까지 살도록 가만 두지 않으신다. 군중의 목소리에 힘입어 하나님은 그의 아들의 '죽음의 잔'을 흔쾌히 허락하신다.

하나님은 자신의 아들 예수에 대한 인간적인 동정심을 허락지 않으신다. "군중의 목소리", 즉 "하나님의 목소리"에 예수는 순종하여 자신의 십자가를 기꺼이 짊어지신다. 예수의 목소리보다 군중의 목소리에 하나님은 손을 들어 주신다. 이것은 인류를 위한 아버지와 아들의 공동구원 사역이다.

재판과정에서, 인류역사상 최초로 '인간의 법'으로 하나님의 아들을 심판하는 초유의 사태가 벌어졌다. 예수가 하늘 아버지의 곁으로 돌아갈 수밖에 없는 **'회귀의 법칙'**에 인간들의 방해가 있었다면, 오히려 '**십자가 방해죄**'로 하나님은 인간들을 처벌했을 것이다.

빌라도에게 예수를 "십자가에 못 박으라"는 군중들의 목소리는 하나님의 섭리를 이행하라는 명령이다. 역으로, 강도 바라바(Barabbas)는 십자가에 못 박고 '예수를 살려주라'는 요구가 있다면, 그것은 사탄의 목소리로 하늘의 뜻을 거역하는 것이다.[435] 예수를 살려주면, 그것은 마치 하나님의 아들을 볼모로 잡아 놓고 "부활"이라는 구원의 섭리와 그 과정을 부정하는 것이다. 예수가 81세 이상 천수를 누리면서 자연사했다면, 얼마나 좋았을까!

예수의 재판 역시 어떤 관점에서 보아야 하는가? 하늘의 섭리와 판단을 땅의 재판 잣대로 보는 것은 어불성설이다. 영적이지 않으며 신앙적 관점이 아니다. 인간 예수와 빌라도는 하늘과 땅의 대리자들이다. 대리자들은 해 아래서, 감독이신 하나님이 설정해 놓은 시나리오 배우들, 섭리의 도구들이다. 그러나 이 둘의 차이는 인간의 언어로 표현할 수 없다.

상대적으로 33년은 매우 짧은 시간이다. 땅의 시간, 억울한 크로노스 세월의 과정 속에서 뒤틀리고 왜곡된 정의가 아닌 불의라는 재판의 과정을 거치는 것, 이것이 인간들의 눈으로 볼 때, "공범", "배신"이라는 표현으로 묘사할 수 있다. 그러나 이것은 십자가와 성만찬에 담긴 본질이 아니다.

정의인가? 불의인가? 예수는 어떻게 죽기를 원한 것인가? 예수는 인간의 정의로운 법에 의해서 정정당당하게 죽기를 원했을 것이다. 그러나 이것은 아니다! 인간의 법이 정의롭지만, 불의하고 부당하고 왜곡된 재판으로 죽어야만 인간의 법이 얼마나 악한 것인가를 끝까지 보여주는 것이다. 인간의 법으로 하늘의 법을 재판하는 것은 불가능한 일이다. 이 불가능이 인간의 눈으로 볼 때, 부정적인 언어, "배신", "공범" 등으로 표현되었을 뿐이다. "아르키메데스의 점"의 관점에서 지구를 볼 수 있다면, 하나님의 구원의 섭리를 이해할 수 있다.

*POV*에서, **"군중은 비진리이다"**라고 주장했던 그의 '모순'이 여기서 드러난다. '누가 배신자이며 공범자인가?'를 그에게 다시 물어야 한다. 그는 대중, 군중, 회중 등은 인간의 깊은 비도덕성의 표지들이며 행동하는 군중은 비겁함과 "악"의 화신으로 생각한다.

인류는 공범자요, 배신자이다. SK는 1세기와 "동시대성"의 관점에서 설교한다.[436] 그러나 *BJ*에서, "'그를 십자가에 못 박으라.'는 군중들의 목소리는 하나님의 목소리였다." 이러한 고백은 무엇인가? 십자가 사건에서, "우리는 현재 사건에서의 공범이다."[437] 1세기의 동시성으로 볼 때, 그렇게 볼 수도 있을 것이다. 그러나 그가 텍스트가 아닌 모인 군중, 회중을 상대로 강론을 하는 입장에서, "공범", "배신자"라는 인간적인 측면을 보여준다. 하나님의 섭리적, 목적론적 관점에서 볼 때, "'그를 십자가에 못 박으라'는 군중들의 목소리는 하나님의 목소리였다." 그의 주장은 참이며 진실이다. 그러나 "우리는 현재 사건에서의 공범이다."라는 주장은 참과 진실이 아니다. 여기서 그의 사고체계의 모순된 일면을 보여준다. 어느 쪽이 더 진실한가? 하나님 앞에서인가? 아니면, 인간들과 독자들, 텍스트 앞에서인가? 그의 궁극적인 실존철학과 신앙의 본질의 방향은 **"코람데오"**이다.

이 시나리오에서, 악역을 담당한 배우의 현실을 인간적인 잣대로 "공범", "배신자"로 몰아가는 것은 또한 '하나님의 뜻'은 아니다. 그리스도 공생에 3년의 드라마는 '주님의 가는 길을 예비하라' 했던 세례 요한, 배신자로 낙인이 찍힌 가룟 유다, 공범자로 몰린 빌라도, 그리고 종교지도자들과 군중들은 "스키피오 대장 역의 피스터"에 등장하는 배우들처럼, 해 아래서 주어진 역할을 담당했던 배우들이다.[438] 특히 빌라도는 예언자 역할을 한다. 그는 십자가의 명패에 "자칭 유대인의 왕"이라고 표기하기를 원하는 유대인들의 요구를 거부하고 3개 국어-히브리어, 헬라어, 라틴어-로 **나사렛 예수 유대인의 왕**이라고 표기한다. 그리스도가 부활한 이후, 빌라도야말로 세계를 향한 최선봉의 선교적 기수라고 할 수 있다. 빌라도에게 예수의 신병을 넘겨준 대제사장 가야바도 그리스도의 "예언자"로서, "한 사람이 백성을 대신하여 죽어서 민족 전체가 망하지 않은 것이 당신들에게 유익하다는 것을 생각하지 못하고 있소?"라고 선언한다.[439] 주님의 가는 길을 우정으로 막아섰던 베드로와 아무런 죄와 잘못이 없다고 조언해준 빌라도의 와

이프, 프로클라(Procla)는 사탄의 역할을 담당했다.

*BJ*는 아르키메데스의 점과 같은 역할을 한다. 지구를 벗어나 지구에서 벌어지는 사건들을 좀 더 섭리적 관점에서 보아야 한다. *성찬의 위로*를 포함하여 그의 익명의 저서들, 배신자의 프레임, 성만찬의 해석과 의미의 무게 중심은 *BJ*에 있다. 다락방에서, 그는 "고해성사"의 심정으로 고백하고 있기 때문이다. 긍정이든 부정이든, 그는 스스로 "나는 야누스이다"라는 메타포를 사용한다.[440]

토마스 새비지(Thomas Savage)는 *개의 힘*(*The Power of Dog*)에서, "장애물을 없애 가면서 살아가는 것이 인생이다."라고 고백한다. 병들고 무기력해질 때, 삶이 장애물로 막혀있다. 장애물은 에너지를 축적시키는 에너지원이다.[441] '내 삶이 하늘로 갈 준비가 되었다'라고 죽음을 인정하는 것이 용기이다. 죽음은 오직 살아있는 자들에게 죽음이며, 살아가면서 누렸던 모든 영화의 값을 지루는 것이다. 살면서 진 빚을 신에게 갚는 것이다.

롤랑은 *장 크리스토프*에서, "사랑이 닿는 것은 모두 죽음에서 구제된다." 나의 사랑은 죽음의 공포를 극복해 줄 수 있는 그런 것인가?

18 카테고리론

1) 가능성, 실재성, 필요성은 가장 사랑하는 카테고리다.

SK에게 카테고리는 생명과 같다. 그 만큼 논리적이다. *BJ*, "카테고리" 주제어에서 3가지 질문-"카테고리의 역사적 의미가 무엇인가?", "하나의 카테고리는 무엇인가?", "카테고리는 사상 혹은 존재에서 추론될 수 있는가?"-을 던진다.[442]

"카테고리"는 SK의 핵심용어이다.[443] 그는 뮌스터 대주교는 카테고리를 무시하고 권위를 드러내며, 아무 데서나 코를 들이밀고 간섭하고 있다고 비판한다. 그는 카테고리에 대한 철저한 선을 긋는 것에 민감하다. 보통명사뿐만 아니라, 추상명사에서 카테고리를 설정하는 것까지 신경을 쓰는 편이다. 그의 "도약이론"에서 질적인 변화를 언급해야 했기 때문이다.

가능성에서 실재성으로의 변이는 변화이다. 이것을 텐네만(Wilhelm Tennemann)은 "키네쉬스"(Kinesis)로 해석한다.[444] 만약 이것이 맞다면, 이 문장은 대단히 중요하다. 움직임은 정의하기 어렵다. 그것은 가능성도 실재성에도 속하지 않기 때문이다. 그것은 가능성보다 많고 실재성보다 적기 때문이다. 지속성(존속)과 부패(쇠퇴)는 움직임이 아니다. 3가지 종류의 키네쉬스가 존재한다. 양에 관하여: 증가-감소(감소), 질 또는 우연성에 관하여: 질의 변화, 장소에 관하여:

236 키에르케고르의 미완성교향곡

장소의 변화. 이 모든 것은 논리학에서 움직임에 대하여 주목을 받을 만하다.[445]

"유한/무한, 가능성/필요성은 인간의 역사적 상황에 의하여 조건이 부여되며 그 상황의 한계 내에서 자유롭게 행동할 수 있다. 유한성과 필요성은 인간의 결정을 나타낸다. 무한성과 가능성은 인간의 행동 능력을 언급한다. 가능성과 무한성의 동일함에 대하여, SK는 "가능성에 의해 교육받은 사람만이 그의 무한성에 따라서 교육을 받는다. 따라서 가능성은 모든 카테고리 중에서 가장 무겁다."라고 주장한다.[446]

"아리스토텔레스에 의한 키네쉬스"-"움직임", "변화"-에 관한 글에서, SK는 4가지 범주-실체(substance), 양(quantity), 질(quality), 관계(relation)-로 나눈다. 이러한 분류는 아돌프의 "카테고리에 관한 학설"에 관한 두 개의 논문과 연계되어 있으며, SK는 자신의 논리적 논문들, 즉 변증법과 "파토스로 가득 찬 변화" 사이의 차이와 연관시킨다.[447] 논리와 존재론 사이의 관계성을 밝히기 위하여 **가능성, 실재성, 필요성**은 가장 필요한 개념들의 시험이다. 그리스의 냉정함이 현대 철학자들 사이에서 필요하다.

2) 카테고리들은 실존의 축약이다.

3부적 구조(Trilogy)-"결론"(Conclusion), "생략삼단논법"(Enthymeme), "결정"(Decision)-은 SK의 "도약이론"에 매우 중요한 요소로 작용한다. 최종분석에서, 그가 "파토스"라고 부르는 것은 아리스토텔레스의 "생략삼단논법"이다.[448]

아리스토텔레스에 의하면, 파토스는 변화가 가능한 결과로서 명제의 특징이다. SK가 아돌프로부터 얻은 소득은 적지 않으며, 자신의 사상을 위한 장치를 그에게서 발견한다.[449] 그러나 아돌프는 그리스 사상에 영향을 받은 것이라고 평가한다.[450]

정체성과 모순의 원리는 기본적인 원리로서, 간접적으로 혹은 부정적으로 논증될 수 있다. 이 같은 사상은 아돌프의 *논리연구*(*Logische Untersuchungen*)에서 발견되며 "도약이론"에 대단히 중요하다. 궁극적인 것은 단지 한계로서 도달될 수 있으며, 부정적인 결론의 가능성은 결론의 틀 안에서 긍정의 가능성보다 더 중요하다. 유추와 귀납법에 의하여 결론은 도약에 의해서만 도달할 수 있다. 다른 결론들은 본질적으로 동의어적이다.[451]

"카테고리는 사상 혹은 존재에서 추론될 수 있는가?"라는 질문에 SK의 대답은 "카테고리들은 존재, 혹은 그와 동일한 것에서 나온다. 즉 카테고리들은 실존의 축약이다." 왜냐하면, 사상이 어떤 중요한 개념들 속에서 실존의 환경들을 축약하고 융합시키고 있기 때문이다.[452]

모든 삶의 영역에서, 자신의 분수를 지키며 살아가는 것이 중요하다. 이웃집 울타리를 넘보는 일이 없어야 한다. SK는 빛과 어둠이라는 카테고리 사이에 존재했던 것이 아니라, 빛과 그림자 사이에 존재했던 카테고리적 인물이다.[453]

3) 영의 카테고리는 무엇인가?

영의 카테고리는 단독자이다. 나 홀로이다. 동물적 카테고리는 수와 군중이다. 기독교는 영이며 결과적으로 단독자의 영과 연계된다. 군중들의 도움으로 기독교를 위해 일하는 것과 군중지향적인 것은 영을 변화시켜 동물적 카테고리가 되게 한다. 이것이 기독교계가 지향하는 방향이다. 그러나 결국은 기독교를 폐지시킨다.[454]

군중들의 수에 대한 실존의 법칙은 비교를 통해서 살아간다. 수는 궤변적인 것이며 자아-확장적 요소이다. 면밀하게 살펴보면, 수는 용해되어 **무**가 된다.[455]

19 패턴론: 가장 이상한 패턴

1) 원형패턴

SK의 관찰력은 남다르게 특이했다. 그는 자신의 인생과 철학, 신학, 문학 등 학문의 패턴유형들의 단초를 작은 귀리 알갱이들의 움직임 속에서 발견하고 증폭시킨다. 패턴은 Form이나 Shape와는 달라서, **원형패턴**이 존재하고 그것이 몇 번이고 반복, 모사되는 것 같은 의식적 행동양식으로 다분히 인위적이며 인공적이다.[456]

2) 랜덤패턴

빈 마차 바닥에는 대여섯 개의 귀리알갱이가 놓여 있었다. 그 알갱이들은 바퀴가 굴러 가는 진동에 맞춰 춤을 추면서 *가장 이상한 패턴*을 형성했다.[457] SK는 그것에 대해서 심사숙고하게 되었다. 귀리 알갱이가 달구지 바닥에서 튀어 오르는 것은 바퀴의 움직이는 자극이 있었기 때문이다. 그는 알갱이의 움직임 속에서 가장 자유롭고 임의적인 자신만의 '**랜덤패턴**'을 상상했다. 그가 고백하는 **귀리 알맹이**의 "*가장 이상한 패턴*들"은 "**다크 패턴**", 즉 '**기만패턴**'이다. 이 패턴은 독자들을 속이기 위해 신중하게 글을 쓴 그만의 독특한 인터페이스이다. 따라서 삶의 패턴인식을 어떻게 해야 하느냐에 따라서 인간의 실존이 달라질 수 있다.

SK는 자신의 삶의 패턴에 대하여, "내가 내 삶의 패턴에 대해 사람들을 얼마나 교활하게 속여 왔는지 대하여 많은 책으로 쓸 수 있다." 그의 익명의 책들 속에서 등장하는 27명의 익명자들, 이른바 간접소통 방식과 자기기만, 게릴라, 스파이 등 자신의 **아바타**들을 통한 패턴들이 무엇인지 말해주고 있다.[458]

인생이라는 바퀴 사이클이 위 아래로 굴러갈 때마다, 길바닥과 부딪치는 덜컹거리는 소리와 울림, 떨림의 충격들이 인간의 몸과 마음에 미치는 영향들이 적지 않다. 바퀴가 굴러갈 때마다 속이 울렁거리듯이, 귀리 알맹이들도 덩달아 튀어 오른다. 바로 그 춤사위의 패턴이 규칙적이지 않고 변칙적인 랜덤현상으로 나타난다. 마치 방사형 패턴의 움직임 속에서, 그는 인생에 대한 패턴인식-**미학적 패턴, 윤리적 사고**

패턴, 종교적 패턴-의 사이클을 인간의 실존패턴의 과정으로 구성했
다.[459]

3) 이동패턴

에밀리 브론테(Emily Bronte)는 **폭풍의 언덕**에서 "저 보잘것없는
사내가 온 힘을 기울여서 80년 동안 사랑을 한다 한들 나의 하루치 분
량만큼도 사랑하지 못할 것이다."라고 고백하는 히스클리프와 같은
열정을 SK는 소유하고 있었다.

레기네와 약혼을 파기하고 난 후, 그녀가 자기에게 접근해 오기
를 기대하고 있었다. 그는 그녀가 자신의 "하녀"가 되어주기를 바라
는 미련이 남아 있었다. 이 과정에서 자신의 "평범한 패턴에서 벗어나
는 것"에 대한 고뇌를 한다. 1847년 11월 3일, 그녀와 결혼했던 사랑
의 라이벌, 남편 슐레겔(Schlegel, 1817-96)이 옆에 있었음에도 불구
하고, 마치 레기네와 싸움을 하는 대결양상을 그는 느낀다. 그러나 레
기네를 불행한 여인으로 만들어 놓고 종교적으로 목표를 성취한 자신
을 돌이켜 볼 때, "슬픈 아이러니"라고 고백하지만 이 같은 삶의 패턴
의 변화가 "**움직이는 패턴**"으로서 정말 멋진 것이다.[460]

SK의 패턴인식은 한마디로 "**움직임**", "**이동**", 즉 "**변화**"라고 할 수
있다. 그가 패턴의 변화를 주장하는 것은 아리스토텔레스의 운동이론
에서 차용해 온 것이다. "아리스토텔레스에 의한 운동"에서, 카테고리
의 다양성 속에 있는 물질, 양, 질, 관계성 속에서 생성-파괴의 변화를
강조한다. 논리학자로서 그의 패턴인식은 변증법과 파토스로 가득 찬

변화의 차이이다. 여기서 차이는 패턴의 문지방이다.[461] 그는 스스로 "변증법자"라고 공언하는 것처럼, 종교적인 것이 아닌 영적인 문제에 대해서, 인간 의식의 흐름뿐만 아니라 관계의 패턴까지도 항상 변할 수 있다는 것을 보여 준다.[462]

4) 도약패턴

33세 이전에 자신은 죽을 것이라는 가문의 저주, 죽음의 공포가 그의 마음을 항상 억누르고 있었다. 이 같은 불안의식 속에서 실존적 변화를 추구해 왔던 그의 철학과 신학은 한 마디로 죽음 카테고리의 벽을 통과하는 '**도약패턴**'이었다. 이 도약은 어제라는 과거와 내일이라는 미래 사이에 있는 현재의 결단이다. 굴러가던 바퀴가 멈추게 되면, 튀어 오르며 춤추던 귀리 알맹이의 움직임도 중단이 된다. 비정상적이며 가장 이상한 패턴, 죽음의 딜레마 속에서 가족들의 주검 사이클을 상상하고 있었다. 현재패턴은 영적인 결단을 요구하는 '지금' 종말론적 '**나우 패턴**'이다.

바울 사도의 신앙생활의 3가지 삼각패턴-기쁨패턴, 기도패턴, 감사패턴-이 있다.[463] 이 패턴들에 대한 역 패턴은 슬픔패턴, 죄악패턴, 당연패턴이다. 예수도 나사로의 죽음 앞에서 슬피 울었던 것처럼,[464] 새옹지마와 같은 인생의 여로 속에서 슬픔과 고독은 피할 수 없다. 사무엘(Samuel)의 고백처럼, 기도를 중단하면 죄악이 된다.[465] 삶의 현장에서, 우리가 인식해야만 하는 패턴들은 언제나 "**코람 데오**"이다. 어제도, 오늘도, 내일도 우리는 '신 앞에 서 있다'는 의식패턴이 중요하다.[466]

20 문학론: 익명자들은 아바타들이다.

1) 익명의 아바타들

솔제니친(Solzhenitsyn)은 **암병동**에서, "위대한 작가는 그 나라에서 제2의 정부이다. 그렇기 때문에 별 볼일 없는 작가라면 몰라도 어떤 정권도 위대한 작가를 좋아한 적이 없다."라고 주장한다.

2024년, 노벨 문학상을 받은 한강(Han Kang) 작가는 대한민국의 "제2의 정부"이다. 한림원의 수상발표문-"역사적 트라우마에 맞서 인간 삶의 취약성을 드러내는 강렬한 시적 산문"(For her intense poetic prose that confronts historical traumas and exposes the fragility of human life)[467]-을 주시해보라. "껍대기에서 몸을 꺼내 칼날 위를 전진하는 달팽이"[468]는 한 나라의 국경을 넘어 전 지구촌의 트라우마를 아우른다.

모든 정부는 문학을 증오한다. 권력이란 다른 권력을 좋아하지 않는다. 스땅달(Stendhal)은 **적과 흑** 제2부에서, "상상력의 즐거움 속에 정치를 끌어들이는 것은 음악회 도중에 권총을 쏘는 것과 같은 행위이다."라고 주장한다. 소설이란 큰 길을 따라 운반되는 거울이다. 작가가 살아 있는 한, 그/그녀의 펜을 멈추게 해서는 안 된다.

SK의 문학관은 장 폴(Jean Paul, 1763-1825)에 의해 결정적으로 영향을 받았다. **BJ**에서, 언급하는 장 폴은 "요한 파울 프리드리히 리히터"(Johann Paul Friedrich Richter, 1763-1825)의 **익명**으로, SK는 리히터의 익명의 문학적 틀을 차용해 왔다. 리히터는 당대의 최고의 유머리스트로서 유머러스한 소설과 이야기로 가장 잘 알려진 독일 낭만주의 작가였다.[469]

SK는 "도플갱어"를 "**자신을 보는 사람**"로 정의한 장 폴의 모티브를 패러디한다. 그의 익명의 책들에서, 그는 "배우"가 되고 싶어 했다. 객관적으로 본 또 하나의 자신, 자기 자신과 똑같이 생긴 그 생물체, 그 대리인, 그 분신, 그 *아바타*를 대신할 **도플갱어**를 등장인물로 적지 않게 등장시킨다.[470]

기독교 진리에 대한 모든 것을 제거한다 할지라도 기독교는 18세기 동안 버티어 왔다는 사실이다.[471] 장 폴의 유머에 의하면, 총의 사용법을 모르는 시민군들에게 자신들을 방어하기 위해서 곤봉들을 주어야 한다고 주장한다.[472] 신학도 동일하다. 총과 곤봉의 대결, 공격과 방어의 체계에서 신학이 소유하고 있는 유일한 것은 고통스러운 패배 속에 존재한다.

사람들은 "*부당한 도움*"을 줄 준비가 되어 있다. 만약 구레네 사람 시몬처럼, 그것이 못 박혀 죽게 될 십자가라면, 사람들은 십자가를 짊어지고 가는 사람을 도울 준비가 되어 있다.[473] "부당한 도움"이란 결코 도와주어서는 안 되는 악의 있는 도움인데, 악에게 동조하는 것이라는 *아이러니*를 목격한다.

1836년 3월 24일, **BJ**에서, 장 폴의 저서, *미학입문(Vorschule der Aesthetik)*에서 "낭만적인 것"에 대하여 적지 않게 인용한다. 특히 시

적 창작 행위는 "진리를 전하는 예술"이어야 하며, 낭만적 시 창작은
위대한 미래를 예측하는 것이어야 한다. 따라서 낭만적인 것이란 예
측의 시가 되어야 한다.[474] 개성적인 대가들을 알면 알수록 어떤 사상
들은 만화경적으로 끊임없이 변화하는 원기 왕성한 통일을 간파할 수
없다. 이것은 장 폴이 자기에게 보여준 "조숙한 불안"이다.[475]

　SK는 신 앞에 홀로 선 "단독자"만이 영적인 인간이며 군중은 비진
리라고 공언했다. 그러나 쿠르트 호호프(Curt Hohoff)에 의하면, SK
는 스스로 주장한 단독자로서가 아니라 또 다른 단독자로 하나님 앞
에 섰으며, 진실하게 실존적인 것이 아니라 환상적인 꿈의 가능성들에
미혹되었다. 종교적 본질을 미학적인 본질과 분리한다는 것은 쉽지 않
다. 이것은 서로 다른 영역에 속하기 때문이다. SK는 원초적으로 종교
적 본질과 미학적인 것의 대립적인 관계에 있는 계시종교를 보지 못
하고 도덕으로 보았다.[476]

2) 미완성된 소설들

　문학은 윤리적인 도구로 사용된다. 이러한 이유 때문에 중도에서
예술을 포기하는 유혹에 빠진다. 그러나 SK는 미적인 우상숭배와 윤
리적인 자유 사이에서 고민한다. 그 결과 '이것이냐/저것이냐' 식의 딜
레마에서 헤쳐나온다.[477]

　릴케(Rilke)는 *말테의 수기*에서, "젊었을 때, 시 같은 것을 써봤지
소용없다. 사실은 기다려야 한다. 가능하면 늙을 때까지 긴 평생에 걸
쳐서 의미와 달콤함을 모아야 한다. 그 후에 10줄 정도 좋은 시를 쓸

수 있을지 모른다. 시는 감정이 아니라 체험이다."라고 주장한다. SK는 시적 기질 때문에 생의 딜레마에서 헤쳐 나온다. 시인의 기능은 인생의 목표를 '형상화'시켜서 눈으로 보이게끔 하는 것이다.[478]

SK는 시인에서 소설가로 변신한다.[479] *E/O*는 그의 대표적인 글쓰기의 독창적 산문소설이며, 놀랄 만한 실험적 "산문 픽션"이다. 이 책에서 그는 고백과 아나토미의 통일을 보여 준다.[480]

소설에서 종교는 문학적 대상이었으며 복합적인 문제들의 해결책으로 사용되며 지금도 여전하다. 그러나 SK의 3권의 소설-"**안경 낀 남자, 유대인 보석상, 미스테리한 가족**"-은 노벨라 형식으로 쓰려고 했으나 뜻을 이루지 못했다.[481] 그의 소설 기획은 자신의 어두운 실존적 딜레마를 어둠의 언어로 탈출하고픈 심정을 드러낸다.[482] 작가들은 주인공들의 종교를 통하여 공적인 삶과 사적인 삶의 힘들을 보여준다. 그들 중에는 그가 요구하는 결정을 기피한다. 즉 종교적 충동, 그 파토스와 에토스를 따르지 않는다. 비평의 과제 중의 하나는 본래의 기능을 회복시키는 것이 아니라 새로운 맥락에서 그 기능을 재창조하는 것이다.

SK의 "전체적인 스토리텔링 플롯은 부조리한 실존주의 현실을 고발하면서 뒤틀린 현실의 아픔을 껴안으려는 미학적 시도"를 추구한다. 그러나 이 *미완성된 소설*들 역시 도플갱어들을 스토리의 프레임으로 사용했을 것으로 추론해 본다. SK는 위대한 도플갱어이다.

픽션의 형식은 4가지-소설, 고백, 아나토미, 로맨스-가 있다. SK의 문학성은 하나의 형식에 매달리지 않으며, 로맨스, 자서전, 일기 등 다양한 형태로 나타난다.[483] 특히 *BJ*에서 보여주는 솔직한 고백은 가장 정직하고 아름다운 '파토스 신학'이다.

SK의 **R**은 플라톤의 용어, 상기(anamnesis) 혹은 회상(recollection) 대신 "반복"이라는 용어를 사용한다. 그의 "반복"은 경험을 단순히 반복하는 것이 아니라 그 경험을 재창조하고 생명을 불어 넣어 눈을 뜨게 한다. 그리고 이 과정의 궁극적인 목표는 **요한계시록**에 기록된 하나님의 약속-"보라, 내가 만물을 새롭게 하노라"-을 선포케 한다.[484]

1848년, 그의 회심의 경험은 여전히 *미학적 단계*에 머물러 있었지만, 인생의 우울하고 무기력한 상태를 벗어나게 해준 최고의 작품들-*SUD,PC,SE,JU*-을 출판하게 한다. 그러나 소명적 위기는 글 쓰는 과정에서 간단없이 그를 괴롭혔다. 글쓰기와 익명의 저서들을 분석해 보면, 그의 정체성이 무엇인지 알 수 없을 정도이다. ***무장된 중립성과 공개된 편지***(***Armed Neutrality and An Open Letter***)에서, 과연 그는 시인인가 혹은 목사인가(?)를 의심할 정도로 혼란스럽다.[485] 이러한 혼란은 **BJ**에서, "간접의사소통"은 No.1957-1963에서도 적지 않게 등장한다.[486]

익명의 사용이 교육적인 차원에서 분석될 수 없다. 그의 "교정"(Corrective)라는 주제어는 멋진 예시이다.[487] 따라서 기독교 사상에 대한 그의 문학적 투쟁은 진리라는 명목 하에서 성공을 거두었다.

스땅달은 **파름의 수도원**에서, "사람이 현실을 직시하고 싶어 하지 않는 마음도 충분히 이해할 수 있다. 그러나 그럴 때는 현실에 대해 이런저런 생각을 하지 말아야 한다. 자신의 무지한 단편을 방패로 삼아 현실에 항의하는 것은 특히 옳지 않다."라고 말한다. 나는 현실도피주의자라고 할 수 있는가?

21 유머론

1) 웃음은 채찍이다.

니콜라이 고골리(Nikolia Vasilievich Gogol)는 *검찰관*에서, "너희는 뭘 그리 웃고 있는가? 자기가 자기를 비웃고 있지 않은가?"라고 외친다. 한참 동안 웃고 있던 장내가 순식간에 조용해진다.

BJ, "눈물과 웃음"이라는 제목에서, 사물의 자연적인 질서 속에서 우리가 울어야만 할 때, 웃는 것은 하나님에 대한 반항이다. 웃는 것은 인간 자신의 발명품이다. 우는 것은 거룩한 은총의 선물이다. 이것이 사람들의 하는 이야기 소리를 들어야 하는 이유이다. "나는 정말로 울 수 있다는 것을 하나님은 허락하신다."[488]

웃음은 두려움과 떨림으로 다루어지는 채찍이다. 유머의 역할은 사뭇 진지하며 흥미로운 것이 아니다. 동일한 것 사이에서 차이, 그 속에서 동일한 것은 슬프지만, 호의적으로 인정하는 것이다. 영원의 맥락 속에서 급진적으로 꿰뚫어보는 통찰력으로 태어나 시간적 실재성이 되는 것이다.

유머는 윤리적인 단계와 종교적인 단계 사이에 있는 분기점이다.[489] 유머는 그저 웃음을 자아내는 기지를 발휘하는 천박한 것이 아니라 삶의 한계와 인간 타락의 가능성을 숨김없이 적나라하게 드러내면서 여전히 자아를 초월하는 것, 그 무엇인가를 촉구하는 심오한 것이다.[490]

플로베르(Gustave Flaubert)는 "루이즈 콜레에게 보낸 편지"에서, "이 하잘것없는 세상에서 웃음만큼 진지한 것은 없다"라고 주장한다. 나의 비웃음이 세상의 염세주의를 치유할 수 있는 방패가 될 수 있을까?

2) "십계명"의 완성은 "주기도문"이다.

SK에 의하면, 십계명과 주기도문은 유머에 해당한다. *BJ*, "유머스러운 글"에서, "너 오늘 N.N. 설교 들었니? 그래, 들었지. 그 설교 어떻게 생각해? 몇 가지 유익한 내용이 있었지. 예를 들면, 주기도문 같은 거." 또한 *기독교 강화 담론*에서 **"육체의 가시"**는 "너무 유머러스하다."[491]

"유머"에 대한 언급은 *BJ*, "유머, 아이러니, 코믹"이라는 주제어에서 카테고리가 분명하다.[492] "유머는 신성모독에 가깝다. 발람의 나귀로부터 지혜를 듣는 것이 더 낫다."[493] "유머는 세상을 극복할 수 있는 기쁨이다."[494] 이러한 그의 주장을 어떻게 철학적, 신학적, 문학적, 실존적 관점에서 이해할 수 있는가? 그의 정체성은 자신의 모순에 해당한다.

3) 유머는 고통이다.

아이러니는 "부정적 창조"로서 윤리적 열정의 통일이다. 코믹은 "고통 없는 모순"이다.[495] 성경에서 가장 대표적인 아이러니는 예수님의 비유 중에서 "밭에 나가 일하라"는 아버지의 명령에 대하여, 둘째 아들이, No 했지만 Yes로 행동하는 것이다.[496]

유머는 "고통"의 함축적 의미이다. '웃음은 고통이다.' 문학비평적 관점에서, 웃음은 봄과 여름이지만, 그 정 반대는 가을과 겨울이다. 즉 유머는 '희극적인 것'이 아니라 '비극적인 것'이며, '웃음'이 아니라 '눈물'이다.

아이러니나 유머는 하나의 분기점으로서 기능한다. 이것은 SK만의 논리적 주장이다. 아이러니와 유머 사이에 "코믹한 것"이 존재한다. 코믹은 "고통 없는 모순"이다. 윤리적인 것과 종교적인 것 사이의 경계로써 아이러니에서 유머로 넘어갈 때, 코믹한 것은 분명한 역할을 한다. 윤리적인 노력은 아이러니 형식에서 코믹을 보아야 한다. 코믹을 위한 것은 무익하지만 회개와 결과적 진지함을 위한 근거를 제공해 준다. 문제는 이 "고통"은 어린 아이처럼 순수해야 한다. 순수하지 않으면, 미학적 단계에서 윤리적 단계로, 윤리적 단계에서 종교적 단계로 "도약"이 불가능하다.[497] 유머가 "고통"이라면, 교육수단으로써 고통에 관한 심오한 진리가 있다.[498]

구약 *시편*과 *잠언*기자에 의하면, 웃음과 눈물의 미학은 역설적이다.[499] 그러나 *전도서*기자는 "웃음은 미친 것이다."[500] 하나님은 웃으시지만, 예수의 유머와 웃음을 찾아 볼 수 없는 것은 또 다른 해석의 여

지를 남겨준다.[501]

22 무신론과 다신론: 인간의 무의식은 신의 의식이다.

드라이저(Theodore Dreiser)는 *시스터 캐리*에서, "이 우주 전체 속에서 휘몰아치는 여러 힘들 속에서 무지한 인간은 바람에 날리는 종이조각에 불과하다."라고 고백한다. 신의 존재를 증명하는 사람이 없는 것처럼, 신의 무존재를 증명하는 사람도 역시 존재하지 않는다.[502]

인간의 무의식은 신의 의식이다. "무신론자는 아버지가 없는 자이며, 많은 신들을 주장하는 자는 매춘부의 자식이다." 필로(Philo)는 어딘가에서 *헬라어*로 말한 것이다.[503]

"그리스 신들은 다신론이다. 그리스의 '알 수 없는 신'처럼, 단일신론은 다신론 안에 숨어있다. 추상적인 다신론은 집단적 혹은 분배적인 서술이 없이 유대교의 "엘로힘"이라는 표현에서 발견된다. 단수로 연결된 복수형, '우리들 중의 하나처럼'은 복수형의 절대적 연합을 암시한다."[504]

무신론과 다신론, 세속주의, 사회주의, 공산주의는 기독교에 위협이 되지 못한다. 특이하게 변질된 정통이라는 기독교가 기독교에 저항하

는 고차원적인 반역이다. 이것이 기독교 최대의 위험이다.[505]

도스토예프스키(Dostoevski)는 *카라마조프가의 형제들*에서, "사회주의는 단순히 노동문제에 그치지 않는 것으로 주로 무신론의 문제이다. 곧, 무신론에 현대적인 살을 붙인 문제이다. 지상에서 천국으로 올라가는 것이 아니라, 천국을 지상으로 끌어내리기 위해 신을 배제하고 세워지려는 바벨탑의 문제이다."라고 주장한다.

23 공자론:
정사각형은 원의 패러디이다.

1) 정사각형은 원의 패러디이다.

어느 날, 점심을 먹을 때, 나는 소금이 들어 있는 그릇을 엎질렀다. 성미 급하시고 감정적이신 아버지가 이 모습을 보시더니, 매우 호되게 꾸지람을 하셨다.

"아니, 이 탕자 같은 놈아, 밥도 제대로 먹을 수 없냐? 그 귀한 소금을 왜 엎지 럿!"

아이는 깜짝 놀랐다.

"다른 건 몰라도 소금을 엎지르면, 돈이 새나가는지 몰라!"

불호령이 떨어졌다. 나는 이 순간을 놓치지 않았다.

"아빠, 누나는 전에 스프 사발을 깨트렸을 때, 혼내지 않았잖아요. 왜 나만 가지고 그래요. 나는 사발도 깨지 않았어요. 아빠, 나쁜 사람이야."

아버지는 한 마디도 하지 못했다. 그러더니 아무 일도 없었듯이 밥 한 숟갈 더 넣으시더니, 입을 여셨다.

"너무나 비싼 물건을 망가트렸을 때는, 책망이나 꾸지람이 필요 없다. 사소한 물건을 망가트렸을 때나, 책망이나 꾸지람이 필요하다."[506]

소금을 엎었을 때, 어린 SK에 대한 아버지의 호통은 누이가 비싼 중국제 자기 스프 그릇을 깨트렸을 때와 비교해 보면, 너무 억울하다. 이때부터 그는 "포크"라는 별명을 얻게 되고 자신의 마음에 맞는 것만 찍어 먹는다. 또한 마음에 맞지 않으면, 거침없이 찔러댄다.

세계는 정사각형이다. 중국은 가장 깊숙한 정사각형이다.[507] **정사각형은 원의 패러디이다.** 모든 인생, 모든 사상은 원이다. 그러나 인생의 화석화는 결코 원이 될 수 없는 수정체 형태의 결과를 초래한다. 이것이 중국인들의 특징이다. 그들에게 모든 것은 석화되었다. 그들은 땅을 정사각형으로, 그들의 왕국은 가장 깊은 정사각형으로 생각한다. 이것이 정사각형의 머리를 위한 것이다.[508] 원의 형태 속에서 어떤 결정체가 존재한다. 만약 그런 예시가 있다면, 문제는 분명해진다. 왜냐하면, 정사각형으로 이루어진 것은 고정되어 있는 경향, 즉 죽어 있는 것이다.[509]

중국인들은 유대인들과 동일한 관습을 가지고 있다. 공자(Confucius, 552-479)의 이름은 *Khu, Ju*이다. 그러나 그 이름은 성스러운 책에서 등장하며 함부로 부르지 않는다. 그러나 *Mou*라고 읽을 때는 권장된다. 이것은 정확히 "여호와"(*Jehovah*)의 호칭과 동일하다.[510] 그리스도의 이름이 기독교계에서 어설픈 방법으로 남용되고 있다. 흥미롭게도, 그리스도의 이름이 너무 거룩하기 때문에 어느 누구에게도 그리스도의 이름을 언급 할 수 없었던 기간이 있었다. SK는 이것을 "**심리적 실험**"에서 표현했다.[511] 쿠이담 소녀가 감히 말하지 않는 이름, 즉 그리스도의 이름으로 자신을 맹세했다.[512]

2) 중국은 가장 깊숙한 정사각형이다

SK에게 중국은 가 본적이 없는 미스터리한 나라였다. 10년 동안 중국을 여행하고 여행담을 쓰고 싶다는 희망을 가지고 있었다. 그러나 그가 중국에 대한 관심은 아주 많았다. 그것은 아버지가 중국무역상과 거래하면서 보고 들은 경험들이다. 특히 "내가 마른 살이라고 생각하는 74세의 중국선장과 나눈 대화를 통하여 중국의 이면을 직접적-"**중국은 가장 깊숙한 정사각형이다.**"으로 경험했다.[513]

왜 SK는 공자를 언급하고 있는가? 존경의 대상이라면, 함부로 이름을 부르지 말라는 것이다. 유대교의 여호와와 개신교의 그리스도, 역시 신성한 이름들을 마치 시장의 싸구려 물품처럼, 엿장수의 싸구려 호객 행위하는 것처럼 마구 불러대는 것은 영성에 맞지 않는다. 한국의 기독교, 천주교의 성직자들은 삼위일체 하나님의 이름을 마치 무당이나 점쟁이들이 불러내는 이름 정도로 취급한다. 하나님의 이름을 함부로 입에 올리지 마라. 자중하라.

24 종교다원주의

1) 진리의 복수성

SK는 왜 하만(J. G. Hamann, 1730-1788)을 언급하고 있는가? 하만은 포스트모더니즘(postmodernism)의 원조라고 할 수 있다. 괴테와 그는 하만을 당대 최고의 지성으로 여겼다.

왜, SK는 그를 최고의 지성인으로 소환하는가? 그는 포스트모더니스트를 옹호하는가? 1839년, 그는 *BJ*에서 유일하게 "하만, VI. P.144."로서 그의 이름을 표기한다.[514]

하만은 **누스의 미학**(Aesthetica in nuce)에서 미적 경험의 중요성과 자연을 직관하는 데 있어 천재의 역할을 강조함으로써 계몽주의에 대항한다. 하만의 책, **스케브리미니(*Scheblimini*)**에서 진리의 복수성, 종교다원주의에 대한 논쟁을 제기한다. 헤겔은 그것을 하만의 가장 중요한 책이라고 생각한다.[515]

2) 이성은 나에게 신과 같다.

하만은 "자코비에게 보내는 편지"에서, **"이성은 나에게 신과 같다."**(Reason to me is like God.)(248)라고 주장한다.[516] 그는 기독교의 종교적 체험을 했음에도 불구하고 왜 이성을 중시하는 것인가? "이성이 신과 같다"고 생각한 그는 다른 한편으로, **"이성은 언어이**

다"(Vernunft ist Sprache)"라고 강조한다. 그에게 언어는 이성이다. 여기서 이성은 헤겔의 저서, **역사철학강의**에서 등장하는 개념으로, 이성, 버넌프트vernunft는 기독교의 **로고스**의 개념이 아니라, 자기의 목적을 실현하는 과정, 그 방법을 일컫는다.

덴마크의 언어로 이성은 "**포르누프트**"(*fornuft*), 이해는 "**포르스탠드**"(*forstand*)로서, SK가 이 같은 이성의 개념을 모를 리 없다. 그럼에도 불구하고, "이성이 신과 같다"는 하만의 '이성중심주의' 사상, 언어학적 분석철학을 추종하고 있다는 것은 이해할 수 없는 아이러니다. 또한 SK는 헤겔의 이성개념에 반대 입장에 서 있으며, **반-이성적 철학자**이다.[517]

하만은 유대교를 포함한 기독교내의 종파, 도그마의 다양성과 다원성을 언급하고 있다. 그의 사상은 포스트모던적 '종교다원주의'라는 의미가 내포되어 있다. SK가 주장하는 종교다원주의의 핵심은 다양한 관점이다. 모더니즘이 성부 하나님을 강조한다면, 포스트모더니즘은 성령 하나님을 강조한다. 성부 하나님이 하늘에 계신다면, 성령 하나님은 지상에서 활동하신다.

SK는 성령에 관한 글에서, 성령은 나약함과 불완전한 지상의 기독인들을 위로해주며 인도해주신다는 "**위로자**"라는 공통적인 표현과 조정, 중재의 역할 때문에 "**은총의 배분자**"라고 부른다. 그러나 기독교는 존재하지만 기독교계 안에서 하나님이 지정한 시험에 자기 자신을 복종시키지 않는 성령의 실존적 부재를 그는 개탄한다. 이 같은 관점에서, 성령의 역사를 강조하는 SK는 포스트모더니스트라고 할 수 있다.[518] SK가 하만을 "최고의 지성"이라고 표현하는 것은 '내재성'을 강조하는 포스트모던적 사유체계, 사유의 다양성을 추구하고 있기 때문이다.

25 실존주의:
"임에도 불구하고"는 실존주의의 주제이다.

1) 어느 손가락을 펼지 아시나요?

벤 섀턱(Ben Shattuck), *여섯 번의 여정*(Six Walks)에서, "우리의 의심은 너무나 음악적이어서 스스로 속아 넘어간다"라고 주장한다.

잡스(Steven Paul Jobs)의 부모는 루터교 신자들로서 주일이면, 그와 함께 교회에 데리고 가곤했다. 부모님이 1968년 7월, *라이프 잡지*(*Life magazine*)를 정기 구독하고 있었다. 이 잡지의 표지 사진에 아프리카 나이지리아(Nigeria)의 비아프라(Biafra) 지역에서 굶주림으로 죽어가는 두 어린이의 모습이었다. 이 모습이 잡스의 눈에 포착되었다. 잡스는 주일학교에 이 잡지를 손에 들고서 목사님을 찾아갔다.

"목사님, 만약 제가 열 손가락 중에서 하나를 펴서 들어 올릴 텐데, 어느 손가락인지 하나님은 알고 계시는가요?"

"그래, 하나님은 모든 것을 알고 계신단다."

그러자 잡스는 가지고 간 라이프 잡지를 꺼내서 목사에게 보여주면서 물었다.

"그럼, 하나님은 굶어 죽는 이 아이들도 미리 아시겠네요?"

"스티브, 네가 이해하기 어렵다는 것을 나는 안다. 그러나 하나님은 그것까지도 다 아신단다."

잡스는 왜 이 같은 질문을 하는 것인가? 잡스의 '손가락 스토리'는 무엇을 말해주는 것인가? 목사의 답변을 들었을 때, 그는 과연 무슨 생각을 하면서 교회와의 단절을 선언해야만 했던 것인가?

잡스는 기아로 굶어 죽어가는 어린이들에 대한 하나님의 인지 여부와 하나님은 이 같은 비극을 사전에 인지하고 왜 예방조치를 취하지 않고 보고만 계시는지에 대한 회의를 품었을 것이다.

목사는 "전지전능"하신 하나님에 대하여 동문서답으로, 두루뭉술하게 수수께끼 같은 말로 잡스에게 응답해 주었다. 잡스는 목사의 '정답'(!)에 대하여 의심(?)을 한 것인가?

잡스는 주일학교에서, 하나님께서는 인간의 머리카락까지 수학적으로 세고 계신다는 것을 들어서 알고 있을 것이다. 전지전능하신 하나님께서 이런 분이신가, 저런 분이신가 고민했을 것이다.

초등학교 5학년, 12살 때, 어린 예수는 유월절을 지키기 위하여 부모와 함께 예루살렘에 올라갔다가 미아상태로 종교지도자들과 성전에서 토론을 벌였다. 어떤 대화를 나누었을까?

의혹에 쌓인 잡스는 하나님이 그런 분이시라면, 하나님을 경배하는 그 어떤 일에도 관여하지 않겠다고 선언하면서 교회로 향하는 발걸음을 중단하고 선불교에 관심을 갖기 시작했다. 이른바, 종교에 대한 포스트모던적 영성에로 방향전환을 시도한다.

제임스 조이스(Joice)는 **율리시스**라는 작품을 두고, "나는 정말 많은 수수께끼와 뜻풀이를 섞어 놓았다. 교수들은 내 의도를 파악하려면 몇 세기 동안은 머리를 쥐어짜게 될 것이다."라고 말한다. SK는 영원히 풀리지 않는 *비밀노트*를 남기고 있기 때문에 수수께끼와 같은 인물이다.[519]

2) 실존이 본질보다 우선이다.

존재와 실존의 개념과 문제는 어떻게 "be" 동사와 "exist" 동사를 설명하느냐에 따라서 존재의 개념과 실존의 개념이 달라질 수 있다. 존재와 실존의 언어에 대한 매력은 비트겐슈타인(Wittgenstein)의 언어분석철학의 관점에서 살펴본다면, 유익한 정보를 얻을 수 있다.

실존에 관하여 철학자들이 주장하는 것은 "be" 동사와 "exist" 동사를 목적어의 서술어로써 어떻게 처리하느냐의 결과들에 따라 다르다. 칸트의 주장에 의하면, 존재는 실재적인 술어가 아니다. 쿼인에 의하면, 실존은 논리존재기호가 표현하는 것이다. 실존의 문제들은 그 해법이 논리에 의해 주어져야 한다. "be"와 "exist"의 의미에 대한 해석은 의미론의 문제가 아니라, 구문론의 문제이다.[520]

실존 속에는 언제나 부조리가 존재한다. 따라서 대상들의 속성을 어떻게 단정하느냐에 달려 있다. 실존은 끊임없는 자아선택이나 혹은 자아초월이냐의 과정의 문제이다. 또한 "**본질이 실존보다 우선이다.**"(Essence precedes existence)라는 헤겔적 주장과 "**실존이 본질보다 우선이다.**"(Existence precedes essence)라고 주장하는 하이데거와 사르트르적 주장이 있다. 그러나 대부분 실존주의자들은 후자라고 주장한다.[521]

생텍쥐페리는 *어린왕자*에서, "마음으로만 보는 것이다. 본질적인 것은 눈으로 보이지 않는다."라고 주장한다. 내가 추구하는 관계의 그물은 무엇인가?

3) 반은 천사요, 반은 짐승이다.

히틀러의 아우슈비츠(Auschwitz)의 비극을 묵인해 왔던 세계 속에서, 때묻지 않은 유일한 이상들을 가지고 기독교의 계몽은 다시 시작할 필요성이 있다. 인간은 육적인 것과 영적인 것으로 초월적인 것과 불멸적인 것, 반은 천사요 반은 짐승이다. 그러나 실존은 운명적으로 동물적인 유한성에 사로잡혀 있다. 따라서 "**인간은 대립 쌍의 연합이다.**"를 인정해야 한다.[522] 이 같은 모순을 무시하고 논리적인 선택만으로 사는 것은 균형의 한쪽 면이 악마적인 폐쇄성으로 고통을 당한다. 절반은 모호한 상태에서 절망과 동일시하면서 자아를 희생시킨다.

존재의 중심에서 모순을 수용하는 것은 공포와 불안을 인식하는 것이다. 이 불안을 극복하기 위하여 투쟁하는 자아로 지속적인 긴장을 가지고 살아야만 한다. 두려움이 없다면, 교리만이 존재하기 때문이다. "공포는 현기증을 일으키는 자유이다." 실재적으로, "불안은 유혹의 변증법이다"[523] 불안은 최초의 가능성, 낌새의 반사이다. 그러나 끔찍스런 마술이다. "불안은 실재적으로 단지 초조함일 뿐이다."[524] 따라서 자유는 모호성과 불안에 대한 관용만큼이나 위대하다.

4) 죽음 앞에 선 인간인가, 신 앞에 선 인간인가?

'아브라함의 고뇌'는 마치 사르트르(Jean-Paul Sartre)의 무신론적 세계에서의 고뇌와 같다.[525] 아브라함은 자기 결단의 기준이 될 만한 보편적이며 윤리적인 가치기준이 없었다. 가장 소중한 100세 때 얻은 독자 이삭을 하나님과 자아를 위하여 희생 제물로 받치는 행위는 일반적인 도덕적 생명의 원리에 어긋나기 때문이다.[526] 아브라함의 행위는 윤리적 **"목적론의 정지"**를 의미한다.[527] 그의 질문은 하나님 자신이 인간에게 부여한 윤리법을 어기라고 강요할 수 있는가를 묻고 있다. 아브라함은 하나님께 복종하는 신앙을 통하여 그의 아들은 회복되었다. 그의 **"신앙의 도약"**은 모든 실존주의적 선택의 모델이며 귀감이 된다.

인간조건에 대한 그의 설명은 고무적인 것처럼 보이지만, 그가 직면하고 있는 대립 쌍들은 결코 화해시키지 않는다. 그의 **"신앙의 기사"**는 다시 도약한다. 윤리적인 딜레마가 있음에도 불구하고, 하나님의 명령에 복종하는 계시된 시간, 카이로스 시간이다.

SK에게 실존이란 하이데거처럼, "죽음 앞에 선 인간"이 아니라, '신앞에 서 있는 인간', "코람데오"이다. 그의 궁극적인 대답은 신성한 기적의 희망으로 이루어진 "고독한 도약"이다. 하나님께 더 가까이 가기 위하여 약혼파혼이라는 윤리적 관계성까지 포기했다.

클로드 시몽(Claude Simon)은 *사기꾼*에서, "여자가 아이를 배듯이, 인간은 스스로 죽음을 임신한다."라고 고백한다. 불행한 인간은 죽음이 전혀 두렵지 않게 마련이다. 내가 임신한 죽음에 대하여 고민할 필요가 있을까?

5) 실존은 본질을 만나야만 한다.

까뮈에 의하면, 인간은 하나님께 호소 없이 살아야만 하는 존재이다. 그는 "나는 어린이들이 고문을 받는 창조의 세계를 사랑하는 것을 언제나 거부할 것이다."라고 주장한다. 그가 가장 혐오하는 것들은 양극화의 갈등 속에서 이념적인 추상성들이다.

그의 주인공은 시시포스(Sisyphus)였다. 산꼭대기까지 바위를 굴려 올리도록 하는 제우스에 의해 처벌을 받은 타이탄(Titan)이다. 시시포스는 확실한 보상도 없는 투쟁의 과정이다. 그러나 까뮈는 "추상적인 원리들에 절대로 복종하지 않고 전투적인 열정 속에서, 그리고 지속적인 모순의 운동 속에서만 도덕성을 발견한다." 인간의 본성은 존재한다. 만약 그렇다면, "**실존은 본질을 만나야만 한다.**"[528]

까뮈는 "둘은 하나다"라는 것을 강조한다. 소크라테스의 고독하고 반항적인 행동 속에는 인류가 화해할 수 있는 연대의식이 들어 있다. 모든 협력은 이념적으로 죽어야만 한다. 이것이 까뮈가 사형을 증오한 이유이다. 그는 처벌을 반대한 것이 아니다. 동정심이 처벌하는 회개로서 야만적인 사람에게 어떻게 들어오는가? 그는 희생자로서 동정심

과 처형자로서 처벌을 가지고, 최후의 처벌, 유죄판결을 혐오한다.[529]

6) "임에도 불구하고"는 실존주의의 주제이다

보릿고개 때는 빵을 얇게 썰어야만 했다.[530] 선조들이 빵을 얇게 썰었던 것보다 훨씬 더 얇게 정신의 빵을 썰어야 한다. 최소한의 분별력이 무엇인가? 빵문제, 배고픔의 허기진 배를 채워야 하는 빵문제를 먼저 해결해야 한다. 빵과 영혼은 상부상조해야만 한다. 빵이 고갈되면 될수록 영혼은 더 고갈된다. 영혼이 고갈되면 될수록 빵은 더 고갈된다.

필리프(Louis Phillippe)는 *샤를 블랑샤르*에서, "빵 자체가 빵과 적대한다."라고 주장한다. 가난한 사람들에게는 모든 것이 적이 된다. 길을 걸으면 신발이 닳고 가만히 앉아 있어도 엉덩이가 헤어진다. 빵을 구하는 구걸행위 자체가 입으로 들어가는 빵의 양을 적게 만드는 것이다. 나는 언제 눈물에 젖은 빵을 먹어 본 적이 있었던가?

실존주의 철학자들의 주된 관심은 빵에 대한 불안이다. 하늘과 땅에 양다리를 걸치고 살아가는 그리스도인들의 실존주의는 무엇인가? 초월성과 내재성 어느 쪽에 더 무게를 두어야 하는가?

브레히트(Bertold Brecht)는 *서푼짜리 오페라*에서, "우선은 먹여 달라. 도덕은 그다음 문제이다."라고 주장한다. 예수의 실존주의는 머리 속 이론이 아니라 구체적인 행동이다. 우선순위의 문제는 첫째, 계명을 지켜라. 둘째, 소유를 팔아서 가난한 사람들에게 나누어 주라. 영생과 생명의 조건은 계명을 지킨 이후에 "가서 네 소유를 팔아서 가난한 이웃들에게 나누어 주라"는 예수의 명령이다.[531] 배고픔의 굶주림을 해결해 주라는 것이 구체적인 실존의 현주소이다. 그러나 실존과 그 현실은 냉혹하다. 입으로만 "주여, 주여" 하는 사탕발림의 움켜 쥔 열 개의 '주먹 손'이 아니라 한 개의 손가락을 펴서라도 "눈물 젖은 빵"으로 굶주린 배를 채워줄 수 있어야 한다.[532] '본질적 실존'보다는 신음하는 이웃들을 능동적으로 찾아가 '보자기 손'으로 감싸주는 '실존적 본질'을 몸으로 보여주는 것이다.

에리히 프롬(Erich Fromm)에 의하면, "모순이 인간의 본질이다."[533] 이 땅에서, 죽음은 모순이다. 에덴동산의 추방신화에서 비롯된 땀 흘려 살아가는 육적인 문제를 고려해야 하기 때문이다. "임에도 불구하고"는 실존주의의 주제이며, 인간의 숙명이다.

사람은 악기처럼 다루어야 한다. 완벽한 화음을 내기란 쉽지 않기 때문이다. 그러나 섬세한 영혼은 언제나 자신의 현이 잘 조율되어 있는지 살피려고 노력한다.[534] 스티브 잡스의 어느 손가락이 펴질지 하나님은 과연 알고 계셨을까?

26 에너지와 에테르론: 영적 에너지는 어떻게 존재하는가?

1) 종교적 체험의 고백

오스카 와일드(Oscar Wilde)의 *도리언 그레이의 초상*에서, "경험이란 각자가 자기 잘못에게 부여하는 이름이다."라고 반성과 성찰의 관점에서 정의한다.

SK의 에테르는 "눈에 보이는 창공, 하늘"에 있는 그 무엇이다.[535] 1835년 여름, 그가 가장 좋아하는 장소, 길브제르그에 도착하여 산책하던 중이었다. 그러나 그가 본 하늘은 바다와 맞닿아 있으며, 그 바다가 하늘을 에워싸고 있었다. 바다를 에워싼 하늘의 모습이 아니라 하늘을 에워싼 바다의 모습은 *창세기*에 등장하는 태초에 "하나님의 신이 수면 위"를 움직여 나가는 모습을 연상케 한다.[536] 또한 지저귀는 새들이 소리는 저녁 기도를 드리는 것과 같다. SK를 포용해 주며 마음의 쉼을 얻게 해주며 편하게 해주었다. 이 순간, 그의 몸은 **공중부양**을 하는 것처럼, 하늘로 솟아오른다. 더 높은 곳으로 새들과 함께 떠나는 느낌을 받는다. 이른바 중력의 법칙이 해체되는 현상을 느낀다. 이러한 자신의 경험을 SK는 "축복받은 순간"이라고 고백한다. 그러나 이 아름다운 순간을 깨는 것이 있었다. 갈매기의 울음소리였다. 갈매기의 소리는 단순한 노랫소리, 혹은 소음이 아니라 가혹한 비명소리처럼 들렸다. 이 소리의 영향 때문에 그는 자신이 홀로 남아 있다는 것을 느끼면서, 축복받은 아름다운 순간이 사라진다. 또 다시 세상의 군중들과 어울리기 위하여 "축복받은 순간"을 잊은 채, 무거운 마음으로 발길을 돌린다.[537]

길브제르그에서, 그가 경험한 것은 인간의 다양한 기질들에 대한 사소한 적개심들의 부정적인 에너지를 녹아내리고 "불용성 유대감"과 조화를 이루어야 한다. 자신의 실수들을 반성하고 사소한 부분을 전체로 볼 수 있는, 그리고 사람들을 용서할 수 있는 긍정적인 에너지를 얻게 된다. 우울과 낙담, 자존심 등에서 벗어날 수 있었으며, 자연의 힘 앞에 무기력한 자신을 발견한다. 특히 하늘의 새들 모습을 바라보면서 그리스도의 말씀을 상기시킨다. "**참새는 하늘 아버지의 뜻 없이는 땅에 떨어지지 않을 것이다.**"[538] 동시에 자신이 얼마나 위대하고 얼마나 하찮은 존재인지를 깨닫는다. 교만과 겸손이라는 두 위대한 세력의 에너지가 역설적으로 서로 합류하고 있다. 에덴동산에서 최초의 결혼식을 축복해 주시는 하나님과 식물 세계의 암호와 같은 열매들을 맺게 하시는 결혼을 연상시킨다. 이것은 레기네와 결혼을 염두에 두고 있는 생각의 에너지로서 교만의 술에 취한 잔이나 절망의 쓰라린 잔은 아닐 것이라고 생각한다.

그의 경험 중에서 중요한 것은 "**온 세상을 들어 올릴 수 있는 아르키메데스의 지점**"이다. 이곳은 시간과 공간의 제한 밖에 놓여 있어야 하는 지점으로 자신을 객관적 시각으로 볼 수 있는 포인트이다.

바다는 부드러운 바람의 장난감이다. 바다는 조약돌들을 가지고 놀고 있다. 바다의 표면이 거대한 눈구름으로 변한다. 폭풍우 속에서 아주 낮은 저음의 가짜들을 부르는 소리가 들린다. "세상의 출현과 그 파괴"를 목격한다. 진정으로 침묵을 요구하는 자연의 섭리와 그 광경을 그는 목격했다. 겸손한 마음으로, 혼란스런 도시보다는 건전하고 풍성한 자연의 숲으로 들어가 자연과 대면하는 좋다는 것을 경험한다. 이것은 마치 사람들이 그리스도를 왕으로 선포하기를 원했을 때, 조용한 곳으로 몸을 숨긴 그리스도의 족적처럼, 자연으로 물러나 자신만의 시간을 갖는 것이 중요하다.[539]

그는 "진정한 균형"이 무엇인지를 고뇌한다. 인간은 자연의 주인으로 등장하지만, 자연 속에는 더 높고 고상한 것이 있으며, 허리 굽혀 절해야 할 어떤 것을 느낀다. 모든 것을 지배하는 이 에테르, 영적 에너지에 굴복할 필요성이 있다. 구역질나는 인생의 상황 속에서 더 자유롭게 호흡할 수 있는 자연의 중심부, 신의 영은 모든 인간들에게 기꺼이 개방적이다. 천국을 치즈 접시 덮개로 생각하며, 사람들을 그 안에 사는 구더기로 간주하는 의식 속에서, 그는 한 알의 모래알 속에서 전 우주를 볼 수 있는 영적 에너지가 필요하다는 것을 경험했다.[540]

메리메는 **일르의 비너스**에서, "설사 사악한 정열의 경우라 해도 그 에너지는 항상 우리 마음에 놀라움과 감탄을 불러일으킨다."라고 주장한다. 나는 추락하는 참새를 향해서 보듬어 안아 아우를 수 있는 에너지가 과연 흐르고 있는가?

2) 3가지 에너지

소로는 *메인 숲(The Maine Woods)*에서, "나는 나의 몸을 경외한다."라고 고백한다. 그는 인간의 몸을 성전으로 생각하고 있기 때문이다.[541] 모든 아침은 유쾌한 초대이다. 나는 그리스인들처럼 신실하게 여명의 여신 오로라를 숭배했다. 아침 일찍 일어나 호수에서 몸을 씻었다. 그것은 종교적 행위였고 내가 했던 일 중 가장 훌륭한 일이었다. 이른바 죄악을 씻어내는 소로만의 세례식이었다.[542]

SK는 3가지 에너지-**육체적 에너지, 정신적 에너지, 영적인 에너지**-를 언급한다. 육체적 에너지는 그의 허약한 체질로서 그의 약점이다. 그의 장점은 정신적 에너지와 영적인 에너지다. 이것으로 모든 일을 할 수 있다.[543] 우리의 몸, 육체는 쉬어야 산다. 몸이 번 아웃 상태로는 견딜 수 없다. 그러나 영은 쉴 틈이 없이 언제나 움직이며 이동한다. 몸의 에너지가 마음의 에너지로, 마음의 에너지가 영의 에너지로 흐른다.

하나님은 영이시다.[544] 영은 쉴 수 없다. 영은 수면을 허락하지 않는다. 영은 잠을 자지 않는다. 영은 항상 깨어 있다. 영은 불처럼, 육체적, 정신적 벽과 그 결합을 뚫고 들어간다.

시인 배게슨(Beggesen)에 의하면, "모든 에너지가 소멸되어 영혼이 되는 것이다." 영의 조건을 묘사하면서, "영은 세상에 대하여 죽은 것처럼 살아가는 것이다."

인간은 영적인 존재로 살아야 한다. 궁극적으로, 기독교적 인간은 영이 되어야 한다.[545] 인간은 하나님의 영을 닮아가야 한다. 영적인 존재가 되는 것이 인간의 최후의 목적이다. 인간의 본질은 고갈과 소생의 변증법을 통하여 새로운 세계로 들어간다. 즉 몸의 모든 에너지의 소모와 고갈은 영의 탄생과 성장, 소생을 목표로 한다. 바울의 고백처럼, 아담과 같은 "살아있는 영"이 "살리는 영"이 되어야 한다.[546]

3) 신의 에테르적 숨결

에테르는 신 자체이다. 혹은 신과 같은 수준의 공동일차성이다. 에테르는 내부의 힘 매개체이다. 코나투스(Conatus)는 생존의지의 힘 매개체, 임페투스(Impetus)는 외부의 힘 매개체, 에너지는 근본적인 힘을 뜻한다.[547] 에테르는 눈에 보이지 않는다. 그러나 에테르의 운동 에너지, 그 움직임과 이동은 능동적 힘이다. 최고의 운동력, 모빌리티를 소유하고 있다.

신의 에테르적 숨결은 어디에 어떻게 작용하는가? 신은 가능태, 혹은 잠재태가 없는 순수 에네르게이아(energeia)의 작용, 또는 운동이다. 숨결이 에테르의 특징적 속성들 일부를 지니고 있다.[548]

하나님의 아들, 예수 그리스도의 옷자락을 통과하여 흐르던 에너지가 혈루증 여인을 치료해준 것처럼, 치유의 에테르는 전기적 성질의 것이 아니라 무쇠를 통과할 정도로 항상 생동감 있게 움직이며 작동한다. 죽은 나사로의 시체에 침투하여 생기를 불어 넣어 준 것처럼, 소생의 에테르는 모든 것에 침투하여 살리게 하는 에너지의 근본적 본성을 소유하고 있다.

베드로의 그림자나 바울의 손수건은 무기체적 물질 혹은 현상이 유기체인 몸을 터치하거나 접촉되었을 때, 상호 관계적이며 무체역학적인 치유의 매개체들이다. 예수의 영적 에너지는 유기체인 몸에서 나와 무기체의 물질을 통과하는 "힉스입자", 혹은 "신의 입자"이다. 비가시적이지만, 상호 관계적인 유체역학적 매개체이다.[549]

기적이란 무엇인가? 소로는 **월든**(***Walden***)에서, "우리가 찰나의 한 순간을 서로의 눈을 들여다보는 것이다. 이것보다 더 큰 기적이 일어날 수 있을까? 모든 변화는 명상을 위한 기적이다. 그러나 모든 찰나의 순간을 대신하고 있는 것이 기적이다." 눈을 마주치지 않고 회피하는 것은 기적이 아니다. 기적의 가능성은 눈 충돌을 일으키는 것이다. 곁눈질로 바라보지 말라!

4) 영적 에너지는 어떻게 존재하는가?

모든 것을 감싸고 있는 에테르의 상호 관계적 움직임은 에너지의 매개체만을 설명한다. 즉 내부적 에너지, 에테르와 외부적 힘, 임페투스를 어떻게 규명해야 하는가의 문제이다.

내적 운동을 외부화, 외부화 운동을 내부화시키는 이 독특한 운동을 충분히 설명해내지 못한다. 매체는 운동의 운송에 결정적인 요소이지만, 운동 중의 객체의 내부적 외부적 힘은 설명하지 못한다. 그러므로 예수의 영, 에테르, 에너지가 어떻게 자기 객체-**예수의 몸**-를 떠나서 다른 객체-**혈루증 여인, 죽은 나사로의 몸**-에 감응하는지 이 상호 관계적 매체를 지나 움직이면서 어떻게 이 다른 객체가 이 에너지-**예**

수의 영, 에테르-를 내부화하고 수용하는지, 이 양쪽 모두에 대한 기술이 필요하다.[550] 그러나 전통적인 모더니즘 신학에서는 이 같은 신학적 질문에 대한 해석이 불가능하다. 그 가능성은 양자 물리학과 양자 역학을 연구하는 *포스트모던 신학* 혹은 *사이버 신학*에서 그 낌새를 엿볼 수 있다. 앞서 언급한 "힉스입자", 혹은 "신의 입자"에 대한 연구를 통하여 신의 에테르와 에너지가 인간을 포함하여 어떻게 피조물에 흐르고 있는지를 밝히고 있다. 신의 영과 인간의 영혼의 미팅, 그 융합이 이루어질 때, 인간의 의지와는 다른 특별한 신탁을 받게 될 때, 죽음까지도 불사르는 순교적 용기와 담대함을 인간은 소유할 수 있다.

모든 인류에게 신의 동일한 에테르와 에너지가 왜 흐르지 않는 것일까? 에테르에도 한계가 존재하는 것인가? 루디 러커(Rudy Rucker)에 의하면, 기독교 신비주의의 핵심적 본질은 "리얼리티는 하나이다." 하나라는 주장은 하나님의 영이 지구촌의 다양한 종교들을 하나로 통합시키지 못하고 아직까지 신의 나라, *천년왕국*[551]이 이루어지지 않고 있는 지구촌의 종교적 갈등을 대변해 주기에는 너무나 버거운 담론이다. 그러나 인간의 지성과 영성으로 파악할 수 없는 "신의 입자", "궁극적인 그것"[552]은 이미 모든 자연계에 주어졌음에도 불구하고 인간의 영성이 그 내재된 에테르와 에너지를 자유의지를 가지고 거부하거나 인지하지 못하고 있는 어리석음에 있는지도 모른다.

5) 기독교적 인간은 영이 되는 것이다.

SK는 무엇보다도 "영"을 강조한다. 영이 인간의 본질이다. 영의 메타포로서 그리스도는 "바람"을 언급한다.[553] 영은 산소, 공기, 에테르, 에너지, 기(氣)이다.

도교의 근본적인 개념으로 기는 음과 양이라는 양극단의 대립이며 우주만상을 이룬다. 기가 음과 양이 하나의 존재가 되어 그 속에 생명을 불어넣는다. 기가 균형을 이룰 때, 건강이 유지되며, 음과 양의 조화가 깨질 때, 질병이 발생한다. 인간의 몸은 성전처럼, 성령이 함께하며 살아 움직인다.[554] 성령이 내주하는 것처럼, 우리의 몸에는 신비로운 기가 흐른다.

기는 에테르의 형상으로, 에너지가 되어 종교적인 이름으로 "영"이라는, '영적인 존재'라는 영의 현상을 자연계와 인간의 삶 속에 깊이 침투해 들어와 있다. 하나님의 "권능", "두나미스"(δύναμις)는 그 나타나는 현상적 흐름이 막연한 믿음의 의식적 차원이 아니라, 피부에 와닿는 산소, 공기, 숨결, 호흡, 바람, 기와 같아서 항상 현존하고 있다.[555] 그러나 인간들의 영성은 그 숨결을 망각하고 있는 시간이 더 많으며, 오히려 발람(Balaam)의 당나귀 에테르가 인간의 언어로 신탁을 전하는 영성이나[556] 길가의 돌맹이 에테르가 인간의 언어로 기도할 수 있다는 영성에 미치지 못한다.[557]

인간은 우주를 감싸고 있는 신의 순수한 에테르를 흡입하고 영이 되고자 한다. 그러나 자신의 영성을 위한 에너지로 만들어 가는 것은 각자의 "선악과"에 달려 있다.[558] "선악과는 과일이 아니라 데이터이다."(It's not just fruit, it's data) 이 데이터는 왜 인간들이 병에 걸리게 되었는가, 왜 신체적, 정신적 바이러스에 걸리게 되었는가를 전해주는 정보이다. 선과 악의 개념을 세계에 알린 것으로 다양한 바이러스를 만들어 낸 **메타바이러스**의 존재를 알린 것이다.[559] 변함없이 움직이며 흐르는 "빅 데이터 에테르"이다. 궁극적으로, 인간은 영이 되어야 한다.

지금 이 순간의 영적 에테르가 그 무엇보다도 중요하다. "공기를 얻는 유일한 방법은 죽는 것이다. 나를 도울 수 있는 유일한 것은 죽는 것이다. 사는 것이 얼마나 역겨운 일인가?"[560] 영이 되는 유일한 방법은 영과 같은 에테르 산소를 흡입하는 것이다. 언제나 성령과 호흡하며 동행하는 길은 내 자아가 죽는 것이다.

27 영적 에로티시즘

1) 자기기만이다.

셰익스피어의 **햄릿**에서 "사느냐 죽느냐, 그것이 문제로다"(To be or Not to be, That's the Problem)라는 것과 같이, **여배우의 삶에서의 한 위기**는 SK가 "출판하느냐/하지 않느냐"(To Publish or Not to be

Publish), '그것이 문제로다.'라고 토로할 정도로 종교작가의 신분에서 벗어난 양심적 고뇌를 토로해낸 작품이다.[561]

지금까지 오직 종교성에 관한 책을 써 왔는데, 그의 문학성은 그로 하여금 신앙이 깊은 체하는 위장이었다. "내가 변했다는 것을 사람들이 이해해 줄 것이라는 것이라고 믿으며, 나의 종교성이 사람들을 옛날로 돌아가게 하는 것이다. *E/O*는 본질적으로 종교적인 것으로 작가로서 전 작품의 신경은 종교성이었는데, **여배우의 위기**는 내가 매우 본질적인 것, 즉 종교성과는 반작용으로 지향하는 이단이다. 세상은 매우 재미없기 때문에, 종교성을 선포하는 사람은 미학을 생산할 수 없는 사람이라고 믿는다면, 세상은 종교성에 관심이 없을 것이다. 중상하며 비방할 사람들이 있을 것이다. 그러나 나의 입장은 진지하다. 약간의 변증법적 실수는 돌이킬 수 없는 해를 입힐 수 있다. 헤이베이그 부인에 관한 신문기사는 큰 책들보다는 더 큰 반응을 일으킬 것이다. 사실 기사 자체는 훨씬 구식이다."

SK는 "NB: 주의"라고 표기하면서 다음과 같이 기록한다: 전체적인 문제는 자만심의 문제이다. 하나님에 대한 나의 신뢰와 인격보다는 나를 매우 특별한 존재로 만들어주기를 원하는 사색이다. 이 사색을 중단하면, 나는 심하게 후회할 것이다."[562] 이 같은 그의 고백은 자기기만으로 들린다.

2) 섭리로부터 암시인가?

내[SK]가 마치 스캔들을 만든 것처럼, 하나님은 나를 포기한 것처럼 되었다. 그것은 마치 게으름, 우울증 이상, 이하도 아니다. 하나님의 도움을 간청하지 않는다. 하나님 앞에서 글쓰기를 정당화시켜 왔다. 그것이 잘못이다. 그러나 사색을 중단한다면, 나는 실패할 것이다. 출판할 것이다. 정직해야만 한다. 사소한 문제로 하나님의 이름을 사용하는 것은 어려운 문제이다. 하나님 앞에서 담대한 자신감을 갖는 것, 나 자신이 되는 것은 아주 다른 문제이다.[563] 이 기사를 출판함으로써 몇몇 사람들에게 상처를 줄 수 있는 가능성이 있다.[564]

SK는 *여배우의 위기* 출판으로 긴장은 했지만, 유익한 것으로 주장한다. 지금 해야 하는 일은 과거의 산파법적(maieutic structure) 구조를 확실하게 수용하는 것이며, 분명하고 '직접성으로' 추진해 나아가는 것이다. 출판하지 않았더라면, 나는 간접소통의 미래사용에 관하여 모호성으로 사라졌을 것이다. 각성시키는 효과는 하나님이 나에게 수수께끼로서 살아가기 위하여 힘을 주신 것이 근본이 되었다. 그 이상은 아니다. 내가 당당하게 그것을 이용하지 않는 한, 그 사상을 얻지 못했을 것이다. 그러나 다른 사람에 대한 엄청난 책임감을 느끼며, 하나님의 처벌로서 이해한다.[565]

3) 영적 에로티시즘이다.

"영적 에로티시즘"에 대한 공포가 존재했음에도 불구하고 그 연관성을 두려워하지 않은 이유는 바로 **"저 단독자"**(that single individual)라는 생각이 그에게 담력을 불어 넣어 주었다. "저 단독자"는 자신의 정체성이 세상에 노출되는 것을 기꺼이 수용할 정도로 친절하다. 두 개의 건덕적 강화를 열정을 가지고 포옹해 줄 사람이 있었기 때문이다. 그 주인공이 바로 레기네였다.[566] 이런 방식으로 그는 "유혹자의 일기"(The Seducer's Diary)를 레기네에게 보여주려고 생각했다.[567] "유혹자의 일기"는 욕망의 실험실에서 전해주는 보고서처럼, 요한네스가 언급하는 "관음증 미학"을 비롯하여 에로틱을 실험하는 악마의 성격, 육감적 미학이다. 그럼에도 불구하고, 그는 종교적 의도를 띠고 있다.[568]

*여배우의 위기*가 SK로 하여금 왜 두 개의 건덕적 강화를 상기시키는가에 대한 설명은 그의 인생여정을 고려해 볼 때, 자기변명으로 들린다. 셰익스피어의 *로미오와 줄리엣*이 연극무대에 올려졌을 때, 이 둘의 비극적인 사랑이 자신과 레기네의 관계성을 연상하면서 유비 문학적 비평을 하고 있기 때문이다.

4) 가장 비참해지지 않았더라면

대니얼 디포(Daniel Defoe)는 *로빈슨 크루소*에서 "나는 비참한 일을 당하기 위해 선택되어 전 세계로부터 격리되었다. 그러나 모든 선원 가운데 홀로 살아남았다. 나를 죽음에서 구해준 신이 비참한 조건 속에서도 나를 살려 낼 수 있을 것이다."라고 고백한다.

*스키피오 대장역의 피스터*는 *여배우의 위기*에 대한 자매편으로서, SK가 존경했던 덴마크 유명 배우, 요야킴 루드빅 피스터(Joakin Ludvig Phister, 1807-96)를 기리기 위하여 "스키피오로서 미스터 피스터"라는 제목을 붙였다.[569]

이 작품은 "직접성"의 심리학이 숨겨져 있다. 이 "직접성"에는 "반성" 혹은 "사색"의 의미가 내포되어 있다.[570] "직접성"이라는 용어는 헤겔에게서 차용해 온 것이지만, 이 용어의 기술적인 의미를 추구하는 것은 의미 없는 일이다. "사색" 혹은 "반성"을 시작하기 전에, '공간적 직접성'을 '시간적 직접성'과 동일시하기도 한다. 그러나 전자의 공간성과 후자의 시간성에서, 내면성의 직접성은 시공간적으로 다르게 나타난다. 감각과 감정은 사고에 대한 반대로서 직접성이다. 전자는 파토스적이며, 후자는 로고스적이다. 있는 그대로의 인생은 "직접적 실존"이다. 만약 자연이 자유의 반향적 작용에 반대한다면, 그 때 인간의 직접성은 "선천적으로" 존재하는 것이다.[571]

이 "직접성"은 "계시"와 밀접한 연관성이 있다. SK가 아들러(Adler, Adolph P) 목사와의 논쟁을 벌이는 것은 직접성에 의한 계시의 권위와 신뢰성에서 비롯된다.[572]

SK의 내면적 "직접성"에 의하면, 그의 인생모토-**"내가 가장 비참해지지 않했더라면, 나는 벌써 망했을 것이다."**(*Periissem nisi Periissem*)-에서 잘 드러나 있다.[573] 사노라면, 좋은 기억과 나쁜 기억 중에서, 기억하고 싶지 않은데 새록새록 기억나는 사건들이 적지 않다. 남의 빵이 얼마나 쓰고, 남의 계단이 얼마나 힘든지를 경험해 보아야 한다. 간접경험은 그림자처럼 쉽게 사라진다.

*성찬의 위로*에 실린 **"부록"**은 "출판해서는 안 되는" 글들이다. 그는 이드(id)와 에고(ego) 사이에서 의식적인 갈등을 불러일으키면서, 종교저술가로서의 양심과 정체성에 "돌이킬 수 없는 상처"와 "적지 않

은 변증법적 실수"를 하고 있기 때문이다.[574]

그리스도의 성찬은 인류를 향한 사랑의 표현이다. 성찬의 진정한 의미는, "당신을 불행하게 만드는 사람을 사랑하는 것이다. 이것이 완벽한 사랑이다."[575] 그러나 이런 방식으로, 사랑받기를 요구하는 이가 얼마나 있을까? 텍스트, 컨텍스트에서 벗어나라! 프리텍스트에 집중하라![576]

28 새와 백합에게 배우라

1) "키메라"의 메타포다.

"나는 날개가 잘린 새이다. 미끼가 되고 싶다." "나는 꽃이 되고 싶지 않다. 차라리 조화가 되고 싶다." 왜, 무엇 때문에, SK는 이런 고백을 하고 있는가? 이 *기독교 강론*의 3부작은 "키메라" 구조이며, 키메라 구조를 상징적 비유로서 알기 쉽게 설명한다.[577]

*새와 백합에게 배우라*의 3차원적 구조의 핵심어는 "사랑"과 "회개"와 "돈"이다. SYB의 해석에 의하면, 사랑은 상부구조로서 "사자 머리"(lion's head), 즉 종교적 단계로, 회개는 중간구조로서 "염소 몸통"(goat's body), 즉 윤리적 단계로, 돈은 하부구조로서 뱀 꼬리

(snake's tail), 즉 미학적 단계를 의미한다. 하나의 통일체이지만, 그 기능과 역할이 다르기 때문에 키메라의 은유는 결코 화학적 반응으로 결합이 될 수 없다.

SK의 키메라는 〈사자/염소/뱀〉의 분리나 단절구조가 아니라, 〈사자-염소-뱀〉의 공존과 연결 구조로써 삼위일체의 상징이다. 그가 선호하는 키메라의 3차원적 변증법, "사랑-회개-돈"의 구조는 "사랑/회개/돈"의 구조와 병존한다. 예를 들면, 돈 많은 부자 비둘기들이 생계에 대한 걱정을 하면서 가난한 비둘기들을 붕괴시킨다. 풍자적 관점에서, 이 '새들의 전쟁' 스토리는 윤리성을 강조한다.[578] 그러나 사회적 기부문화에 인색했던 자신을 향한 윤리적 비판을 걱정한다. 이것은 중간단계인 그의 "염소 몸통"이 부실했기 때문이며, 가장 큰 실존적 약점으로 등장한다.[579]

2) "비교메커니즘" 보다는 '모방메커니즘'이다.

비교는 곁눈짓이다. 비교는 기생충이며, 나무의 생명력을 빼앗는 기생식물이다. 비교는 골수를 잠식하는 발진이며, 이웃에 있는 습지와 같다. 비교가 나를 유혹했다고 변명하지 말라. 비교를 받는 사람은 유혹을 받은 장본인이다. 특히 사랑의 문제에 있어서 비교하는 일이 없도록 경계하라! 비교를 발견하는 일이 없도록 조심하라![580] SK는 비교를 부정한다.

비교의 대상들은 동일해야 한다. 보통명사와 추상명사를 비교하는 것은 모순이다. "들의 백합과 공중의 새"를 인간의 자아와 비교하는 것 자체는 곤란하다. 특히 "하나님의 형상"과 그 이미지는 비교의 대상이 아니라 "모방"의 대상이다. 인간 자아의 "의식의 흐름"은 동일하다. 비교가 아닌 비유, 직유, 은유, 환유, 알레고리적 해석 등으로 모방을 통한 그리스도의 닮음을 강조한다. 모방이론은 SK의 중요한 기독론이며 실천론이다. SYB는 SK의 '모방메커니즘'을 '패러디메커니즘'이라고 부른다. 그것은 그가 기독교를 지독할 정도로 공격하고 있기 때문이다.

신구약 성경에서 "비교"라는 어휘는 거의 등장하지 않는다. 지혜와 진주는 비교가 불가능하다.[581] 특히 바울은 자기 자신과의 내외적 비교는 "어리석은 일"이라고 경고한다.[582] 만약 SK가 "비교"를 강조했다면, 그는 야누스와 같은 카멜레온형 스타일이다. 그는 *WL*에서 비교를 철저하게 부정하고 있다.[583]

생피에르(Saint-Pierre)의 *폴과 비르지니*에서, "이가 하얗고 벼룩이 검은 것은 전자가 머리카락 위에서, 후자가 하얀 피부 위에서 더욱 잘 구별되기 때문이다." 나는 염세적 몽상가인가, 실존적 타산가인가?

3) 인간 의인화과정이다.

인간은 아름답다. "하나님의 형상"으로 창조된 인간은 보기에 좋다. 그러나 하나님은 곧 후회하시고 실망하신다. "인간이 된다는 것은 관계성을 형성하는 것이다."[584] 시간, 공간, 인간의 "*간*" 중에서 중요한 것은 "하나님의 형상"을 닮은 *인간*이다. 그러나 "인간관계에서 사람들은 불규칙 동사들이다."[585]

SK의 백합, 산비둘기, 개구쟁이 작은 새 등의 생계를 염려하는 "의식의 흐름"과 형상화 작업은 인간의 "의인화" 기법을 돋보이게 한다. 부드럽고 아름다우며, 섬세하고 감상적이다. 그의 "의식의 흐름"은 마치 여성성의 세밀함에 버금갈 정도이다. 그는 미학적으로 인간을 '잠시', 혹은 '순간적으로' 아름답게 묘사하면서, 윤리적으로 모방하라고 강조한다. 인간은 항상 신선한 존재가 아니다. 그가 찬양하는 인간은 아름답지만, 오래 가지 못한다. 그는 사람에 대한 무시, 조롱, 증오, 멸시 등으로 복수를 꿈꾸기까지 한다. 그의 **"인간혐오증"**은 객관적인 팩트로서 "어머니"를 한번이라도 부르지 못한다. 그는 "어머니를 모르는 불효자이다."[586]

SK의 미학적 인간론은 실재성과 직접성에서 그대로 적용되고 있는가? 아버지에 대한 반감, 어머니와 형에 대한 증오 등 변화의 기미가 전혀 보이지 않는다. 우정, 친구는 위험하다. 결혼은 더 위험하며 그 자체를 부정한다. 실재성에서, 그는 용서의 기술을 모르는 이기주의자이며, "인간혐오증"의 화신이다.[587]

'진-선-미' 속에 숨어 있는 SK의 "미학적 단계"가 증오와 혐오의 대상으로 변한 의식수준이라면, 그 의미와 가치에 문제가 있는 것이다. 그의 의인화 기법은 '자아'의 "모순 변증법"을 부정한다. *새와 백합에게 배우라*는 시적인 관점에서 인간을 보아야 한다면, '사람은 아름답지만, 그는 과연 아름다운가?'라고 물어야 한다.[588]

인간은 완전해질 수 없는 불완전한 존재이다. "완전함"의 의미는 나약하고 의롭지 못한 인간의 실재성을 고려해 볼 때, "온전함"으로

해석하는 것이 좋다.[589]

의학의 아버지, 히포크라테스(Hippocrates)는 인체4체액설-"혈액, 점액, 담즙, 흑담즙"-에 의하면, 인간은 이 네 가지가 섞이는 비율에 따라서 성격과 건강이 결정된다. SK는 까다롭고 우울한 흑담즙 성질의 인간이다.

몰리에르의 *인간혐오자 화를 잘 내는 연인* 제1막1장에서, "내가 자네 친구라고? 그 명단에서 지워주게." 당신은 친구들의 명단에서 삭제될 대상인가, 아니면 삭제하는 친구인가?

4) "나는 한 마리 새이다."

나무의 논리란 숲을 보지 못한다. 나무속에 있을 때, 나무를 보지 못한다. 숲의 논리란 나무를 보지 못한다. 숲 속에 있을 때, 숲을 보지 못한다. 땅과 하늘을 동시에 볼 수 있는 안목이 필요하다.

혹독한 1월의 대둔산의 정상의 찬바람 속에서 겨울산새들을 만났다. 그들의 겨울은 지독하다. 눈이라도 많이 오는 날에는 굶을 수밖에 없으며, 먹거리를 염려한다. 그 날도 "일용할 양식"에 굶주려 SYB에게 날아 온 새들과 함께 호빵으로 점심을 나누었다. 얼마나 배가 고팠으면, 인간을 무서워하지 아니하고 이렇게 다가올 수 있는가![590]

디드로의 *라모의 조카*에 의하면, "가난이라는 놈, 뱃속에서 꼬르륵거리는 소리가 나면, 양심이나 명예의 목소리는 정말 약해진다." 배고프면, 미학적, 윤리적, 종교적 감각은 사라지고 동물적 감각밖에 드러나지 않는다.

"나는 한 마리 새이다", "나는 서리꽃으로 변했다." 특히 그는 '채색된 참새'이다. 억지로 무지개 색깔의 옷을 갈아입힌 채, 자신의 동족, 친구들 속으로 날려 보냈을 때, 그들은 날카로운 부리로 사정없이 쪼아 죽게 만들었다. 무엇 때문에 그 참새를 죽게 만들었는가?[591]

에라스무스의 *우신예찬*에서 기도문이 스치고 지나간다. "제가 스스로 시들어 당신 안에서 꽃피게 하소서."

5) "기독교"라는 용어를 토로해 내고 있는가?

*새와 백합에게 배우라*에서 그는 "*기독교*"라는 용어를 사용하지 않는다. 그에게는 '기독교가 존재하지 않는다.' "기독교가 없어도 인간은 그리스도인이 된다."[592] "기독교는 전혀 존재하지 않는다."[593] "기독교는 사라졌다"[594] "기독교는 완전히 폐지되었다."[595] "기독교는 난센스다"라고 *BJ*에서 주장한다.[596] 이러한 SK의 주장은 철저하게 1세기의 그리스도와의 동시성 혹은 동시대성으로 돌아가자는 뜻이 함축되어 있으며, 루터, 갈빈, 쯔빙글리 등의 종교개혁자들의 개혁을 부정하고 있다. "**교회 밖에는 구원이 없다.**"는 이단적 사상에 함몰되어 있는 "기독교"와 성직자들과 성도들을 비판한다.

1850년, 9월 27일 SK는 생명과 혼을 걸고 출판한 *PC*의 "**처음이자 마지막 선언**"에서, 자신의 목소리와 견해는 한마디도 없다고 밝힌다. 만약 있다면, "제3인칭"의 목소리가 존재할 뿐이다. 그의 글쓰기의 패턴들과 의식의 흐름을 볼 때, SYB는 그를 "SBNR"의 신학자라고 부른다.[597] 목사안수를 거부했던 그의 사전에는 "기독교"라는 단어가 없다.

예수 그리스도의 복음과 사상으로 중무장한 세상과 맞서 싸우는 '검투사'의 정신과 기질만 남아 있을 뿐이다.

SK의 독자들은 오해해서는 안 된다. *새와 백합에게 배우라*를 비롯한 그의 *"건덕적 강화들"*(*Edifying Discourses*)은 비유적으로 시적인 저자일 뿐이라고 선언한다.[598]

설교의 정의는 "코람데오"이다. 하나님 앞에 홀로선 새와 백합처럼, '단독자의 침묵'이다. 하나님 앞에서 침묵, 순종, 기쁨, 그리고 자아-제한의 되새김질을 스스로 요청하는 것이다.

어떻게 자아를 절제하며 달래가면서 *새와 백합처럼* 살아갈 수 있는가? 어떻게 서리 맞은 꽃처럼, *날개 잘린 새처럼* 퍼덕거리며 살아갈 수 있을까? 산상수훈의 교훈은 "자아-제한"을 철저하게 이행하는 과제이다.[599] 바람 불면 흔들리고, 비오면 비 맞고, 눈 오면 눈 맞으며 사는 것이다. 불평불만 대신 감사와 기쁨으로 대체하는 것이다.[600]

29 삼위일체론: 키메라와 같은 존재론이다.

1) "X에 관한 내용"이다.

신이 지상으로 내려와 인간으로 육화된 **"성육신"**은 어떻게 성부와 성자가 관계를 맺으며 소통하고 있는가? 성부, 성자, 성령이 하나라고 하는 그 수단과 매개체는 무엇인가?

삼위일체는 "**X에 관한 내용**"이다. 한마디로 '**모른다**'는 뜻이다. 그의 신학사상에서 도그마, 교리는 중요한 문제가 아니었다. 도그마 자체가 하나의 시스템과 조직체를 운영해 나가는 이념이 되기 때문이다.

하나님의 개성에 관한 문제는 인류를 피곤하게 만든다. 그 개성을 개념화한다면, 그것은 무시되는 문제가 된다. 헤겔학파들의 주장에 의하면, 하나님은 삼위일체적이기 때문에 개성적이라는 것이다. 삼위일체에 관한 모든 내용은 "새도우-복싱"을 하는 것과 같다. 가상의 상대를 대상으로 혼자서 권투 연습을 하는 것이다. 캄캄한 방에 검은 고양이가 없다. 그럼에도 불구하고 '존재한다'라고 상상하며 찾아 헤맨다. 전통적이며 논리적인 삼위일체의 모습은 "**정-반-합**"과 같은 것이다. 그 결과에서 나온 개성은 "X에 관한 내용"이다. 하나님의 개성을 개념화시키면, 삼위일체의 문제는 무시될 수밖에 없다.[601] 모든 도그마는 보편적 인간의식의 보다 더 구체적인 확장에 불과하다.[602] 아버지가 아들이 되고, 아들이 영이 되고, 영이 아버지가 되는 존재론적 삼위일체 개념은 이성적 사고로는 이해가 불가능하다. 즉 영적인 존재를 이성적 합리성으로 이해할 수 없다.

2) 삼엽형과 삼위일체 문장

신-인(God-man)의 "상호적 접힘"으로 하나가 되는 것을 예수의 말씀에서 찾을 수 있다. "내가 아버지 안에 있고 아버지가 내 안에 있다"[603] "아버지, 아버지께서 내 안에 계시고, 내가 아버지 안에 계시는 것과 같이, 그들도 하나가 되어서 우리 안에 있게 하여 주십시오."[604]

존재론적 삼위일체 개념으로, 즉 이성적 합리적 삼위일체의 개념으로는 인간들을 설득하기 곤란하다. IQ가 높은 사람들은 무신론자들이 많다. 삼위일체의 교리 자체에 모순이 있다는 것, 가르치는 도그마가 얼마나 부실한가를 이성적으로 판단하고 있기 때문이다.

하나님은 영이시다. 그리스도는 영이시다. 성령은 영이시다. 영적인 삼위일체는 설득력이 있다. 삼위의 서로 간 움직임, 이것은 "장력"의 동적 문제이다. 아들이 아버지의 움직임을 어떻게 설명하느냐의 문제이다. 모든 존재가 질서 있는 운동으로 움직이는 것은 신의 "에테르적 숨결"에 의해서 가능 하다.[605] 즉 이 "숨결"이 바로 에테르, 에너지이다. 이 힘이 우주를 움직이게 한다. 신의 중심에서 밖을 향하여 움직임이 나타난 것, 이것이 바로 성육신이다. 이 성육신이 또다시 중심을 향하여 움직임으로 나타난 것이 부활이며 승천이다. 다시 오실 그리스도이다.[606] 이 과정에서 정도의 차이는 있지만, 영적인 영의 세계에서 생명력의 존재, "성령"이 '활성'의 작용으로 신의 중심과 밖에서 상호작용한다.[607] 원래 "성령"은 헬라어로 "성스러운 숨결"이다. 이 숨결에 인격을 부여하여 삼위일체론이 신적인 움직임의 존재론적 세 방향에서 장력을 도입한다.

성령은 증언하시는 분이다. 증언하는 이가 셋이 있다. 성령, 물, 피이다. 이 셋은 하나이며 일치한다.[608] 성령은 진리이면서 예수 그리스도를 증언한다. 물과 피는 삼위일체를 증명하는 존재론적 요소이지만, 성령은 예수 그리스도와 하나라는 요한의 증언은 삼위가 서로 하나이며 일치한다는 것을 보여준다.

성부와 성자의 공동이중성 문제를 해결하기 위하여 삼위일체론의 세 번째 개념인 성령을 도입한다. 성령은 성부와 성자를 감싸안으며 통일하고, 또한 다른 둘이 합쳐지고 분리되는 관계적 이송매체를 제공한다. 성령은 성부 자신을 포함한 모든 것에 침투하는 비가시적인 영원한 에테르이다. 따라서 성령은 신의 숨결이다. **에테르, 정신, 바람, 공기, 불, 프뉴마, 연기** 등 다양한 이름을 가지고 있다. 성령은 비둘기, 불, 공기, 물 등의 유체적 동적이미지로 묘사된다.

태초의 하나님은 물과 공기의 상호 관계적이며 동적인 흐름을 통해서 활동하시고 자신의 능력, *두나미스* 혹은 에테르를 드러내신다. 특히 물은 여성적 용어로 동정녀 마리아의 자궁과 동일시된다. 마리아의 동적 자궁에서는 창세기의 메아리가 울린다. *창세기*에서 "물의 표면 위에서 신의 영이 움직였다."[609] 세계 창조 시, 물위를 떠돌았던 성령이 마리아의 자궁의 물위로 떠돈다. 물위의 유체적–동적 힘을 이동화한 성부의 같은 동적인 힘이 이제는 같은 방식으로 예수를 잉태시킨다. 따라서 예수의 탄생과정이 상호 관계적이며 장력적이며 인과 관계적 삼위일체이다.[610]

삼위일체론의 가장 이상적인 모형은 "삼엽형과 삼위일체 문장"이다.[611] 이것은 순환과 접힘으로 움직인다. 고도의 동적이며 영적인 움직임을 "페리코레오시스"(perichoresis) 개념이 설득력 있게 제시해준다.

이 개념은 성삼위의 세 위격이 서로 침투하면서 서로에게 내재함을 뜻하는 용어로 "상호내재", "상호침투", "상호순환" 등으로 번역된다.[612]

3) 키메라와 같은 존재

신의 삼위일체는 존재의 삼위일체-"영-혼-육"(Spirit-Soul-Body)-와는 전적으로 다르다.[613] 문제는 이 영적인 존재, 신의 삼위일체가 육적 "존재의 삼위일체", 즉 "키메라"(Chimera)와 같은 존재-"사자머리-염소몸통-뱀꼬리"가 되었다. 상부구조와 하부구조 사이에 염소몸통과 같은 "성육신"적 존재, 예수 그리스도가 이 땅에 등장했다. 이것이 신이 인간을 위한 삼차원적 기적의 사랑이다.

예수가 스스로 고백하고 있듯이,[614] 비극적 주인공이 될 자격의 시한은 3년이면 족하다. 예수의 공생애 3년은 삼위일체 하나님의 모습을 보여주기에 충분한 기간이었다.

SK가 삼위일체론을 "X에 관한 내용"으로 표현하는 것은 매우 합리적이다. 논리적 불가지론이다. 영적인 세계를 인간의 언어로 표현하는 것 자체가 우스운 일이다. 설령, 신구약의 성부, 성자, 성령의 프리텍스트-텍스트-컨텍스트에서 삼위일체라는 도그마를 인간의 언어로 이론화 시킨다는 것은 "헤테로글로시아"(Hetroglossia) 수준에 머무를 것이다. 영적 언어, 로고스 언어를 중시하는 성부-성자-성령 삼위의 "프리텍스트", 즉 "삼엽형과 삼위일체 문장"에서 삼위일체를 보아야 할 것이다.[615]

30 예정론:
앉은뱅이 경건의 도그마에 불과하다.

1) 낙태이다.

하나님의 전지(全知)가 인간의 자유의지와 양립할 수 없는 것처럼 자유의지의 역설과 충돌하는 것을 볼 수 있다. 사전 결정론이냐, 자유의지론이냐, 전택설이냐, 후택설이냐 등의 논쟁에서부터 조화인가, 혼합인가 등의 문제를 놓고 역사적으로 논쟁을 거듭해 왔다.[616]

이러한 논쟁들은 하나님의 전적인 은혜를 통한 구원의 보편성을 인정한다. 그러나 인간의 도움이 필요하다. 구원의 과정은 하나님과 인간의 '과정신학'에 달려 있기 때문이다.[617]

SK는 예정론과 원죄론을 집착하고 있었다. 1843년 봄, 그는 독일의 신학자, 프레드리히 슐라이에르마흐(Schleiermacher)의 예정론에 관한 *교리(Dogmatics)*가지고 그 당시 신학교 대학원생이었던 마르텐센(H.L. Martensen)의 지도를 받고 있었는데, 절대적인 예정론을 반대했다. 즉 인간의 자유의지 결정론의 가능성을 제시한다. 슐라이에르마흐가 "하나님은 모든 것을 미리 결정하신다"는 캘빈의 예정론을 엄격하게 강조하고 있는 것은 헤겔의 철학과 밀접한 관련성과 유사성이 있다. 슐라이에르마흐에 의하면, 이 두 사람은 "필연적인 현상"(necessary development)이 발생한다고 주장하기 때문이다. 오직 하나님만이 모든 것을 결정하기 때문이다. 그리고 헤겔의 필연성의 원리에 의하면,

사상은 현상이 되기 때문이다.[618] 그러나 SK는 이 같은 의견에 반대하면서, 인간의 자유사상과 결정의 중요성을 출발점으로 시작하기 때문에, 그는 엄격한 예정론을 수용하지 않는다. 그것은 인간의 자유를 부정하기 때문이다. 예정론의 교리는 자유와 하나님의 전지전능성 사이의 관계성이라는 중심적인 문제를 해결할 수 없다. 그래서 SK는 그것은 "낙태"라고 부른다.[619] 그의 지적에 의하면, 예정론을 수용하면, 새로운 문제들이 발생한다. 예를 들면, 엄격한 예정론의 도그마는 악의 기원을 하나님에게로 거슬러 올라간다. 3세기, 페르시아의 마니교만큼 일관성이 없다. 마니교의 핵심적인 입장은 "만약 악이 존재한다면, 만약 하나님이 모든 실존의 원인이라면, 그 때 하나님은 악의 원인이다."[620] 후자는 2가지 존재를 가정한다. 전자는 이 두 가지 모순을 하나의 존재로 통일시킨다.[621]

또한 예정론은 개인적 모순을 야기시킨다. 만약 예정론을 주장하게 될 때, 부수적으로 발생하는 것은 인간을 자기모순에 빠트리게 한다. 만약 인간이 "자기중심주의"로 모든 일을 하게 된다고 생각하면, 그 즉시 인간은 모순 속으로 빠져들게 될 것이다. 어떤 사건은 고상한 희생 탓이며 그것은 자기중심주의라고 말해야만 할 것이다. 피히테(Fichte)의 정체성의 이론이 그 예시가 된다.[622]

하나님의 예정론과 하나님의 선지식사이에서 선지식은 인간의 자유를 미리 배제하지 않기 때문에, 차이가 있어야만 한다.[623]

2) 상대적이다.

"기독교 그 전체성의 표명은 영원으로부터 결정된다."는 것과 기독교와 만남을 통하여 소환되는 사람들은 구원 혹은 멸망을 위해 선택된다. SK는 "예정론 문제의 해결"에 도달했다.[624] 로마서 8:28절에 기초한 그의 이 같은 관점은 슐라이에르마흐의 입장과 유사하다. 즉 인간이 기독교와 대면할 때까지 예정론에 대한 언급은 있을 수 없다.

예정론의 기본적인 개념은 *CA*., 55에서 발견된다. 사람은 최초 그리스도와 만났을 때, 죄인으로 나타난다. 그러나 동시에 그는 하나님 은혜의 제안을 수용 혹은 거부 여부에 달려 있는 운명적으로 구원 혹은 멸망에 대하여 표명한다.[625] 이 같은 그의 예정론은 개인적인 삶속에서 불행한 결과들을 지니고 있다는 것을 여러 번 지적한다. 예를 들면, 인간은 예정론의 여타의 주장들에 의한 덫에 걸려서 미학적 입장에서 윤리적 관점에 도달하는 데 방해를 받을 수 있다.[626] 그리고 "연민에 예정되었다"고 느끼는 불행한 사람은 악마에게도 인도될 수 있다.[627] 그러나 예정론을 수용하면, 죄가 있음에도 불구하고 구원을 받을 수 있다는 것은 변변찮은 설명이 될 수 있다.[628] 반면에 특별히 자신의 이익을 위하여 기독교를 특별한 "은총"으로 생각하는 사람은 절망적이며 가정적인 예정론 속에서 죄를 짓게 만든다.

인간의 자유와 결정을 제거하는 엄격한 예정론을 수용하지 않는 것이 SK의 특징이다. 미학적, 형이상학적 관점에서 기독교를 단지 "하나의 조건"으로 생각하는 슐라이에르마흐와는 반대로, 그는 윤리적, 종교적 관점에서, 기독교를 "투쟁"과 결정하는 것으로 본다.[629]

3) 개미사자와 같다.

자유에 대한 강력한 주장 때문에, SK는 예정론을 수용하지 않는다. 인간에게 필연성의 카테고리가 너무나 중요하기 때문이다. 예정론의 교리는 자유가 강조되지 않거나 실존적 이동이 미미할 때, 비옥한 토양을 찾게 된다. 따라서 그는 예정론을 "앉은뱅이 경건의 도그마"라고 부른다.[630]

그리스도는 인간의 "인내"가 영혼을 얻게 하는 필수적 요소라고 주장한다.[631] 그러나 예정론을 강조하게 되면, 인간의 이러한 실존적 요소가 어떻게 폐지되고 있는가를 확실하게 보여준다.[632]

예정론이란 "개미사자"와 같다. 마치 깔때기 속으로 자기 자신을 끌어넣는 것과 같다.[633] 의심할 여지없이 자유와 하나님의 전지전능을 연결시키기 위하여 시작되었기 때문에 그것은 개념 중의 하나를 부정함으로써 수수께끼를 풀 수 있다. 결과적으로 아무것도 아니라고 설명할 수 있다.[634] 앞서 언급한 15개 예정론의 논쟁의 내용들은 소중하다. SK의 구원에 대한 예정론의 입장은 상대적 예정론과 자유의지론에 가깝다. 자기 자신이 구원을 받았다는 확신을 가지고 살아가는 그 믿음은 중요하다. 그러나 그것을 전적으로 신뢰할 수 없다.[635]

4) 가정법이다.

예정론은 가정법이다. SYB에 의하면, 창세기 "선악과나무"의 조건에서 요한계시록 "회개" 조건에 이르기까지, 신구약 성경은 하나님과 인간의 치열한 긴장의 '이프열전'이요, '이프신학'이다. 하나님도 "조건"(If)을 제시하며, 인간도 "조건"(Supposing)을 내세운다. 이 같은 가정법은 전통적으로 주장하고 있는 예정론의 설자리를 잃게 한다.

하나님의 이프는 인간을 통제하기 위한 구원과 교육의 방편으로 작용한다. 하나님은 이프라는 방편을 가지고 인간들의 이성, 감성, 영성을 통제하시며 선택을 강요하신다. 인간은 하나님의 가정법 속에서 살아갈 수밖에 없는 운명적인 존재로 등장한다. '이것이냐/저것이냐'의 선택과 포기는 전적으로 하나님의 조건과 인간의 선택, 인간의 조건과 하나님의 선택이라는 '이프신학'에 달려 있다. 성경의 영적인 신앙사건들의 성공과 실패가 모두 이프라는 조건에서 이루어진다.[636]

발자크는 *고리오 영감*에서 "무일푼인 사람이 재빨리 입신출세를 하려면 손을 더럽혀야 한다."는 반항의 철학을 내세운다. 나는 지금 나의 성공이 손을 더럽히고 있는가? 또한 그 결과인가?

5) 그리스도의 예정론은 존재하는가?

만약 예정론이 구원론과 관련된 것이라면, 그리스도의 예정론은 존재하지 않는다. 다만 그리스도는 "하나님의 나라"를 보는 것과 들어가는 것에 대한 조건(If)을 제시할 뿐이다.

"하나님의 나라"를 볼 수 있는 조건에 대한 니고데모(Nicodemus)의 질문에 대하여 그리스도는 "물과 성령으로 다시 태어나는 것이다"라고 답한다. "물과 성령"은 조건 중의 조건이다. 이것은 예정론을 긍정하는 것이 아니라, 예정론을 부정하는 것이다.[637] "육으로 난 것은 육이요, 성령으로 난 것은 영이다"라는 그리스도의 말씀은 예정론에 대한 반론이며, 이것이 제2의 탄생을 촉구하는 그리스도의 조건부 예정론이다. 그리스도는 마치 바람처럼 영의 정체성과 중생의 의미가 무엇인지를 가르쳐 주고 있다.

　　모태신앙의 우선권은 존재하지 않으며, 예정론은 자랑할 것이 없다. 구원의 여정은 마지막 순간까지 영적인 존재가 되라는 성화의 과정이며, 인간의 자유의지와 선택에 대한 심판이다. 인간의 제2의 탄생은 예정론에 대한 수정을 요구한다. 구원은 어느 순간이든 공평하신 하나님께서 인류에게 주신 무한한 사랑의 선물이지만 조건부 선물이다. 특히 요한신학의 핵심-요한복음 3장 16절-에서, "누구든지"(Whosoever) 속에는 하나님의 무한한 사랑과 그 믿음조건이 내포되어 있다는 것을 알아야 한다. 예정론이 구원론과 연계된 것이라면, '성서에서 등장하는 예정론의 흔적들'처럼, 그것은 가정법의 조건이 부여된 "열린 결말 시스템"으로 작동한다.

　　"하나님이 나를 예정하시고 선택해 주셨다"라고 믿는 믿음은 유신론자의 자기 믿음이요, 자기 복음이다. 그러나 하나님은 "나"를 선택하시지 않을 수도 있다. "하나님이 나를 예정도 선택도 하지 않으셨다"라고 믿는 믿음은 무신론자의 자기 믿음이요, 자기 복음이다. 그러나 하나님은 "나"를 선택하실 수도 있다는 관점에서, 은총의 섭리는 앞바퀴요, 자유의지는 뒷바퀴라고 할 수 있다. 에스겔서(Ezekiel) 18장에서, 에스겔의 '조건부 과정신학'을 그리스도가 말씀하신 '열 처녀 비유'에 적용해 보면, 예정론은 하나님의 '섭리앞바퀴'와 인간의 '의지뒷

바퀴'가 결합한 구원의 공동사역, 협업이다.[638]

　인간구원의 조건은 하나님 앞에 홀로선 외톨이들의 상황이다. 최후의 회개와 각성이 없다면, 그 예정과 구원은 없을 것이다. 그리스도에게 구원을 요청한 십자가상의 강도처럼, 구원의 승낙이 필요한 협업의 대상이다.[639] 구원요청이 없었던 강도의 자유의지는 어디로 향해 가고 있는가?

31　성찬론

1) 성만찬은 "객관성"의 상징이다.

　SK는 "자아의 예언자"로서 주체성의 신학자이다. 그러나 그가 유일하게 객관성을 강조하는 것은 성경책과 성만찬이다. 하나님의 말씀을 읽고 숙지하며, 모방하면서 성만찬에 참여할 때, 그리스도인이라는 자부심을 갖게 된다.

　그는 성경책의 독서와 성찬식을 객관적 행사의 이벤트로 본다. 성경책을 객관적으로 읽고 묵상한다고 해서 영성의 깊이가 깊어지는 것은 아니다. 비록 글자로 이루어진 성경책이지만, 그 글씨 하나하나들이 '나의 몸과 마음 영혼을 태우는 불로써 인식되지 않으면', 즉 주체성으로, 영적 체험으로, 묵상하고 실천하지 않는다면, 그 객관성은 의미를 상실하게 된다.

유월절 식사, 최후의 만찬, 주님의 식탁, 주의 만찬, 아가페 식사, 사랑애찬, 자선애찬, 거룩한 교제, 제단제물, 성만찬, 유카리스트 등으로 표현되는 성만찬의 의미는 역사적 변질과정을 거쳐 왔다. 그 이상적인 의미는 무엇인가?[640)

SK의 성찬의 의미는 "객관성설" 및 "형재애의 상징설", "화해설"과 더불어 칼빈의 "임재설"과 동일하다. 성찬식에 참여하면, 그리스도의 살과 피를 마시게 되어 표면적으로, 그리스도인이라는 네임을 갖게 된다. 이것이 "객관성"이다. 그러나 기독교의 주체성은 그리스도와 함께 살을 찢고 피를 마시는 죽음을 함께하는 것이다. 그는 "성찬대 앞에 있는 목사는 축복을 전달할 수 없다. 인격적으로 계신 그 분만이 도울 수 있다. 오직 그 분만이 복을 전달할 수 있고, 성찬대 앞에서 그 분만이 복이시다. 주님이 임재하신다."라고 주장한다.[641)

성찬에 참여하는 것은 영적 주체성의 발로이다. 성찬의 의미는 예수의 '사전 장례식'에 참여하는 것이다. 살을 찢고 피를 흘리는 십자가를 통하여 하늘나라로 향한 죽음의 여정이다.[642) 매주 혹은 기독교 절기에 영성체, 빵과 포도주를 먹고 마실 때, '오늘, 이것은 나의 생전 장례식이다'라는 영적의식의 각성이 요청된다.

2) SK는 최후의 순간에 성만찬을 거부했다.

SK는 마지막 최후의 숨을 거두는 결정적인 순간, 프레데릭 병원,

2067 병실에서, 목사인 형, 피터의 면회를 거부한 채, 절친 에밀 보센을 불안하게 만들며 성찬을 거부한다.

"왜 성찬을 받지 않느냐?"

"그래, 목사한테서는 안 되고 평신도라면."

"사태를 어렵게 만드는 거야."

"성찬을 받지 않고 죽겠다."

"그것은 옳지 않아."

"논쟁하고 싶지 않아. 내가 결정하고 선택한 거야. 목사들은 군주의 공무원들이야. 군주의 공무원들은 기독교와 전혀 무관한 거지."

"그러나 물론 그건 사실이 아니야."

"진리와 현실에 맞지 않아."

"그래, 너도 알다시피, 하나님이 주권자이야. … 그들이 주권자야. 이 나라에서 복이 있는 죽음을 맞으려면 반드시 1,000명의 목사들에게 속해야만 하지. 하나님의 주권은 끝났어. 그러나 만물은 하나님 앞에 복종해야만 해."

만약 평신도에게서 성찬을 받게 된다면, 모든 것이 뒤죽박죽 될 것이라고 보센은 걱정했다. 목사인 형의 방문을 거부한 것은 차치하고라도, 성찬의 의미와 중요성을 모를 리 없는 그가 이 땅에서 마지막 받는 성찬식을 거부한다. 평신도의 성찬식을 수용할 생각이었나? SYB는 안수목회를 지양하고 평신도 목회를 지향한다. 우리 모두는 **"왕 같은 제사장"**과 '**여왕 같은 제사장들**'이다.[643]

성찬식을 객관적으로 볼 때, 성찬을 받은 사람들은 자신들이 그리스도인이라는 자부심을 느낄 것이다. 그러나 "주체성이 진리이다."라는 그에게는 전적으로 모순되는 일이다.

그리스도는 십자가상에서 배신자, 공범자, 원수들을 초청하여, 용서와 화해가 무엇인지를 보여주셨다. 성찬식을 기억하고 기념하는 것은 기독교와 그리스도인의 정체성이다. 그러나 그는 "성찬의 위로"를 전해 주어야 할 순간에, 성찬을 거부한 것은 '자기기만'이 아닌가? 자신의 이론과 사상을 책으로 표현하면서, 실천하지 못할 때, 자기 자신을 속이는 것이다. 이러한 자기기만의 "속임수"가 〈부록〉 *"여배우의 삶에서의 한 위기"*에서, "습관의 속임수"(251)로 등장한다.

3) 성만찬은 예수의 '생전 장례식'이다.

인생은 한편의 드라마이다. 인간은 무대 위에 올려진 희곡배우이다. 배우는 주어진 대본에 따라서 최선을 다하는 것이다. 인간은 소설 속의 주인공이다. 토기장이가 토기를 만드는 것처럼, 작가의 의도대로 페이지 위에서 연기를 펼치며 움직인다. 인간은 영화 속의 주인공이다. 시나리오 작가의 각본대로 웃고 울며 연기를 펼친다.

성경의 수난 스토리와 성만찬의 대본들이 작가마다 그 내용이 조금씩 다르게 전달된다. 공관복음서라는 마태, 마가, 누가와는 달리 요한복음서는 마지막 만찬과 재판의 스토리가 다르다. 복음서들은 예수의 생전에 3차에 걸쳐서 '생전 장례식'을 거행했다. 1차는 변화산에서(눅9장), 2차는 막달라 마리아의 집에서(요12장), 3차는 마지막 최후의 만찬에서,(눅22장) 공식적으로 자신의 죽음과 부활을 3차에 걸쳐 알리면서 누누이 자신의 다가올 죽음을 선포했다.

1차 생전 장례식은 특별히 변화산상에서 죽은 모세(Moses)와 죽음을 경험하지 않은 엘리야(Elijah), 예수의 3자 대면에서 예수의 다가올 Off Time, 즉 그리스도의 '생전 장례식'을 어떻게 치를 것인가를 협의한다. 그 내용은 자세히 알려지지 않지만, 이들의 화제는 그리스도의 사전 '죽음 커리큘럼'에 관한 내용이다. 예수의 '생전장례식'은 제자들로 하여금 자신의 죽음을 항상 생각하고 죽음을 미리 준비하라는 '강력한' 메시지를 전해주지만, 제자들은 그 자체를 인식하지 못한다.

2차 생전장례식은 베다니(Bethany)에서 한센병으로 고생하던 시몬(Simon)의 집은 장례를 준비하는 축제의 공간이었다. 한 여인의 "매우 값진 향유 한 옥합"을 미리 준비해 놓고 그녀가 예수의 머리에 향유를 붓는 의식은 죽음교육 과정의 커리큘럼이었다. 이 집은 향기로 공간을 채우는 축제의 공간이며, "온 세상 어디서든지 이 복음이 전파되는 곳마다 이 여자가 한 일", 즉 '생전장례축제' 행사를 예수는 알리면서, "그녀를 기억하게 될 것"이라는 '엔딩노트'를 작성한다.

3차 생전장례식은 마가의 다락방에서 열린 예수의 최후의 만찬이다.(막14장) 공관복음서와는 다르게 요한의 예수에 대한 생전 장례식은 최고의 축제의 장이었다. 죽음의 그림자가 바로 코앞에 다가오는데도 제자들의 발을 씻겨주는 '세족식'을 한 후, 예수는 여유 있고 풍요롭게 넉넉한 저녁 식사를 한 후, 제자들과 함께 뜰에 나가 "강강술래"의 댄스파티를 열었다.

이 땅에서 마지막 식사를 한 후, 그리스도는 뜰에 나가 제자들에게

"함께 춤을 추자"고 제안한다. 그리스도는 가운데 서서 제자들을 원형으로 세웠다. "내가 그들에게 넘겨지기 전에 우리 모두 아버지께 춤을 추며 찬송을 부르자. 그래서 우리 앞에 놓여 있는 것들에 맞서 대처하자. 나에게 '아멘'으로 화답하라." 예수는 아버지께 영광의 찬송을 부르기 시작한다. 그래서 우리의 "강강술래"처럼, 제자들의 손을 잡고 원무의 춤을 추기 시작한다. 제자들은 춤을 추며 그리스도의 노래에 화답한다.[644]

"영광을 받으소서. 아버지이시여!"

"아멘."

"나는 다시 나고 또 낳으리로다."

"아멘."

"나는 먹고 또 먹히리로다."

"아멘."

"춤추는 자들아, 나를 잘 보아라! 너희는 인간으로, 이제 내가 당할 고통을 고난으로 당할 것이다."

"아멘."

"나는 달아나되 또한 머물리로다."

"아멘."

"나는 합하여지고 또 합하리로다."

"아멘."

"나는 너희가 두드리는 문이다, ... 나는 너희가 나그네 되어 지나다닐 길이로다!"

"아멘."

예수 그리스도는 죽음을 기다리는 "십자가의 원무"에 제자들을 초청한다.[645] 고통스러운 죽음의 그림자가 다가오는 우울한 밤, 하나님의 아들 예수는 제자들과 함께 춤을 추신다. '**죽음의 선물**'을 가슴에 안고 영혼구원을 위하여 하늘의 은총이 춤사위를 벌인다. 죽음의 그물망은 춤추는 리듬을 따라 스스로 짜깁기 하면서, 춤추는 하나님의 몸은 우주의 각 세포를 깨우며, 육신은 죽이고 영혼을 살리는 춤을 추고 있다. 우주적 주체와 "내"가 하나로 연결되어 춤추는 하나님, 예수의 몸에서, 하나님과 함께 한 몸이 되어 춤춘다. 이것이 성만찬의 죽음의 시나리오이며 영성이다.

사뮈엘 베케트는 *고도를 기다리며*에서, "이 광대한 혼돈 속에서 분명한 한 가지, 우리는 고도가 오기를 기다리고 있다는 점이다."라고 고백한다. 살지도, 죽지도 못하는 부조리한 상황 속에서 나는 *고도[하나님]*가 올 때까지 어떤 춤을 어떻게 추며 살아야 하는가?

4) 성찬식의 진정한 의미가 무엇인가?

우리 역사상 어머니의 장례식에 춤을 춘 아들이 있다. 문익환 목사는 1989. 3. 25. 국가 보안법 위반죄로 수감되어 있을 때, 어머니의 부고 소식을 듣고 형무소에서 잠깐 나와 장례를 치른 적이 있었다. 4.19 기념탑 앞에서 노제를 지낼 때, 어머니의 관 앞에서 문 목사는 덩실덩실 기쁘게 춤을 추었다. 그 당시 충격적인 모습으로 다가왔지만, 문 목사의 춤은 성만찬 의식 후 예수의 춤사위처럼, 어머니의 영혼을 위로해 주며 부활을 소망하는 댄싱이었을 것이다.

성만찬의 1차적 의미는 죽음의 확실성이다. 죽음은 결코 두려워하거나 슬퍼할 문제가 아니다. 죽음은 헤어짐의 아픔이지만 위대한 것이다. 죽음은 하늘의 축복 과정이다. 죽음이 없다면, 부활은 존재하지 않는다.

성만찬의 2차적 의미는 죽음의 공포를 몰아내는 것이다. 잠재의식적인 죽음의 공포를 자유롭게 털어낼 수 있도록 죽음 안에서, 죽음과 함께 누워, 죽음과 더불어 축제를 여는 일이다. 죽음의 축제 속에서 무르익은 자유로움은 그 무엇과도 바꿀 수 없는 기쁨이다.

최후의 만찬은 몸속에 갇혀 있는 영혼을 춤추게 하는 해방의 축제이다. 죽음은 영혼의 자유와 기쁨을 누리게 하는 문지방이다. '죽음과 거래'하는 방법으로 즐겁고 유쾌한 춤을 추어야 한다. 우리는 골고다의 십자가를 향해가는 그리스도와 함께 춤을 추어야 한다.

그리스도 생애는 '본성'과 '자아'와 '나'에게 고통스러운 것인가? 우리의 본성은 그리스도의 과정은 기뻐하지만, 최후 생애를 두려워한다. 그리스도 안에서, '나'와 '자아'와 '본성'은 모두 십자가에 못 박히고 부정되며 죽어야 하기 때문이다. 이것이 하늘의 섭리이다.

성만찬의 3차적 의미는 춤추는 하나님의 '축제의 죽음학'이다. 죽음은 결코 비극이 아니며, 춤과 노래가 있는 축제의 교육과정이다. 예수는 산 것처럼 죽었으며, 죽은 것처럼 살았다. 마치 에녹과 엘리야처럼, 죽음이 무엇인지 모를 정도로 영원히 살 것이라는 메시지를 마지막 식사에서 위로 메시지를 전한다. "내가 진정으로, 진정으로 너희에게 말한다. 나의 말을 지키는 사람은 영원히 죽음을 겪지 않을 것이다."[646]

성만찬은 영적 예술의 퍼포먼스이다. '춤추는 하나님'의 대표적인 사건이다. 바로 예수 그리스도의 십자가 죽음을 예고한 축제와 기쁨의 장이다.

SK는 *기독교 강론* 제 2부에서, '반전의 변증법'을 주장한다. 상실은 소득이다. 상실은 아무것도 상실하지 않는 것이며 오히려 얻는 것이다. 고치를 상실하면, 나비가 태어난다. 그는 "고통의 갈등 속에서 환희의 메시지" 즉 축제를 벌인다.[647] 부정의 긍정 변증법이며, 긍정의 부정변증법이다. 상실은 소득의 원천이다. 성만찬은 반전의 축제이다.

역사는 필터링의 과정이다. 그러나 하나님의 섭리적 사건을 지극히 작은 바늘 구멍으로 바라볼 때, 파토스적 우(憂)를 범할 수 있다. 인간의 배우로서 역할을 '배신의 장', '공범의 장'으로 보는 오류를 지적하는 것이다.

최후의 만찬은 역사 종말론적 구속의 클라이맥스 사건이다. 죽음이 곧 삶이며, 삶이 곧 죽음이다. 성만찬은 삶과 죽음 사이에 끼어 있는 인간들이 참여하는 선상위의 오페라와 같다. "우리가 따서 먹는 것은 자연을 추모하기 위한 것이다. 성체를 먹는 성찬식이다."[648]

32 도약이론: 신비롭고도 순간적인 공간이동인가?

1) 생략삼단논법

*SLW*에서, 그가 주장하는 도약이나 비약의 개념이 무엇인가? 무신론자가 갑자기 믿게 되어 유신론자가 되는 것인가? 그는 도약이나 비약이 어떻게 발생하는가에 대한 자세한 설명이 없다. "신비롭고도 순간적인 공간이동"이 삶의 과정에서 일어나는가, 아니면, 마지막 죽음의 순간에 발생하는가? 한 계단식 점프하는 것인가? 12계단의 도약인가?

아이작 아시모프(Isaac Asimov)의 *벌거벗은 태양*(*The Naked Sun.* 1957)에서, 도약의 모습을 다음과 같이 묘사한다: "순간 뒤집혀지는 이상한 느낌이 있었다. 그것은 한 순간 지속되었다. 그것이 도약임을 알았는데, 하이퍼 공간을 통해 우주선과 그 속에 포함된 모든 것을 몇 광년 너머로 보내는 이해할 길이 없는 신비롭고도 순간적인 이동이었다. 다른 시간대가 흐르는 또 다른 도약, 그리고 여전히 또 다른 시간의 흐름과 도약이 진행되고 있었다."

SK는 아리스토텔레스 **"생략삼단논법"**(Enthymeme)-(움직임, 이동, 변화)-에서 도약이론을 발견했다. "가능성으로부터 변화" 혹은 사고의 영역에서 "실제에로" 혹은 실존에로의 변화로 이해했다. 이 도약은 그의 도약이론의 중요한 부분으로 단계이론의 가장 중요한 부분이다. 도약의 활용이 필수적이었음에도, 인생과 사상에서 도약의 결정적

인 중요성을 앞선 철학자들은 인식하지 못한 것에 대하여 SK는 개탄한다.[649]

2) 파토스적 변화이다.

모든 질적인 것은 결과적으로 도약과 함께 나타난다. 그 때, 이 도약은 완전히 동질적이다. 물이 얼음으로, 얼음이 물로 변하는 도약, 선이 악으로, 악이 선으로 변하는 도약과 같다.

SK는 도약을 무엇으로 어떻게 설명하고 있는가? 뮈토스에서 에토스로, 에토스에서 파토스로, 파토스에서 로고스로 설득을 통한 단계적 변화의 과정을 요구한다. 그러나 그가 중시하는 것은 **파토스적 변화**이다. 파토스의 주인은 주로 시인들이며 소설가들이다. 시공간을 뛰어넘는 변화의 과정이 아니라, 감성적 질적 변화의 일부일 뿐이다.

SK의 도약과 변증법은 아이러니와 기적이라는 단어, 영혼구원 앞에서 꺾어진다.[650]

소크라테스의 "영혼이 도약하기를 열망한다."라는 고백은 SK의 도약이론에 큰 영향을 주었다. 마지막 단계인 **종교성 A**에서 **종교성 B**에로의 과정도 영혼의 도약이 아니면, 불가능하다.[651] 아리스토텔레스가 "생략삼단논법"이라고 부르는 것을 SK는 "파토스의 전환"이라고 부른다. 도약들 사이의 질적 차이가 존재한다. 그리스도가 세상에 들어오신 것은 역설적이다. 역설에 의하여 기독교 안으로 들어오는 것, 인간의 마음속에서 시작되지 않았던 것, 변증법적이며 파토스로 채워진 변화들이 필수적이다.

33

파토스 신학:
기독교 최고의 파토스는 무엇인가?

1) 파토스(πάθος)란 무엇인가?

"우리 주 예수 그리스도 이름으로, 목매어 자살할 것이다."[652] 파토스는 인간의 감성, 감정, 느낌, 열정이다. 인간은 사회적 동물이며 또한 감정적 동물이다. 이 사회적-감정적 파토스에 의해서 시간, 공간, 인간의 역사가 유지해 나간다.[653]

파토스의 의미는 의지와 감정의 "열정, 상태, 조건" 등을 발생시키며 금욕주의에서 "영혼의 불평"을 가리킨다. 청중의 감정에 호소하고 이미 그 안에 존재하는 감정을 이끌어낸다. 특정 상황에서, 파토스는 청중들로 하여금 "죄책감의 여행"으로 묘사한다.[654]

프라이(Northrop Frye)에 의하면, 파토스는 "필사의 투쟁"이다.[655] 현대 작가들에게 파토스는 이상하고 무서운 감정, 자아연민, 눈물을 쏟아내는 감정 등이다. 파토스는 본질적으로 "인간 실존의 중요한 힘"이다.[656]

2) 신앙의 열정

괴혈병에는 녹색채소가 필요하다. 이 시대가 필요한 것은 녹색채소와 같은 파토스이다. 모든 변증법적 풍자, 파토스로 가득 찬 열정의 기교적 예측이다. 우리 시대의 비극은 이성과 반성이다. 신중함, 비정함, 비웃음과 재치의 익명성을 가진 이성적인 사람은 최고의 열정을 숨기는 인간이 되어야만 한다.[657]

　SK는 이러한 방식을 "어두운 열정의 사악한 부여"와 "성마름의 열정"으로 이야기한다.[658] 동시에 "열정"은 긍정적 감성과 신앙의 열정, 즉 최고의 종교적 관계성에서 사용한다. 그러나 "파토스"는 긍정적이며 열정적인 감성을 배타적으로 사용한다.

　열정과 파토스의 주체적 관계성의 대조로서, 그는 반성을 인용한다. 이것은 그 대상에 대한 객관적 관계이다. 반성을 위하여 철학적이며 신학적인 보편적 경향성이 존재한다.[659] 이것은 실존을 움츠러들게 하여 그 배경이 되게 하는 결과를 초래한다. 따라서 그는 감성과 의지를 표현할 때, 내적으로 붕괴하는 것은 우리들 자신이기 때문에 열정적이며 파토스적인 면을 결정적인 방법으로 전경이 되게 하는 것을 과제로 삼는다.[660]

3) 3종류의 파토스

　*SLW*의 개념과 연계하여, 3종류의 파토스-미학, 윤리학, 종교학-를 구분한다. 미학적 파토스는 전체적으로 자발적이다. 예를 들면, 윌리엄 판사(Judge William)는 에로틱한 사랑과 연계하여 "자발성의 파토스"를 언급한다.[661] 그러나 그것은 또한 숭고한 관계성, 하나의 이데아-"그 이데아 속에서" 클리마쿠스는 한 개인의 자아상실을 언급한다-에 적용한다.[662] 그러나 미학적 파토스는 개성의 실존을 변화시키

는데 성공하지 못한다. 따라서 그의 기본적인 관심은 미학적 파토스가 아니라, 윤리, 종교적 파토스에 관심이 있다. 윤리, 종교적 파토스는 영원에 대한 실존적 관계성을 맺게 해준다. 여기서 실존적 변화, 내적 깊이 혹은 영성의 문제가 등장한다.[663] 클리마쿠스에 의하면, 최고의 파토스는 "모순의 파토스"이며, 기독교와 관련이 될 때에만 가능하다. 여기서 모순은 윤리적-종교적 파토스의 질적 선명성을 야기시킨다.

4) 신앙이란 무엇인가?

SK의 도약이론은 변증법과 *파토스로 가득 찬* 변화이다. 지식의 소통에서, 변증법적 변화가 있지만, 내재적 필요성의 진리, 그 변화는 파토스로 가득 차 있다. 신앙이란 파토스로 가득 찬 변화다. 파토스로 채워진 변화는 변증법적이 아니며, 변증법적으로 파생된 것은 아무것도 없다. 이것이 SK의 관심사였다. 파토스로 구성된 무한에로의 변화는 오직 결단적 용기가 필요하다.

니체의 에세이, "진리의 파토스"에서, 지식의 추구와 동기를 자부심으로 확인하면서 지식과 예술을 가질 필요성이 있다. 지식은 제한되어 있지만, 그 동기 부여 자체가 사회에 도움이 되는 통찰력을 가져오는 반면, 예술은 감정과 목적을 증가시키며 정서적 욕구인 의도를 확인할 수 있는 끊임없는 변화를 허용한다.[664]

파토스는 기독교를 성취시키고 완성시키며 거룩한 정상까지 견인할 수 있다. 이 파토스야 말로 본질적으로 기독교를 이질성과 거래하는 모든 것들의 접근을 완벽하게 금지한다. 즉 믿음으로 순교의 꽃을 피운다.

인간의 명분은 도움의 거절에서 만족한다. 그러나 하나님의 명분은 "지금 하나님의 이름으로 나는 도둑질하러 가거나, 주 예수 그리스도 이름으로 나가서 목매어 자살할 것이다."[665] 기독교 최고의 파토스라는 명분으로, SK는 예수 그리스도 이름으로 자살을 꿈꾼다.

5) 파토스의 죽음

만약 그리스도가 이 세계에 다시 온다면, 아마도 죽지 않고 조롱을 받게 될 것이다. 이것은 이성적 시대의 순교이다. 열정과 감성적 시대에서, 순교자들은 죽게 된다.[666]

SK가 정의하는 순교는 특이하다. 웃음의 순교, 조롱의 순교, 사색의 순교, 악마의 순교, 사색의 순교, 순간의 순교 등, 그의 순교는 다양하다. H.H가 익명이었지만, 자신이라고 고백하는 글, *두 개의 마이너 윤리적·종교적 에세이*에서. "*진리를 위하여 자기 자신을 죽음에 맡길 수 있는 권리를 인간은 가지고 있는가?*"를 질문한다.[667] 그가 정의하는 순교는 '**파토스의 죽음**'이다. 순교는 신체적 목숨, 생명의 순교가 아니다. 모든 사람이 다 순교자가 될 수 없다.[668] 그의 신학은 '**파토스 신학**'이다. 육신은 죽이고 영을 살리는 데 초점을 맞추고 있는 실존주의적 *SBNR*의 신학이다.[669]

6) 위대한 비밀은 하나님의 숨겨진 파토스이다.

초월적 차원에서, 파토스란 "영감의 내용"이다. 내재적 차원에서, 동정심이란 "내적 경험의 내용"이다. 그 신앙적 사건이란 "내적 경험의 형식"이다.[670]

종교적 동정심의 유일한 특징은 자아-정복이 아니라, 자아-헌신이다. 감성의 억압이 아니라, 수정이다. 침묵의 굴종이 아니라, 능동적 협력이다. 스스로 하나님의 존재에 열망하는 사랑이 아니라, 영혼의 조화이다. 예언적 동정심은 기쁨이 아니다. 황홀감과는 다르다. 목표가 아니라 도전하는 감성이다. 헌신, 긴장상태, 당황과 절망이다. 동정심은 하나의 감성으로 순수한 자발성의 표현이 아닌 하나의 반응이다. 따라서 예언자는 반드시 반응하기 위하여 소명을 받는다.[671]

본질적으로 예언이란 하나님의 길은 인간의 길은 다르다는 선포이다.[672] 하나님과 인간 사이에서 얻게 되는 "계약"이 아닌 "언약"이다. 채권자의 '독촉장'과 같다. 거룩한 파토스는 하나님의 의지의 표현으로서 궁극적인 것이다.[673]

예언자들의 말은 격렬한 감정의 분출이다. 예언이란 하나님이 침묵하는 고뇌를 빌려주는 소리이다. 따라서 예언자의 입은 "날카로운 검"이 되어야 한다. 예언서를 읽으면, 양심을 쥐어짜내는 감성들과 긴장을 느껴야 한다.[674] 침묵하는 한숨소리를 인지한 예언자들은 잠 못 이루며 밤을 지새운다. 예언자라 해서 나팔을 부는 성인도 아니고 도덕군자도 아니다. 다만, 인간들의 비양심적인 마음을 향하여 맹비난하는 공격자들이다. 종종 그들의 말은 양심이 끝나는 시공간에서 불타오르기 시작한다. 그들은 인간들의 이성과 감성을 해체시키는 성상〔우상〕 파괴자이며 "인습 타파주의자"이다. 종종 그들은 하나님의 영, 내적인 생명을 모방하고 복제하려는 시도를 감행하면서 최고의 모순변증법을 보여준다. 그 결과 "거룩한 파토스의 거울"이 되며 그 역할을 수행한다.[675]

거룩한 파토스는 결코 중립적인 것이 아니다. 선악을 초월한다. 그 것은 영원과 시간, 의미와 신비, 형이상학과 역사성의 연합이다. 파토스는 숨김과 관심의 폭로이다. 예언자들이 선포하는 것은 하나님의 침묵이 아닌 하나님의 파토스이다. 마치 한편의 드라마와 같다.[676]

"위대한 비밀은 하나님의 숨겨진 파토스이다."[677] 파토스의 기본적인 특징은 하나님의 세심함과 염려이다. 우리는 순간순간 오감, 육감으로 다가오는 하나님의 파토스, 즉 침묵, 사랑, 정의, 분노, 슬픔, 기쁨, 자비, 연민, 애수, 동정, 공포, 절망, 우울, 열정, 등 "잠들기 전 가야 할 수 마일"[678]의 과제를 가슴에 품고, 하나님의 거룩한 파토스에 어떻게 응답하느냐에 달려 있다.

파토스에 초점을 맞추면, 뮈토스(Mythos), 에토스(Ethos), 텔로스(Telos), 로고스(Logos) 등에 소홀해질 수 있다. 완벽한 파토스적 돌연변이가 되지 않는다면, 어물 정 무늬만 있는 그리스도인이라면, "혼인잔치"에 참여하기 어려울 것이다.[679]

파토스는 영혼의 문과 같다. 영혼은 슬픔과 연민으로 특별한 감정을 느낄 수 있다. 파토스의 훈련과정은 괴로움이 뒤따른다. 버나드 맬러머드(Bernard Malamud)는 *수선공*에서, "괴로움은 한 장의 천과 같다. 유대인이라면, 그것으로 옷 한 벌을 만들 수 있을 것이다"라고 주장한다.

고통의 괴로움은 그 연단의 결과 의와 평화의 열매를 맺을 것이다.[680]

세상에서 가장 애달프고 슬픈 고통의 파토스는 부모 앞에서 자녀들이 먼저 하늘나라로 떠나는 아픔일 것이다. 아벨을 잃은 아담의 슬픔에서부터 바로와 헤롯에게 빼앗긴 아이들, 욥의 자녀들, 세월호의 비극, 이태원의 비극에서, 오늘도 종합병원의 **백혈병**으로 죽어가는 아이들의 주검 앞에서, 생사의 헤어짐 파토스는 무엇이라 형언할 수 없다. 죽음의 고통과 공포 속에서 다가오는 파토스를 지혜롭게 극복해야 한다. SYB의 논문, "**죽음의 미학, 죽음은 예술이다.**"를 참고해 보면, 좋을 것 같다.[681]

파토스의 궁극적 의미는 "속성이 아니라 상황이다."[682] '뒤에 놓여 있는 기쁨'과 '앞에 놓여 있는 기쁨'이 있다. 전자는 과거의 기쁨이요, 후자는 미래의 기쁨이다. 전자가 '뒤에 놓여 있는 슬픔'이라 할지라도 '자기 앞에 놓여 있는 기쁨'을 바라보아야 한다.[683] 그리스도는 자기 앞에 놓여 있는 기쁨을 바라보고 수치를 마음에 두지 않았다. 십자가를 짊어지면서 죄인들에 대한 반항을 인내로 참으시고 낙심에 굴복하지 않으셨다. 그리스도를 카피-모방하는 영적 파토스가 요청된다.

PC의 "서문에서, 그는 은총을 제시한다.[684] 그리스도의 모방을 촉구하지만, 그 모방을 멈출 수 없다. 모방이 완전히 생략되는 순간, 은총은 허무해지기 때문이다.[685] 은총에 평화와 고요가 있다. 그에게 파토스 신학은 결국 은총의 신학으로 귀결된다. 모든 것은 하나님의 은혜다.

34

무장된 중립성

1) 뫼비우스 띠

존 스타인 벡(John Steinbeck)은 *분노의 포도*에서, "나는 일의 전체적인 모습을 보고 싶다. 될 수 있는 대로 전체에 가까운 모습을. '선'이니 '악'이니 하는 눈가리개를 달아서 내 시야를 제한하고 싶지 않다."라고 주장한다. 선입견과 편견 없이 현실의 모든 현상을 흡수하여 음미해보고 소화를 시켜라.

"무장된 중립성"은 그대가 기회주의자인지 여부를 판단케 해주는 잣대가 될 수 있다. 기회주의자는 울타리 혹은 담벼락 위에 앉아서 어느 쪽으로 뛰어 내려갈 것인가를 저울질한다. 그러나 그/그녀는 자신의 입신양명, 이익에만 초점을 맞추고 있기 때문에 **"울타리 기둥 위에 올라와 있는 거북이"**처럼, 언제 어떻게 추락할지 모른다.[686]

인간은 '겉이냐, 속이냐? 앞면이냐, 뒷면이냐? 진실이냐, 거짓이냐?'라는 이분법적으로 동전던지기와 같은 게임으로 살아갈 수 없다. 인간은 빛과 어둠의 지배를 동시에 받고 살아가지만, 빛과 그림자, 어둠과 그림자 사이에도 존재하기 때문이다.

인간은 "그라데이션"(Gradation)의 존재이다. 꽃들의 점층적 색조의 바림처럼, 혹은 역설적으로 밤이 낮이 되고 낮이 밤이 되는 "뫼비우스 띠"처럼 살아야 한다. 그 현상들을 선택적으로 저울질하지만, 철저한 중립성으로 무장하지 못하면, 진정한 자유와 평화를 누릴 수 없다.

2) 괄호철학

셀린(Louis Ferdinand Céline)은 *밤끝으로의 여행*에서, "정의를 입 밖에 내는 인간들이 결국 제일 정신 나간 사람들처럼 보인다."라고 묘사한다.[687]

"무장된 중립성"은 파스칼의 아이디어다. 그는 *독일 친구에게 보내는 서신*에서, "인간은 어느 한쪽의 극단으로 기우는 것이 아니다. 양 극단을 동시에 터치함으로써 자신의 위대함을 보여주는 것이다." 무장된 중립성의 방법론은 **"괄호철학"**이다. 일명, PP라고 하는데, 괄호들-소괄호, 중괄호, 대괄호-은 묶어두기 전략이다. 이 전략은 일차적으로 판단을 종결한다. 아무리 올곧은 정의라 할지라도 그 개방을 차단시킨다. 혹시 잘못된 판단으로 억울한 생명을 죽음으로 몰아넣기 때문이다.[688] *BJ*에서, SK는 마치 자신의 서명처럼 사용하는 표현-"권위 없이"-은 다른 사람들을 판단하지 않는다.[689]

알베르 카뮈(Albert Camus)는 *반항하는 인간*에서 "정오사상"을 주장한다. 이것은 긍정과 부정, 오전과 오후 사이의 정중앙의 중용이다. 어떤 극단에 서지 않고 양쪽을 동시에 터치하는 것이다. 즉 양측의 모순을 팽팽하게 지탱하는 것이다. 정오사상의 핵심은 "절도"(節度)이며, 권리와 정의의 개념이다. 따라서 목적의 수단화를 거부한다.

인간의 본질은 모순적 역설이다. 마치 감옥의 독방처럼, 실존은 본질을, 본질은 실존을 괄호 안 독방에 가두어 둔다. 실존과 본질은 서로의 손을 잡아주어야 한다.

빅토르 위고는 *레미라제블*에서, "형무소가 죄인을 만들어 낸다."고 주장한다. 나는 내가 둘러친 괄호 속 깊은 독방에서 홀로 살아가고 있는가?

3) 권위 없이

*BJ*에서, 마치 자신의 서명처럼 사용하는 이 표현-**"권위 없이"**-은 내가 다른 사람들을 어떤 의무 아래 두거나 다른 사람들을 판단하지 않는다.[690] "'시적으로, 권위 없이', 내가 항상 유지해 왔듯이, 나는 사도가 아니며, 나는 시적-변증법적 천재이며, 개인적으로나 종교적으로 참회하는 사람이다."[691]

4) 인간은 대립쌍의 연합이다

역사상 최초의 "무장된 중립성"은 예수 그리스도의 어록에서 등장한다. 알곡과 가라지의 비유에서,[692] 이분법적 갈라치기-"본질/실존"-를 공존의 진리로 무기력하게 만든다. 그리스도의 진리는 **인간은 대립쌍의 연합이다.**" 해 아래서 통합, 통섭의 개념을 인간들에게 전수해 주었다.

다른 사람의 신발을 신고 십리를 걸어보지 않은 사람은 비판하지 마라. 입도 벙긋할 자격이 없다. 상대의 신발이 그의 입을 틀어막을 것이다. 신앙인으로서 그대의 "들보"는 무엇인가?[693] "너희는 인간이 정

한 기준으로 판단한다. 나는 아무도 판단하지 않는다."라고 그리스도
는 권고한다.[694] "판단하지 말라. 비판하지 말라."라고 예수와 바울은
충고한다.[695]

35   울타리 기둥에 올라 온 거북이

성경: 이사야 51:1

시간, 공간, 인간이라는 세 단어의 공통점은 사이 간, 간(間)입니다.
우리 인간은 언제나 간의 3차원적 세계 속에서 살아가고 있습니다. 이
간의 신학은 벌어진 사이를, 거리를 좁히면서 어떻게 살아갈 것인가를
질문합니다. 해 아래서 살아가면서, 하나님과 자연과 인간의 착하고
선한 관계성이 재산이라고 생각합니다. 미국의 시인, 로버트 프로스트
(Robert Frost)는 "좋은 울타리는 좋은 이웃을 만든다."라고 노래합니다.

미국의 리얼리즘의 소설가, 마크 트웨인(Mark Twain)에게 유명한
친구 목사가 있었습니다. 그는 트웨인에게 여러 번 자기 교회에 와 달
라는 부탁을 받았습니다. 목사의 생각에는 자신의 명 설교를 한 번 들
어줄 것을 요청한 것입니다. 이 친구 목사는 자타가 인정하는 유명한
목사였기 때문입니다.

트웨인은 친구의 간청을 들어 주기로 결정하고 주일날 예배 맨 앞자리에 앉아서 설교를 듣게 되었습니다. 목사는 친구 트웨인이 온다는 소식을 듣고 가장 은혜롭고 성령 충만한 감동적인 설교를 준비했습니다. 모든 에너지를 총동원하여 가장 아름다운 설교를 했습니다. 한편의 드라마요, 교향곡이요, 시처럼 들렸습니다. 그의 설교 한 마디 한마디에 듣는 회중들은 감동을 받았고 "아멘" "아멘" 하는 소리가 울려 퍼져 나갔습니다. 지금까지 설교한 내용 중에서 최상의 설교를 했습니다. 자신의 설교에 대한 자부심과 긍지를 가지고 설교를 하면서 트웨인의 얼굴을 훔쳐보았습니다. 그러나 트웨인은 마치 죽은 사람처럼 얼굴 표정이 굳어져 있었습니다. 설교가 끝날 때까지 돌부처처럼 아무런 느낌도 없다는 듯이 앉아 있었습니다.

부정적인 자세보다 무관심이 더 치명적입니다. 부정적인 반응을 보이는 것은 그래도 희망이 있습니다. 듣고 있으며 관심을 가지고 있다는 증거가 될 수 있기 때문입니다. 반응을 하면, 절반은 성공입니다. 설령 설교 내용에 반대한다 할지라도, 부정적 반응은 매우 유익한 것입니다. 그러나 무관심은 전혀 도움이 되지 않습니다. 반대할 만한 가치조차 없다는 것입니다. 3가지 무無가 있습니다. 무신경, 무표정, 무관심을 말하는데 이것들은 관심과 사랑의 적이라고 할 수 있습니다. 이것이 인간관계를 가장 힘들게 합니다.

예배를 마치고 친구와 함께 잠시 교회를 둘러보게 되었는데 트웨인은 친구의 설교에 대하여 일언반구조차 꺼내지 않았습니다. 목사는 트웨인의 침묵에 섭섭함을 금할 수 없었습니다. 그는 트웨인과 헤어지려는 순간, 한 마디 하지 않을 수 없었습니다.

"오늘, 나의 설교에 대해서 어떻게 생각하나?"

잠시 침묵이 흘렀습니다.

"너의 설교는 짜깁기한 거야. 프레이지어리점(plagiarism), 표절한 거지. 너는 나를 바보로 만들었다고. 너는 교회의 성도들도 바보로 만든 거야. 우연히 어젯밤에 나는 너의 설교내용에 포함된 그 책을 읽었지 뭔가. 너의 설교에는 새로운 것이 하나도 없어. 너는 그것을 모두 복사해서 설교한 거야."

목사는 믿을 수 없었습니다.

"지금 무슨 말을 하고 있는 거냐? 나는 오늘 설교를 어느 곳에서도 카피하지 않았다. 최선을 다하여 준비한 거야. 있을 수 없는 일이야. 불가능한 일이야. 섭하다, 섭해!"

목사는 어리둥절했습니다. 절친의 입에서 긍정적인 대답을 기대했지만, 헛수고였습니다. 더 찬바람이 불었습니다. 그는 자신의 귀를 의심해 보았습니다. 가까운 만큼 더 큰 상처를 주고받는 것이 친구지간, 코이노니아, 우정입니다. 우정이 깊을수록 경멸감이 증폭될 수 있습니다.

"너의 설교는 말뿐이다. 단어들의 나열뿐이야. 내일 내가 그 책을 보내 줄게."

그리고 그들은 그렇게 헤어졌습니다. 일주일이 지난 후, 우편으로 배달된 소포가 도착했습니다. 거기에는 한 권의 큰 백과사전이 들어 있었습니다. 그리고 메모쪽지에는 "네가 설교한 모든 단어들을 이 사전에서 찾을 수 있을 것이다."라고 쓰여 있었습니다.

그 이후로 그들의 우정이 단절되고 말았습니다. 여기서 트웨인이 보지 못한 것이 하나 있습니다. 트웨인은 단지 설교를 단어들의 결합이며 조합으로 본 것입니다. 이러한 자세는 설교도 죽이고 우정도 깨트리고 영혼도 죽일 수 있습니다. 나무의 논리를 들이대면서 숲의 아름다운 이미지를 보지 못하는 우를 범할 수 있습니다. 귀를 가지고 있었지만, "귀 있는 자가" 되지 못했습니다. 진리는 단어와 단어 사이, 행간 사이에 있습니다. 하나님도, 예수도, 성령도 행간 사이에 존재합니다. 하늘나라도 행간 사이에 있습니다. 트웨인은 행간 사이에서 숨어 있는 아름다움을 보지 못했습니다. 설교를 비롯한 모든 영적 담론들은 행간을, Between the line을 반드시 읽어야 내야 합니다. 믿음, 소망, 사랑도 행간 사이에 존재합니다. 진, 선, 미, 환상, 꿈, 비전 등 오늘 저와 여러분의 행간사이에 성령께서 함께 하시기를 축원합니다.

빌리 그래햄(Billy Graham) 목사가 독일에서 부흥회하면서 칼 바르트(Karl Barth)를 만났습니다. 함께 하이킹을 하면서 바르트를 설교에 초대했습니다. 칼 바르트는 우중에 우산을 받고 서서 그의 설교를 끝까지 들었는데 듣고 난 후, 바르트는 "내가 들을 설교는 아니다. 다시는 초대장을 보내지 말라"라고 통고했습니다.

라인홀드 니이버(Reinhold Niebuhr)도 그래햄 목사의 설교에 초대를 받았습니다. 그의 설교는 "너무 유치하다"라고 평가했습니다. 그래햄 목사는 세대를 구분하지 않고 어린이들도 이해할 수 있을 정도로 아주 쉬운 설교를 해왔습니다. 니이버도 그 이후로 그래햄 초대를 거부했습니다.

설교는 심펄(simple)하지만, 심프리스틱(simplistic)하지 않아야 합니다. 심펄한 것이란 단순하고 순박하고 소박하며 천진난만한 것을 말합니다. 그러나 심프리스틱한 것이란 극단적으로 단순화시켜서 초등학교 학생들조차도 이해할 수 있게 만드는 것입니다.

예수는 심펄한 비유와 용어로 설교하고 가르쳤지만, 결코 심프리스틱하지 않았습니다. 가장 평범한 비유와 메타포로 선포했지만 그 속에는 가슴이 서늘할 정도로 긴장이 깃들어 있기 때문입니다. 그리스도를 직접 대면하여 대화를 나눈 적이 없는 바울조차도 예수의 메시지 속에 들어 있는 텐션(Tension), 그 긴장을 자신의 신학으로 자신만의 설교로 희석시키는 오류를 범하고 있다고 생각합니다. 설교를 지나치게 단순화시키는 것은 진리를 왜곡시키는 위험성이 존재합니다. 설교가 어렵습니다. 설교를 듣는 회중이 누구냐, 시간과 장소에 따라서 혹은 내용과 형식, 그 깊이는 적어도 달라져야 한다고 생각합니다.

오늘, 저는 여러분에게 한 장의 사진을 나누어 드렸습니다. 펜스포스트에 올라와 있는 터틀, 거북이의 아주 심펄한 한 장의 사진, 그러나 생각나게 해주는 그 무엇이 있는 것 같습니다. 이 사진을 감상하는 것으로 설교를 마치고 싶은데 여러분의 생각은 어떻습니까?

우리가 오늘 모인 이 장소가 케이-터틀(K-Turtle)입니다. 우연의 일치가 아닌가 생각도 해보았습니다. 이 포스터틀의 아이콘으로 잠시 은혜를 나누고 싶습니다. "한 장의 사진이 천 마디 말보다 낫다"(A picture is worth a thousand words.)는 속담이 있습니다. 다소 과장법으로 들리시겠지만, 저는 이 사진 한 장으로 3년 6개월 동안 설교할 수 있습니다.

연대동문세미나에서 발표하신 김동석 박사님의 발제 핸드아웃, "명상을 통한 심미적 기독교 교육에 대한 이론적 고찰"에서, "음악, 미술 작품 등을 감상할 때, 갖게 되는 자신의 내면의 감정을 성찰함으로써, 자기의 과거를 회상하고 반성할 수 있다"고 주장합니다. 오늘, 여러분이 보시는 이 사진의 첫인상(?)이 무엇인지 궁금해집니다. 지금, 느낌이 오는 대로, 생각이 나는 대로 명사든, 형용사든 동사든 자유롭게 기록해 해주신다면 참 좋겠습니다. 제 설교가 끝나면, 한 곳으로 모아주시면, 감사하겠습니다.

제가 30여 년 전에 이 터틀과 인터뷰를 해 보았습니다. 이 거북이는 자신의 힘으로 이 정상의 자리까지 올라올 수 없었으며 그 동안 많은 사람들의 도움을 받았다는 것입니다. 거북이는 이곳에 있는 동안 아무 일도 할 수 없으며 이곳이 생활의 터전, 보금자리가 아니라는 것입니다. 거북이는 이곳에서 오래 버틸 수 없으며 어떻게 안전하게 내려갈 것인지 고민 중이라는 것입니다. 거북이는 이 벼랑 끝에서 추락하여 죽을 수 있다는 두려움과 떨림, 공포와 전율이 밀려온다고 고백했습니다. 등등 자신의 과거와 현재, 미래에 대한 복잡한 심정들을 토로해 놓았습니다. 보는 관점에 따라 다르겠지만, 이 사진에는 크게 세 가지의 의미가 내포되어 있습니다.

첫째는, 이 포스터틀은 정치적 동물(Political Animal)입니다. 정치 사회적인 동물로 주어진 각자 주어진 자리에서 최고의 자리, 정상의 자리에 오른 것을 상징적으로 보여주고 있습니다. 최고의 군주, 지도

자, 대통령, 총리, 장관, 국회의원 등……, 포스터틀의 상징은 권력을 쥔 정치 지도자들을 메타포로서 보여주고 있습니다.

성경에는 아브라함을 비롯한 수많은 성공한 포스터틀이 있습니다. 그 중에서 요셉은 대표적으로 성공한 정치인으로 총리가 되기까지 아버지 야곱과 어머니 리브가, 형제들, 노예상인들, 보디발과 그의 아내, 두 죄수들, 이집트의 왕, 바로에 이르기까지 다양한 사람들을 만나게 됩니다. 시기, 질투, 음모와 죽음의 공포를 느끼게 해주는 암울한 절망적인 시공간에서, 정적이든 친구들이든, 우파든 좌파든 옆에 있는 사람들의 도움이 컸습니다. 특히 요셉(Joseph)은 이방 종교의 제사장, 보디베라(Potiphera)의 딸, 아스돗(Asenath)과 결혼했습니다. 종교가 전혀 다른 아내의 도움이 지극했습니다. 물론 요셉의 성공은 하나님이 함께 하셨지만, 옆에 있는 사람들의 도움이 없었다면, 그는 정치인으로서 성공하지 못했을 것입니다.

정치에는 공과가 있습니다. 왕이 된 다윗이 아들, 압살롬(Absalom)의 쿠테타에 의하여 도망치는 모습을 볼 수 있습니다.(사무엘하 13:23-31) 이런 광경을 보고 돌을 던지며, 티끌을 하늘에 날리며 신랄하게 조롱하는 소리를 들을 수 있습니다. "무고한 피를 흘린 자여, 패륜아여, 이스라엘을 떠나거라. 사울 왕 가문의 모든 피를 여호와께서 너에게로 돌렸느니라. 그 대신 네가 왕이 되었지만, 여호와께서 네 아들 압살롬에게 넘기셨도다. 보라, 너는 피를 흘린 자로서 화를 자초하였도다."라고 저주를 퍼붓습니다. 친척지간인 시므이(Shimei)의 눈에 비친 다윗은 실패한 포스터틀입니다. 할 수만 있다면, 우리는 시므이

와 같은 비판의 소리를 듣지 안했으면 좋겠습니다.(삼하16:5-10)

이 세계에서 가장 가난한 정치인이 있습니다. 호세 무히카(José Alberto Mujica Cordano) 전 우루과이 대통령인데 그의 재산은 몬테비데오 근교 외곽의 허름한 주택과 작은 농장이 전부였습니다. 그나마 부인 명의의 재산이라, 공식적으로 그의 재산은 중고차 한 대, 1987년식 폭스바겐 비틀로서 현재, 31년 된 차를 운행하고 다닙니다. 그는 재임기간 중 봉급의 90%를 사회에 기부하고, 대통령궁을 노숙자들에게 개방했습니다. 그의 검소하고 청렴한 생활은 대통령에 취임한 후에도 변하지 않았습니다. 청렴의 아이콘 호세 무히카 대통령이 꼭 거북이처럼 생겼습니다. 저는 '청와대를 홈리스, 노숙자들의 쉼터가 되게 해 달라'고 문재인 대통령에게 건의한 바 있습니다.

우리 정치 지도자들의 현실은 비극적입니다. 주어진 소명과 자질, 책임과 의무를 다하지 못하고 정상에서 추락하는 비극적인 종말로 막을 내리는 우리의 현대사, 슬픈 정치현실을 목격하고 있습니다. 단단한 아스팔트 위를 걸어간다 할지라도, 민초들과 함께 살얼음 판을 걸어가듯이 조심해서 걸어가야 합니다.

둘째, 이 거북이는 종교적 동물(Religious Animal)입니다. 신학적이며 신앙적 동물로서 신적 존재증명의 도구로서 사용합니다. 자연계에서 비정상적으로 보이는 신비하고 독특한 것들과 현상들은 이 포스터틀로서 상징됩니다. 하나님은 인간의 관심을 끌기 위하여 불가능한 사건이나 비이성적인 신비한 방법으로 자신의 존재를 드러내 놓고 그 증거들을 보여주고 있습니다.

이 거북이에게 날개가 달려있는 것이 보이십니까? 보이지 않는다면, 시력이 나쁘다거나 믿음이 적다거나 상상력이 부족한 것입니다. 거북이는 생태학적으로 날개가 없지만, 지금 하늘을 날아서 이 펜스 포스트 위에 올라와 있습니다. 하나님께서는 우리를 "독수리 날개 위에 업어서"(신32:11) 연세 동산으로 들어오게 하시고 목회신학을 하게 하시고 주안에서 친교를 나누며 지금 이 곳, K-Turtle에서 세미나를 하고 있습니다.

이 포스터틀은 신앙적인 메타포로써 하나님께서 직접 부르시고 인도해주신 족장들, 제사장들, 사사들, 선교사들, 목사들, 평신도들을 포함한 모든 크리스천들입니다. 신명기 기자의 "만인선지자설"(민11:29)에 의하면, 바쁜 일정 때문에 결혼식, 장례식이 있어서, 몸이 불편하여 병원에 입원해 있기에, 해외 출장 중이라서, 사정과 형편이 어떠하든 "회막"에 참석하지 않은 장로들까지도 하나님께서 동일하게 성령을 주시고 예언하도록 하게 하십니다. 베드로의 "만인제사장설"(벧후2:9) 또한 모든 사람들을 왕 같은 제사장으로, 여왕 같은 제사장으로 선택을 받게 해주셨습니다. 안수목회만을 주장하지 마시고 낮고 겸손한 자세로 평신도 신학을 위한 이 포스터틀들이 되었으면 합니다.

문수경 박사님의 논문, "탈인습적 세계 시민성을 위한 기독교 교육 모형 연구" 발제에서 예수님의 "원수까지 사랑하라는 것과 원수까지도 무한히 용서하라는 가르침" 속에서 "관계성의 원리"를 강조했습니다. 정적이든, 원수들이든, 나를 싫어하거나 반대하는 사람들, 함께 공부한 연대목회클럽[YPCC] 동역자들이 지금까지 옆에 있어 주었기 때문에 오늘의 펜스포스트 위에 거북이의 모습으로 올라와 있는 것입니다. 나와 연관된 모든 사람들은 모두 다 선한 사마리아인들과 같습니다. 전후좌우에 앉아 있는 선하신 동역자들에게 덕담으로 한번 축복해줍시다. "그대가 있어서 행복합니다."라고. 친밀한 사이가 아니라 할지라도, 친구가 아니라도, 대화가 없고 교제하고 있지 않은 사람들이라 할지라도, 주님의 이름으로 축복해 줍시다. "120세까지 장수하세요" 바울의 고백처럼, 우리는 모두 빚쟁이들입니다(롬15:22-27). 인간의 관계성에 개입하시는 하나님의 신실하신 은혜가 있기 때문입니다. 우리는 이 은혜의 빚을 갚아야 합니다.

그러나 성경에는 영적으로 수많은 실수와 실패로 추락한 포스터틀이 있습니다. 아브라함, 다윗, 솔로몬, 삼손, 베드로, 가룟 유다, ... 특히 모세는 느보산 정상에서 추락했습니다. 지도자로서 마지막이 중요한데, 그는 "약속의 땅", 젖과 꿀이 흐르는 가나안 복지에 들어가지 못했습니다.(민34:4-6) 건너야 할 요단강을 건너지 못했습니다. 인간적으로 볼 때, 안타까움을 금할 수 없습니다. 그러나 해 아래서, 목회를 이분법적으로 성공과 실패를 논할 수 없다는 것을 명심해야 합니다. 왜냐하면, 죽음 저편에 있는 마지막 심판이 우리를 기다리고 있기 때문입니다.

아들은 아버지에게 문자메시지를 보냅니다. "아빠, 내가 하늘나라에 갈 것이라는 것을 알고 있어요. 내가 죽어서 이 고통을 왜 끝낼 수 없을까요?" 아들이 자살하기 하루 전날, 아버지는 자신의 휴대폰, 트위터에 "당신의 뜻이 하늘에서 이루어진 것처럼, 땅에서 이루어지기를 기도합니다."라는 문자 메시지를 모든 팔로워들에게 보냈습니다. 27살의 청춘인 아들, 매튜(Matthew)가 우울증으로 자살을 하자 목사를 믿을 수 없다는 조롱과 비판이 인터넷에 쇄도했다. "그는 위선자이다." "그는 거짓 예언자다." "그의 영성은 허구다." "그의 기도는 헛방이다." "사탄의 공격을 왜 목사가 막지 못하는가?" "정신질환이 사탄의 역사라는 것을 왜 모르는가?" "목사를 믿을 수 없다." "절망적인 사람들한테 거짓 희망을 팔아서 돈을 벌고 있다." "죽은 어머니와 하늘에서 만날 수 없을 것이다." "교회는 우리와는 전적으로 무관한 장소다." "하나님은 존재하지 않는다." 베스트셀러가 된 책, "*목적이 이끄는 삶*은 효과가 없는 책이다!" 릭 워렌(Rick Warren) 목사는 '목적이 이끄는 삶(Purpose-Driven Life)'이 아니라, *죽음이 이끄는 삶(Purpose-Driven Death)*으로 책명을 바꾸라." "약발이 없는 책이다." "하나님은 릭 워렌 목사에 귀를 기울이지 않는다." "아들의 정신병을 치유하지 못하고 어떻게 목사라고 할 수 있느냐?" 아들이 죽고 난 후, 미리 준비한 설교제목이 "곤경에 처했을 때 생존하기"란 것이다. 이것이야말로 아이러니이다."라는 등의 악플이 쇄도했습니다. 목사로 소명을 받고 살아가는 것이 감당할 수 없을 정도로 힘들고 어려운 일입니다.

"하나님의 은총의 정원에서, 부러진 나무도 열매를 맺는다."라고 주장했지만, 그의 아들은 부러진 나무가 아니라 죽은 나무가 되었습니다. 저는 블로그 [사이버임상목회] 칼럼에서, "릭 워렌 목사에게 충고 한마디"라는 제목으로 편지를 보냈습니다. '죽은 나무에서는 열매를 맺지 못한다'. 할 수만 있다면, "소 잃고 외양간 고치는 격"이 되어서는 안 된다. "병에 걸린 소가 죽자 엠블런스가 달려왔다"라고, 유비무환이 미래의 예기치 않은 고통을 덜어 줄 것이라고 썼습니다.

자식을 이기는 부모가 없습니다. 목사도 인간입니다. 완벽하지 않습니다. 슬픔을 당한 가족들에게 먼저 위로를 해주어야 합니다. 그러나 세상은 그렇지 않습니다. 험하고 냉정하며 비정합니다. 이러한 비극적인 일들이 목사의 가정에서 발생하면, 복음전파에 부정적 영향을 미치고 있습니다. 먼저 소천하신 박영수 목사님의 멘트가 항상 저의 귓전을 울립니다. "심 목사님, 목사가 암에 걸리니까, 본이 안 됩니다. 아픈 환자들을 위하여 기도해 주어야 하는데, 이렇게 누워있으니, 병상에서 전도를 할 수 없습니다." 우리는 언제나 인식의 벼랑 끝에서 살아가는 나그네들이지만, 자녀들의 정신건강을 위하여 엎드려 기도해야 합니다.

우리 연대 신대원을 회상해 볼 때, 실패한 포스터들도 있습니다. 최용운 회장님께서 보내준, 연세대학교 연합신학대학원 50년사를 읽어 보았습니다. 기러기 아빠로서 "교수신분에 적합하지 않은 문제"로, "부도덕한 품행" 사유로 사직 한 N교수님, 박사학위 취소와 논문 연구윤리 위반으로 사직한 S교수님, 여학생 성폭력, 학생들을 강제휴학시킴으로 사직한 K교수님, 이 분들은 아마도 이 펜스포스트 위에서 추락한 교수님들이라고 생각합니다. 그러나 연신원 건물신축을 위하여 동분서주하다가 급성심근경색으로 갑작스럽게 안타까운 죽음을 맞이한 강희천 교수님도 있었습니다. 강교수님은 [한국기독교교육정보학회]에서 함께 활동했습니다. 그런가 하면, 연세목회클럽에도 함께 수학하면서 동고동락했던 인생의 길동무요, 신앙의 동지였던, 유능한 하나님의 동역자, 박 목사님께서 "원발불명암"으로 소천하기도 했습니다. 사모님께서 보험회사에 다니면서 생계를 유지하고 계십니다. 금년에, 사랑하는 동료 후배, 황 교수님은 두 아이-유빈이와 황혁이-를 남겨두고 사랑하는 아내를 먼저 보내는 아픔도 있었습니다. 아이들의 미래를 위해서 기도 많이 해 주시기 바랍니다. 이 자리를 빌어서 다시 한 번 위로를 전합니다.

곽광규 박사님께서 주신 *전두환 회고록* - 1. 혼돈의 시대, 2. 청와대 시절, 3. 황야에 서다- *3권*과 *이순자 자서전* - *당신은 외롭지 않다* - 을 꼼꼼히 읽어 보았습니다. 회고록 641쪽에는 "김장환 목사, 김삼환 목사는 성탄절이나 부활절에 자신들의 교회에 나를 초청하기도 하고 따로 식사에 초대해 주고는 한다. 그런데 '기독교에 귀의하라'는 등 전도의 말씀을 하는 일은 없다"라고 기록되어 있습니다. 적어도 목사라면, 영혼의 문제로 고뇌하며 예수의 복음을 전해야 할 책임이 있습니다. 정치적인 목사들, 사이비, 이단, 사기꾼과 같은 목사들 때문에 건강한 한국교회들이 비난을 받고 있습니다. 특히 교회세습 문제로, 800억 비자금 문제로, 지독한 세상의 비난을 받고 있는 김삼환 목사의 연신원 명예박사학위 수여를 취소해야 한다는 것이 저의 개인적인 생각입니다.

여전도회 회장을 뽑는 선거가 있었습니다. 권사를 지지하는 목사파와 집사를 지지하는 장로파의 두 그룹으로 갈라지게 되었는데 권사가 떨어지자 목사는 설교시간에 투표무효를 선언했습니다. 그러자 장로 측에서 반발하여 "목사 물러가라"고 하는 "작고 세미한 음성"이 담임 목사의 귀에 들리었습니다.(왕상19:9-18) 이 K목사는 흑인 병사에게서 받은 권총으로 장로를 살해하고 식료품점을 운영하는 가게에 휘발유를 뿌리고 방화를 했습니다. 그리고 자신은 스스로 자살을 하는 비극적인 사건이 미국 한인교회에서 벌어졌는데 그의 어머니는 한국에서 기도원을 운영하면서 아들이 성공하기를 날마다 기도했습니다.

2010년도, 하나님의 신정론(Theodicy)을 주제로 제가 쓴 *하나님의 실수*라는 책의 주인공이 바로 K목사인데, 그는 권총으로 자기 교회 장로를 살해했습니다. 그의 부인, 권사님의 입에서 "이것은 하나님의 실수입니다"라는 피를 토하는 소리를 들을 수 있었습니다. 오늘, 우리를 있게 하시고 목사의 자리에 올라오게 한 것이 혹시 하나님의 실수가 아닌가 반성해 보았으면 합니다. 날개를 달아 목회의 자리까지 올려주신 하나님의 은혜를 생각하면서 이 펜스 포스트에서 추락하여 죽는 한이 있다 할지라도 신실한 목자로서 살아남아 책임을 다하시는 종들이 되시기를 축원합니다.

저는 연신원에 다니면서, 산성감리교회에서 사이버교육전도사로 사역을 하고 있었는데 어느 날 저녁 휴대폰에 **"심영보 전도사 지옥 가거라."**라는 문자가 떴습니다. 아이고, 이를 어쩌나. 그 문자를 보는 순간, 스트레스가 밀려오기 시작하더니 급기야 꼬박 잠 못 이루며 밤을 설치게 되었습니다.

누구인지 전화를 해 보았지만, 응답받지 않는 번호였습니다. 제자가 중부 경찰서 사이버 정보 보안 팀에 근무하고 있기에 전화를 걸어서 알아낸 후, 그 이유가 무엇인지, 내가 정말 사탄이라도 되어서 지옥에 갈 자격이 충분한지 들어보고 싶었습니다. 그러나 "이건 아니다"라는 생각이 들었습니다. 누군지 모르지만, 이런 문자를 보내기까지 얼마나 많은 고민을 했을까라는 생각이 번득 들었습니다. '내가 부족하여 이런 문자를 받는 것이다. 얼마나 못났으면 이런 문자를 받아 보는가? 부끄럽고 창피하고 이런 비난의 화살을 왜 받아야 하는가? 이런 이야기를 들으면서 어떻게 목회를 할 수 있을까?'라는 자괴감이 들었습니다. 그래도 "하나님, 잘못했습니다. 이 분에게 마음에 평안을 주시옵소서."라고 기도했습니다. 제가 깨달은 평범한 진리 하나가 있습니다. '인간의 정의(justice)는 욕심의 길이다.' 나의 가는 이 길이 정의의 길이요, 선한 행동이라고 생각했는데, 옆에서 보는 사람들은 "그것은 너의 욕심이다"라고 생각하는 것입니다.

문제는 다음 날 오후 1시에 감리교 목사고시 합격자 발표가 교단 홈피에 발표하는 날이었는데, 만약 시험에 떨어지면, '오호라, 나는 지옥으로 떨어지는구나, 낙방하면, 이게 무슨 창피냐?' 대학교수가 목사고시 시험에 떨어졌다고 생각하니 별 생각이 다 들었습니다. 그렇지 않아도 목사고시시험에서 걸리는 문제가 하나 있었는데, [기독교윤리 과목]으로 "목사 세습제에 대하여 논하라."는 문제였습니다. 어떻게 답안을 작성해야 하는지 고민이 되었는데, 떨어질 것을 각오하고 "세습제는 교회를 무덤으로 만들 것이다." '반대한다.'라고 마침표를 찍었습니다. 내가 시험에 떨어지면, 아마도 이 과목에서 누락되어 떨어질 것이라고 생각했습니다.

내가 시험에 떨어지면 누가 가장 좋아할까? "아이고" 죽는 소리가 또 절로 나왔습니다. '사탄이 가장 좋아할 것이다.' 나에게 "지옥 가거라"고 했던 그 분이 가장 좋아할 것이라고 생각하니까 참으로 내 영혼이 괴로웠습니다. 조마조마한 마음으로 컴퓨터 앞에 앉아서 1시에 "땡" 하기만을 기다리다가 열어보았습니다. 감리교 목사고시는 두세 번 떨어지는 것이 보통입니다. 그러나 세 글자의 이름이 반짝반짝 빛나고 있었습니다.

"하나님 감사합니다! 지옥에 떨어지지 않게 도와주셔서. 앞으로 쭈~~~욱 지옥 가지 않게 도와주세요."라고 기도했습니다.

원래, 소명(Calling)이란, 내가 선택, 추우징(Choosing)해서 목회의 길을 가는 것이 결코 아니라 하늘의 소리를 청종, 리스닝(Listening)하여, 하나님의 음성을 듣고 피할 수 없어서 억지로 십자가를 짊어지는 것입니다. 선택이 아닌 청종으로 가지 않는 길을 갈 수밖에 없는 운명적인 것이 목회의 길입니다. 하늘의 소리를 듣지 않고 자신의 의지와 선택으로 목회의 길을 간다면, 그는 언젠가는 추락할 것입니다.

셋째, 이 거북이는 실존적 동물(Existential Animal)입니다. 인간의 실존에는 반드시 "아포리아"(Aporia)가 있습니다. "아포리아"는 헬라어로 "통로가 없는 것", 길이 막힌 진퇴유곡의 "딜레마"(dilemma)를 의미하는데 아포리아의 기능은 인간 자신이 얼마나 나약하고 무지하다는 것을 깨닫게 해줍니다. 이 포스터틀은 실존적 불안과 초조, 긴장 속에서 살아가는 인간들의 메타포입니다. 아벨에게는 가인이, 아브라함에게는 모리아 산이, 롯에게는 소돔과 고모라가, 유다에게는 며느리 다말이, 바로에게는 모세가, 모세에게는 홍해가, 여호수아에게는 여리고성이, 에스더에게는 아하수에로 왕이, 다윗에게는 골리앗이, 장남 압살롬과 장인 사울이, 사울에게는 사위 다윗이, 솔로몬에게는 여로보암이, 엘리야에게는 아합과 이세벨이, 860명의 바알과 아세라 예언자들이, 입다에게는 그녀의 사랑하는 외동딸이, 삼손에게는 들릴라가, 히스기야에게는 그의 피부암 종양세포가, 욥에게는 사탄이, 에스겔에게는 바벨론이, ... 세례요한에게는 헤롯이, 빌라도에게는 예수가, 베드로에게는 출렁이는 파도가, 삭개오에게는 난쟁이 콤플렉스가, 가롯 유다에게는 스승인 예수가, 바울에게는 육체의 가시가 등등 신구약 성경에는 수많은 아포리아의 사건 사고들이 존재합니다. 만약 우리들 속에서 우리를 괴롭히는 것들을 없애버린다면, 도대체 무엇이 남겠습니까? 아무것도 남지 않을 것입니다. 왜냐하면, 우리의 고통 속에 참된 진실이 있기 때문입니다. 한 알의 밀알이 죽는 고통이 있어야 합니다.

갈보리의 십자가는 예수의 가장 처절한 아포리아였습니다. 예수가 얼굴을 땅에다 대고 엎드려 세 번씩이나 기도했던 그 고통의 자리, 기도의 응답을 세 번씩이나 거부당했던 그 절망의 자리, 오직 하나님의 침묵만이 맴돌았던 바로 그 곳, 오직 두려움과 떨림이 밀려왔던, 그래서 하나님의 진노의 잔속으로 빨려들어가 생명을 쥐어짜내야만 했던 인간 예수의 아포리아, 죽음의 공포와 전율을 느끼면서 땀방울이 변하여 핏방울로 변하게 된 그 아포리아의 자리! 이 겟세마네 동산의 아포리아는 저와 여러분들의 구원을 위한 가장 비극적인 장소이면서 가장 아름다운 장소라고 할 수 있습니다.

제가 연신원 2학기 말 12월 초, 기말고사가 막 끝나가면서 원치 않는 애즈머(asthma), 천식이 저를 괴롭혔습니다. 천식의 고통은 암의 고통보다 더 지독하다고 생각합니다. 겨울 방학 내내 "**죽여 주십시요!**"라고 기도했습니다. 목을 조이는 고통은 어떻게 표현할 수 없습니다. 12월에서 2월 말까지 3개월 동안은 지옥이었습니다. 특히 밤만 되면, 숨을 쉬지 못하도록 목을 조이는 것입니다. 종합검진, 등판검사, 진딧물, 꽃가루 알레르기 테스트, 입에 넣고 뿌리는 스프레이 등 모든 검사를 다해 보았지만, 의학적으로 아무 증상이 나타나지 않았습니다.

이 천식이 저에게는 하나의 **유월절(Passover)**이었습니다.(출12:1-14) 기도 중에 스치고 지나가는 작은 소리가 들리었습니다. '거꾸로 생각해 보라!' '거꾸로 선 나무처럼, 반대로 생각해 보라.' '무엇을 말입니까?' '허파에서 에어가 나오는 기도를 안에서부터 밖으로 넓혀보라.'는 것입니다. 밤 11시부터 새벽 4시까지, 운동장에서 폐 속으로 들어온 공기를 최대한 참아보는 극기 훈련을 시도했습니다. 낮에는 아무 것도 할 수 없는 번아웃(burnout) 상태로 3개월을 보냈습니다. 봄 학기 개강을 걱정했는데, 감사하게도 천식이 완전히 사라지는 경험을 해보았습니다. 하나님의 세미한 음성으로 알고 그 때의 경험을 지금도 잊지 않고 감사하고 있습니다. 그러나 트라우마(trauma)가 생겼습니다. 저는 지금도 지하주차장에 차를 주차하는 것이 겁이 납니다. 숨을 쉴 수 없다는 징크스, 좁은 공간에 오래 머무를 수 없는 아킬레스건이 생기고 말았습니다.

치명적인 교통사고로 사선을 넘기시고 휠체어를 타고 다니시면서 연신원에서 공부하신 곽광규 교수님을 뵐 때마다, 뒤에서 밀어주시고 끌어주신 사모님, 심영숙 전도사님을 볼 때마다, 경의를 표합니다. 물리적인 장애, 신체적 아포리아를 극복해 가시는 모습이 눈물겹습니다. 오늘도 이 자리에 함께 하셔서 감사한데, 박수로 환영해 주셨으면 좋겠습니다.(박수)

오늘, 이 울타리 철조망 기둥위에 올라 온 거북이의 아포리가가 걱정입니다. 기도해 주고 싶습니다. 어떻게 이 딜레마에서 벗어날 수 있을까 의문입니다. 과연 안전하게 내려올 수 있을까, 아니면 막다른 골목에서 출구를 찾을 수 없을 때, 떨어져 "자살"이라는 극단적인 선택을 하지 않을까 궁금해집니다.

저는 개인적으로 이 거북이에게 처방한 한약제를 14년 동안 대전대학교 [둔산한방병원]에서 임상목회의 채플린으로서 암 환우들을 케어하면서 연구한 한약제를 개발했습니다. 3가지 요소-'항기'라는 뿌리, '쉬기'라는 열매, '범감'이라는 꽃잎-를 넣고 다려서 낸 한약제인데, 혹시 **"항기쉬기범감탕"**(살전5:16-18)이라고 들어본 적이 있습니까? 국제특허를 냈습니다. 특별히 동역자들에게 드리고 싶어서 오늘 가져왔습니다. 이 보약은 날마다 드셔서 아포리아에 부딪칠 때마다 드셨으면 좋겠습니다.

우리 주변에는 수많은 아포리아들에 직면에 있는 사람들이 많습니다. 이들을 도와야 합니다. 인간의 실존이란 무엇인가? 키에르케고르(Kierkegaard)는 "하나님과 관계성을 통한 자아의 확립이다."라고 정의합니다. 우리는 현실적이며 구체적으로 다리 역할을 해주어야 합니다. 피스메이커로서 중재자의 역할을 다해야 합니다. 특히 목회자로서 목회철학이나 방향을 바이블코드넘버, MT25:42-46으로 맞추어 행동하는 목회가 되시기를 기도합니다.(마25:42-46)

오늘, 여러분에게 보여준 이 한 장의 사진에서 무엇을 생각하셨는지 궁금해집니다. 혹시 이 포스터틀이 광야에서 모세가 든 놋뱀의 아이콘처럼, 보이지 않습니까?(민21:8-9) 앞서 저는 이 한 장의 사진으로 3년 6개월 동안 설교할 수 있다고 했습니다. 올 여름 폭염으로 무척 더웠는데, 8월 30일에 두 분의 목사님께서 대전에 내려오셨습니다. 계룡산 자락에서 점심을 같이하며 5시간 동안 담소를 나누면서 의미 있는 시간을 보냈습니다. 이 사진에 대한 첫인상도 여쭈어 보았습니다. P목사님은 "나를 보는 것 같습니다. 여기서 죽고 싶습니다."라고 했으며 J목사님은 "천적을 피하여 이곳으로 올라왔습니다. 이곳은 쉼터요, 안식처요, 도피성입니다."라고 고백하는 것을 들었습니다.(신19:6-7) 그동안 만나는 사람들에게 이 사진을 보여주면서 첫인상이 어떠한지 질문해 보았습니다.

"치사하고 잔인한 욕망, 비상, 휴식, 인생무상, 가뭄, 불나방의 도전, 기적, 경의, 영감, 절대자의 터치, 도움의 손길, 무한도전, 도약, 열정, 불가능의 가능성, 순간이동, 쉼터, 구도자, 아이돌, 우상, 성공, 성취감, 자살, 사이코패스, 평화, 생과 사, 죽음을 각오하고 떨어지는 방법, 우는 것조차 허용되지 않는 그늘과 어둠 속에 있는 세상으로 현실, 죽음, 용기, ……" 등등 수많은 멘트를 들었습니다. 과거, 현재, 미래에 대한 긍정과 부정이 교차할 것입니다. 과거 30여 년 전, 이 사진을 처음 보았을 때, 저의 첫인상은 2가지였습니다.

첫째, 참으로 불편하겠다. 움직일 수 없는 이 벼랑 끝에서 어떻게 버티며 살 수 있을까? 이곳은 바벨탑의 꼭대기가 아닌가? 등등. 그러나 사이버신학을 연구한 이후로, 이 펜스포스트 꼭대기는 잠실올림픽 경기장보다도 넓은 공간으로 보입니다. 아무리 작은 공간이라 할지라도, 두세 사람이 주님의 이름으로 모이는 시공간이라면, 그곳에서도 하늘나라를 맛보며 경험할 수 있습니다. 이곳에도 우리 주님께서, 성령께서 함께하고 계십니다. 하나님의 나라를 위하여 불편하게 삽시다. 가난하게 삽시다! 좁은 문으로, 좁은 길로 걸어갑시다!(눅13:22-25) 적어도 목사라고 한다면, 낯설고 불편하다 할지라도 감사하며 어려운 이웃들을 섬기며 목회하십시다! [작은교회연구소]를 운영하고 계시는 이재학 목사님의 목회철학이 참 좋습니다. 내 목회가 불편해지면, 내 사랑하는 성도들, 양떼들이 행복해집니다.

둘째, 참으로 위험하겠다. 떨어지면 어쩌나? 왜 저런 위험한 곳에서 살아가나? 누가 저 곳에 거북이를 올려놓았을까? 인식의 벼랑 끝에서 하루하루 실존적 불안을 안고 어떻게 살아가는가 걱정했었습니다. 그러나 사이버신학을 연구한 이후로, 이곳이야말로 가장 소중하고 안전한 예배처라고 생각합니다. 형의 추적을 피해 평생을 도망자로 벼랑 끝에 몰린 야곱은 "하나님의 집"이라는 뜻을 가진 "벧엘"(BethEl)이라는 곳에 이르러 홀로 예배의 단을 쌓고 이곳이 예배처라고 생각합니다.(창28:19) 야곱에서 이스라엘로 이름이 바꾸어집니다.(창32:28) 그는 더 이상 도피자가 아니라 순례자로서 살아갑니다. 수많은 돌들이 날아오는 고통 속에서도 용서하며 기도했던 순교의 아이콘, 스데반 집

사님처럼, 고통의 자유를 누리면서 목회해 봅시다.(행7:54-60)

이 포스터틀에게 이사야는 충고해 줍니다. "구원을 받고자 하는 사람들아, 내가 하는 말에 귀를 기울여라. 도움을 받으려고 나를 찾는 사람들아, 내가 하는 말을 들어라. 저 바위를 보아라. 너희가 거기서 떨어져 나왔다. 저 채석장을 보아라. 너희가 거기서 나왔다."(사51:1) 우리는 모두 구원을 받고 싶고 도움을 받으며 목회하고 싶은 돌들입니다.

이 거북이는 육상 거북이가 아니라 바다거북이로서 그의 고향은 해저, 바다 속 깊은 용궁이었습니다. 오늘, 펜스 포스트에 올라와 거북이가 찾고 있는 곳은 다름 아닌 채석장입니다. 자신의 원래 출생지, 본적지는 바위를 캐내는 돌산이었습니다.

"나는 돌덩이다." 우리는 채석장에 굴러다니던 바위나 돌덩이와 같습니다. 베드로가 들려주는 소리에 귀를 기울여 봅시다. "사람에게는 버린 바가 되었지만 하나님께서 선택하신 보배로운 산돌이신 예수에게 나아와 너희도 산돌같이 신령한 집으로 세워라. 예수 그리스도로 인하여 하나님이 기쁘게 받으실 신령한 제사를 드리는 거룩한 제사장이 되라. 보라, 내가 선택한 보배롭고 요긴한 모퉁이 돌을 시온에 두노니 저를 믿는 자는 부끄러움을 당치 아니하리라. 그러므로 믿는 너희에게는 보배이나 믿지 아니하는 자에게는 건축자들의 버린 그 돌이 모퉁이의 머릿돌이 되고 또한 부딪히는 돌과 거치는 바위가 되었다."(벧전2:4-8)

2016년도 대중음악가로서 역사상 최초로 노벨 문학상을 받은 밥 딜런(Bab Dylan)의 팝송, "구르는 돌처럼"(Like a Rolling Stone)에서,

"아무도 알아주는 이 없이, 집도 없이 어떻게 굴러다니는가?"라고 노래합니다. "여우도 굴이 있고 공중에 나는 새들도 둥지가 있는데, 나는 집이 없도다."(마8;20)라고 고백하는 예수님처럼, "가진 것이 없다면, 잃을 것도 없다. 모든 것을 내려놓을 때, 진정한 자유를 얻을 수 있다"고 딜런은 노래합니다.

이혜정 목사님의 명저, *사랑하는 이에게*(2017), 책, 40쪽에서 "네가 어디에 있느냐?"고 돌들이 있어야 할 공간의 자리를 묻고 있습니다. "자아실현의 장소는 자신이 있는 자리가 부끄럽고 두렵지 않아야 한다. 나는 곧장 땅에서 발을 떼고 둥둥 떠다니는 습성이 있다. 다행인 것은 땅위에 굳게 발을 붙인 남편이 가끔 나를 끄집어 내려준다. 가장 중요한 것은 하나님 앞에서 살아가는 일인데, 아담과 하와처럼, 욕심으로 뒤덮인 무성한 가지들을 잘라내고 내 모습 그대로 받아주시는 하나님 앞에서 우리의 수치를 드러내자"고 이 목사님은 자신의 실존적 아포리아를 고백하고 있습니다. 남편이 끄집어내려 주지 않아도, 아내가 잡아 끌어내리지 않아도, 치솟아 오르는 욕망의 자아를 커팅하지 않으면, 하나님께서 가만 두시지 않습니다. 어느 장로님은 이 사진을 보고 "치사하고 잔인한 욕망"이라고 표현했습니다. 우리 자신의 수치를 드러낼 정도로 투명한 목회가 아니면, 추락할 수밖에 없습니다.

하나님의 영감을 받은 이사야와 세례요한, 베드로는 인간의 연금술(alchemy)에 능통한 전문가들이었습니다. 하나님은 저와 여러분들을 '죽은 돌'이 아니라 예수님처럼, "산돌"(Living Stone)로 만들어 주셨습니다.(벧전2:4-5) 우리는 그 돌 속에 특수한 재질인 "영혼"을 집어 넣어 특별히 개조시킨 걸작품들입니다. 우리는 모두 돌로 만들어진 성령께서 거하시는 육신의 아름다운 성전들입니다.

요한이 요단강에서 세례를 베풀 때, 많은 바리새인과 사두개인들이 오는 것을 지켜보면서, "이 독사의 자식들아, 누가 너희를 가르쳐 임박한 진노를 피하라 하더냐. 그러므로 회개에 합당한 열매를 맺고 속으로 아브라함이 우리 조상이라고 생각지 말라. 하나님이 능히 이 돌들로도 아브라함의 자손이 되게 하시리라"(마태3:7-9)고 외치고 있습니다. 세례요한은 돌 속에 치명적인 독이 가득 찬 돌들을 책망하고 있습니다. 그리스도는 우리가 침묵하면, 길가의 돌들이 소리를 지를 것이라고 경고하고 있습니다.(눅19:40)

우리는 특별히 만들어진 "산돌", 하나님의 창작품들입니다. 하나님의 나라를 위하여, 영적인 신령한 집을 세우기 위하여, 믿지 않는 세계를 위하여 비록 깨지는 한이 있다 할지라도, 모퉁이의 머릿돌과 부치는 돌과 거치는 반석들이 되어서 변화와 개혁을 추구해 나가는 돌들이 되어야 합니다. 제사장으로, 예언자로, 선지자로, 목사로, 선교사로 주어진 이 펜스포스트 위에서 최선을 다하여 복음의 나팔을 불어봅시다! 또한 우리들은 하나님의 은혜로 구원을 받고 싶고, 서로 도움을 받고 싶어 합니다. 이 펜스포스트는 구원을 위한 새로운 기회가 주어지는 영적인 공간이며, 하나님께서 우리의 믿음을 시험하기 위한 또 하나의 테스트 공간입니다.

오늘, YPCC의 세미나 모임은 살아있는 돌들의 축제이며 합창입니다. YPCC는 거미줄처럼 연약하고 가느다란 실과 같아서 바람이 불면 끊어지고, 넘어질 수밖에 없는 연약한 기둥처럼, 오늘날까지 19년여 동안 버티어 왔습니다. YPCC는 "산돌"(Living Stone)의 보배로운 돌들이 모인 신앙 공동체입니다. YPCC는 세속적인 조직체(Organization)가 아니라 영적인 유기체(Organism)가 되어야 합니다. 서로 보듬어 안아서 아우르며 기도해주는 신앙공동체가 되어서 사소한 갈등으로 깨지거나 부서지지 않도록 서로 위로해 주어야 합니다. 우리는 모두 포스터틀입니다. 주님의 은혜가 있기를 축복하며 기원합니다.

[기도]

하나님! 우리가 할 수 없는 일들이 있습니다. 마음의 평화를 누릴 수 있도록 "체념"(Serenity)을 주옵소서.

하나님! 우리가 할 수 있는 일들이 있습니다. 담대하게 나가서 세상을 변화시킬 수 있는 용기(Courage)를 주옵소서.

하나님! 이 체념과 용기 사이에서 우리가 어쩔 줄 모르고 있습니다. 이 둘의 차이를 구별할 수 있는 "지혜"(Wisdom)를 주시옵소서.

아멘.

***

바이블코드넘버= MT254246:

"내가 주릴 때에 너희가 먹을 것을 주지 아니하였고 목마를 때에 마시게 하지 아니하였고 나그네 되었을 때에 영접하지 아니하였고 벗었을 때에 옷 입히지 아니하였고 병들었을 때와 옥에 갇혔을 때에 돌아보지 아니하였느니라 하시니 저희도 대답하여 가로되 주여 우리가 어느 때에 주의 주리신 것이나 목마르신 것이나 나그네 되신 것이나 벗으신 것이나 병드신 것이나 옥에 갇히신 것을 보고 공양치 아니하더이까 이에 임금이 대답하여 가라사대 내가 진실로 너희에게 이르노니 이 지극히 작은 자 하나에게 하지 아니한 것이 곧 내게 하지 아니한 것이니라 하시리니 저희는 영벌에 의인들은 영생에 들어가리라 하시니라."(마25:42-46)

하늘나그네 2018. 10. 19. 13:45 연세목회클럽(YPCC), 2018년 추계 세미나 설교

심영보 목사(Ph.D. 사이버신학연구소장)

— PART IV —

연세대학교 겨울 캠퍼스 전경

겨울은
여름의 생략형이다.

-키에르케고르, *재판관의 책BJ*, No.5290.

사이버신학: 소리를 눈으로 보게 하라.

1850년, SK는 *BJ*의 "증인"이라는 주제어에서, "공명적 인물"이라고 할 수 있는 "음향학의 아버지", 클라드니(Chladni, 1756-1827)의 "사이매틱스"(Cymatics) 이론을 끌어들인다.[1]

사이매틱스 이론은 사이버신학사상의 개념으로, 존재해야만 하는 방법이다. 기독교의 복음 선포자들은 들었던 것을 전달하는 "선생"이 아니라 "증인"이 되어야 한다. 증인이란 공기의 떨림이 만들어 내는 소리의 패턴을 가시적으로 눈에 보이게 만드는 인물이다. 결과적으로, 청각을 시각으로 변화시켜야 한다. 이 같은 방법으로 "증인"이란 선포된 복음을 실존적으로, 입체적으로 가시적 증명을 하는 것이다.[2]

소리는 귀로 듣게 하는 것이 기본적인 청각기능이다. 그러나 눈에 보이지 않는 소리의 파장, 주파수를 어떻게 가시적으로 볼 수 있게 하는 것인가? 클라드니의 상상력이다. 그는 오프라인의 물리학자가 아니다. 그는 메타버스 공간에서 "보이지 않는 것들을 보이게 만드는 믿음의 증거"를 구체적으로 보여준다.[3]

공중에서 천둥소리를 들을 때, 마치 유리판 위에서 형성되어 나오는 소리 비유와 유사하다. 그 소리 비유 속에는 여전히 울리는 것이 있다.[4] 이 울리는 소리를 눈으로 보게 한다. 음향의 "시각화", 음향의 "형상화"는 **사이버신학**에서 다루고 있는 중요한 메시지이다.[5]

기타 줄을 튕기면, 소리가 눈에 보이는 것처럼,
물 표면에 나타난 색체의 섬광이 달빛을 받으면, 귀로 들을 수
있다.[6]

　필자의 **서문**에서 언급하고 있는 것처럼, 170년 전에 그는 *사이버신학*을 예견하고 소리는 '귀로만 듣는 음악이 아니다. 눈으로도 그 소리를 보라, 귀로도 그 색상을 들어보라는 '**색채의 청각화**'를 역설적으로 제시한다.

　SK는 고대 세계관과 현대의 병리학적인 클라드니 인물과 관련하여 자살에 관한 통계정보를 가지고 자살에 관한 논문을 쓰고 싶어 했다.[7] 그러나 15년이 지난 후, 클라드니의 이론을 도입하여 '**소리의 가시화**'를 믿음의 증인이 해야만 하는 미션에 비유한다. '보지 않고 믿는 것'이 전통적인 신학이라면, '보이지 않는 것을 보이는 것'처럼 믿는 것이 사이버신학이다. 사이버신학과 그 믿음은 들리는 소리는 눈에 '보이는 것'처럼 듣고 믿는 것이다. 물이 포도주로 발효될 때, 발효되는 시간을 기다리지 않고 초월하는 것을 믿는 것이다.[8] 바다 위를 걸을 때, 물이라는 액체를 단단한 아스팔트처럼 고체로 믿고 공간초월을 믿는 것이다.

　SYB는 '**시간의 공간화**', '**공간의 시간화**'와 더불어 '**소리의 시각화**'를 주장하는 SK를 '사이버 신학자'라고 주장한다.[9]

　사이버신학은 "**트로이 목마**" 속에 숨어 들어가 트로이 성을 무너트리는 '용병술'이다. 트로이 목마의 게릴라들은 구체적으로 사이버 신학의 메타포, **WWW**에 접속한다.[10]

WWW(WORD-Word-word)

WWW(WEB-Web-web)

WWW(World-Wide-Web)

WWW(WORD-Web-World)

WWW의 기호들은 가상현실, 가상공간, 디지털 공간, 메타버스에서 활동하시는 삼위일체 하나님을 상징한다. 또한 선교적 차원에서, SK의 익명자들과 "진리의 비밀요원", "스파이들"은 SYB 사이버신학의 아바타들이다.[11]

지금 이 순간에도, 이들은 영적특매장인 사이버공간에서 *하이퍼텍스트*로 "하나님의 말씀"을 동시다발적으로 선포하고 있다. 선포된 말씀들은 마치 스가랴가 본 하늘을 **"날아다니는 두루마리"**에 기록된 말씀과 같은 미션을 지니고 있다.[12]

필자SYB의 과제와 미션은 분명하다. 이 땅에서 *RBNS*의 성도가 아니라 *SBNR*의 성도가 되도록 부추기는 것이다. 21세기 돌연변이가 되어가고 있는 기독교와 그리스도인들을 위한 부침과 몸부림을 WWW라는 패러다임과 그 방편들로 *하나님의 선교*, 미쇼데이(*Missio Dei*)에 초대하는 것이다.

나가는 말

보물에 이르는 열쇠는 보물이다. 그 열쇠와 보물은 과정이다. 모든 인간들은 '신탁'을 받는다.(민11:25-30. 욜2:28-32, 벧전2:9) 삶의 변화, 변증법이란 보이지 않는 파트너와 대화하는 것이다. 인생이란 비가시적인 신과의 생산적인 대화로 하늘나라, 천국을 만들어 가는 과정이다. 난제는 마침표를 어떻게 찍어야 하는가라는 점이다.

키에르케고르에 대한 필자의 마침표를 어떻게 찍어야 할 것인가를 40년 넘게 고뇌하면서 그의 쉼표들을 생각해 보았다. 그의 쉼표가 너무 일찍 생의 마지막 "오메가"를 경험했기 때문이다. 키에르케고르는 자아의 신화를 찾아가는 여정, 곧 자신의 보물을 찾아 더 나은 인생을 살고자 몸부림쳤던 야누스요, 키메라이다. 철학자, 신학자, 시인, 산문작가, 논리학자, 심리학자라는 다양한 아바타를 가지고 자아의 영적 신화를 찾기 위한 연금술사였다.

필자는 키에르케고르의 짧은 인생여정에 대한 아쉬움을 공감하면서 PART I에서, 그의 1인칭, 2인칭, 3인칭의 메타포들은 한 인간의 감성적 이성의 정체성이 무엇인지를, PART II에서, 생활 속 이성적 감성의 신앙을, PART III에서, 종교철학, 정치 사회적 이론과 신학사상의 이론들에 대한 비판적 성찰의 모습을, PART IV에서, 21세기를 예견한 SBNR 사이버신학사상을 살펴보았다. 또한 "만약"이라는 가정법을 전제로, 키에르케고르가 생의 기본적인 나이, 일흔을 가정했을 때, *재판관의 책*에 담긴 내용을 기초로 '미완성교향곡'을 제목으로 설정해 보았다.

빵 자체가 빵과 적대한다. 소로가 언급했던 보릿고개 때는 빵을 얇게 썰어야만 했다. 빵이 고갈되면 될수록 영혼은 더 고갈된다. 영혼이 고갈되면 될수록 빵은 더 고갈된다.

실존 속에는 언제나 부조리가 존재한다. 따라서 대상들의 속성을 어떻게 단정하느냐에 달려 있다. 실존은 끊임없는 자아선택이냐 혹은 자아초월이냐의 과정의 문제이다.

"본질이 실존보다 우선이다."라는 것과 "실존이 본질보다 우선이다."라고 주장하는 것 사이에 우리가 존재한다. 어느 쪽을 선택하든 그 우선순위를 결정해야만 한다. 실존은 본질을 만나야만 한다. 둘은 하나다. 실존주의의 주제는 "임에도 불구하고"이다. 본문 중에서, 스티브 잡스의 질문-"내 손가락 중에서 어느 손가락을 펼지 하나님은 아시나요?"-은 본질적인 질문이라기보다는 실존적인 질문이었다.

'실존주의 선언'이라고 할 만한 '자신만의 진리'를 발견하고 '실존철학적 신학'을 내세웠던 키에르케고르는 아버지처럼, *약속의 땅*에 들어가지 못할 것이라는 불안 속에 살았다. 그의 실재론 3단계-"심미적-윤리적-종교적 단계"-는 "고독한 도약"에 의하여 결정된다. 하나님께 더 가까이 가기 위한 이 기독교 존재론적 도약은 모든 실존주의적 선택의 모델이며 귀감이 된다.

인간은 대립 쌍의 연합이다. 인간은 반은 천사요, 반은 짐승이다. 이것을 인정해야 한다. 이 같은 모순 덩어리를 무시하고 논리적인 선택만으로 사는 것은 균형의 한쪽 면이 악마적인 폐쇄성으로 고통을 당한다. 키에르케고르는 "자아의 예언자"로서, 모호한 상태에서 절망과 동일시하면서 자아를 희생시킨다. "불안은 유혹의 변증법이다"라고 주장하는 그의 실존이란 야훼 하나님에 대한 관계성을 통하여 불안을 치유하고 진정한 자아가 되는 것이다.

그에게 영적인 실존은 "'신 앞에 서 있는 인간', "코람데오"이다. 그러나 그의 실재적 실존은 육신은 죽이고 영을 살리는 데 초점을 맞추고 있다. 즉 "영적이지만 종교적이지 않는" 실존주의적 *SBNR*의 신학이다. "종교적이지만 영적이지 않는" 실존주의적 *RBNS*에 대하여 비판이다. 이것은 21세기에도 절실하게 귀담아들어야만 하는 영적 담론이다.

이 같은 그의 사상은 필자의 저서, *키에르케고르의 콤플렉스와 사이버신학사상*에서 주장하고 있는 사이버신학–"키에르케고르는 왜 메타버스를 서핑하고 있는가?"-과 "시간의 공간화", "공간의 시간화", "소리의 시각화", 귀로도 그 색상을 들어보는 '색체의 청각화'와 연계되어 있다.

그러나 인간의 실존적 조건에 관한 그의 단계적 해석은 고무적인 것처럼 보이지만, 그가 직면했던 대립 쌍들을 결코 화해시키지 않는다. 이 같은 관점에서, 그의 실존적 철학과 신학은 한계에 부딪친다.

예수의 실존주의는 의식주 문제에서 머리속 이론이 아니라 구체적인 실천이다. 실존과 그 현실의 포기는 냉혹하다. 영생과 생명의 조건은 계명을 지킨 이후에 "가서 네 소유를 팔아서 가난한 이웃들에게 나누어 주라"는 예수의 명령이다. 배고픔의 굶주림을 해결해 주라는 것이 구체적인 실존의 현주소이다. 그러나 입으로만 "주여, 주여" 하는 사탕발림의 움켜 쥔 열 개의 '주먹 손'이 아니라 한 개의 손가락을 펴서라도 "눈물 젖은 빵"으로 굶주린 배를 채워줄 수 있어야 한다. '본질적 실존'보다는 신음하는 이웃들을 능동적으로 찾아가 '보자기 손'으로 감싸주는 '실존적 본질'을 행동으로 보여주는 것이다.

21세기 예수의 실존적 대상은 그의 아웃사이더들이다. 굶주린 사람들, 갈증을 느끼는 사람들, 헐벗은 사람들, 아픈 사람들, 나그네들, 감옥에 갇혀 있는 사람들이 바로 그리스도의 아바타들이다. 이들이 그의 분신, 도플갱어들이다. 이들에 대한 관심이 궁극적이며 핵심적인 실존 철학이요, 실천 신학이다. 지구촌은 "인드라 넷"처럼, 얽히고설켜 있다. 국경을 초월한 예수의 아바타들을 찾아나서는 발품과 손품의 애씀이 요청된다.

끝으로, 해변은 완벽한 중립지대다. 좌파의 액체 바다와 우파의 고체 땅 사이에 있다. 그 역도 동일하다. 그러나 파도는 결코 *모래 턱*을 넘지 못한다. 신의 섭리다. 바닷가는 철저한 무장된 중립성으로 살아 있는 에포케의 현장이다. 해변에서 발견되는 조개는 대표적인 소프트웨어가 하드웨어에 달라 붙어있는 사이버 생물이다. 조개는 자신의 소프트웨어의 보호를 위하여 단단한 껍질로 무장한다. 가장 이상적인 존재의 모습은 하드웨어보다 소프트웨어를 중시하는 것이다. 자신의 운명을 감지한 키에르케고르가 말년에 추구한 것은 '비판하지 말라'는 "무장된 중립성"이다.

21세기, 대한민국 2025년 비상계엄을 통한 대한민국의 극단적인 양극화문제로 국론분열이 된 현 상황에서 어떻게 기도해야 할 것인지에 대한 과제를 던져준다.

SK는 영원히 풀리지 않는 *비밀노트*를 남기고 있다. 그는 "엄청난 수수께끼와 같은 인물"이라고 약혼파혼의 아픔을 견디어 낸 노년의 백발이 된 레기네가 회상한다.

음악조차도 인간을 취하게 할 수 있으며, 중독시킬 수 있다. 숨 쉬는 공기에 취하는 쪽이 더 나을지 모른다. 당신이 듣는 음악적 장르는 무엇인가? 어떤 심리적 산소를 누구한테서 흡입하며 내뿜고 있는가? 당신의 미완성된 음악은 무엇인가?

"나는 알파와 오메가,
처음과 마지막이며, 시작과 끝이다."
(계22:13)

"I am the Alpha and the Omega,
the first and the last, the beginning and the end."
(Revelation 22:13)

미주

PART I

1) *BJ.*, No.1024.

2) *BJ.*, No.5097. Hillerød, July 25, 1835.

3) Henry David Thoreau, *Journal*. October 12, 1851.

4) *BJ.*, No.5632.

5) *BJ.*, No.1179 1835, 5226. Nicolaus Lenau의 *Faust*. Stuttgart, Tubingen, 1836.

6) "즉각적인 에로틱한 단계", *BJ.*, No.147 *E/O*, I, 43.

7) *BJ.*, No.5161. 11월 1836.

8) 심영보, *키에르케고르의 콤플렉스와 사이버신학사상*. 31-40. SK에게 음악은 엄청난 영향을 주었다. 그가 음악을 접하게 된 시기는 레기네 올센과 사랑의 아픔으로, 아버지의 엄격한 교육 방법으로 매우 힘들어 했던 시기였다. 사랑과 아버지의 그늘에서 벗어나려는 몸부림 속에서 모차르트의 음악, 돈 주앙을 만났다. 유혹적인 영향을 언급한다. "돈 주앙은 결코 잊을 수 없을 정도로 나에게 영향을 준 작품이다. 엘비라(Elvira)처럼, 고요한 밤 수도원에서 나를 탈출하게 만든 작품이다." SK는 엘비라가 돈 주앙에게 언급한 말-"당신은 내 행복의 살인자다"(You murder of my happiness)-을 상기시킨다. *BJ.*, No.2789

9) *BJ.*, No.6380. 심영보, Ibid., 479-482.

10) 심영보, Ibid., 32-35. 필자SYB는 2022년 5월 5일, 키에르케고르의 생일에 맞추어 한국학술정보(주)에서, *키에르케고르의 콤플렉스와 사이버신학사상-재판관의 책BJ, The Book of Judge*-이라는 제목으로 출판한 적이 있다. 이 책의 목차는 다음과 같다. 서문 I. 왜 *재판관의 책*이라고 하는가? II. 키에르케고르의 스토이시즘과 금욕주의 III. 키에르케고르의 콤플렉스 IV. 키에르케고르의 문학과 심리학 V. 키에르케고르의 비실재론과 인공지능(AI) VI. 키에르케고르의 변증법과 아이러니 VII. 키에르케고르의 멘토들 VIII. 키에르케고르는 예언자인가? IX. 키에르케고르는 순교자가 아니다 X. 키에르케고르의 하나님 XI. 키에르케고르의 SBNR XII. 키에르케고르의 사이버신학사상 XIII. 키에르케고르의 세계주의 XIV. 키에르케고르의 과제와 미션은 무엇인가? 부록: 키에르케고르의 MBTI 분석

11) *BJ.*, No.617. 1837. 1. 덴마크 음악가, 레밍(Lemming, Carl Frederik)의 기타연주에서 들려오는 아름다운 소리를 학생시절에 들었다. 달빛이 바다 표면에서 반짝거릴 때, 파도소리들이 들리는 것처럼, 진동이 눈에 보이게 되었다. *BJ.*, No.617, 5113. 1835.

12) SBNR: "영적이지만, 종교적이지 않은"(Spiritual But Not Religious) 신학. 보여주는 제례, 예배, 의식, 제도, 교회 시스템이 아니라 보이지 않는 영성을 말한다.

13) 심영보, Ibid., 406-411. 445-456.

14) Michael Jinkins, *The Church Faces Death*. Oxford University, 1999.

15) *항기쉬기범감* 곡이란 바울의 데살로니가 교회에 보낸 편지의 내용-항상 기뻐하라. 쉬지 말고 기도하라. 범사에 감사하라-이다. 살전5:16-17.

16) 하워드 홍(Howard V. Hong, 1912-2010)은 덴마크 철학자, SK를 연구하는 데 일생을 바쳤으며, 그의 모든 작품들을 영어로 번역했다. 홍은 아내 에드나 홍(Edna H. Hong)과 함께 SK의 저술 26권을 제작했으며 St. Olaf College에 "SK 도서관"을 설립했다. 홍은 1934년, St. Olaf College를 졸업하고, 1938년, 미네소타 대학교에서 Ph.D를 받았다. 같은 해, 이들 부부는 덴마크로 날아가 〈왕립도서관〉(Royal Library)과 코펜하겐 대학교 〈SK도서관〉에서 연구했으며, 1978년, 이 두 분은 "덴마크 힘의 기사들"(Knight of Dannebrog) 칭호를 얻게 되며 은퇴를 한다. 특히 이들 부부는 1967년부터 1978년까지, 18년이라는 기간 동안에 걸쳐서 공동으로 번역해 낸 *Søren Kierkegaard's Journals & Papers(JP)*, 7권은 기념비적인 업적으로 평가된다. SK에 대한 연구 분야에서, 미국의 선도적인 전문가 중 한 명인 하워드 홍은 2010년 3월 16일, 화요일에 97세로 사망한다. 그의 아내, 에드나 홍(Edna Hatlestad 1913.1. 28.~ 2007.4. 3.)은 SK 번역가로 활동하면서 남편 하워드 홍과 함께, SK 철학적 번역의 세계에서 인정을 받았다. 특히 이들은 1968년, National Book Award를 수상했다. https://en.wikipedia.org/wiki/Edna_Hong_ (translator)

17) 'G장조'의 메타포는 후히 되어 누르고 흘러넘치게 하여 아낌없이 넉넉하게 가슴에 안겨주는 것이다. 겨자씨 우주 알 칼럼: 예수의 교향곡은 G장조다. 요한복음 1:9-13 Jesus' symphony is G major key. John 1:9-13. 프로파일 하늘나그네, 2021. 11. 5. 11:22.

18) *BJ.*, No.5116. SK의 정체성은 흐르는 강물처럼 매우 정직하며 진솔한 포스트모던적 다양성을 추구한다.19) "나는 악당이다, 불한당이다. 생각 없는 깡패이다. ……" 심영보, Ibid., 401-406. "우리의 저널리즘 문학"(Our Journalistic Literature) [ ]는 SYB의 컨텍스트 상의 해석이다. "인생"이라는 주제는 *BJ.*, No.22, 25, 154, 219, 265, 266, 729, 841, 859, 1005, 1019, 1025, 1152, 1472, 1521, 1565, 1682, 1690, 1976, 2579, 3245, 3547, 3772, 4392, 4398, 4712, 5092, 5181, 5100, 5143, 5267, 5364, 5372, 5390, 5575, 6969.

19) *BJ.*, No.5116.

20) *BJ.*, No.3938.

21) *BJ.*, No.144.

22) 심영보, Ibid., 32-35.

23) *BJ.*, No.6353. 주제어 "**예언자**"에 대한 것은 *BJ.*, No.2858, 4388, 5436, 5419 참고.

24) *BJ.*, No. 6061.

25) *BJ.*, No.6383.

26) Thoreau, *Life without Principle*. 1863.

27) Thoreau, *Journal*. 1851. 8.28.

28) Thoreau, *Journal*. 1852. 6.19.

29) *BJ.*, No.6252. 1848.

30) SK의 *재판관의* 책에서, "**기독교는 존재하지 않는다**"에 대한 주제어는 *BJ.*, No.385, 1148, 1765, 2054, 2058, 2101, 2902, 2915, 2958, 3170, 4816, 4978, 5007, 5021, 6732, 6734, 6784, 6809, 6842, 6875, 6878, 6892, 6908, 6918, 6934. 참고.

31) *BJ.*, No.5953.

32) *BJ.*, No.1059.

33) *BJ.*, No.4265.

34) *BJ.*, No.6943.

35) *BJ.*, No.4265, 4268, 4271.

36) *BJ.*, No. 5551. 왜 그는 인간을 혐오하고 있는가에 대한 고백은 심영보, Ibid., 485~490.

37) 호1:2

38) 룻2:8-16

39) 그는 두 살 아래인 목사의 딸, 보레트(Rørdam Bolette)를 버리고, 아홉 살 아래인 코펜하겐 시의원의 딸, 레기네와 11개월 동안 약혼관계를 유지(1840.9.8.-1841.8.11)하다가 파혼을 선언했다. "**올슨 레기네**"의 주제어는 *BJ.*, No.1832, 1959, 2607, ... 6835, 6843, 6906. 참고.

40) "**셰익스피어**"의 주제어는 *BJ.*, No.49, 226, 619, 910, 965, 1165, 1247, 1562, 3088, 4599, 4773, 4871, 5429, 5675, 5715, 5892, 5900, 6279, 6339, 6635, 6732, 6882, 6903. 참고.

41) 여신, 테티스는 아킬레스의 어머니로서 아들을 여인으로 분장시킴으로써 아들 죽음의 예언 성취를 막아내는 데 실패했으며, 비극적으로 막을 내린다.42) *BJ.*, No. 5092, 5570. 아들이 청춘의 나이에 명예로운 죽음을 피하여 집으로의 무사히 귀향하는 것, 어머니가 아들의 죽음을 피하기 위해 숨기려고 애쓰는 것이 유치한 것처럼, SK는 그런 유치한 일에 가담하지 않겠다는 뜻을 고백한다. *BJ.*, No. 5092.

42) 트로이 전쟁에서, 여신, 테티스는 아킬레스의 어머니로서 아들을 여인으로 분장시킴으로써 아들 죽음의 예언 성취를 막아내는 데 실패했다. *BJ.*, No. 5092. 아킬레스의 인생은 그와 같이 비극적이다. *BJ.*, No.5570.

43) 창32: 22-32

44) *BJ.*, No.3060. 8/28. 1839.

45) 심영보, Ibid., 51-56. SYB는 "**SK의 MBTI 분석**"이라는 글에서, 그의 "**인간혐오증**"을 언급했다. 3년 3개월 동안 뢰르담 보레트(Bolette)와 연애했던 그가 보레트에 대한 언급을 하지 않은 채, 레기네의 언행을 일방적으로 평가하는 것은 전형적인 *INTP*형이기 때문이다. 심영보, Ibid., 483-490. *BJ*에서 "**어머니**"에 대한 주제어는 *BJ.*, No.265, 1158, 1159, 1160, 1835, 2425, 2832, 5149, 5640. 참고.

46) *BJ.*, No.2416, No.4453. 1848-1849년.

47) 눅6:29.

48) Thoreau, *Journal*. 1839. 7.25.

49) 사44:6, 계22:13.

50) "**슐레겔**"의 주제어는 *BJ.*, No.4219, 5205, 5693, 5714, 5834, 6083, 6273, 6304, 6454, 6472, 6473, 6478, 6480, 6488, 6538, 6502, 6537, 6539, 6542, 6544, 6713, 7614, 6715, 6762, 6763, 6800, 6843. 참고.

51) 심영보, Ibid., "II. SK의 스토이시즘과 금욕주의, 3. 첫사랑, 숨겨둔 애인이 있다." 57-62. 이 소설이 출간될 당시 소위 '베르테르 열병'(독일어: Werther-Fieber)라 불리는 현상을 낳기도 하였으며, 베르테르를 모방한 자살이 유럽 전역에 퍼져나갔다. 1974년 사회학자 데이비드 필립스 (David Philips)는 유명인이 자살하고 나서 그것을 모방한 자살이 확산하는 현상을 '**베르테르 효과**'라 명명한다.

52) *BJ.* No.5395. "**자살**"에 대한 주제어는 *BJ.*, No.497, 705, 738, 992, 1183, 1184, 1791, 2692, 2725, 3880, 3898, 4261, 4511, 4513, 4515, 4581, 5026, 5183, 5393, 5515. 참고.

53) "**모차르트**"의 주제어는 *BJ.*, No.3565, 3835, 4355, 4397, 5095, 5212, 5403, 5632. "**음악**"의 주제어는 *BJ.*, No.133, 147, 784, 1179, 1627, 2313, 2316, 2394, 2788, 3812, 3996, 4416, 5113, 5136, 5144, 5161, 5180, 5226, 5766, 5799. 참고.

54) *BJ.*, No.4513.

55) 심영보, Ibid., "II. SK의 스토이시즘과 금욕주의, 7. SK는 자살했다?", 90-92.

56) 전7:14, 롬8:6-18, 12:3

57) 심영보, Ibid., "IX. SK는 순교자가 아니다." 365-376.

58) Ibid., 377-378. "**새**"에 대한 주제어는 *BJ.*, No.169, 1280, 1364, 1942, 3372, 3701, 4791, 5092, 5336, 5440, 5501, 5761, 5842, 5847, 6061, 6369. 참고. "**순교**"에 대한 주제어는 *BJ.*, No.124, ... 6929. 참고.

59) "**스토이시즘**" 주제어는 *BJ.*, No.1266, 1565, 3040, 3771, 3848, 3863, 3880, 3898, 3903, 3907, 4625, 5572, 6611, 6794. 참고.

60) *BJ.*, No.3898.

61) *BJ.*, No.4515.

62) *BJ.*, No.4287.

63) 심영보, Ibid., Cyber Grace Church, 칼럼, 논문: "**죽음의 미학: 죽음은 예술이다.**" 참조.

64) Henry David Thoreau, *Walden*. 191.

65) *BJ.*, No.6410.

66) *BJ.*, No.6388. N.B.

67) *BJ.*, No.6407, 6441, 6640, 6838. "**천재와 사도의 차이점에 관하여**"라는 주제는 *BJ.*, No.187을 참고.

68) 롬16:19.

69) "천재"에 대한 주제어는 *BJ.*, No.107, 615, 827, 975, 997, 1021, 1114, 1135, 1248, 1788, 1804, 2092, 2255, 2467, 2495, 2636, 2653, 2907, 3066, 3088, 3861, 3877, 4227, 4265, 4271, 4444, 4467, 4741, 5695, 5835, 6049, 6220, 6254, 6382, 6401, 6407, 6511, 6680, 6780, 6787, 6856, 6903. 참고.

70) *JG.* 170. *BJ.*, No.5335, 5513, 5542, 5548, 5551, 5552, 5655, 5711, 6303, 6472, 6537. 참고.

71) *BJ.*, No.5552.

72) 파트 III, 10. 행복론 참고. "**행복**"의 주제어는 *BJ.*, No.1152, 1536, 2416, 2442, 2446, 2449, 3099, 6642. 참고.

73) 빌3:20.

74) *BJ*에서, 그리스인 **소크라테스**의 주제어는 *BJ.*, No. 4243-4304 참고. 심영보, Ibid., "VII. SK 멘토들: 소크라테스", 257-261. 코펜하겐 대학교 동유럽연구소(Institute of East European Studies)의 소피아 스코피티어(Sophia Scopetea) 교수의 논문-"그리스인 키에르케고르"(Kierkegaard The Greek)-은 수필형식으로, 이 글에서 SK는 "그리스인이다"이라고 주장한다. Enrahonar 29, 1998. 143-146. 스코피티어가 언급하는 SK의 책들은 3권-*E/O, R, CI*-으로, 3명의 익명으로 출판한 책들로서 빅터 에레미타, 콘스탄틴 콘스탄티어스, 비질리우스 하우프니엔시스는 SK의 분신이 아니며 그의 사상과 본심이 아니다. 익명의 그리스인은 양보의 용어이다. SK는 익명적 그리스 원형, 개인적인 개성들에게 마음을 빼앗긴다. 상실된 현대의 영혼보다는 그리스인이 되는 것을 더 좋아한다. 그러나 그리스적 특성들에 대한 모순적 방법으로 행동한다. SK는 자신의 익명의 저서들에 대하여, "이 익명의 작품들은 나의 것은 단 한마디도 없다. 이 작품의 제3인칭을 제외하고는 이 작품들에 관하여 나의 의견은 존재하지 않는다."Søren Kierkegaard, *Concluding Unscientific Postscript*. "A First and Last Declaration". 551. SK의 본심과 그 정체성은 *BJ*에서 찾아야 한다. 그의 진실한 고백이 *BJ*에 들어 있기 때문이다. SK의 *BJ*은 심영보, *SK의 콤플렉스와 사이버신학*. 한국학술정보(주), 2022. 참조. 소피아교수의 논문의 마지막 단락에서, SK를 순교자로 보는 순교자의 소망 성취는 빗나간 분석이다. *BJ*에서, 그는 순교의 개념과 영역을 다르게 보고 있다. 심영보, Ibid., "SK는 순교자가 아니다." 365-378.

75) *BJ.*, No.1620.

76) *BJ.*, No. 3330. 1844년.

77) SK, *Fear and Trembling/Repetition.*, ed. and trans. Howand V. Hong and Edna H. Hong (Prinston: Prinston University Press, 1983), 149.

78) *BJ.*, No.4243, 4244, 4269, 4276, 4279, 4288, 4293, 4897.참조. SK적 아이러니는 무엇인가? *BJ.*, No.786, 5894, 5908, 5942, 5974, 5999, 6025, 6549, 6721, 6739, 6907. 참조.

79) *BJ.*, No.1680. *SV1*: Søren Kierkegaard's *Samleds Vaerker* [The Collected Works of Søren Kierkegaard]. Edited by A. B. Drachmann, J. L. Heigberg, and H. O. Lange 1ˢᵗ ed. 14vols. Copenhagen, 190101906. 그리스인들의 결투 넘버-평행에 대한 관계-그리스 음악의 으뜸음

에 대한 관계 *BJ.*, No.2316 그리스에서 추방은 가장 심각한 형벌이다. *BJ.*, No.4073.

80) 그리스 정신: *BJ.*, No.4107. 4085. **그리스의 자연**: *BJ.*, No.5279, 4008, 5889, 432-434, 4398. *"Something about Life's Four Stages, also Concerning Mythology"* 1837년, 1690, 1711. **그리스 문학**: Stanley Corngold, *Walter Philosopher Humanist Heretic*. 473. *BJ.*, No.5546. 5569, 5669. **그리스인의 운명**: *BJ.*, No.1263. 1850년. **그리스인의 신앙**: *BJ.*, No.1107. *FT.*, 37. 1843년. **그리스인의 선**: *BJ.*, No.932. **그리스인의 절제**: *BJ.*, No.199. *Cup.*, 100. **그리스인의 내세관**: *BJ.*, No.1944. **그리스 철학적 운동**: 고대 그리스 철학은 운동과 논리학의 문제가 차지한다. 현대철학은 운동을 설명하는 데 미흡하다. 이와 유사하게 "중재"(mediation)라고 불리는 카테고리도 존재하지 않는다. *BJ.*, No.3294. 현대철학에서 존재와 운동이 차지하는 비중은 적지 않다. 토머스 네일(Thomas Nail)의 *Being and Motion*. Oxford University Press. 2019. 참고하면 좋겠다.

81) 심영보, "SK의 귀신론: 혹시 내가 귀신인가?"(Kierkegaard's The Theory of Demons) 프로파일 하늘나그네. 2022. 7. 4. 이 칼럼에서, "**귀신**"은 영적인 대상으로서의 귀신이다.

82) *BJ.*, No.3310. 각주) 954. "**철학자**"라는 주제어는 *BJ.*, No.1199, 2087, 2266, 3243, 3282, 3309, 3311, 3316, 3712, 5270, 6391, 6412. 참고.

83) 시135:7, 롬9:32, 33.

84) *BJ.*, No.2374. 아이소포스는 필요성과 무용성 사이에는 선택이 없다는 것을 인식한다. "**악**"의 주제어는 BJ., No.305, 486, 636, 874, 966, 1185, 1249, 1251, 1262, 1302, 1447, 1614, 1653, 1940, 2499, 3041, 3089, 4228, 4401, 5227, 5231, 5586, 5607, 5979, 6191, 6224, 6235. 참고.

85) *BJ.*, No.6730.

86) *BJ.*, No.2951.

87) *BJ.*,No.894. Austin Fagothey, *Right and Reason*. 278-286.

88) Walter Kaufmann, *Nietzsche*, 360.

89) 심영보, SK와 사이버신학, "**키에르케고르는 민주주의의 적이다**. Kierkegaard's an Enemy of Democracy. https://blog.naver.com/jdewpoint/222223621635. 하늘나그네, 2021. 1. 28.

90) 심영보, Ibid., 195-198. 참조. "**군주**"의 주제어는 *BJ.*, No.4077, 4116, 4143. 참고. 홉스의 *리바이어던*은 구약성경 **욥기**와 **이사야**에서 차용해 왔을 것이다. 욥기 3:8, 41:1-33. 사27:1 리바이어던은 매끄럽고 꼬불꼬불한 전설적인 바다의 괴물로서 일종의 악어이다. 자아의 속성이란 바로 이 "매끄럽고 꼬불꼬불한" 특성을 지니고 있으며, 이 같은 특성은 초자아(Superego)는 하수구에 내버리고 본능(Id)으로 향하게 한다. 타자에 대한 배려나 관심은 안중에도 없는 배타적 반응을 일으킨다. 나홀로 단독자는 이웃에 대한 '환대의 개념'은 전혀 존재하지 않는다. *리바이어던*에서, 자아인식과 자기중심적인 사회의 도래를 예언하며, 인간의 심리적 기초를 확립하는 데 중요한 역할을 한다. Stanley Corngold, *Walter Kaufmann, Philopher, Humanist, Heretic*. Ch., 14. "What Is Man's Lot?" 427, 450. 홉스는 '**나홀로**'의 개념을 비감정적으로 정의하며, 이성을 "욕망을 위한 척후병"(scout for the desires)으로 생각한다.Michael J. Sandel, *Justice*. 118.

91) 심영보, "죽음의 미학: 죽음은 예술이다." 논문참고.

92) *BJ.*, No.5430.

93) *BJ.*, No.723.

94) *BJ.*, No.6036. 1847. (wie hat es der Mensch anzufangen um heiter und schmerzlos zu sterben.)

95) 막9:18. 심영보, Ibid., 125-147. "죽음"의 주제는 *BJ.*, No. 245, 246, 253, 257, 416, 429, 496, 534, 568, 712-731, 805, 816, 841, 1005, 1095, 1270, 1472, 1474, 1523, 1525, 1655, 1723,1949, 2134, 2246, 2405, 2407, 2850, 2908, 3904, 3908, 3915, 3951, 3994, 4039, 4042, 4046, 4354, 4419, 4458, 4484, 4513, 4639, 4798, 4885, 5126, 5185, 5256, 5292, 5298, 5451, 5470, 5800, 5878, 5900, 5948, 5995, 6026, 6369, 6612, 6741. 'SK의 죽음'에 관한 주제: *BJ.*, No.5335, 5490, 5665, 5999, 6001, 6006, 6009,6051, 6104, 6106, 6108, 6152, 6193, 6194, 6200, 6211, 6220, 6221, 6222, 6227, 6229, 6232, 6238, 6242,6250, 6259, 6319, 6237, 6359, 6380, 6382, 6383, 6388, 6391, 6415, 6418, 6540, 6541, 6555, 6574, 6583,6607, 6609, 6663, 6664, 6842, 6898. 참고.

96) Henry David Thoreau, *Journal*, January 27. 1853.

97) 출21:24, 레24:20, 신19:21

98) 마18:21-22.

99) *SKB.*, 311.

100) *SKB.*, 333.

101) BJ., No.6032.

102) BJ., 551.

103) BJ., No.6212.

104) *SKB.*, 332-333.

105) BJ., No.6229.

106) BJ., No.6407.

107) "작가"의 주제어는 BJ., No.121, 127,128, 137, 146, 156, 160, 715, 930, 2105, 2151, 2237, 2964, 5063, 5241, 5644, 6547. 참고.

108) Thoreau, *Journal*. 1851. 9.2.

109) *BJ.*, No.5999.

110) *BJ.*, No.5913. *JG*. 435. 1846년.

111) *BJ.*, No.6050. *"The New Book will be Entitled."*

112) *BJ.*, No.6012. *PC*가 출판되자, SK는 양심이 자신을 구했다고 고백한다. "이제 나는 행복할 것이다. 내가 생각한 대로 인생에서 기뻐할 것이다. 내가 생각한 것이 매우 어렵게 되었으며 다른 측면이 모두 옳다고 판명된 것으로 부터 행운은 거의 요구되지 않았다. 나는 내 양심을 구원했으며 나는 그것을 말해왔다." 또다시 그의 양심은 흔들렸다. 아버지의 친구, 저명한 뮌

스터 대주교의 라인에 서게 된다면, 자신의 미래는 꽃이 피게 될 것이다. "나는 뮌스터 주교와 충돌을 피해 왔으며 실제적으로 아무런 일이 발생하지 않았다. 그러나 내 양심은 … 아직 아니다. 소책자-코르사이르(Corsair) 사건-에서, 뮌스터 주교는 코르사이르의 골드스크미트 (Goldschmidt)와 함께 나를 동일한 수준의 저자로서 올려놓기를 원했다. 이것이 무엇인가? "**양심**"의 주제는 *BJ*., No.183, 503, 534, 1264, 1348, 1382, 1486, 1527, 1556, 1586, 1613, 1960, 2040, 2130, 2461, 2550, 2825, 3029, 3214, 3362, 4005, 4018, 4064, 4213, 4431, 4690, 4874, 4935, 4936, 5595, 6012, 6488, 6686, 6728, 6842. 참고.

113) "**고독**"의 주제어는 BJ., No.100, 125, 1371, 1988, 2017, 2442, 4285, 4769, 4885, 5764, 5953, 6318. 참고.

114) *BJ*., No.5219.

115) *BJ*., No.5160

116) 괴테의 **파우스트(*Faust*)**는 직접성의 드라마이다. **파우스트**는 아이러니의 밀물과 썰물의 본고장이며, 아이러니의 썰물과 흐름 속에 있다. 아이러니는 파우스트 자신에 의하여 유머러스하게 해석된다. SK는 괴테의 아이러니와 유머의 본질이 무엇인가를 묻는다. 파우스트 스토리는 ***그림자를 판 사나이***라는 소설을 쓰는 계기가 된다. 샤미소가 1831년에 발표한 소설, *그림자를 판 사나이*(원제; 페터 슐레밀의 이상한 이야기)는 황금이 무진장 나오는 마법의 주머니에 현혹되어 자기 그림자를 판 사나이 슐레밀의 이야기이다. 세상을 황금으로 가득 채울 수도 있지만 그림자가 없는 슐레밀은 사랑하는 여인 앞에서도 자신이 이 세상의 존재임을 증명하지 못하고 세상을 떠돌게 된다. 그는 존재의 근거를 잃어버린 것이다. 그림자의 상실은 존재 상실의 위기감이 도처에서 음험하게 서멀거리는 오늘날 더 강렬한 상징의 힘을 가진다. 그림자를 잃어버린 슐레밀처럼, 우리도 주인을 잃어버린 그림자처럼, 어디른가 하염없이 떠돈다. *BJ*., No.5160. 기독교는 이러한 모순의 원리를 벗어나지 못하며, 괴테가 파우스트에서 보여주고 싶어했던 것은 바로 이러한 명제 이외에 다른 것은 없었다. *BJ*., No.699. 괴테에게 신은 사랑이며, 사랑은 또한 신이다. 이 신적인 사랑을 수많은 여성들을 통해 깊이 체험한 시인의 마지막 말-"영원한 여성이 우리를 이끌고 올라간다."-이 *파우스트* 스토리의 전체를 맺는말이라고 할 수 있다.

SK가 앞서 언급한 자신의 저서 제목을 괴테의 작품에서 인용하고 있다는 것을 밝히고 있지 않다. 심영보, Ibid., "VII. SK 멘토들 36. 파우스트", 319-321에서 파우스트를 SK의 문학적 멘토로 소개하고 있다. *BJ*에서, "**파우스트**"에 주제어는 *BJ*., No. 699, 1568, 2922, 4387, 5139, 5160, 5167, 5412. **괴테**에 대한 언급은 *BJ*., No.827, 1027, 1046, 1068, 1541, 1802, 1804, 2344, 2565, 3501, 3813, 3872, 3895, 4386, 4643, 5011, 5117, 5120, 5121-24, 5160, 5163, 5195, 5373, 5427, 5897, 6353, 6473, 6667, 6903. 참고.

117) Thoreau, *Journal*. 1854. 4.12.

118) Ibid., 1841. 2.8.

119) 에드워드 게이스마르(Eduard Geismar)는 그의 여름휴가를 "자아인식의 여름방학"(summer

vacation of self-knowledge)으로 칭한다. Eduard Geismar, *Søren Kierkegaard*, I-VI, Copenhagen: 1927-28, I, p.29) *BJ.*, Volume 5. Part One 1829-1848. 472.

120) 심영보, Ibid., 417-418.

121) 신32:48, 수1:1. *BJ.*, No. 859. 모세가 한 많은 이상적 인생을 보냈다면, 여호수아는 행복한 현실적 삶을 보낸다. 이것을 유추공식으로 표현하면, 다음과 같다:

122) *BJ.*, No. 297.

123) *BJ.*, No. 4407. 2533.

124) *BJ.*, No.3377. 4366. 인간의 눈을 제대로 뜨지 못하게 하는 빛의 세기는 동일하다. 이것을 유추공식으로 표현한 것이다.

125) *BJ.*, No.6141. 민12:3, 마25:1-13

126) 눅23:43 "**모세**" 주제어는 *BJ.*, No.297, 413, 833, 859, 951, 1122, 1540, 2533, 2734, 2855, 3234, 3377, 3984, 4053, 4182, 4460, 5013, 6141, 6897. "**약속**"의 주제어는 *BJ.*, No.1740, 3024. 참고.

127) 전8:15

128) *BJ.*, No.5321. 1838. 아타나시우스는 알렉산드리아(Alexandria)의 대주교로서, 그리스도의 신성(神性)을 부정하는 아리우스파(Arianism)의 학설의 반대자이다. SK의 관심은 괴레스가 "**식탁의 철학자**"(dining table philosopher)로 알려져 있기 때문이다.

129) 심영보, Ibid., 92-94.

130) *BJ.*, No.5210. "**괴레스**"의 주제어는 *BJ.*, No.3810, 5173, 5182, 5210, 5321, 5492. 참조.

131) 심영보, Ibid., II. SK의 스토이시즘과 금용주의, "탕자이다(1)", 65-69. "**탕자**" 주제어는 *BJ.*, No.2875, 3939, 3949. 참고.

132) *BJ.*, No.84. "**원시성**"에 대한 주제어는 *BJ.*, No.84, 214, 216, 648, 649, 650, 654, 655, 657, 1028, 1067, 1135, 1646, 1648, 1769, 2035, 2077, 2080, 2298, 2607, 2907, 2917, 2978, 2999, 3088, 3220, 4183, 4296, 5914, 6463. 참고.

133) Thoreau, *Walden*. "The Ponds". 1854.

134) Chiesa, *Subjectivity and Otherness: A Philsophical Reading of Racan*. 44.

135) Lacan, *The Seminar Book II: The Ego in Freud's Theory and in the Technique of Psychoanalysis*. 1954-1955. 8. SK에 의하면, "인간 자아를 결정하는 요소는 자아의식이다. … 자아는 제한과 무제한의 의식적 종합이다."(The determining factor in the self is consciousness, *i.e.* self-consciousness. … The self is the conscious synthesis of the limited and the unlimited.) Reinhold Niebuhr, *The Nature and Destiny of Man*. 171.

136) Chiesa, *Ibid.*, 55.

137) 심영보, Ibid., 430-443, 485-490.

138) Timothy Keller, *The Prodigal God*. Penguin Group. 2008.

139) Karen Blixen, *Babette's Feast*. 38.

140) Charles Hampden-Turner, *Maps of The Mind*. 24.

141) 눅14:12-14.

142) 요6:35.

143) 삼상19:9-24.

144) 최태선 옮김, *작정하고 시작하는 그리스도인 공동체*(2022). 64-66, 85-86, 399.

145) Ibid., 280.

146) Ibid., 260-271. 빌2:7.

147) 시23:4

148) *BJ.*, No.5801. 심영보, Ibid., 45, 499. 각주)34 참고.

149) 그의 *MBTI*와 인생철학에 대해서는 심영보, Ibid., 483-490. 참고.

150) "용기"의 주제어는 *BJ.*, No.490, 12001324, 1372, 1644, 2179, 2180, 2987, 3907, 3912, 4183, 4381 참고.

151) Thoreau, *Walden*. "Conclusion" 1854.

152) *BJ.*, No.5500. 1841년.

153) "댄스, 댄서"의 주제어는 *BJ.*, No.133, 1079, 3064, 6591, 6731, 6919. 참고.

154) 로마의 황제, 칼리굴라는 간질병환자였다. SK가 *BJ.* No. 5186에서 자신의 처지와 유사하게 인용한다.

155) *BJ.*, No.5239 1837. 7월. 11.

156) 심영보, Ibid., "III. SK의 콤플렉스 -그는 뇌전증 환자였는가?-" 123-148. Justinus Kerner, *Die Dichtungen von Justinus Kerner*(Stuttgart, Tubingen: 1834), pp. *Erscheinung aus dem Nachtgebiete der Natur*(Stuttgart, Tubingen: 1836), pp 215 ff., esp. pp.217-18.

157) 고전2:11. *BJ.*, No. 5240. July 13, 1837.

158) *BJ.* No.2595, 2484, 6794.

159) *BJ.* No.2594. *E/O.* I. 64. SYB에 의하면, SK의 첫사랑은 **보레트(Bolette)**이며, 두 번째 애인이 며 마지막 사랑은 **레기네(Regine)**였다. 신학을 전공한 그는 목사의 딸인 보레트와 코펜하겐 시의원의 딸인 레기네 사이에서 사랑의 저울질을 했다. 신화란 해독될 수 있는 암호이며 현실을 논리적으로 배열하는 하나의 수단이 된다. Kurt Hubner, *Die Wahrheit des Mythos*. 이규영 옮김, *신화의 진실*, 민음사, 1991. 566. SK는 레기네를 그리스 여신, 다이애 나처럼 만들고자 했다.

160) 창3:24.

161) *BJ.* No.5219-5220. SK에 배신을 당했다고 생각한 보레트는 남성들에 대한 트라우마로 1857년, 결혼 적령기를 훨씬 넘긴 34세가 되어서야 니콜라이 L. 페일베르그(Nicolai L. Feilberg. 1806-99) 목사와 결혼한다.

162) SK의 첫사랑, 보레트(1815-1887)는 그보다 2살 아래였다. 그녀의 가족은 아버지, Thomas Schatt Rørdam(1776-1831)가 목사로서 먼저 세상을 떠나고 미망인이 된 그녀의 어머니,

Cathrine Rørdam(1777-1842)과 오빠, Peter Rørdam, 장녀 Elisabeth, 둘째, Emma, 셋째, Englke, 그리고 보레트가 막내였다. 그는 1836-38년, 보레트와 3년 동안 사귀면서, 레기네에게 프로포즈 전까지 양다리를 걸치고 있었다. 보레트에게 결정적으로 집착하게 된 날짜는 1837년, 5월 8일이다. 그리고 다음 날의 날짜가 지워져 있다. *BJ.* No.5175-5176.

163) *BJ.* No.2595. "사랑은 모든 것을 덮어주고 모든 것을 믿고 모든 것을 바라고 모든 것을 견디어 낸다." 고전13:7.

164) *BJ.*, No.5515.

165) 심영보, Ibid., "SK는 자살했다?", 90-91.

166) *Ibid.*, "유언장, 왜, *재판관의* 책이라고 하는가?", 32-35.

167) *Ibid.*, "SK 콤플렉스-그는 뇌전증 환자였는가?", 123-148. "**육체의 가시**"의 주제어는 *BJ.*, No.2635, 4368, 4585, 4644, 4654, 5913, 6002, 6011, 6021, 6025, 6183, 6224, 6396, 6468, 6492, 6532, 6659, 6769, 6837, 6906. 참고.

168) *Ibid.*, "**키에르케고르는 고드름이다.**", 114-115.

169) 심영보, Ibid., "**SK의 *MBTI* 분석**", 483-490.

170) Henry David Thoreau, *Walden*. 293.

171) 심영보, Ibid., 171-178. 참고.

172) "**논리**"의 주제어는 *BJ.*, No.196, 199, 259, 759, 1567, 1602, 1605, 2341, 3658, 5599. 참고. 가능성과 실재성을 가지고 대조해 볼 때, 필요성은 변화될 수 없다. 가능성은 실재성에 의하여 폐지된다. 가능성과 실재성은 상호 배타적이다. 각자는 타자의 비존재이다. 따라서 필요성은 가능성과 실재성의 종합이 될 수 없다. *PF.*, 91-92, *PS.*,70. Joseph H. Smith, M.d., *Kierkegaard`s Truth: The Disclosure of the Self.* 218-219.

173) 그리스의 냉정이 우리 시대의 철학자들 사이에서 거의 찾아 볼 수 없다. 그리고 예외적인 창의력은 유일하게 진부한 대체품이다. 좋은 멘트들은 트렌델렌브르그Trendlenburg의 *Logische Untersuchungen*에서 발견된다. 그러나 트렌델렌브르그는 그리스 사람들에 의하여 형성된 것이다."*BJ.*, No.199.

174) *BJ.*, No.5796.

175) *BJ.*, No.5787. /SYB는 "2023년 11월 11일, 신촌평광교회, 한국 키에르케고어 학회, 정기학술 컨퍼런스 '논문발표'에 대한 비평적 성찰"이라는 글, "**유머**" 주제, 미학적 단계-[아이러니]-윤리적 단계-[유머]라는 관계성을 논하는 자리에서, 아이러니와 유머 사이에 [코믹]이 있다는 것을 주장했다. 즉 [아이러니-코믹-유머]라는 SK의 카테고리적 분류는 논리적 사고가 아니면, 이해할 수 없는 의식의 흐름이다. SK의 "**논리학**" 주제에 관하여, *BJ*, No.198, 199, 259, 759, 1567, 1602, 1605, 2341, 3658, 5599등과 *BJ* 전체에서 주장한다. *CA*을 비롯한 27명의 익명들은 아바타들이다. SK의 진정한 목소리가 아니다. 그의 진정한 사상은 유언한 책, *BJ*을 읽어 보아야 알 수 있다. 특히 SYB는 4,066쪽에 달하는 그의 *BJ*에 대한 분석을 끝냈다. 특히 라인 바이 라인을 탐색해 보면서 SK의 **뮈토스-파토스-에토스-로고스**를 살펴보았다. "**익명적**

작품들"의 주제어는 *BJ.,* No.5636, 5648, 5803, 5826, 5828, 6407, 6567. 참고.

176) "**뮌스터**"(Mynster, Bishop Jakob P.)의 주제어에 대하여 *BJ.,* No.77, 172, 265, 335, ... 6961, 6962, 6967에 이르기까지 적지 않게 많이 언급하고 있다.

177) 마25:1-13.

178) 아리스토텔레스(Aristole, 384-322 B.C.)의 논리학에서: *BJ*에서 SK는 핵심적인 자신의 논리학을 아리스토텔레스가 도표로 제시하는 **논리학 3분법-"물질-형식-상실"**(matter-form-deprivation)에서 차용하여 도약이론으로 내세운다. 그가 인용하는 아리스토텔레스에 대하여, *BJ.,* No7, ... 6974를 분석해 보라. 특히 *BJ,* No.5598-5599를 살펴 본 후에, 그가 베를린에서 셸링의 논리학-"논리학은 *Πρώτη Φιλοσοφία*이 되어야만 한다."-라는 뜻이 무엇인지 파악해 본다면, 그가 얼마나 많은 에너지를 논리학에 쏟아 붓고 있는지를 알 수 있다. 그는 셸링의 논리학을 자신의 강의 노트형식으로 *BJ*에서 소개하고 있다. **데카르트(Descartes, 1596-1650)의 논리학에서:** 마르텐센 교수(Martensen)는 데카르트는 의심을 위하여 회의주의자처럼 의심한 것이 아니라 진리를 찾기 위하여 의심했다는 헤겔과 스피노자의 말에 감동을 받았다. "기적은 모순 없는 영혼의 유일한 열정이다"이라고 데카르트는 가르친다. 따라서 사람은 이것을 모든 철학의 출발점으로 삼는 것이 매우 정당하다고 본다.(735)

정직한 열정을 보는 것은 멋진 환희요, 장관이다. 데카르트는 이 열정을 가지고 모든 것을 의심해 보았으며 기존의 이론을 뒤엎는 방법을 추구하지 않았다. 타자들을 동일한 의심으로 끌어들이지 않는다. *방법에 관한 담론(Discourse on Method)*에서 데카르트는 이러한 예시들을 충분히 밝히고 있다.

비록 자연적인 관점에 반대되는 것을 가르친다 할지라도 데카르트는 거룩한 계시는 믿어야 한다고 생각한다.(736) SK는 데카르트를 호평하면서 데카르트의 방법에 관한 담론에 특별한 관심을 가졌다. SK는 데카르트의 표현, "모든 것은 의심해야 한다"(*de omnibus dubitandum est*)를 당대 사람들의 오해를 받았던 의심의 본질에 관하여 자신의 철학적 숙고의 타이틀로서 사용했다.

모든 의심에도 불구하고, 데카르트는 "거룩한 계시는 믿어야 한다."(A divine revelation should be believed)라고 주장한다. 그러나 SK는 "자유가 아닌 사유를 절대적으로 만들었다"고 데카르트를 비판한다. SK는 자유와 존재가 사유보다 한 수 위로 보고 있다.

20세기 중반에 데카르트의 원리, *cogito ergo sum*(English: "I think, therefore I am")은 라깡의 혹독한 비판을 받는다. 라깡의 원리는 "나는 생각하지 않는 곳에서 존재하고 존재하지 않는 곳에서 생각한다"(I think where I am not, therefore I am where I think not)라는 패러디임을 주장한다.

데카르트가 오프라인이라면, 라깡은 온라인이다. 데카르트가 아날로그라면, 라깡은 디지털이다. 각주는 심영보, *키에르케고르의 콤플렉스와 사이버신학사상.* 한국학술정보(2022) 281-282 참고. SYB에 의하면, SK의 실존주의, 즉 실재론의 3단계가 있다. "심미적-윤리적-종교적 단계"에서 도약은 '존재-사고-자아파괴'를 거치는 과정에서 내향성을 지향한다. 그 결과 종교성 B에 이르게 된다. 만약 그의 실존이 본질이라면, 진리는 내향성이다. 소크라테스의 담론은 심미적-윤리적 단계에서, "시험을 받는 것"이다. SK는 "영원" 때문에 시험을 받는 것이다. 고통 없이 진리와의 만남은 불가능하다. 본질적으로, 고통은 진리에 속한다. 따라서 실존이란 야훼 하나님에 대한 관계성을 통하여 진정한 자아가 되는 것이다. 이러한 관점에서, SK는 "자아의 예언자"(The Prophet of Self)이다. 그의 실재론을 동시에 부정하는 가상현실의 등장은 데리다, 라깡 등에서 찾아 볼 수 있다. 이른바, '실재론과 비실재론은 둘다 비실재론이다'라고 할 수 있다. 그러나 VR과 AI 기술은 인간 정신을 해방시켜 주어야 한다. 절대로 인간을 노예로 만들어서는 안 된다. 그러나 지구촌은 "인드라 넷"(Indra's Net)처럼, 하나의 전자 매체로써 동시통합적인 네트워크로 구축되어 있다. 현재, 21세기야말로 새로운 '디지철학'과 '사이버 신학'의 시대가 도래한 것이다. 어디에 VR와 AI의 진리가 있는가?(Where is the truth about VR'and AI'?) "언제나 그랬듯이 진리는 중앙에 자리 잡고 있다" 아돌프 트렌델렌부르크(Adolf Trendelenburg, 1802-1872)의 "카테고리의 교리에 관한 두 개의 논문"에서: SK의 논리학은 "카테고리"가 기본이다. 이 카테고리를 이해하지 못하면, SK의 사고체계를 이해할 수 없다. 그의 기본적인 출발은 독일의 철학자, 아돌프 트렌델렌부르크의 "카테고리의 교리에 관한 두 개의 논문"을 참조한다. SK 자신의 논리를 다음과 같이 주장한다. "이 모든 것은 나의 논리적 테제에서 발견할 수 있는 나의 논문과 연관되어 있다. 논리는 변증법과 파토스로 가득한 변화 사이의 차이이다." 이 같은 주장은 아돌프의 지대한 영향이었다. 아돌프의 자세한 논리는 *BJ.*, No.199, 263, 1941, 2341, 2352, 3300, 3306, 4252, 5742, 5977, 5978.에서 엿볼 수 있다.

PART II

1) Georg Christoph Lichtenberg, *The Waste Books*. E 252, 1765-1770. "리히텐베르크"의 주제어는 *BJ.*, No.3855, 5241, 5245, 6079. 참고. *BJ*에서 리히텐베르크를 소환한다. 물리학자요, 풍자가로서 시대적 악습이나 어리석음을 비웃고 비판하는 리히텐베르크를 높이 평가한다. *SLW*의 서문에서, 그의 가장 유명한 격언 중 하나의 버전, "이런 일들은 거울이니 원숭이가 들여다볼 때에는 사도가 없다. 밖을 내다 봐."라고 충고한다.

2) *BJ.*, No.5049. "The Forgery" 1854.

3) *BJ.*, No.6165

4) *BJ.*, No. 586, 6523. 이러한 SK의 주장은 그의 **행복론**과 밀접하게 연관되어 있다.

5) "**소크라테스**"의 주제어는 *BJ.*, No.19, 73, 88, 109, ... 255, ... 318, ... 649, ... 754, ... 6903, 6919, 6920, 6945. 참고.

6) *BJ.*, No.4244. 4246.

7) *BJ.*, No.4288. "**키케로**"의 주제어는 *BJ.*, No.1597, 1952, 2328, 2558, 3062, 4288, 4303, 5921, 5933, 6794. 참고.

8) Henry David Thoreau, *Journal*, January 5. 1856. SK는 **"펠라기우스 황소"**(Pelagius' Ox)를 소환한다. 청동으로 만들어진 이 황소는 옆에 문이 달려 있다. 가학적 잔인성을 드러내는 펠라기우스(기원전 570년경-554년)는 자신의 정적들을 처형기계인 황소에 집어넣고 밑에서 불을 땐다. 그 속에서 들려오는 신음소리, 비명소리를 듣는다. *BJ.*, No.29, 1565, 4034. 이 비명소리를 아름다운 음악소리로 누가 들을 수 있겠는가? 하나님께서 사용하시는 사람들은 이보다 훨씬 더 나쁜 공간에 갇혀 있다. *BJ.*, No.6895.

9) 요18:38, 요19:5. **"빌라도"**(Pilate)의 주제어는 *BJ.*, No.332, 359, 360, 363, 1440, 1801, 3199, 3348, 4214, 4646, 4858, 6156, 6635. 참고.

10) *BJ.*, No.4858. 모든 인간은 진리를 소유하고 있다. 소크라테스의 진리추구는 인간 내부에 있으며 자신의 노력에 의하여 진리를 발견할 수 있다. 그러나 SK는 **단편(*Fragments*)**에서 클리마쿠스는 신을 **"알 수 없는 이"**(The Unknown)이라고 부른다. 인간은 단지 신처럼, 인간됨을 만들기 위하여 인간이 된 "알 수 없는 이"에 의하여 진리에 도달할 수 있다고 주장한다.

11) *BJ.*, No.3058. **"진리"**에 대한 주제어는 *BJ.*, No.414, 499, 580, 591, 641, 671, 678, 753, 829, 930, 977, 1044, 1049, 1066, 1197, 1243, 1429, 1445, 1542, 1682, 1804, 1825, 1957, 1977, 1987, 2043, 2046, 2102, 2165, 2299, 2301, 2358, 2463, 2467, 2500, 2512, 2517, 2542, 2650, 2923, 2932, 2935, 2944, 2963, 3058, 3070, 3141, 3218, 3484, 3608, 3616, 3666, 3668, 3669, 3670, 3672, 3694, 3772, 3852, 4052, 4112, 4119, 4160, 4198, 4228, 4265, 4267, 4280, 4299, 4315, 4375, 4433, 4540, 4565, 4572, 4619, 4649, 4653, 4656, 4686, 4728, 4765, 4944, 4958, 4962, 4975, 4976, 4986, 5052, 5034, 5043, 5100, 5263, 5272, 5417, 5620, 5646, 5752, 5788, 5793, 5794, 5795, 5796, 5883, 5948, 5964, 6050, 6051, 6075, 6224, 6243, 6301, 6302, 6440, 6500, 6646, 6680, 6861, 6911.

12) 마27:19.

13) *BJ.*, No.332.

14) 눅23:13.

15) 눅23:16 *BJ.*, No.363. 1854.4.14.

16) *BJ.*, No.6156.

17) *BJ.*, No.1801.

18) 요19:19-22.

19) 마4:10

20) Neal Stephenson, *Snow Crash*. 276-277.

21) 롬16:19. "선한 일에는 슬기롭고 악한 일에는 순진하기를 바란다."

22) 창49:1-28

23) 결국 빌라도는 에디오피아 교회에서 "성인"으로 추대되었고, 그의 아내 프로클라는 그리스 교회에서 매년 10월 26일 "성녀"로서 기념이 되고 있다.Giorgio Agamben, *Pilate and Jesus*, 5. 본디오 빌라도는 로마로 귀국하고 난 후, 티베리우스 황제(Tiberius Caesar Augustus, 42년 11월 16일 ~ 37년 3월 16일, AD.)에게 유죄 판결을 받고 감옥에서 자살을 했다. *제2의 성서 아포크*

리파. 241-252.

24) 요19:17-22.

25) Henry David Thoreau, *Walden*. 1854. 196.

26) 꼬리를 삼키는 자, 뱀 또는 용이 자신의 꼬리를 물고 삼키는 모양으로 무한대의 원형을 의미한다. 시작이 곧 끝 이요, 끝이 곧 시작이다.

27) "**부루노**"의 주제어는 *BJ*., No.1221, 1357, 634, 3048. 참고. 배신의 대가로 받은 250달러를 보너스로 생각하고, 또한 죽고 난 후, 브루노의 유서장에 500달러를 주겠다고 약속한 주인의 말에 종의 마음과 심정이 어떠했을까? 부루노는 예수가 가룟 유다를 향하여 마지막으로 부른 "**친구여**"를 그대로 실천한 인물이다.

28) *BJ*., No.1221 "A dramatic motif" 185.

29) 마26:58. SK는 *재판관의 책*에서, "**용서**"의 주제를 다음과 같이 밝힌다. *BJ*., No.67, 502, 637, 1042, 1100, 1123, 1206, 1215, 1216, 1341, 2195, 1216, 1341, 2195, 2436, 2483, 2907, 3084, 3085, 3628, 3825, 4012, 4029, 4506, 4507, 4654, 4787, 5928, 5963, 6037, 6043, 6133, 6160, 6210, 6229.

30) 요12:14-15. *BJ*., No.3048 1847.

31) *BJ*., No.1357.

32) *BJ*., No.2634. 1572년, 24세의 나이로 브루노가 종교재판에 회부되어 화형을 당하게 된 것은 그의 우주론적 견해 때문이다. 브루노의 우주적 물질은 순수한 공기, 에테르, 영혼의 특성으로 고정되어 있기보다는 스스로 움직이는 추진력과 운동량에 따라 천체에 저항하지 않았다. 로마에서, 브루노는 1599년 7월 16일, '회개할 것이 너무 적고 회개하고 싶지 않으며 실제로 무엇을 회개해야 할지 몰랐다'고 선언했다.

33) 요9:22-23

34) 심영보 *하나님의 실수*. ㈜에세이퍼블리싱(2010)

35) 마13:24-30.

36) *BJ*., No.526. 심영보, Ibid., 447-449.

37) 롬5:20-21.

38) 롬14: 10-13. 심영보, Ibid., 172.

39) Thoreau, *Journal*. 1840. 7.27.

40) 눅17:20-21.

41) 욥39:27, 신32:11.

42) Ernst Bloch, *The Principle of Hope*. 박설호 역, 희망의 원리. 535-6. 1924. 145-148, 369-371, 606-7, 2009-10, 2072-73, 2119, 2141-42, 2330, 2910-2912, 2916-2917.

43) *BJ*., No.4309.

44) *BJ*., No.4840.

45) 출3:14 "**생성화**"의 주제어는 *BJ*., No.593, 1057, 1635, 2011, 2045, 2345, 2450, 3294, 3716, 3852, 3853, 4319, 4322, 4363, 4933, 5712. 참고.

46) 심영보, Ibid., 381-385.

47) *BJ.*, No.3099.

48) 마8:20.

49) *SBNR:영적이지만종교적이지않은*Spiritual But Not Religious.

50) *RBNS:종교적이지만영적이지않은*Religious But Not Spiritual

51) 눅9:58.

52) https://blog.naver.com/jdewpoint/130165985710.

53) 창11:4-9.

54) Stephen Fender, *Henry David Thoreau Walden*. Oxford University Press, 1997, 199.

55) 고전3:9, 16-17.

56) Thoreau, *Journal*. 2, 1853, 4.

57) 심영보, Ibid., 399-443. 참조.

58) *BJ.*, No.6842. **아바타**는 메타버스 안에서 의사소통을 원하는 시청각적 가짜 몸둥아리이다. Neal Stephenson, *Snow Crash*. 44.

59) 요16:7

60) *BJ.*, No.294. 1839. 3. 13.

61) 요11:51-52.

62) "**예언자**"의 주제어는 *BJ.*, No.2858, 4388, 5436. 참고

63) *BJ.*, No.6220. 미래란 "어두워 보이지만, 나는 평화롭다."(The future looks dark, and yet I am so at peace.) *BJ.*, No.6394. 현재시제는 *BJ.*, No.1067, 1232, 1245, 2796, 3075, 3077, 3796, 5270, 5395, 5398, 5640, 6004, 6220, 6222. 미래시제는 *BJ.*, No.98, 1245, 1327, 1654, 1769, 3737, 4794, 6006, 6072, 6075, 078, 6108, 6204, 6222, 6236, 6555, 6919. 전체적인 시간관-역사history-은 *BJ.*, No.5에서 6967에 걸쳐서 언급하고 있다.

64) *BJ.*, No.3298, 4883.

65) 심영보, *시간의본질이란무엇인가*. "들어가는 말."

66) Thoreau, *Walden*. "Where I lived, and What I lived for", 90. 1854. 7.

67) *BJ.*, No.5475. 1840.

68) 요8:6-8.

69) *BJ.*, 288, 5351.

70) 마10:34—36, 눅12:49-53.

71) https://blog.naver.com/jdewpoint/222897163000.

72) 심영보, Ibid., 358.

73) *Ibid.*, 537.

74) SK의 단독자 사상은 독일의 신학자요, 본회퍼(Dietrich Bonhoeffer)가 자신의 저서, **나를따르라**(*Nachfolge*)에서 **단독자**의 동일한 메시지를 전한다.

75) 신32:12.

76) 요15:13-14.

77) *BJ.*, No.222.

78) 눅10:25-37.

79) "**자기애**"의 주제어는 *BJ.*, No.2037, 2384, 2412, 2415, 3771. 참고.

80) 마25:31-46.

81) 빌2:5-11.

82) 벧전1:4:10.

83) "**이웃**"의 주제어는 *BJ.*, No.221, 222, 887, 942, 943, 1207, 1380, 1413, 2400, 2430, 2434, 2435, 2525, 2918, 3915, 4163, 4185, 4447, 6628. 참고.

84) 창18:1-8.

85) 창8:21.

86) 창6:6.

87) *BJ.*, No. 106-107.

88) *BJ.*, No.6771. 그가 말하는 "사적인 수단"이란, 17년에 걸쳐 출판사 Reitzel로부터, 책 판매대금과 사례금 honoraria을 해마다 평균300 릭스 달러 받음/300*5=1500 달러/1838.8.9.일 부친 사망 후, 10년 동안 유복한 생 활로 19권 출판비용을 충당한다.

89) *BJ.*, No.3760. "*Double-Danger*".

90) "**칼빈**"의 주제어는 *BJ.*, No.1190. 1704, 2328, 2538, 3575, 3760, 4742, 6756. 참고.

91) Desiderius Erasmus, *In Praise of Folly*. No. 230. *BJ.*, No.153, 3163, 3761, 4781. 참고.

92) 마5:1-48.

93) 소로의 영성은 무엇인가? 예리한 송곳으로 날카로운 칼끝을 찍을 수 있도록 늘 깨어 있는 것이다. 자연의 음악당에 찾아가 신과 교제하는 것이다. "오늘 오후를 어떻게 보내야 할지 알려줄만한 책의 구절이 떠오르지 않는다. 시간을 어떻게 절약할 수 있고, 그래서 어떻게 부자가되고, 하루를 헛되이 보내지 않을 수 있는지, 나는 그런 것은 별로 알고 싶지 않다. 내가 할 일은 자연에서 신을 찾고, 신이 숨어 있는 장소를 알아내고, 자연에서 벌어지는 모든 오라토리오 (oratorio)와 오페라(opera)에 참석하고자 늘 깨어 있는 것이다." Thoreau, *Journal*. 9.7. 1857. 소로의 멘토 에머슨(Emerson)은 소로의 인품을 다음과 같이 언급한다: 그는 직업 없이 자랐다. 그는 결코 결혼하지 않았다. 그는 홀로 살았다. 그는 결코 교회에 가지 않았다. 그는 결코 투표하지 않았다. 그는 국가에 세금 내는 것을 거부했다. 그는 육식을 하지 않았다. 그는 술을 마시지 않았다. 그는 결코 담배를 피우지 않았다. 그는 자연주의자이지만, 덫이나 총을 사용하지 않았다. 소박한 생활과 고결한 사상으로, 행위에 의한 긍정의 철학으로 살았다. 소로의 긍정은 **행위에 의한 긍정**이다.

94) *BJ.* No. 154. 아리스토파네스는 자신의 *희곡전집*에서 유일하게 소크라테스를 비판한 작가로 등장한다. *BJ*, No.4456-4258, 미주557-559. SK의 아리스토파네스를 포함한 희곡에 대한 3차원적 연구의 아웃라인은 *BJ.*, No. 5192. 참고. 랑프리에르(John Lempriere)의 *고전사전*

(*Classical Dictionary*)에 의하면, "아리스토파네스가 세계문 학사상 가장 위대한 희극작가라는데 이의를 제기할 사람은 아무도 없을 것이다. 그에 비하면, 몰리에르(Moliere)는 지루하고 셰익스피어는 어릿광대 노릇하는 것처럼 보인다."라고 평가한다.

95) *BJ.* No. 4257.

96) "**아리스토파네스**"의 주제어는 *BJ.*, No.154, 1088, 2814, 4256, 4257, 5192, 6392, 6602. 참고.

97) *BJ.*, No. 590.

98) 고전3:16-17.

99) *BJ.*, No. 2073.

100) "**단독자**"의 주제어는 *BJ.*, No. 100, 436, 1997, 56344, 5975, 6095, 6358, 6360, 6388, 6552, 6659, 6731, 7653, 6778, 6780. 참조. 특별한 단독자는 6357 참고.

101) 시91:3-6. *CUP*, 272.

102) *BJ.*, No. 5290.

103) Thoreau, *Journal.* 1853. 3.20. 1856. 12.7.

104) *BJ*, No.575. 크라이소스톰.

105) *BJ*, No. 576.

106) 마26:69-75.

107) 마7:24-27. *BJ*, No.577. 크라이소스톰. 크라이소스톰은 외적인 것과 이성적인 것을 부정한다. 이것이 SK로 하여금 내적인 자아의 각성, 영적인 것으로 방향 전환을 추구케 한다.

108) 출3:14.

109) *BJ.*, No.2737. *BJ.*, No.200.

110) 출7장-12장. 문학적 관점에서 실존주의는 나단 스콧(Nathan Scott)의 현대문학과 종교적 변방(*Modern Literature and Religious Frontier*)에서, 현대인의 실존적 딜레마를 형상화한 4가지 신화-1. "고독과 소외의 테마를 제시한 '소외된 자의 신화'(Myth of Isolato), 2. 무의 신화와 현대세계의 의미를 형상화한 '지옥의 신화'(Myth of Hell), 3. 비합리적인 자아나 세계에서의 고통스러운 항해를 투사한 '항해의 신화'(Myth of Voyage), 4. 화해와 구원의 테마를 묘사한 '성의 신화'(Myth of Sanctity)"-를 참고하면 좋겠다.

111) *BJ.*, No.4898.

112) 시31:5, 눅23:46

113) 막15:34, 마27:46.

114) *BJ.*, No.323.

115) *BJ.*, No.4611. 신성(the divine)은 이 땅에서 매우 잘 이동한다. 그러나 하나님의 영이 불타는 덤불 속에서 모세에게 나타나시는 것처럼, 자신의 등장을 위한 조건으로 이 땅의 것이 파괴되는 것을 요구하지 않는다. 불은 타오르고 있지만, 재를 남기지 않는다. FT, 80. *BJ.*, No.833.

116) *BJ.*, No.4980.

117) *BJ.*, No.4145. 요19:6,15, 눅23:46.

118) *BJ.*, No.2925.

119) "군중"의 주제어는 *BJ.*, No.1617, 1825, 2004, 2016, 2018, 2022, 2030,2050, 2065, 2066, 2165, 2514, 2566, 2652, 2732, 3147, 3860, 4118, 4132, 4134, 4166, 4173, 4216, 4285, 4295, 4880, 4885, 4911, 4912, 4941, 5948, 5979, 6225, 6243, 6255, 6344, 6389, 6486, 6580, 6680, 6873. 참고.

120) *BJ.*, No.2232.

121) 눅2:34,35

122) *BJ.*, No.364.

123) *BJ.*, No.3903.

124) *BJ.*, No.2407.

125) Thoreau's Essay, "가을 색상"(Autumnal Tints), 1862.

126) 삼하23:15-17.

127) *BJ.* No. 3771. "*To hate Oneself*"

128) 캘빈은 **자기애**를 "페스트"(pest)라고 규정한다. John Calvin, *Institutes of the Christian Religion*. translated by J. Albau, Presbyterian Board of Christian Education, Philadelphia, 1928, 622. 그러나 에라스무스(Erasmus)는 **우신예찬**(*Moriae Encomium*)에서, 자기애는 자기 자신을 어루만지는 것으로 "아부"라고 규정한다. 자기 우신을 따르는 아부는 호의적이며 선량하고 덕에 가깝다. 아부는 "인간의 삶 전체를 달콤하게 하는 꿀이며 살맛을 북돋는 양념이다."

129) *BJ.* No. 4926. "*An Upbuilding Observation*"

130) *BJ.* No. 5920. 1846년. 아른트의 **진정한기독교**에서, "만약 발이 아닌 머리가 이 땅을 다스린다면"(If otherwise the head and not the feet rule in the land.)이라는 가정을 제시한다. 이것은 윤리 종교적 에세이의 사이클에서, 두 번째 에세이에 대한 *CUP*의 많은 부분을 상기시킨다. *BJ.* No. 6264.

131) 요11:35.

132) Thoreau, *Cape Code*. 1865.

133) *BJ.*, No.208.

134) "**신구약 성경**"에 대한 "표제어"로써 자신의 관점은 *BJ.*, No. 99-6688에 잘 나타나 있다.

135) Neal Stephenson. *Snow Crash*. 273.

136) 요.15:13./마26:50-51.

137) *BJ.*, No.3460. "Savonarola"

138) 왕상19:12. SK의 "**침묵론**" 참고. "**기도**"의 주제어는 *BJ.*, No.217, 290, 336, 419, 796, 955, 1102, 1164, 1168, 1412, 1466, 1656, 1798, 1849, 2175, 2257, 2307, 2479, 2501, 3782, 3944, 3916, 4364, 4770, 4956, 5097, 5455, 5491, 5508, 5530, 5753, 5792, 5949, 6165, 6514, 6648, 6837. 참고.

PART III

1) *BJ.*, No.4066.

2) *BJ.*, No.4206. "Fichte, Ethies" 피히테, *윤리학* 파트 원에서, 프랑스의 모토: 자유, 평등, 형제애. "광명한 천사"는 고후11:14.

3) **단독자**는 종교적 회중이나 공동체에 대하여 그 반대의 개념이다. 구약의 제사장, 신약의 사도들, 이들이 회중을 섬기기 위하여 신적 권위를 가지고 있지만, 단독자는 회중보다 절대적으로 우수하다. 자신들의 합리성을 정치적인 군중과 대조해 볼 때, 오직 단독자만이 존재한다. 따라서 지덕을 함양시키는 저자에겐 단독자는 진정한 기쁨이다. *BJ.*, No.595. "For the Accounting" 종교의 확산은 정치나 민족주의와 연계되어 있다. 기독교의 선교적 특성은 전 인류와 연계되어 있으며, 기독교 사상에 붙들린 *단독자*는 선교사가 된다. 이것이 기독교 확산의 근거이다. *BJ.*, No.2727

4) *BJ.*, No.4061. 정치와 종교사이의 관계는 *PV*에서 정확하게 묘사되어 있다. 이 책은 사후까지 출판되지 않았다.

5) *BJ.*, No.4231 "The Human and The Divine" 1854.

6) 정치와 기독교는 존재한다. 어느 쪽이던 개연성을 초월하지 못하며, 하나님은 반드시 조건을 요구하신다. 물론 이것은 하나님은 어느 곳에서나 함께하시며 개연성을 초월하여 어느 때든지 모험하는 것을 의미하지 않는다. *BJ.*, No.4943 "Politics-Christianity" 윤리학은 정치학의 일부이다. 사색하는 삶이 최고이며, 내적인 행복이 정치적 미덕의 실습에 달려 있다. 그러나 그의 *니코마스 윤리학(Nicomachean Ethics)*에서 "명상적 삶은 고립이다"라고 주장한다. *BJ.*, No.114.

7) *BJ.*, No.4341 "The Church-Sociality".

8) 창11:1-9. *BJ.*, No.4231 "The Human and The Divine" 1854.

9) *BJ.*, No.3141.

10) *BJ.*, No.529. "Science and politics"

11) *BJ.*, No.4063.

12) Thoreau, *Life without Principle*, 1863.

13) Elizabeth Boyden Howes and Sheila Moon, *Man the Choicemaker*, 83-92.

14) Thoreau, *Walden*, 108.

15) "The Single Individual", Two 'Notes Concerning My Work as an Author,' Appendix to The Point of View, 112.

16) SK는 왜 민주주의를 포기하는지에 대하여, SYB의 저서, **키에르케고르의 콤플렉스와 사이버신학사상**(2022), "**민주주의 적이다**"(Kierkegaard's an Enemy of Democracy)(195-198)를 참조.

17) 고통의 복음(*The Gospel of Suffering*), 마지막 담론에서, *CD* 넘버 5, 세 번째 파트 참고.

18) *BJ.*, No.4131. "공산주의"

19) Thoreau, *Walden*, "Economy" 1854.

20) *BJ.*, No.4129.

21) 창45:1-28.

22) 마22:15-22.

23) *BJ.*, No.4151.

24) *BJ.*, No.4191 "Christianity-the State"

25) *BJ.*, No.1

26) *BJ.*, No.2144. 경제학은 칼 막스가 언급한 **"경제는 심리학이다."**(Economy is Psychology)라고 언급한 것처럼, 소비와 생산 사이에서 돈의 가치에 대한 인간의 반응, 그 의식의 흐름이다. 자본주의, 자본, 자산, 재화, 상품, ... 물건에 대한 가치평가에서 대체재, 교환재라고 할 수 있는 그 다양한 화폐들, 돈의 흐름이 경제학의 핵심이다.

27) 전10:19.

28) *BJ.*, No.5183.

29) *BJ.*, No.6410.

30) *BJ.*, No.2766-2744.

31) *BJ.*, No.2768.

32) 심영보, Ibid. "키에르케고르는 의사와 커피 논쟁을 벌인다." 92-94.

33) *BJ.*, No.2769.

34) *BJ.*, No.6623.

35) *BJ.*, No.999.

36) *E/O*, II, 343-56. [재정적 위기; No. 2757. 각주; 1783, 1796, 2692/*BJ.*, No.6623. 1850.

37) *BJ.*, No.5071, 5339.

38) *JG.*, *SKB. 163.* 2 Nyetorv. 사진참조.

39) 당시 덴마크 화폐 1릭스달러(Rigsdaler)는 2플로린(Florin)이었으며, 플로린은 서유럽 최초의 금화로써 1플로린은 0.84크라운(Crown)이며, 1파운드는 8.71플로린이었다. 1973년 기준, 1릭스달러는 미화 5달러에 해당된다. 물려받은 재산은 총 45,035,500 릭스달러였다. 심영보, Ibid., **"키에르케고르는 탕자이다(1)".** 68-80. 형과 동생은 1838년 8월 9일 아버지의 죽음과 함께 엄청난 재산 상속으로 빚 청산 경매장에서 자신들의 집을 구매했다. 다음 10년 동안, 이 돈으로 그는 유복한 생활을 했으며 19권의 출판비용을 충당했다. (각주:905, 1276) 단지 한 권만 완판되었다. F. Brandt와 E. Ramel의 *Kierkegaard og Pengenn*, p. 54(코펜하겐 1935)에 의하면, SK는 1847년 8월 이후부터 레이첼로부터 책 판매와 사례금으로 총순이익을 17년 동안, 해마다 평균 300릭스달러를 받았다. 이 돈은 1935년, 덴마크 화폐, 1500달러 Danish crown에 해당하는 것으로 매년 300달러 혹은 1973년 기준, 대략 1500달러를 받았다. 1846년, SK는 국가보조금(state grant)을 추구하는 아이디어, 예술과 문학의 후원금(patronage)추구하는 것으로 특별한 것은 아니었다. 그는 정부채권에서 투자의 주식에 일부 투자했지만, 전쟁 중이라서 심하게 손해를 보았다.(각주: 1783) 1848-49년 불경기 동안에 상당한 주식에 투자했다. 그리고 상

당한 현금을 보유하고 있었다. 그러나 이 또한 인플레이션 때문에 손실을 보았다. 각주 1783, 2692. 덴마크의 정치 경제적 상황. 경제적 위기 언급. *BJ.*, No. 1796. 6134. 6623.

40) *BJ.*, No.6134.

41) 창50:19-20.

42) *BJ.*, No.1258, 2048, … 6901, 6935. 참고

43) *BJ.*, No.2049.

44) *BJ.*, No.187.

45) 마이클 샌델, ***Justice 정의란 무엇인가***. 228-230. 그는 한 개의 땅콩만큼의 기부도 하지 않았다. Joakim Graff, *Kierkegaard A Biography*. "Extravagance in the Service of the Idea", 531-534.

46) *BJ.*, No.1787.

47) Ibid.

48) *BJ.*, No.6431.

49) "**자아캡슐**"의 주제어는 *BJ.*, No.906, 4588, 4591, 4608, 5081, 5721, 5723, 5724, 5801, 5810, 5818, 6131, 6133, 6134, 6480. 참고. 자아캡슐의 다른 표현은 encapsulation, closed reserve, closedupness가 있다. 이 용어는 오직 하나님과 "너와 너"(*Du und Du*)의 관계성을 유지하기 위하여 모든 인간관계를 포기하는 인간기피증 혹은 혐오증의 수단으로 사용된다. *BJ.*, No.5810.

50) 심영보, Ibid. "키에르케고르의 멘토들." 225—341.

51) *BJ.*, No3949.

52) *BJ.*, 6131.

53) 마25:31-46.

54) Elizabeth Boyden Howes and Sheila Moon, *Man the Choicemaker*. 23-30.

55) 심영보, Ibid.

56) 시22:6.

57) 심영보, Ibid. 276-279.

58) "저주 받아라! 너희, 공평을 뒤엎어 소태같이 쓰게 만들고, 땅에 떨어트리는 자들아!"(암5:7) "너희는 다만 공의가 물처럼 흐르게 하고, 정의가 마르지 않는 강처럼 흐르게하라."(아모스 5:24) Austin Fagothey, S. J., *Right and Reason*. The C.V. Mosby Company. 1976. 39-49.

59) *BJ.*, No.2825.

60) *BJ.*, No.806.

61) *BJ.*, No.684. 심판을 받게 될 때, 영원은 모든 사람의 준비된 양심을 우선 요구할 것이다. 양심이 있느냐 없느냐가 심판의 기본이다. 양심이 전혀 없다면, 그대는 처벌을 받게 될 것이다. *BJ.*, No.684.

62) *BJ.*, No.688. "*Conscience*". *BJ*에서, "**양심**"에 대한 주제어는 No. 682-688 참고.

63) *BJ.*, No.2130. "기독교 안에서 내 외적 방향에 관한 영적인 것과 연관된 질적 변화"(*Change of*

Quality with Respect to the Inward Direction or Outward Direction in Christianity)

64) *BJ.*, No.2040.

65) *BJ.*, No.2955.

66) *BJ.*, No.4213. *"Collision of Conscience-the Establish"*

67) *BJ.*, No.4867.

68) 눅19:1-10.

69) *BJ.*, No.683. 가난하지만 부자의 정원에서 양심적으로 잡초를 뽑는 여인의 스토리.

70) *BJ.*, No.4935. *"The Constraint of Conscience" BJ.*, No.4936. 모든 인간은 자신이 중심이 다. 전 세계는 오직 자신 안에 존재한다. 왜냐하면, 자아의 지식은 하나님의 지식이기 때문이 다.(Because his self-knowledge is a knowledge of God) *PF.* 14A, *PS.* 9. Joseph H. Smith, M.d., *Kierkegaard's Truth: The Disclosure of the Self.* 194.

71) SKB, 733, 751.

72) 마23:29-33.

73) *BJ.*, No.780-781. *"Worship".* 그의 오랜 친구 에밀 보센이 SK의 마지막 가는 모습을 설명한다.

74) *상상하는 사건들에 대한 3가지 담론[중대 상황에 관한 사색.* 30.

75) *CUP.*, 220. 요하네스 클라이마커스의 선언. 기독인은 지속적으로 자신의 의지를 포기하는 가 운데 이 같은 태도를 표명해야 한다.*CD,* 86. "진정한 예배는 하나님의 뜻을 실행하는 것으로 이루어진다." 그러나 SK는 "순간"에서, "진정한 예배는 결코 인간의 입맛에 맞지 않는다." 그 반대로 "인간들은 자기 자신의 뜻을 실행하려는 또 다른 부류의 예배를 만들어 내려고 애를 쓴 다."*AC,* 219. 예를 들면, 국가(헤겔) 혹은 국민(구룬티비)의 형태로, 그들은 하나님을 예배하기 위하여 함께 모이기를 노력한다. 기독교계 사람들은 신약성서에 있는 명령-"단독자로서 하나 님과 연합"-을 회피하려고 한다. 1847년 SK는 연설에서 *PC*라는 자기 책을 수단으로, 국가교 회의 수장으로 있는 뮌스터에게 영향을 주려고 했다. 즉 공식적으로 예배를 드리는 것-"기독 교는 기독인이 되는 것"-은 신약성서의 필수 조건에 일치하지 않는다. 뮌스터는 이것을 거부 했다.

76) *BJ.*, IV. 683.

77) *BJ.*, 653-657. *인간 생활에서 중요한 상황들에 관한 사색들, 4. 상상된 사건들에 관한 세 개 의 담론들, "고백적 예배의 사건에 관하여" 첫 부분.*

78) *CUP*에서, 엔티클라이마쿠스의 윤리적 과제는 "영원과 호흡하는 것과 고독 속에서도 모든 사 람들과 화해하는 우정을 갖는 것"이다. 고독은 윤리적인 것을 위한 전제조건이며 하나님과 관 계성에서 인간은 언제나 홀로라는 것이 결정적으로 중요하다. "고독의 길"은 비록 그 길이 좁 고 닫혀 있다 할지라도 올바른 길이다. 인간은 하나님 앞에서 고독해져야 한다. *WL*에서, 결론 은 인간은 하나님의 "에코", 즉 "은총의 말씀 혹은 처벌의 말씀"을 듣기 위하여 "진정한 고독 자"가 되어야 한다. "모든 인간의 마음속에는 자신의 참회하는 설교자가 살고 있다. 바로 양심 이다."*CD.* 201. 79) *BJ.*, No.4431.

80) SK는 시골 목사가 되는 것은 즐겁고 유쾌한 일이다. 오리겐은 세속적인 임금을 받고 있는 성직자들, 하나님을 대신한 바로의 제사장들이 되는 것에 대하여 경고한다. 그리스도는 자기가 가진 모든 것을 포기하지 않는 사람은 나의 제자가 될 수 없다고 경고한다. 나는 이 말을 할 때 온 몸이 떨린다. 나는 우선 나 자신을 비난한다. *BJ.*, No.3162 "Origen"

81) *BJ.*, No.3187.

82) 1849년 형, 페이터가 **목회신학세미나**에서 행한 연설에서, 자신의 익명, H. H.가 쓴 글에 대하여 "핵심이 없다"고 비판하자, 형에 대하여, "특별히 양심적인 사람이 되기를 원할 때, 거북한 상황이다."이라고 비판한다. *BJ.*, No.6557.

83) *BJ.*, No.6842. "My Christian Position" 1853.

84) 마5:13-16.

85) "나는 덴마크를 말하는 것이며 물론 인간적인 지식의 한계가 있다. *기독교는 존재하지 않는다.* 그러나 객관적 교리를 가지고 있다는 것을 통하여 우리는 기독인이라는 다소 환상, 망상의 덫에 사로잡혀 있다. 오, 루터여! 그러나 다행스런 상황의 어느 의미에서 그 당시 교리에 대한 95개 조항들이 있었다. 지금은 오직 단 하나의 이론뿐이다. 즉 *기독교는 존재하지 않는다.* 그것은 교리적 이단이 아니다. 종파 분열도 아니다. 그것은 모든 것 중에서 가장 위험한 것이다. 그것은 기독교로부터 타락이 될지 모른다. 그것은 신기루일지 모른다. 왜냐하면, 우리는 객관적인 교리를 가지고 있다고 용감하게 자랑하며 호소하는 이 객관성의 이면에는, 목사들과 교회들은 우리는 기독인이 아니라는 중요한 주체성과 분리되어 있다." *BJ.*, No.6842. "My Christian Position" 1853.

86) *BJ.*, No.3362. "The World's Conscience"

87) *BJ.*, No.6686. 루터는 그리스도에 대하여 "위대한 기쁨"(a great joy)이다라고 말한다. 그러나 "죄에 일그러진 양심"(a sin-crushed conscience)은 극단적인 저항에 부딪친다. *BJ.*, No.6686. 모든 것이 헛수고로 돌아간다. "구세주"라는 말을 받아들이며, 그것과 함께 달아난다. 쓰레기 같다. *BJ.*, No.6686.

88) 욥8:7. 아담, 가인, 다윗, 욥 등은 양심의 개념이 없다. Paul Tillich, *Morality and Beyond*. "The Transmoral Conscience", 62-80.

89) 롬2:15-16.

90) 행23:1.

91) 롬9:1.

92) 고전8:12.

93) 딤후1:3.

94) 딛1:5.

95) 히9:9.

96) 벧전3:16.

97) 고전10:29.

98) SYB, *나는 이슬이다*. 201.

99) 제4장 **"이슬형 인간이란?"**에서, "네 번째, 이슬형인간은 투명한 인간이다. 거울을 보는 것처럼 선명하다. 속이 들여다 보인다. 그는 '수박의 논리'보다 '토마토의 논리'를 선호한다. 그래서 그는 '뫼비우스 띠'를 항상 허리춤에 차고 다닌다. 자신의 존재 자체를 유리알처럼 다 드러내 놓는다."(200)라고 주장한다.

SYB의 연대 신학대학원 후배, 이혜정 박사님은 오랜 세월 동안 매주마다 성경말씀을 보내주면서 사이버 공간에서 메시지를 주고받는다. SYB가 2022년, 7월 25일 월요일, 아침, 수박사진 한 장을 보내면서 메시지를 전했다. "겉과 속이 다른 수박보다는 겉과 속이 한결같은 토마토가 영혼과 건강에 좋습니다. 7월 한 달도 주 안에서 잘 마무리하시고 승리하세요!" "ㅎㅎㅎ예~^^. 겉과 속이 한결같기를 기도합니다. 듣는 수박, 서운하겠네요. ~^^" "역시 이 박사님의 멘토의 예리한 송곳으로 날카로운 칼끝을 찍었습니다. 그럼에도 불구하고 수박은 자신의 **"아모르 파티"(Amor Fati)**, 자신의 '운명을 사랑'할 것입니다. 그렇지 못할 때, '한결같은' Coaching과 Intimacy가 필요합니다." "ㅎㅎㅎ", "수박논리의 '서운함'과 토마토논리의 '한결같음'의 무비교, 공존(juxtaposition)을 일깨워주는 참 좋은 아침입니다." 이 박사님과 주고받은 비록 간단한 메시지 속에서, 양심의 위력과 파우어, 그 힘이 얼마나 소중하고 귀한 것인가를 다시 한번 되새김질하게 해주는 하루였다.

100) *BJ.*, No.3369. 빌2:12, Abba, Father; 롬8:15.

101) *BJ.*, No. 1248. **어떻게 인간의 자유는 존재하는가?** SK는 *BJ.*, "윤리적인 것과 윤리적 의식"에서, 하나님이 선을 의도하기 때문에 선은 선한 것인가? 아니면, 선은 본질적으로, 스스로 선한 것인가를 질문하면서, "홉스와 영국인왕"(Hobbes and the Englishman King)에 대하여 언급한다. "만약 선이 본질적으로, 스스로 선한 것이라면, 그때, 어떻게 하나님은 그것과 관계에서 자유로울 수 있을까? 그 때, 어떻게 인간의 자유는 존재하는가?"라고 묻는다. *BJ.*, No.894. 자유를 논할 때, 두 가지 문제가 제기된다. 첫째, 얼마나 부자유한가? 둘째, 얼마나 자유로운가? 전자의 이상주의와 후자의 자유의 결정론은 전적으로 차이가 있지만, 자유주의의 가장 담대한 형태인 "절대적 자유"(absolute freedom)에 대한 주장은 불가능하다. "인간의 행동은 권총에서 발사된 탄환의 궤적만큼보다도 결코 자유롭지 못하다."(The action of man is no freer than the trajectory of a bullet shot by a gun) 자유는 단지 외적 세계에 대한 반응의 가능성으로 결정된다. Emil Brunner, *Christianity and Civilisation*. "Gifford Lectures Delivered at The University of St. Andrews". 129. 신을 의존하는 최대치에 따라서 인간 자유의 최대치가 결정된다. 신에게서 벗어나려는 시도 자체는 곧 구속이며 노예가 된다. 신에게서 도피하려는 시도는 죄가 되며 결국 부자유나 노예의 결과를 초래한다. 단순한 불행이 아니라 자유의 상실을 의미한다. *Ibid.*, 131.

102) 자유란 사고과는 약이다. 자유는 좁은 터널이다. 우리는 자유가 전부인 양 살고 싶어 한다. 그것에 매달려 있는 로프가 잘린다. 자유란 열린 창이다. 그곳을 통하여 인간의 영과 품위의 햇살을 쏟아붓는다. Elyse Sommer, Dorrie Weiss, *Metaphors Dictionary*. "Freedom/Restraint"

184-185. 자아는 자유이다. 이것은 정체성의 기호로 기능한다. 자아의 상상력과 실현의 순수한 과정이다. Joseph H. Smith, M.D., *Kierkegaard's Truth: The Disclosure of the Self*. 422.

103) *BJ.*, No.1267. "Epigram". SK가 주제어로서 "**자유**"에 대하여 언급하고 있는 것은 *BJ.*, No.1230-1278. 참고. 104) *BJ.*, No.1248. 과거가 미래보다 더 필요한 것인가? *PF.*, 91-92. 이것은 가능성의 문제를 해결하는 데 의미가 있다. 가능성은 실제성이다, 실제성은 가능성이다. 학문적으로, 가능성에 도달한 결론에서 아주 단순하다. 그 때, 그것은 항진명제이다. 즉 반복이다. *BJ.*, No.1245. "Problemeta".

105) *BJ.*, No.1263.

106) Austin Fagothey, *Right and Reason*. 145.

107) 히12:2.

108) *BJ.*, No.1237.

109) *BJ.*, No.1268. "Freedom"

110) *BJ.*, No.1269. "Freedom of Choice"

111) *BJ.*, No.1261.

112) *BJ.*, No.1261.

113) *BJ.*, No.1262.

114) *BJ.*, No.1266. "Freedom"

115) *BJ.*, No.1277. "The Truth, Christianity, Will Make You Free!"(요8:32)

116) 마7:13-14.

117) *BJ.*, No.1274. "The Way is narrow"

118) 요8:32.

119) 해 아래서의 자유는 없다. 해 위에서나 자유가 있다. 그것도 조건(if)이 붙어 있다. 만약 영이 되지 못한다면, 진정한 자유를 누릴 수 없다. 영이 되는 것이 인간의 궁극적인 목표다.

120) 왕하2:9-12.

121) 왕하6:1-7..

122) 마14:25-29.

123) 마24:30, 계1:17.

124) 요3:8.

125) 행16:25-31. 영은 SFST-보고(Seeing), 느끼고(Feeling) 함께하고(Sharing), 신뢰하기(Trusting)-를 원한다.

126) *BJ.*, No.1278.

127) 갈5:13.

128) 심영보, Ibid. 32.

129) 1605년 스페인 작가 세르반테스(Miguel de Cervantes Saavedra)가 쓴 이 소설의 주인공 돈키호테(Don Quixote)는 자신이 현실이라고 믿는 낭만적인 이상적인 세계를 꿈꾸고, 이 이상주

의에 따라 행동한다. 퀵소티점은 일반적으로 결과나 부조리를 고려하지 않는 비현실적 이상
주의 관련이 있다. https://en.wikipedia.org/wiki/Quixotism

130) 심영보, *Ibid.*, 485-493.

131) *Ibid.*, 417. SK의 의지론은 니체보다는 쇼펜하우에르의 "생에 대한 의지"의 의지론을 기본적
으로 추종한다. 니체의 권력의 개념보다는 쇼펜하우에르의 생의 의미가 더 포괄적이며 광의
의 의미를 지니고 있다.

132) 자유의지에 대한 담론을 사색해 보라: "인간은 자기 자신의 별이다.", "나는 자 자신의 우주이
다. 나는 나 자신의 교수이다.", "나의 배를 항해하기 위하여 내가 배우고 있는 폭풍우는 두려
워하지 않는다.", "만약 그대가 그대의 족쇄를 부수기를 원한다면, 그대는 할 수 없을 것이다.
그대는 덫 속으로 더 빠르게 들어갈 것이다. 그것은 고발된 구속이다.", "인간은 인생의 그물
을 짜지 않았다. 인간은 단지 그물 속에서 한 가닥 꼰 실에 불과하다. 그물에 대한 관계는 자
기 자신의 관계와 같다.", "룰에 의해 선택받고 싶어 하는 사람은 누구인가?". Elyse Sommer,
Dorrie Weiss, *Metaphors Dictionary*. 382-383. 그러나 인간은 사탄의 유혹을 죄를 짓기도 하
지만, "자유의지의 잘못된 사용으로 언제나 죄를 짓는다."(Sin is always a misuse of his own
free will.) Friedrich Schleiermacher, *The Christian Faith*. 293.

133) Saint Augustine, Translated by Anna S. Benjamin and L.H. Hackstaff, *On Free Choice of the
Will*. 3-148.

134) 심영보, *마음의 지도 I*. 80-81.

135) *BJ.*, No.115, ... 6969.

136) *BJ.*, No.815. "Mediocrity".

137) *BJ.*, No.73. "The Dialectic Oriented Toward Becoming a Christian"

138) *BJ.*, No.748.

139) *BJ.*, No.750.

140) *BJ.*, No.1094.

141) *BJ.*, No.1130.

142) 어거스틴은 자유의지 선택에 관하여 "의지는 모든 악의 기본적인 원인이다.", "우리가 행복
하게 사느냐 혹은 불행하게 사느냐는 의지에 달려 있다.", "최고, 중간, 최하, 세 가지 부류의
선중에서, 의지의 자유는 중간선이다."라고 말한다. 아무리 정의로운 의지의 합리성이라 할
지라도, 삶의 실존에서 사랑, 분노, 슬픔, 기쁨, 자비, 복수, 정의, 자유, 이성, 행복 등의 헤아
릴 수 없는 인간의 파토스(Pathos)들을 '어둠의 언어'로 둔갑시키는 자유의지는 지양해야 할
것이다. 생에 대한 의지, 권력에의 의지, 목적에로의 의지 등이 인간의 의식과 무의식 속에서
본능, 욕망, 충동의 선을 넘어 집착으로 변질될 때, "의지는 모든 악의 기본적인 원인"이라는
'악의 꽃'을 피울 수 있다. "욕심이 잉태하면, 죄를 낳고 죄가 잉태하면, 사망을 낳는다."(Lust
conceives, and gives birth to sin; and sin full-grown breeds death)라는 단어들 사이에는 눈
에 보이지 않는 의지의 작용이 꿈틀거린다. 약1:15. 의지의 "에포케"(epoche), "판단의 중지"

및 "중립"을 지킬 수 있는 절제와 인내가 필요하다. '광기'로 치닫는 자유의 지의 일촉즉발의 위기, 그 비극을 막기 위해서는 아르키메데스의 점(Archimedean Point)과 아르키메데스의 지 렛대(Archimedean fulcrum)가 필요하다.Emil Brunner, *Christianity and Civilisation*. 133. 인간의 지유의지는 적절한 지렛대가 필요하며, 자유의지의 남용을 그나마 억제할 수 있기 때 문이다. 성 어거스틴의 *자유로운 선택의 지에 관하여*는 3권으로 구성되어 있다.

Book One: 1. 하나님은 악의 원인인가? 2. 하나님에 관하여 믿어지는 것이 무엇인가? 3. 욕망 은 악의 근원이다. 4. 공포로부터 야기되는 범죄들은 무엇인가? 악의 욕망은 무엇인가? 5. 범 법자들의 합법적인 살해는 무엇인가? 6. 영원한 법과 인간의 법. 7. 영원한 법과 인간생활의 최고 질서의 법. 인간이 살아있다고 하는 앎과 삶. 8. 이성은 인간 생활의 주인이 되어야 한다. 9. 현자와 어리석은 자의 구별은 무엇인가? 10. 영혼을 강요하여 욕망의 노예가 되게 하는 사 람은 없다. 11. 자발적으로 욕망에 굴복할 때, 영혼은 처벌을 마땅히 받는다. 12. 욕망은 현재 의 생활을 당연히 고통스럽게 만든다. 13. 우리가 행복하게 사느냐 혹은 불행하게 사느냐는 의지에 달려 있다. 14. 모든 사람들이 행복해지기를 원할 때, 왜 행복한 사람들이 적은가? 15. 시간적인 것을 사랑하는 것과 영원한 것을 사랑 하는 것. 불행의 원인은 시간적인 것들을 추 구한 욕망에서 비롯된다. 16. 요약과 결론

Book Two: 1. 왜 하나님은 인간들에게 자유의지를 주셨는가? 이것 때문에 인간들이 죄를 짓 는 것이 아닌가? 2. 만약 자유가 선용을 위하여 주어진 선이라면, 왜 악용으로 전환될 수 있는 가? 3. 하나님이 존재하신다는 것을 보여주기 위하여, 인간의 의식을 조사해 볼 필요가 있다. 신체적 육감과 내적 감각 4. 내적 감각은 그것이 인지하는 것을 인지한다. 그러나 신체적 육감 은 인지하지 못한다. 5. 신체적 감각을 통제하고 판단하는 내적 감각은 신체적 육감보다 더 우 수하다. 6. 이성은 최고이며 가장 우수한 기능이다. 하나님과 이성보다 더 우수한 것. 7. 어떻 게 동일한 대상이 동시에 많은 사람들에게 알려지게 되는가? 8. 하나와 변할 수 없는 것으로 알려진 수들의 순서는 신체적 육감으로는 알 수 없다. 9. 인간의 행복을 위하여 필요한 지혜는 현명한 모든 사람들 안에서 하나이며 동일한 것인가? 10. 지혜의 원리들은 모든 현자들에게 동일하다. 11. 수와 지혜의 원리들이 어떻게 관련되어 있는가? 12. 모든 사람들이 알고 있는 공통적이며 하나의 불변의 진리가 존재하며 그것을 알고 있는 지성인들보다 더 우수하다. 13. 인간의 진리의 즐거움 14. 모든 사람들에게 공통적으로 활용할 수 있는 진리는 어느 누구의 사적인 자산이 아니다. 15. 이성보다도 더 우수한 하나님은 논증적으로 존재하신다. 16. 지혜 는 추구하는 자에게 이 세계의 모든 사물 가운데서 구체화된 수들의 변장으로 그 자체 나타난 다. 17. 모든 선한 것은 하나님으로부터 나온다. 18. 악용될 수 있지만, 의지의 자유는 선이며, 신성하게 주어진다. 만약 그것이 없다면, 바르게 살아 갈 사람은 아무도 없기 때문이다. 19. 최고, 중간, 최하, 세 가지 부류의 선중에서, 의지의 자유는 중간이다. 20. 불변에서 변하기 쉬운 선에로 의지의 이동은, 그것이 악이기 때문에, 하나님으로부터 나오는 것이 아니다.

Book Three: 1. 의지가 하나님을 외면함으로써 그 이동이 어떻게 발생하는가? 2. 하나님의 선 지식이 인간의 자유와 함께 일관성이 없는 것인가? 3. 하나님의 선지식은 인간이 죄를 지을

때, 인간의 자유를 배제하지 않는다. 4. 인간이 죄를 지을 것이라는 하나님의 지식은 죄의 원인이 아니다. 여기서 죄에 대한 처벌은 공정하다. 5. 하나님의 피조물들이 죄를 짓고 불행해지기 쉽다 할지라도, 하나님은 비난받을 수 없다. 찬양받아 마땅하시다. 6. 인간은 불행보다도 자신의 비존재를 더 좋아하는 사람은 없다. 7. 인간들은 자신의 불행이 있음에도 불구하고 실존을 사랑한다. 인간들은 최고의 수준에서 존재하시는 그 분으로부터 나왔기 때문이다. 8. 심지어 자살이 아닐지라도, 존재하지 않기를 자유롭게 선택하는 사람은 없다. 9. 죄인들의 고통은 피조 된 질서의 완벽함의 일부이다. 10. 악마의 역할이 무엇인가? 그리고 어떻게 하나님은 악마로부터 인간을 자유롭게 하시는가? 11. 선 혹은 악을 선택하는 여부에 대하여, 인간들은 피조 된 질서 안에서 역할이 있다. 12. 모든 천사들조차도 하나님께 반항한다 할지라도 피조 된 질서는 보존된다. 13. 피조물의 결함을 비난하는 것은 그 본질적인 본성을 찬양하는 것이다. 14. 모든 형태의 부패들이라고 하여 불완전의 탓이 아니다. 15. 피조물의 모든 불완전들이라고 하여 비난받을 가치가 있는 것이 아니다. 16. 하나님은 인간들의 죄에 대하여 책임이 없다. 17. 의지는 모든 악의 기본적인 원인이다. 18. 만약 인간의 무지와 어려움 때문에 피할 수 없는 행위가 죄가 되는가? 19. 죄인들에 의하여 상속된 아담의 죄는 무지와 어려움에 대한 변명으로 인정받을 수 없다. 20. 아무리 영혼들이 세상에 들어 왔다할지라도, 아담의 후손들은 아담에게 부과된 무지와 어려움의 처벌을 상속받아야 한다는 것은 불의가 아니다. 21. 영혼들이 어떻게 세상에 들어오게 되었는가에 관한 진리를 발견하기 위하여, 지식 혹은 통찰력이 현재 부족하기 때문에, 우리의 창조주에 관하여 우리를 거짓으로 속이는 어떤 것을 우리는 맹목적으로 받아들이는 데 경계해야만 한다. 22. 무지와 어려움이 인간 본성의 일부라 할지라도, 하나님은 여전히 찬양을 받으실 것이다. 23. 죄 없는 자들의 고난과 고통을 어떻게 이해할 수 있는가? 24. 최초의 인간이 어떻게 어리석음과 무지에 빠지게 되었는가? 25. 하나님으로부터 피하여 악으로 향하게 되는 합리적인 내용에 의하여 보여 지는 것은 무엇인가? Saint Augustine, Translated by Anna S. Benjamin and L.H. Hackstaff, *On Free Choice of the Will*. 3-148.

143) SK는 1836년, *자연 속의 의지에 관하여*(*On the Will in Nature*)라는 책을 출판한다. 젊은 나이에 의지가 무엇인가에 대한 논쟁을 벌인다. 이 과정에서 그가 가장 인상 깊게 읽은 책, 쇼펜하우에르(Schopenhauer)의 *의지와 표상으로서의 세계*(*The World as Will and as Representtation*)를 소개한다.

144) Joakim Graff, *Søren Kierkegaard A Biography*. 707-708.

145) H. R. Mackintosh, D.Phil., D.D and J. S. Stewart, M.A., B.D., *The Christian Faith by Friedrich Schleilermacher*, Fortress press Philadelphia, 1976. 293. 니체(Nietzche)는 "권력에의 의지"(will to power)를 자신의 철학으로 삼는다. 그의 권력에의 의지 개념은 형이상학적인 것이 아니라, "심리학적 가설"(psychological hypothesis)의 가장 중요한 개념이다. 우주를 이해하는 모든 시도는 권력에 의한 인간의 의지에 의해 촉발되며 권력에 대한 의지의 창조가 되도록 인정을 받아야 한다. Walter Kaufmann, *Nietzche Philosopher*, *Psychologist*, *Antichrist*.

204. 모든 인간들의 행위는 권력에 대한 의지의 관점에서 설명되어야 하며 인간의 추진력은 권력에 대한 의지로 환원된다. 217. 권력에 대한 의지는 이성과 동일시 될 수 없으며 그것에 반대하지도 않는다. 그러나 합리적 가능성이다. 이성은 권력에 대한 의지의 성취로서 묘사한다. *Ibid.*, 234-235. 니체는 *쾌활한과학*(*The Gay Science*)에서, 쇼펜하우에르의 의지 입증 불가능한 교리를 비판한다. 쇼펜하우에르의 "비합리적 의지"이며, 삐뚤어진 의지의 전개이다. 단지 환상의 전개일 뿐이며, 개성의 부정보다 못한 "연민에 관한 난센스"(the nonsense about pity)에 불과하다고 비판한다. *Ibid.*, 189. 니체는 결정론에 찬성하며 자유의지를 거부하지 않는다. 오히려 지지할 수 없는 인과관계(causality)의 개념으로 생각한다. 그리고 자유의지의 가정은 인과 관계에 달려 있다. *Ibid.*, 266. 니체의 "진리에 대한 의지", "죽음에 대한 숨겨진 의지"는 위의 책, 358-359 참조.

146) *AC.*, 242. *PF.*, 87.

147) *BJ.*, No.1867. "*The Mixing of Judaism and Christianity*"

148) *BJ.*, No.1876. "*Concerning Imitation*"

149) *BJ.*, No.1877.

150) *BJ.*, No.1899. "*Christian Piety- Jewish Piety*"

151) *BJ.*, No.1863.

152) *BJ.*, No.1934. "*The Prototype- the Redeemer*" 1854. 지금까지 나는 모방이 아닌 겸손의 근원으로서 "원형"을 이용한 것이다. 왜냐하면, 나는 다른 방법으로 그 원형을 사용할 수 없기 때문이다. "**원형**"의 주제어는 *BJ.*, No.304, 330, 334, 349, 692, 693, 694, 1432, 1473, 1494, 2481, 2503, 2643, 2673, 2872, 3455, 4454, 4637, 4650, 4670, 6052, 6152, 6252, 6521, 6658, 6685, 6837, 6914. 참고.

153) *BJ.*, No.1880.

154) 르네 지라드(René Girard)는 *세계 기초 이후 숨겨진 것들*(1978)에서, 인간의 행동이 모방에 기반을 두고 있으며, 욕망은 모방적이다. 인간의 모든 욕망은 다른 사람들로부터 빌려온 것이다. 모든 갈등은 모방적 욕망, 모방적 경쟁에서 비롯된다. **희생양 메커니즘**은 희생의 기원이며 인간 문화의 기초이며, 종교는 모방적 경쟁에서 올 수 있는 폭력을 통제하기 위해 인간 진화에 필요했다. 그리고 성경은 이러한 사상들을 계시하고 희생양메커니즘을 비난한다.http://catdirtsez.blogspot.com/2019/01/evolution-of-desire-life-of-rene-girard.html

155) 눅10:25-37.

156) 마5:43-48.

157) 마13:34-35.

158) 마10:25-37.

159) 심영보, "나의 원수는 나를 사랑한다." 겨자씨 우주알. 2017. 8. 28. 10:14. https://blog.naver.com/jdewpoint/221083677317

160) 마6:25-34.

161) Engell & W. J. Bate, Samuel Taylor Coleridge. [1817] 1983. *Biographia Literaria*, vol. 1, J. Princeton New Jersey: Princeton University Press, 72.

162) 162) *BJ.*, No.1892.

163) *BJ.*, No.1892. *"What does Christ Require?"*

164) "고인이 된 뮌스터 주교가 우리와 함께 살았다. 기독교적 의미에서, 그는 단순한 범죄자이다."*AC.*, 31, 32, 55, 84, 117, 122, 147-8, 150-1, 183-4, 231, 252-54, 279-80. 괴테를 모방한 인물이 바로 덴마크의 뮌스터 대주교였다. 그는 기준을 타락시키는 방법으로 변형된 인물이다. *BJ.*, No.1804. SK가 뮌스터를 비판하는 가장 큰 이유 중의 하나는 자아 부정을 하지 못하기 때문이다.

165) *BJ.*, No.1929.

166) *BJ.*, No.3740. 역사적 관점에서, 왜 "모방"을 강조해야 하는가? 루터의 시대적 상황에서 모방은 진로에서 벗어났다. 그러나 SK가 살고 있는 19세기 중반의 모방은 완전히 폐지되었으며 다시 강조되어야 한다. 따라서 변증법적으로, 모든 과거의 실수들에 의한 교육이 이루어져야 한다. *BJ.*, No.1902. "Historical View 'Imitation' ["Efterfølgelsen"] 1851년.

167) *BJ.*, No.1864. *"Contemporaneity with Christ-Dying to the World"* 1850년.

168) *BJ.*, No.1893. "Christendom-Christ" 1851년.

169) *BJ.*, No.235, 1101, 1123, 1215, 1942, 3759, 4266, 4637, 6298.

170) 마19:21-22.

171) 마5: 12. 심영보, Ibid. IX "SK는 순교자가 아니다", 365-378. 실존적 모방이란 어려운 이웃들에게 자신의 피와 땀을 사심 없이, 사회적 약자들을 위하여 오른손과 왼손이 서로 모르도록 기부하는 것이며, 그리스도의 사회복지 헌장, '보듬어 안아서 아우르는 환경'(Holding Environment)을 실천하며 만들어 가는 것이다. 마25:31-26 '그리스도의 사회복지 헌장'.

172) 그의 윤작론은 *EIO*의 서문, 제6에 등장하는 것으로, "농작물 돌려짓기: 사회적 신중론의 시도"(Crop Rotation; An Attempt at a Theory of Social Prudence)라는 제목으로 표기되어 있다.

173) *E/O.* 232.

174) *E/O.* 231.

175) *E/O.*, 239.

176) *E/O.*, 234.

177) *E/O.*, 234.

178) 심영보, Ibid. VI. SK의 변증법과 아이러니, "변증법을 중단시켜라." 225-229.

179) 창22:13.

180) 히9;12. 비가 내리지 않는 천수답의 농사는 윤작이론과 파경법은 무용지물이다. "농자천하지대본"(農者天下之大本: Agriculture is the basis of national existence.)은 전적으로 하늘의 뜻에 달려 있다.

181) *E/O.*, 231.

182) 그러나 SK는 자기 자신을 제한하고 절제하는데 실패한다. 아버지로부터 물려받은 엄청난 재산을 마치 "탕자처럼" 낭비한 결과 탕진하고 만다. 심영보, Ibid., "SK의 스토이시즘과 금욕주의: 탕자이다(1), (2)" 65-8.

183) "아르키메데스 점"에 관하여, 심영보, Ibid., "SK는 왜 메타버스를 서핑하고 있는가?", 456-463. 참조.

184) 눅16:19-31.

185) Neal Crash, *Snow Crash*. 121.

186) 심영보, Ibid., 406-411. 레비나스, *타자성과 초월*, 70-72.

187) 존 캐그, *심연호텔의 철학자들*. 전대호 옮김, 2020. 52.

188) 심영보, Ibid., "포스트모더니스트이다". 401-405.

189) 1837년부터 1850년까지 *BJ.*, No. 617-319에 걸쳐서 그 **마이너 주제어들**과 강의계획서를 살펴보면, 다음과 같다. *BJ.*, No.5996. 사색적 설교, 역사적 설교, 기독교 강론과 설교의 차이점, 강화담론과 사색의 차이점, 현대설교 위선에 관하여, 윤리와 윤리-종교적 의사소통의 변증법 간접의사소통, 이중적 사색, 산파법, 상상력의 매체, 실재성의 매체, 가능성과 간접의사소통, 지식과 간접의사소통, 의사소통의 4개 분야: 대상-전달자-수신자-의사소통, 기독교적 웅변..... **"직접화법"**에 대하여: *BJ.*, No.677, 2015, 2528, 5826, 6230, 6234-5, 6239, 6248, 6345, 6352, 6361, 6366, 6372, 6383, 6388, 6393, 6415, 6532, 6577, 6701, 6769-70, 6786, 6842를 참고. **"간접화법"**에 대하여: *BJ.*, No.649. 651, 662, 666, 677, 2015, 4326, 6230, 6231, 6243, 6248, 6463, 6532, 6577, 6700, 7683, 6786을 참고. **"의사소통의 기술"**에 관하여: *BJ.*, No.5826, 5914, 6005-6, 6195, 6227, 6230, 6235, 6238-9, 6415, 6532, 6548, 6574, 6577, 6593, 6700-1, 6872를 참고. SK의 화법은 3차원적이다. 즉 **"미학적 의사소통"**에 대하여: *BJ.*, No.153, 165, 3512., **"윤리적 의사소통"**에 대하여: *BJ.*, No.817, 939, 1016, 1038, 1085, 2293, 2932, 3665, 3695, 4266, 5646, 5659, 6004, 6342, 6440, 6521., **"종교적 의사소통"**에 대하여: *BJ.*, No.7, 187, 207, 322, 403, 508, 512, 517, 519, 591, 761, 815, 818, 824, 1015, 1060, 1062, 1063, 1414, 1644, 2371, 2976, 3141, 3217, 3467, 3478, 3489, 3940, 4040, 4056, 4326, 4862, 5987, 6446, 6528을 참고.

190) *BJ.*, No.659.

191) 요14:6.

192) 행2:13.

193) 제노글로시아(Xenoglossia)는 전혀 배운 일이 없는 언어를 말하고 이해하고 소통하는 통역능력이다.

194) **메타버스**는 코드로 구성된 가상의 구조로서 그 코드는 언어구조이다. 광섬유 네트웍을 기반으로 한 거대한 남섭(nam-shub)이다. 남섭은 수메르 언어로서 마술적 힘을 가진 주문이다. Neal Stephenson, *Snow Crash*. 251-252. 공상과학 소설 **스노우 크래시**(*Snow Crash*, 1992)에서, '메타(meta)'와 '유니버스(universe)'의 합성어로 메타버스는 가상현실(VR)과 증강현실

(AR) 헤드셋을 사용하여 촉진되며 몰입감 있는 가상 세계인 인터넷 버전으로 구성된다.

195) Anderson, Raymond E. "Kierkegaard's Theory of Communication". University of Minnesota Ph. D. thesis, 1959. "Kierkegaard's Theory of Communication," Speech Monograph(1963).

196) Thoreau, *Journal*. 1860. 1.17. 아모스 브론슨 올컷(Amos Bronson Alcott)의 "천국"에 대한 정의.

197) *BJ.*, No.6902. 심영보, Ibid., 485-490.

198) *BJ.*, No.2430.

199) 마25:31-46.

200) SK는 "자기중심주의"(Egotism)라는 제목에서 '부성애'보다 '모성애'를 다음과 같이 언급한다. "아버지가 자녀를 사랑하는 것보다 어머니는 자녀를 더 많이 사랑한다. 왜냐하면, 어머니는 자기중심적으로 그 실존에 더 많은 관심을 가지고 있기 때문이다. 자녀는 자기의 것이라는 것을 어머니는 더 절실하게 알고 있다."*BJ.*, No.2441. SK가 모성애를 언급하는 것은 아이러니라고 할 수 있다.

201) *BJ.*, No.4110. 1. 관계에서 서로에 대하여 관련을 맺고 있는 개인들은 개인적으로 그 관계보다 못하다. 몸의 분리된 지체들은 몸보다 못한 것처럼; 태양계에서 특별이 하늘의 천체들. 2. 관계에서 서로에 대하여 관련을 맺고 있는 개인들은 개인적으로 그 관계에 대한 관계에서 동등하다. 세속적인 사랑에서 각자는 분리된 실체이다. 그러나 그 관계성의 필요(욕구)는 둘 다 동일하다. 3. 관계에서 서로에 대하여 자신들과 관련을 맺고 있는 개인들은 개인적으로 그 관계보다 우수하다.

202) *BJ.*, No.4110.

203) John W. Elrod, *Kierkegaard and Christendom*. "The Natural Self". 89.

204) *CUP*. 327.

205) *WL.*, 262.

206) *WL.*, 221-230.

207) *E/O*에서 궁극적인 윤리적 성취는 자기 자신의 선택이다. *E/O.*, II, 228-30./심영보, 칼럼, "키에르케고르와 요셉괴레스: 너는 돼지와 함께 식사를 하고 있다" 참고.

208) 고전13:1. SK가 정의하는 사랑의 개념은 그의 *BJ.*, No.2380-2455를 참고.

209) "나는 탕자이다"라고 고백하는 자 누구인가? 심영보, Ibid., 65-89. SYB의 저서, *고갈과 소생의 변증법*(2006)참조.

210) *BJ.*, No.6837. "My Praying"

211) *BJ.*, No.1031.

213) *BJ.*, No.457.

214) *BJ.*, No.1031. 출20:5. "질투"(envy)의 주제어는 *BJ.*, No.970, 1224, 2166, 2599, 2664, 2973, 2986, 4149, 4227, 4596, 4663, 5906, 5912, 5930, 5940, 5959, 5995, 5998, 6031, 6263, 6609, 6706, 6856, 6886. 참고.

215) 창41:30. *BJ.*, No.798.

216) 신32:48, 여호수아1:1, *BJ.*, No.859.

217) *BJ.*, No.1000, "Conservatism"

218) 욥1:4-5. *BJ.*, No.2177 "What It Is to Sanctify One's Joy?"

219) *BJ.*, No.760. **"반전변증법"**(Inverted Dialectic) [*기독교 강요의 파트 II*, "고통의 갈등 속에서 기쁨의 노트들"의 VI의 주제]

220) *BJ.*, No.847. 마4:18-22. 13:47-48, "하늘나라는 바다에 그물을 던져서 온갖 고기를 잡아 올리는 것과 같다."

221) 요16:20-24.

222) *BJ.*, No.1273 "사기"(The Swindle)

223) *BJ.*, No.73. "The Dialectic Oriented Toward Becoming a Christian"

224) *BJ.*, No.77. "Is the Nature of Man, Christianly Understood, a Unity or a Duality"

225) 마치 재판관 앞에 선 소크라테스와 같은 상황들이 펼쳐진다. 그는 배반자가 누구인지 알고 싶어 한다. 자신을 섬기던 종이었다. 종은 죄책감에 사로 잡혀 주인과의 대면을 거부한다. 그러나 그 종과 대면한다. "평안하라. 나는 너를 완벽하게 용서한다. 많은 종들도 네가 한 것처럼 다르게 행동하지 않았을 것이다. 왜냐하면, 너는 뇌물을 먹었다는 것을 나는 잘 알고 있다." "주인님, 저는 250달러 받았습니다." "그래 좋다. 그것은 상당한 금액이다. 그러나 내가 너에게 화를 내지 않는 것은 너에게는 상당한 행운이다. 왜냐하면, 내가 죽은 후에, 나의 유서에 500달러가 너에게 지급되도록 지정해 놓았다. 만약 내가 화를 내게 된다면, 너는 바보가 되었을 것이다. 너는 나를 배신한 대가로 250달러를 받았다. 그것은 뇌물이며, 범죄이다. 만약 그렇지 않으면, 어떤 나쁜 짓을 하지 않고도 500달러를 받았을 것이다. 만약 내가 화를 낸다면, 너는 절반 이상을 상실했을 것이다. 지금, 그 반대로, 내가 죽고 난 후, 나의 유서 때문에, 너는 500달러를 받게 될 것이다. 250달러는 상여금으로 받게 된 것이다. 나의 친구여, 250달러를 준 사람들은 아마도 너에게 돈의 사용에 대하여 아주 유익하게 훈계를 하지 못했다. 나의 충고를 명심하고 그 돈을 잘 사용하라. 너는 나를 배신했다고 하여 절대로 절망하지 마라. 하나님이 너를 전적으로 용서해 주시고 내가 너를 완벽하게 용서했다는 것을 믿어라." 스토리의 핵심은 일반적으로 군중들에 의하여 정신병 취급을 당하는 관대함, 너그러움이다. *BJ.*, No.1221 "A dramatic motif" 1850.

226) 신32:35, 롬12:19-20.

227) *BJ.*, No.2398.

228) 마20:1-16.

229) *BJ.*, No.1350.

230) *BJ.*, No.1649 "Christianity-Christendom"

231) 마11:6.

232) 혹은 기독교는 이렇게 표현한다. "인간들이 하나님과 친족관계를 맺고 있는 이교도의 꿈은 너

무 많이 고양되어 있다." 그리스도는 중재자이다. 그리고 사람들은 삶에 대한 자신의 지혜로 행복해질 수 있지만, 이 경우에 모방은 완전히 사라진다. 더 낮은 차원이 되어야 하며 실족하지 말라. *BJ.*, No.1926 "Either/Or" 세속적인 기쁨에 유혹 당하여 헛되이 그것을 취하고 기쁨을 거룩하게 여기지 않는 사람들이 얼마나 많은가. 세속적인 기쁨을 즐기지만 그것은 곧 사라진다. 그들의 마음은 열리지 않고 하늘의 것들을 준비하지 않는다. *BJ.*, No.2177. "What It Is to Sanctify One's Joy?" 앞에 있는 기쁨과 뒤에 있는 기쁨이 존재한다. 현재의 내재성의 행복도 중요하지만, 내일의 초월성의 기쁨이 더 중요하다.

233) *BJ.*, No.2416 "Something about Loving"

234) *BJ.*, No.2416 "Something about Loving"

235) 마5:47.

236) (nil beatum nisi quietum = No happiness without quiet-Epicurus) 키케로는 *De naturadeorum*, I, 20, 52에서, 에피쿠르스의 하나님의 개념에 관한 토론에서 이 표현을 사용한다.

237) *BJ.*, No.4362 "Tranquillity"

238) *BJ.*, No.1093 "The Genuine Extraordinaries of the First Class" 1854.

239) *BJ.*, No.107.

240) 쾌락주의자들은 과거의 에피쿠로스학파들처럼, "만약 평화롭지 못하다면, 전혀 행복한 것이 아니다." *BJ.*, No.1000, "Conservatism"

241) *BJ.*, No.6161 "Amen"

242) 보레트와 레기네라는 "여성들의 사랑을 받는 것과 행복한 결혼생활을 하는 것, 인생을 즐기는 것은 자기 자신을 부정하는 것이다. 그러나 그의 "아멘"은 고독한 고통으로부터 빠져나와 행복한 사람들 무리 속으로 들어갔을 때, 그들에게 용기를 북돋아 주는 **슬픈 기쁨**이 있다. 하나님의 사랑을 받는 것과 하나님을 사랑하는 것은 '**기쁨의 고통**'을 의미한다.

243) 마5:1-48.

244) *BJ.*, No.6837 "My Praying"

245) *BJ.*, No.712.

246) *BJ.*, No.5381. *E/O*, I, 25-26, 27.

247) *BJ.*,No.1031.

248) Elyse Sommer, Dorrie Weiss, *Metaphors Dictionary*. "Friendship/Friends." 186-187. 사랑이란 무엇일까? 사랑이란 소유하고 싶은 결핍의 사건이며 권력에의 의지를 드러내는 것이다. 우리가 부딪치는 사랑이라는 모습들은 서로에 대한 소유욕에서 나오는 갈망, 욕망이다. 여기에는 자신들을 초월한 차원 높은 이상을 향한 갈망도 존재한다. 그러나 이 같은 사랑을 누가 아느냐? 누가 이 같은 사랑을 경험하고 있느냐? "이 사랑의 정확한 이름은 우정이다." Walter Kaufmann, *Discovering the Mind*, Vol. 1, *Goethe, Kant, and Hegel*, 52. *Philosopher, Humanist, Heretic*. 510. 니체(Nietzsche)는 아가페, 에로스, 에피투미아 등의 사랑에 앞서 끈적끈적한 "우정"이 한발 선행되어야 한다는 '우선순위'를 주장한다.

249) 창2:23-25. 아2:16, 6:3,10.

250) *E/O.*, 238. SK는 **"단독자"**(single individual)로서, 그 자신의 의도적인 고립 때문에 우정의 연합을 확대 증진 시키지 못했지만, 에밀 보센(Emil Boesen)이라는 친구가 있었다.

251) *BJ.*, No.5555. *"My Umbrella, My Friend"*. 침대 곁에 우산을 놓고 잠을 청할 정도였다.

252) Joakim Graff, *Soren Kierkegaard A Biography*. 784.

253) 심영보, Ibid., 126-127.

254) *BJ.*, No.1284.

255) *BJ.*, No. 4683. "The Greatest Human Cruelty-Divine Love"

256) *BJ.*, No.1536.

257) 욥6:14-27.

258) *BJ.*, No.118.

259) *BJ.*, No.1797.

260) 마26:14-16, 막14:10-11, 눅22: 3-6.

261) *BJ.*, No.2228.

262) 눅23:12.

263) Political Spin으로 정직하지 않고 기만적이며 교묘한 전술의 사용을 의미.

264) *BJ.*, No.2231.

265) *BJ.*, No.6156.

266) 마27:19.

267) *BJ.*, No.332.

268) 마16:23.

269) 하늘에서 친구의 일은 철저하게 혼돈의 기독교를 만들어 버린 감상이다. 사람들은 그리스도를 "죄인들의 친구"(The Friend of sinners)라고 부른다. 마 11:19, 눅 7:34. 이것은 구세주와 구속자로서 동일하기 때문이다. 그러나 하늘에서 그리스도를 단순히 친구라고 부르는 것은 아버지 하나님을 버리는 것이며 그리스도를 전적으로 잘못된 것으로 만들어 버린다. 나이가 들면, 우리 자신의 섭리가 되기 위하여 스스로 자신을 속이게 될 때, 친구를 찾기 위하여 배회한다. 그렇게 찾은 친구는 실제적으로 우리를 도울 수 없고 동정심을 베풀 뿐이다. 이것이 결국은 "나의 피곤한 머리를 잠시 기댈 수 있는 가슴", 즉 그리스도를 그런 친구로 만들어 버리는 것이다. *BJ.*, No.1285. *"The category-Christ a Friend We Have in Heaven-Is Sentimental."*
예수의 친구, 나사로(Lazarus)는 무덤에서 죽음을 경험하고 다시 소생했다. 요 11:1-44 그러나 그 이후 나사로의 활동은 전무하다. 자신을 친구라고 불러 준 예수에 대하여 나사로는 오로지 침묵을 지킨다. 뭔가 이상하다. 적어도 친구라면, 겉으로 드러나는 행동을 했을 것이다. 그러나 복음서 기자들은 나사로에 대하여 완전한 침묵을 지킨다. 하나님을 망각함으로써 불안이 인간의 깊은 내면에 깃들어 있다. *BJ.*, No.100.
하버드의 윤리학 대부, 하비 콕스(Harvy Cox)는 **예수 하버드에 오다**(*When Jesus came to*

Harvard)의 "결론"에서 "친구"를 다음과 같이 정의 한다: "친구란 우리의 허물이 있음에도 불구하고, 우리를 사랑하고 받아주며, 우리와 함께 동고동락하며 가장 힘들고 어려울 때, 우리 편이 되어주는 사람이다." '적과의 동침'을 할 수 있어야 완벽한 우정이다. 그리스도의 "이웃을 내 몸처럼, 사랑하라"는 말씀처럼, 우정보다도 한 차원 높은 것은 이웃과의 관계성이다. "이웃 사랑"(neighbor-love)은 "친구"(friend)와 "적"(enemy)을 구분하지 않는다. 모든 사람들에게 동등한 사랑을 요구하기 때문이다.

270) *BJ.*, No.1282.

271) *BJ.*, No.1459.

272) *BJ.*, No.1279.

273) *BJ.*, No.2783. *"Aristotle's proverbial sayings"*

274) *BJ.*, No.3408.

275) "게릴라"의 주제어는 *BJ.*, No.6387. 참고.

276) "H.H."의 주제어는 *BJ.*, No.187, 1921, 2653, 4278, 4457, 6049, 6387, 6407, 6420, 6447, 6557, 6562, 6704. 참고.

277) "국가교회"에 대한 주제어: *BJ.*, No.2904, 3154, 3155, 4209, 4232, 4239, 4240, 4241, 4242, 4504, 6070, 6322, 6444, 6570, 6851.

278) *BJ.*, No.6441. P.P와 M.M.은 여타의 두드러진 활동이 나타나지 않는다. *BJ.*, No.6202, 6387. 1848. 1849년 5월 19일, H.H.에 의한 *2개의* 작은 윤리-종교적 에세이들이 출판하고 난 후, 그리고 넘버 5(아들러 목사에 관한 것)은 제외. "싸이클"로부터 남은 에세이들 저자를 M.M.으로 표기하려고 했으나, 그는 그 적절한 익명은 "임마누엘 레이제트리트(Emanuel Leisetritt)"라고 칭하고 싶어 한다. *BJ.*, No.6838. NB. 1853.

279) *BJ.*, No.6387 N.B. "각성"의 주제어는 *BJ.*, No.6096, 6344, 6347, 6367, 6387, 6436, 6450, 6461. 참고.

280) *BJ.*, No.6256.

281) SK의 **목사자질론**에 대한 관점은 *BJ.*, No.3134-3188 각주1969. 참조.

282) *BJ.*, No.4981, 5770, 5771, 6752. 참고.

283) *BJ.*, No.2646.

284) 심영보, Ibid., 378. 그의 자신에 관한 최초의 선언은 "**권위 없음**"(without authority)이다. "권위 없음"은 마치 자신의 서명처럼 사용한다. 이 서명은 시인으로서 표현하는 것이지, 성직자, 선생, 특별히 소명을 받은 사람으로서 사용하는 것이 아니다. *BJ.*, No.6256. 1848(?)-49년. "나는 사도가 아니다. 사도는 권위가 있다. 사도가 질적으로 더 높다. 나는 권위가 없다. 나는 한 마리 새일 뿐이다." 따라서 SK는 게릴라가 아니다. 보편적 의미에서, 소크라테스는 가장 위대한 순교자이다. 반면에 그리스도는 "진리" 자체이다. 그를 "순교자"라고 부르는 것은 신성모독이다. *BJ.*, No.2652. 그리스도는 순교자가 아니며, 진리에 대한 증인도 아니다. 그의 죽음은 순교가 아니라 구속(Atonement)이다. *BJ.*, No.2653. 진정한 순교는, 모든 면에서 완벽한

(*omnibus numeris absolutum*), "다수"(the many), 혹은 "군중"(the crowd)에 반대의 의미일 때 가능하다.

285) *BJ.*, No.6051.

286) *BJ.*, No.2632-2668. 참조.

287) 심영보, Ibid., 377.

288) 심영보, Ibid. 314. "**묄러**"의 주제어는 *BJ.*, No.804, 1044, 1690, 2985, 3702, 3847, 5201, 5302, 5305, 5478, 5479, 5482, 5543, 5713, 5789, 5961, 6888, 6889. 참고.

289) *BJ.*, No.5260.

290) *BJ.*, No.5247. 마음이 괴로웠던 SK는 묄러의 이 에세이를 읽고 엄청난 자극을 받았다. 타자들의 의식적 자기기만인 아이러니의 묘사와 무의식적 자기기만의 악마적인 것을 연구하기 시작했다. 시간이 갈수록 그는 묄러의 자기기만의 개념에 관하여 엄청난 빚을 지게 되었다. *JG.*, 92-94. *BJ.*, No.933. "**짐짓꾸밈**"(Affection)은 덴마크 언어로 *Tillyvelse*인데 "가짜, 속임, 협잡, 위선, 겉만 번주그레한 사람"과 "가장하다. 위장하다"의 "sham"을 의미한다. SK는 이 사람은 거짓말은 하지 않지만, 자기 자신에 대한 내용[*tillyver*]에 대하여 직접, 혹은 반대로, 생략함으로써 거짓으로 묘사한다.

291) Thoreau, *Journal*. 1840. 7.6.

292) 푸코(Michel Foucault, 1926-1984)에 의하면, 진실 말하는 것은 근본적으로 자기포기와 관련이 있다. 푸코, 미셸(2019), 오생근 옮김, *성의 역사4 - 육체의 고백*, 파주 나남, 221. 일기는 자아의 포기에서 나오는 양심고백이다. 루소의 고백에 의하면, 내면에 자리 잡고 있는 대타자는 다름 아닌 자기 양심이다. "내가 스스로 내세운 진실성은 '사실이 정확히 그러했느냐'보다는 올바름과 공정함이라는 감정에 더 근거를 두고 있으며, 나는 진실과 거짓이라는 추상적 개념보다는 양심의 도덕적 지시를 따랐다" 장자크 루소, 진인혜 옮김, *고독한 산책자의 몽상, 말레르브에게 보내는 편지 외*. 책세상, 2013, 70-71. 루소의 고백이 드러내는 것은 위선보다 위악이다. *Ibid.*, 122, 230. 그러나 중요한 것은 인간은 자신의 행위와 양심을 설명해야 하는 존재라는 것을 인식해야 한다.

293) *BJ.*, No.5645. "**비밀**"의 주제어는 *BJ.*, No.5261, 5624, 5645, 6078, "**마음의 비밀들**"의 주제어는 *BJ.*, No.5808. 참고. 심영보, Ibid. 138-141.

294) *BJ.*, No. 5551.

295) *POV.* 70-71.

296) *BJ.*, No.5546, 5569, 5669. *E/O.*, I, 151-162. 안티고네는 브레트와 레기네를 지칭한다.

297) *BJ.*, No.5569.

298) *BJ.*, No.5517.

299) *BJ.*, No.5538.

300) *BJ.*, No. 5653.

301) M. Kroy, *The Conscience A Structural Theory*. 210-213.

302) 눅22:44.

303) Mark C. Taylor. *Kierkegaard's Pseudonymous Authorship*. Princeton University Press. 1975. 참조.

304) *BJ.*, No.624.

305) *BJ.*, No.649.

306) *BJ.*, No.2536.

307) *BJ.*, No.4890.

308) *BJ.*, No.6374.

309) *BJ.*, No.6389.

310) L. tieck, 장화신은 고양이/*Der gestiefelte Kater* 속에 나오는 등장인물

311) "산파법"의 주제어는 *BJ.*, No.649, 650, 1957, 1962, 5893, 5972, 5987, 6234, 6363, 6374, 6408, 6463, 6804. 참고.

312) *BJ.*, No.6533. 무장된 중립성, 각주, 2554 참고.

313) *BJ.*, No.5569.

315) *BJ.*, No.4882.

316) *BJ.*, No.6833.

317) *BJ.*, No.4315, 4260. Cratylus의 주제는 이름의 정확성에 관한 것이다(περὶ ὀνομάτων ὀρθότητος). 즉 이름 짓기(Baxter)에 대한 비판이다.

318) *BJ.*, No. *BJ.*, No.2977,

319) *BJ.*, No.4840.

320) *BJ.*, No.4841.

321) *BJ.*, No.4812.

322) *CUP.*, 551-554. *BJ.*, No. 5864, 5871, 5872, 5942, 6654.

323) *BJ.*, No.6060, 6209, 6211, 6212, 6213, 6215, 6218, 6220, 6223, 6229, 6231, 6232, 6238, 6242, 6246. 참고.

324) *BJ.*, No.6680.

325) 눅14:24.

326) 딤후1:7.

327) 시편 36: 3-4.

328) "침묵"의 주제어는 *BJ.*, No.335, 442, 897, 2334, 2335, 3404, 3460, 4119, 4306, 4434, 4798, 4859, 5041, 5048, 5952, 5953, 6152, 6345, 6352, 6356, 6590, 6704, 6706, 6896. 참고.

329) *SLW.*, 304-7.

330) *BJ.*, No.6472.

331) Ibid.

332) *BJ.*, No.3460. "Savonarola"

333) *BJ.*, No.5075.

334) *FT.*, 97.

335) *BJ.*, No.3978.

336) *BJ.*, No.3983.

337) *BJ.*, No.3981.

338) *BJ.*, no.6896. "About Myself"

339) *BJ.*, No.6613 "About Myself".

340) SK, *On Authority and Revelation*, 122. ed. tr.

341) "The Lily of the Field and the Bird of the Air", with *Christian Discourses*, 324.

342) *FT.*, 97.

343) *Ibid.*, 97.

344) *BJ.*, No.3872. "Human-Divine"

345) SK, On Authority and Revelation", 52. ed. tr.

346) *SLW.*, 307., ed. tr.

347) *Ibid.*, 307. ed. tr.

348) SK, "*Thoughts on Crucial Situations in Human Life*", 4.

349) *WL.*, 132.

350) *SLW.*, 308. *SE*, 17.

351) *BJ.*, No.5048.

352) *SE*, 17.

353) *BJ.*, No.6562. "About H.H.".

354) *BJ.*, No.5099.

355) *BJ.*, No.683. "아르키메데스 점"의 주제어는 *BJ.*, No.117, 2089, 3426, 5092, 5099, 5100, 5378, 5410, 5468, 5740, 6519. 참고.

356) *BJ.*, No.3988.

357) *AC.*, 48, 1855. 4. 23. "In Fatherland".

358) 계21:5. "보라 내가 모든 것을 새롭게 한다."

359) *BJ.*, No.4119. "피타고라스"의 주제어는 *BJ.*, No.124, 198, 703, 751, 790, 1482, 1709, 2324, 2334, 2335, 3289, 3295, 5100, 5616, 6237. 참고. "사물에 이름을 부여하고 수를 발견한 사람이 가장 현명한 사람이다"라고 피타고라스는 말한다.

360) 마5:45.

361) *BJ.*, No.5100.

362) *BJ.*, No.5813.

363) *BJ.*, No.5876.

364) 눅17:17-18. 막 7:31-36.

365) *BJ.*, No.4859.

366) *BJ.*, No.335.

367) *BJ.*, No.617.

368) Henry David Thoreau, January 21. 1853.

369) *BJ.*, No.3404.

370) *BJ.*, No.1031.

371) 에3:1.

372) *BJ.*, No.752.

373) 에4:15-17.

374) *BJ.*, No.1944.

375) William Styron, *Darkness Visible: A memoir of Madness* (New York; Viking, 1990).

376) *BJ.*, No.6426. 1849. 6. 25.

377) 신27:15, 느5;13, 계314, 22:20.

378) *BJ.*, No.6161. 1078, 2386, 2706, 3420, 3425, 3436, 3437, 3438, 3915, 5045, 5186, 6111. 참고.

379) 엡3:14—15.

380) *BJ.*, No.5488.

381) 롬8: 38-39.

382) 약1:17-21.

383) *BJ.*, No.6965.

384) 마11:28-30. "**악마**"(Evil)의 주제어는 BJ., No. 305, 486, 636, ... 6191, 6224, 6235. 참고.

385) **D의 생태학.** 월터 카우프만(Walter Kaufmann)의 *인간의 운명(**Man's Lot**)*에서, Table A는 12개 D의 인간한계 상황을, Table B는 12개 D의 인간 감정적 반응을 보여준다. 이 둘의 관계성을 영어 D의 스펠링으로 보여준다. Stanley Corngold, *Walter Kaufmann Philosopher, Humanist, Heretic.* 441-442.

386) 마8:29.

387) *BJ.*, No.732-733.

388) 마4: 23-24, 9:33.

389) *BJ.*, No.4643.

390) *BJ.*, No.6257.

391) *BJ.*, No.4178.

392) 막5:1-13.

393) 눅24;13-35.

394) 행19:12.

395) 행1:10-11.

396) *BJ.*, No.175, 1007, 1847, 2522, 2608, 2771, 3472, 3751, 3760, 3761, 4559, 4738, 6120,

6153, 참고.

397) *BJ.*, No.4685 *"Gospel is Preached to the poor."* **주님의 기도**(Lord' Prayer)에 관한 책에서, 터툴리안은 이렇게 선포한다: 과거에는 천벌, 재앙, 저주를 불러 내리고 지도자, 장군들을 죽이고, 열매 맺게 하는 비를 제지, 억제하는 기도를 드렸다. 그러나 그리스도는 오직 선을 위한 기도에 권능을 부여해 주셨다. 복음적인 기도란 귀신들을 내쫓으며 환자들을 치유하며 감옥 문을 열리게 하고 무죄한 사람들의 쇠사슬을 풀어주는 기도이다. 죄들을 사해주고 씻어주며 유혹들을 물리치며 핍박이나 고통을 중단시켜주며 버려진 사람들을 위로해주며 실수하고 넘어진 사람들에게 힘을 부여해 주는 기도이어야 한다. *BJ.*, No.4770. *"Tertullian"*

398) *BJ.*, No.1278. *"It Hurts to be saved."*

399) 마8:30:34, 막5:1-20, 눅8:26-39.

400) *BJ.*, No.1637.1844년. **"역사"**(History)라는 주제.

401) *BJ.*, No.1730. SK의 "유혹자의 일기", No.2, "요한네스 메피스토펠레스에 의한 악마에 관한 에세이"는 출판되지 못했다. *BJ.*, No.5705.

402) 마4:1-4.

403) James G. Frazer, M. A., *The Golden Bough The Roots of Religion and Folklore.* 132-163.

404) *BJ.*, No.2389.

405) 심영보, Ibid. 123-142.

406) *BJ.*, No.718. *"At the Cemetery"*

407) *BJ.*, No.714. 창4:10

408) *BJ.*, No.715.

409) *BJ.*, No.723. *"Point of View in Christian".*

410) Stanley Corngold, *Water Kaufmann Philosopher, Humanist, Heretic.* 184.

411) Ibid., 193.

412) Nietzsche, *Thus Spoke Zarathustra, Part I* (10, 138) David Farrell Krell, *Postponements, Woman, Sensuality, and Death in Nietzshe.* 53. **죽음에 대한 메타포:** "죽음은 하나의 문이다.", "죽음은 인생의 스토리에서 마침표가 아니라 쉼표이다.", "죽음은 큰 팔을 가진 간호사이다.", "죽음은 불쾌한 것이 아니라 생명처럼, 매력적인 것이다.", "죽음은 부채이다. 보석금, 이의 신청 등 모든 것을 한데 묶는 직무집행영장이다.", "죽음은 처량하고 우울한 문이다.", "죽음은 위대한 위장술이다.", "죽음이란 그 목적지로부터 발견되지 않는 나라이다. 돌아온 여행자가 한 사람도 없다.", "죽음이란 요구하는 대로 갚아야 할 부채이다.", "죽는다는 것은 어느 조용한 해변가에 상륙하는 것이다.", "죽음은 영원한 수면이다.", "죽음은 이 세상의 왕이다. 생명을 양육하고 먹이는 공원이다.", "죽음은 천국이냐, 지옥이냐로 향하는 문이다.", "죽음이란 인생의 머슴, 친구, 가이드로서, 우리를 나룻배로 해변에서 해변으로 안전하게 실어다 준다.", "죽음이란 책의 마지막 줄이다.", "죽음이란 모든 질병의 치료제이다.", "죽음이란 모든 부상자들의 공동의 복수자이다.", "무덤이란 하나님의 파산한 뜰이다. 재산과 부채를 동시에 정리해준다.", "죽

음은 어부다. 우리는 물고들이다.", "추수꾼, 그의 이름은 죽음이다. 그의 낫이 예리하다.", "죽음이란 마지막 단어를 읽어왔던 책을 덮는 것이다.", "죽음이란 세상을 향한 마지막 친절한 행위이며 우리가 지불하는 마지막 세금이다.", "죽음이란 늙은 어릿광대이다. 그러나 모든 사람들은 그를 새롭게 변장한 옷을 입은 사람으로 본다.", "죽음은 미의 어머니이다.", "모든 것은 죽음의 것이다.", "죽음은 의사이다. 우리는 처방전을 가지고 있다.", "죽음은 슬픈 뼈이다.", "죽음은 수척한 말위에 앉아 있다.", "죽음은 시간의 날개 속에 숨어 있다.", "죽음이란 풀린 보잘 것 없는 천한 붕대이다.", "죽음은 뇌물을 받지 않는다.", "죽음은 오랫동안 기다려온 손님이다.", "죽음이란 가장 끔찍한 왕이다.", "죽음이란 문지방이다.", "죽음은 버드나무 아래에서, 흠뻑 젖은 날개를 펼친다.", "죽음의 천사가 육지를 관통할 때, 그의 날개 치는 소리가 들린다.", "죽음이 쏘는 것은 죄이다.", "죽음은 치유자이다. 그를 경멸해서는 안 된다.", "어느 순간이든 낫을 위해 여물어 있어야 한다.", "준비가 안 된 모든 이들은 죽음의 결산 책이다.", "나는 이 동굴 속으로 기어들어가야만 한다. 땅으로 방향을 틀어서 거기서 잠을 자야한다.", "죽음을 삼키고 승리를 얻었다." Elyse Sommer, Dorrie Weiss, *Metaphors Dictionary*. 99-105.

413) *BJ.*, No.722.

414) *BJ.*, No.713.

415) *BJ.*, No.717.

416) *BJ.*, No.719.

417) *BJ.*, No.720. "Poetice"

418) *BJ.*, No. 729-730. "Life's Entrance and Exit".

419) *BJ.*, No.721.

420) *BJ.*, No.724.

421) *BJ.*, No.731.

422) *BJ.*, No.725.

423) *BJ.*, No.726.

424) *BJ.*, No.716.

425) *BJ.*, No.712.

426) *BJ.*, No. 727. "Fear of Death".

427) *BJ.*, No. 728. "The Zest for Life"

428) 암 환우들을 돌보며, 죽음과 주검의 현장, 장례식장을 자주 방문했던 임상목회, 20여 년, SYB 가 경험한 죽음과 주검에 대한 연구 논문, **"죽음의 미학-죽음은 예술이다."**를 참고해보면, 웰빙과 웰다잉, 생전 장례식 등의 신앙에 기초한 죽음의 공포를 이해하는 초석이 될 것이다. https://blog.naver.com/jdewpoint/221695682559

429) Henry David Thoreau, *Walden*. 30.

430) 겔18:3-4, 요21:18.

431) 마10:42.

432) *BJ.*, No.2925.

433) *BJ.*, No.4145. 요19:6,15, 눅23:46.

434) *성찬의 위로*. 133.

435) 막15:6-15.

436) SK가 중시하는 신학적 용어는 **"동시대성"**을 의식하는 것이다. 이 주제어는 BJ., No.343, 761, 961, 973, 1050, 1051, 1291, 1640, 1644, 1649, 1654, 1793, 1851, 1862, 1864, 1867, 1888, 2093, 2354, 2430, 2500, 2635, 2670, 2722, 3353, 3473, 3578, 3610, 3611, 4059, 4444, 4507, 4549, 4622, 4881, 4961, 4984, 4998, 6238, 6275, 6529, 6667, 6839. 참고.

437) *성찬의 위로*, 137.

438) Ibid., 322.

439) 요11:50.

440) *BJ.*, No. 5260, 5247.
https://m.blog.naver.com/PostView.naver?isHttpsRedirect=true&blogId=jdewpoint&logNo=222218750554. SK는 **야누스**다 Kierkegaard is Janus. 그[SK]는 두 얼굴을 가진 야누스다. 왜, 그는 이러한 이중적 모순의 인생 길을 걸어간 것일까? 인생에는 ... m.blog.naver.com

441) Thoreau, *Journal*. 1857. 12.13.

442) SK가 중시하는 카테고리의 개념은 독일의 철학자, 아돌프 트렌델렌부르크(Adolf Trendelenburg, 1802-1872)에게서 차용하면서 그에게 적지 않은 빚을 지고 있다고 고백한다. 아돌프의 "카테고리에 관한 두 개의 논문"을 참조하면 좋을 것이다. SK는 괴테와 함께 독일의 철학자 요한 게오르그 하만(Johann Georg Hamann, 1730-1788)을 당대 최고의 유머리스트요, 최고의 지성인이라고 주장한다. SK의 성격으로 보아 누구를 칭찬하는 편이 아니기 때문에 하만에게 많은 영향을 받았다는 것을 반증해준다.

443) *BJ.*, No.260, 622, 630, 953, 1042, 1044, 1596, 1597, 1598, 1599, 1600, 1906, 2002, 2004, 2087, 2498, 3098, 5377, 5572, 5787, 5977, 5978. 참고.

444) **"텐네만"** 주제어는 BJ., No.42, 258, 1430, 2289, 2339, 2348, 2361, 3295, 4248, 4511, 4512, 4844, 4847, 5572, 5595, 5596, 5598, 5600, 5618, 5639. 참고.

445) *BJ.*, No.258-259.

446) *CA.*, 139-140. Mark C. Tayler, *Kierkegaard's Pseudonymous Authorship*. 111.

447) SK의 카테고리 개념정의에 아리스토텔레스와 아돌프 트렌델렌부르크(Adolf Trendelenburg, 1802-1872)는 아주 좋은 멘토들이다.

448) *BJ.*, No.2353.

449) *BJ.*, No.5977.

450) *BJ.*, No.199. SK가 1841-42년 겨울, 베를린에 있을 때, 아돌프는 가장 호감을 가진 철학자였다. 그는 아주 특별한 관계였으며 근대 철학자 중에서 가장 이득을 본 인물로서, 많은 빚을 지고 있으며, 가장 냉정한 언어 철학자 중의 한 사람으로 찬양을 받을 만하다. *BJ.*, No.3300.

3306: Note 935. SK를 매료시킨 것은 "카테고리에 관한 학설에 관하여"라는 두 개의 논문이었으며, 최대의 관심을 가지고 읽었다. 아돌프는 칸트주의자였다. SK는 그의 강의를 듣지 않은 것에 대하여, 함께 여행을 했던 그의 제자 스위드를 무시했다는 것이 얼마나 어리석었는지 SK는 후회한다. *BJ.*, No.5987.

451) 아돌프는 수학과 자연과학으로부터 예시를 자주 분류한다. 그러나 윤리나 논리의 예시를 찾는 사람은 전무하다. SK에 의하면, 논리에 관하여 의심을 불러일으키는데, 아돌프는 자신의 "도약이론"을 지지하는데 기여한다. 도약이론은 본질적으로 자유의 영역이다. 비록 논리에서 메타포적으로 제시된다 할지라도 헤겔처럼, 설명해서는 안 된다. *BJ.*, No.2352. SK는 자신의 관점에서 볼 때, 아돌프는 전혀 도약을 인지하지 못한 것처럼 보인다. *BJ.*, No.2341.

452) *BJ.*, No.260, 622, 630, ... 5787, 5977-8.

453) "하나님께서 우리에게 주신 은총의 선물은 제각기 다르다. 가령 그것이 예언이라면, 믿음의 분수대로 써야 한다."롬12:6.

454) *BJ.*, No.2065.

455) *BJ.*, No.2986. "비교의 삶"(Living by Comparison)

456) **패턴**이란 일반적으로 "형식, 양식, 모형, 모델, 성향, 경향, 루틴" 등 다양의 의미로 사용되고 있으며, 이 패턴들 의 특징은 원형을 중심으로 규칙적이며, 습관적, 반복적, 모방적이며 다양한 형태의 패턴들이 등장한다.

457) *BJ.*, No.5500. 1841.

458) 1846년 9월 7일, SK는 *Report*에서, "**문두스 불트 데시피**"(*mundus vult decipi*)-"**세상은 속이기를 원한다.**"(The World wants to be deceived)라고 주장한다. *Irony*, 271. *Stages*, 313. *Judge for Yourself*, 153-54. *The Point of View*, 45. 그러므로 세상은 사기꾼들의 천국이기 때문에 속이도록 혹은 속도록 방치해두라는 의미가 내포되어 있다.

459) 이 패턴은 SK가 주장하는 "**반복**"의 개념과 연계하여 연구해 볼 필요성이 있다.

460) *BJ.*, No.6502. 1849. "그녀에 관하여"(About Her)

461) *BJ.*, No.5977.

462) *BJ.*, No.5981. 종교철학과 신학에서 '**움직이는 패턴**'은 Thomas Nail, *Being and Motion*, Oxford University Press, 2019를 참고. SK는 마르텐센 교수를 "이것과 저것에 자신을 패턴화시키고, 항상 똑같은 일을 한다."라고 비판한다. 마르텐센은 이것 패턴과 저것 패턴을 고정시켜 놓은 채, 세속적이며 반복적인 패턴을 하고 있다. *BJ.*, No.6052. SK의 패턴 인식은 *R*(1843)과 밀접한 관련성이 있으며 "출생 안의 출생"(birth within a birth)으로 "자아의 재생"(rebirth of the self) 혹은 부활의 창조적인 도약으로 집약할 수 있다. Taylor, *Kierkegaard's Pseudonymous Authorship*. 330.

463) 살전5:16-18.

464) 요11:35.

465) 삼상12:23.

466) 심영보, Ibid. "설교는 코람 데오이다.", 388-390. 참고

467) https://edition.cnn.com/2024/10/10/style/han-kang-nobel-prize-literature-intl/index.html

468) 한강. 작별하지 않는다. 문학동네, 2021.

469) BJ., No.1696.

470) 심영보, Ibid. "키에르케고르는 아바타를 원한다" 416-421.

471) BJ., No.3607. "증거"(Proof)에 대한 사색적 관점.

472) BJ., No.4779 "신학자들과 신학"(Theologian, Theology).

473) BJ., No.4580. "고통"(Suffering) 마27:32.

474) BJ., No.5135. No.5241.

475) BJ., No.5245. SK는 독일의 낭만주의를 비롯하여 기독교 낭만주의에서 부정적인 면을 삭제해 버린 최초의 작가이다. 그는 미학적인 것과 종교적인 것의 갈등 때문에 기독교 사상에 관심을 갖게 되었으며, 기독교 사상이 예술적 감각과 대립하는 느낌을 자아내며 공상과 거짓으로 세속화되어가고 있는 기독교 사이비 문학에 경종을 울린다.

476) Curt Hohoff, *Was ist Christliche Literatur?*. 쿠르트 호호프, 기독교문학이란 무엇인가? 한숭홍 역, 두란노, 90-93.

477) Northrop Frye, *Anatomy of Criticism*. Princeton University Press. 1957. 115.

478) 심영보, Ibid. "시인인가?" 153-158. 참고. "시인"의 주제어는 BJ.,No.117, 166, 167, ... 6840, 6844, 6947. "SK 시인"은 1812, 6809. "시인의 실존"은 800, 817, 5630. "시적인 것"은 6506, 6508, 6526, 6528, 6561, 6572, 6577, 6578, 6718. "시적화"는 3022, 4881. "시"는 124, 136, 144, ... 5608, 6353, 6870. "인디언 시"는 3817. "어느 시인의 고백"은 151. 참고.

479) "소설"의 주제어는 801, 1025, 1700, 1974, 2107, 2314, 2798, 3697, 5178, 5249, 6870, 6878. 참고.

480) Northrop Frye, *Ibid*., 313.

481) BJ., No.5290. "나 자신의 모토로 **노벨라**를 쓰고 싶다." 노벨라(novella)는 중편과 단편소설의 중간분량이다. 그의 모토 "마차의 나팔을 위한 환상"(Fantasy for a post horn)

482) Northrop Frye, *Ibid*., IV. SK의 문학과 심리학. "소설가인가?" 158-160.

483) 문학적 카테고리 관점에서, SK는 '포스트모더니스트'(Postmodernist)이다. 심영보, Ibid. "포스트모더니스트이다." 158-160.

484) 계21:5. Northrop Frye, *Ibid*., 313. 프라이는 SK를 긍정적으로 보고 있는 기미가 보인다. 그러나 하나님의 이름으로 기존 기독교계에 대한 공격을 전달하거나 혹은 설교를 통해서 자신의 특별한 역할을 보여주는 일이 아직 준비가 덜 되었다고 믿었다.

485) BJ., No.6725.

486) 이러한 혼란은 SYB의 2편의 논문, "SK는 자기기만의 화신이다."(Kierkegaard is the Incarnation of "Self-Deception)와 "SK의 게릴라들"(Kierkegaard's Guerrllas)에서도 그 증거들이 적지 않게 등장한다. https://blog.naver.com/jdewpoint/222708558044, https://blog.

naver.com/jdewpoint/222714643587.

487) "교정"의 주제어는 *BJ.*, No. 1135, 2046, 2513, 2521, 2550, 2763, 3299, 3567, 3625, 5000, 6467, 6531, 6574, 6693, 6863. 참고.

488) *BJ.*, No. 4582. 조지 오웰은 농담에 대하여, "웃기지만 저속하지는 않다."라고 주장한다. Geroge Orwell(1903-1950), "Funny, But Not Vulgar," Leader, July 28, 1945. 모든 농담은 작은 혁명이다. 최고의 농담이 반드시 더러운 농담은 아니다. 웃음이 어떻게 시작되었는지, 어떤 생물학적 목적을 제공하는지 확실히 알지 못하지만, 넓은 의미에서 웃음의 원인이 무엇인지 알고 있다. 유머는 주석 압정에 앉아 있는 존엄성으로 정의할 수 있다. 존엄성을 파괴하고 강자를 자리에서 끌어내리는 것은 무엇이든, 가급적이면 부딪히는 것이 재미있다. 그리고 그들이 더 크게 떨어질수록 농담은 더 커진다. 유머가 본질적으로 부도덕하거나 반사회적이라고 말하는 것은 아니다. 농담은 미덕에 대한 일시적인 반항이며, 그 목적은 인간을 타락시키는 것이 아니라, 이미 타락한 인간을 상기시키는 것이다. Beau Lotto, *Deviate: The Science of Seeing Differently.*(2017) 이충호 옮김, 그러므로 나는 의심한다. 해나무, 2019. 270. https://orwell.ru/library/articles/funny/english/e_funny

489) *BJ.*, No. 6193.

490) *BJ.*, No. 6193. SK는 1837년, 8월 4일, 하만에 대하여, "사막의 외딴 섬에 사는 적절하게 유머적인 로빈슨 쿠루소가 아니라, 인생의 소음 속에서 가장 위대하고 가장 이상적인 유머리스트이다. 그의 유머는 미학적 개념이 아니며, 통제된 드라마의 주인공이 아니라 삶 자체이다."라고 평가한다. *BJ.*, No.1699.

491) *BJ.*, No.1760.

492) *BJ.*, No.1669-1769.

493) 민22:21-35. *BJ.*, No.1693.

494) *BJ.*, No.1716.

495) *BJ.*, No.1733, 1745.

496) *BJ.*, No.1733 광범위한 윤리의 영역은 아이러니에 의해서 더 낮아지고 유머에 의해서 더 높아지는 것이 특징이다. 아이러니는 미학 영역을 관습과 법으로 중립화시킨다. 그리고 인간의 깊은 자아지식과 윤리의 최초 전제로서 영원의 발견을 준비시킨다. 반대로 유머는 윤리적 행동의 기초로서, 윤리의 영원한 규범을 실제화시킬 때, 인간의 실존적 경험을 표현한다.

497) *BJ.*, No.2357.

498) *BJ.*, No.4585.

499) 시126:5-6. 잠1413.

500) 전2:2.

501) 시2:4.

502) *BJ.*, No. 3606.

503) *BJ.*, No. 5370. 1839. 2.11.

504) 창3:22. *BJ.*, No.1306.

505) *BJ.*, No.2575.

506) *BJ.*, No.6617 "당연히 보존되어야 할 나의 아버지의 특징"

507) *BJ.*, No.4123. *NB*: 중국에 대한 생각은 나를 흥미롭게 한다.

508) *BJ.*, No.4392.

509) *BJ.*, No.4393.

510) *BJ.*, No.200, 297, 440, 1346, 2212, 2734, 3234, 5424, 6324.

511) *BJ.*, No.6870.

512) *Stages*, 304-5 중국, 역사-말레리쉬, 카를스루에, p.223 참조. *BJ.*, No.6324.

513) *BJ.*, No.5656. 19세기 초, 중국의 도자기가 북유럽의 덴마크에 이르기까지 무역거래가 활발히 이루어 졌다. "내가 외설적인 대화를 나눈 유일한 사람은 미니카페Mini's Cafe에서 대화하고 내가 마흔 살이라고 생각하는 나이 많은 중국 선장이다. 그러나 우리의 대화는 오히려 더 유머러스하다. 그가 마닐라에서 모든 사람들이 타르트를 가지고 있거나 런던에서 타르트(그의 애완동물 표현)로 가지고 있는 재미에 대해 말하기 시작했을 상황은 충분히 유머러스하다. 일흔네 살의 늙은 중국 선장은 결과적으로 그가 말하는 것은 외설적인 것보다 유머러스하다."

514) *BJ.*, No.96, 256, 596, 633, 752, 765, 1222, 1457, 1681, 1682, 1690, 1693, 1699, 1700, 1701, 1713, 1722, 2489, 5241, 5328, 5389, 5672, 5673, 5674. 참고. 그의 작품 *Golgotha and Scheblimini*! 광야의 설교자(1784)는 모세 멘델스존의 예루살렘을 겨냥한 작품이다.

515) "유대교, 기독교, 카토릭, 루터교"는 나의 가장 오래되고 가장 젊은 주제, 하나님의 뜻, 스케브리미니에 대한 단서이다.

516) Ronald Greoov, J. G. Harmann, *Study in Christian Existence*. Happer & Brothers, 1960.

517) SYB는 [SK와 사이버신학] 칼럼에서, "SK의 이성론"과 "**키에르케르는 반-이성적 철학자이다.**"에서 SK의 이성적 관점을 자세히 언급하고 있다.

518) "**성령**"(Holy Spirit)의 주제어는 *BJ.*, No.296, 1020, 1463, 1916, 1919, 2460, 2673, 2854, 3194, 3445, 3522, 3992, 4029, 4326, 4346, 4405, 4462, 4478, 4688, 4692, 4694, 4939, 6792, 6832, 6862. 참고. SYB는 SK 콤플렉스와 사이버신학사상, SK의 "**정체성**"의 관점에서, "SK는 포스트모더니스트다"(Kierkegaard is a postmodernist)라고 주장한다.(401-405) 그의 글쓰기의 실험적 기법, 익명성과 의사소통 간접화법, 자아반영성 등, 열린 결말 시스템을 추구하고 있다는 것은 그의 포스트모던적 성격을 적나라하게 드러내 준다.

519) 심영보, Ibid., 138-141. 브렌데스(Brandes)에 의하면, 레기네 올센에게 "그는 수수께끼다. 위대한 수수께끼다." 라고 회상한다. Joakim Graff, *Kierkegaard's Muse, The Mystery of Regine Olsen*, 290.

520) 논리에 의한 실존주의는 C. J. F. Williams, What is Existence? Clarendon Press, Oxford(1981). "be동사와 exist 동사의 비교", 2-16를 참고.

521) 실존주의는 합의된 체계도 철학적 학파도 아니다. 그러나 "인간들이 존재한다." "사람들이 중

심이다"는 일반적인 전제를 두고 하는 말이다. 라틴어에서 온 단어, *ex-istere*는 '밖에 서 있다'
라는 뜻으로 안이 아닌 밖에서 "버티다"(stand out)를 의미한다. 불어와 독어와는 다르게 영
어의 동사는 자동사이며 "단순한 실존"의 수적 의미를 내포하고 있다.

522) "**대립쌍**"의 주제어는 *BJ.*, No.700, 702. "**반대**"의 주제어는 *BJ.*, No.604, 1264, 4139, 4225,
4444, 4575, 4576, 4596, 4623, 4689. 참고.

523) *BJ.*, No.102.

524) *BJ.*, No.103.

525) 20세기 가장 유명한 무신론자인 사르트르는 "만약 누군가가 하나님 아버지를 폐기해 버렸다
면, 가치를 창안할 다른 누군가가 필요해진다. 가치를 만들어낸다는 말은 바로 이것을 의미한
다. 즉 삶은 선험적으로 무의미하다. 당신이 살아있지 않으면, 삶이란 아무것도 아니다. 삶에
의미를 제공하는 존재는 바로 당신이며, 가치란 바로 당신이 선택하는 의미이다."라고 말한다.
Jean-Paul Sartre, *Existentialism*, trans. B. Frechtman. 58.

526) 창22:9-10.

527) *FT*에서, 익명의 저자, 요하네스 드 시렌티오는 "**윤리의 목적론적 중지가 존재하는가?**"(Is
there a teleological suspension?)질문을 제기한다. *FT*. 64-77. James Bogen, "Kierkegaard and
the teleological Suspension of Ethical," Inquiry 5 (1962), 306.

528) Charles Hampden-Turner, *Maps of Mind*. "The Solitary Solidary" 52-55.

529) 인간 실존의 맛을 충분히 보려면, 반란과 충성, 고독과 연대, 생과 사의 대조와 예술적인 종합
에 달려있다. 마틴 루터 킹은 까뮈의 **반란**(*The Rabel*)을 감옥에서 읽었다. 미국의 문화가 그
선전에서 보다 시민의 미덕에 더 가까워 졌다고 믿지 않는다. 불굴의 희망으로 그 뿌리들을
혼합시키는 발가벗긴 고통에 달려 있다.

530) Henry David Thoreau, *Walden*. 36.

531) 마19:16-26.

532) 마7:21-23.

533) Charles Hampden-Turner, *Maps of The Mind*. 24.

534) Thoreau, *Journal*. September.12, 1853.

535) 우주의 중세 개념. 가장 안쪽 구체는 지상 구체이고 바깥쪽은 에테르로 만들어졌으며 천체를
포함한다.

536) 창1:2.

537) *BJ.*, No.5099.

538) 마10:29, 눅12:6-7.

539) 마4:8-9. 요6:14-15.

540) *BJ.*, No.5099. 1835.

541) 고전3:9, 16-17.

542) Thoreau, *Walden*. "Where I lived, and What I lived for". 1854.

543) *BJ.*, No.6023. 1847.

544) 요4:24.

545) *BJ.*, No.81. **"인간은 영이다."**(man is spirit)라는 것을 증언하는 것이 과제이다.

546) 고전15:38-49.

547) 에테르의 의미는 크게 2가지로 해석된다. 하나는 옛 사람들이 상상한 대기 밖의 공간으로 눈에 보이는 창공, 하늘이다. 다른 하나는 그 하늘을 포함하여 우주 공간에 가득 차 있는 정기(精氣), 영기(靈氣)로서 빛과 열의 에너지, 가상적 매체이다. 화학적으로는 용매 작용을 하는 것이다.

에테르적 에너지의 형이상학적 개념은 18세기 이래로 인력의 구동적 원인 또는 힘, 빛, 중력, 자기력을 설명하는 데 여전히 유효하다. 내재성의 물질적 4요소가 흙, 공기, 불, 물이라고 한다면, 내재성을 초월하는 다섯 번째 원소로서 에테르는 천상과 하늘을 구성하는 중요한 핵심요소이다. 이 신비한 다섯 번째 에테르 본질은 지상파의 어떤 것과도 질적으로 다르다는 것이다.

라이프니츠에 의하면, 세 종류의 에너지-**"내부의 힘-외부의 힘-상호 관계적 힘"**-는 하나이지만, 차별적이며 다중적인 힘으로 통합한다. 그는 에테르에 힘의 모든 관계를 전송하는 보편적으로 침투하는 상호 관계적 매개체라는 존재론적 특권을 부여한다. 물체는 자기 고유의 힘, 생존의지의 에너지, **코나투수**(conatus)를 가진다. 아무리 작은 충돌, 접촉이라도 물체 사이의 충돌은 이 물체들에 "침투해 있는 유체적 에테르적 물질의 운동" 때문에 충격이 발생하여 모든 것을 산산조각 낼 수 있다는 것이다. 즉 물질에 침투하여 그 성질과 성격에 변화를 야기시킨다. 베이컨에 의하면, 이 에테르 유체는 물질적이고 변질이 가능한 불과 같은 성질을 소유한다. 필로포누스에 의하면, 에테르는 천상적 요소로서 에테르적 불, 신의 인과적 행위의 매개체이다. 데카르트에 의하면, 마치 우주는 강의 소용돌이와 같다는 에테르적 소용돌이론 주장한다. 에테르는 에너지의 천상적 소용돌이로 차 있는 유체역학적 매체이며 천체들 사이, 즉 지구와 하늘 사이의 상호 관계적 공간은 모든 별과 행성들이 떠 있는 에테르 유체로 가득찬 충만체(plenum)내의 소용돌이이다.

아이작 뉴턴에 의하면, 에테르는 모든 작용을 운송하는 보편적이고 상호관계적 힘 매개체이다. 수축과 팽창, 상승과 하강, 전진과 후퇴의 전방위적으로 비물질적 거리를 가로질러 중력을 창조하는 힘이다.

548) 키케로에 의하면, 공기는 에테르를 닮았으며 에테르는 산소와 밀접히 연결되어 있다. 아리오스 디뒤모스에 의하면, 프뉴마는 에테르와 유사한 것이 되어서 둘은 동음이의적으로 사용된다.

549) **신의 입자:** 에테르에서 흘러나온 에너지는 근본적인 힘의 기능을 소유한다. 물질의 원소에는 중력, 무게가 있다. 특히 이 원소에 **질량**이 부여되면, 항상 사건들이 벌어진다. **"힉스 입자"**(Higgs Boson, 혹은 **"신의 입자"**(God's Particle)라고 불리는 것은 원소에 질량을 부여하는 현상적 에너지이다. 에너지에는 **빅뱅(Big Bang)**의 첫 순간의 극단적인 폭발에너지에서부터 다양한 종류의 형이하학, 형이상학 에너지들이 등장한다. 영점에너지, 진공에너지, 접선에너지, 방사에너지, 공간-배경에너지, 인력에너지, 공생에너지, 사랑에너지, ... 에테르의 상호

관계적 힘 매 개체의 작용, 그 에너지의 밀도에 따라서 이른바 "**기적**"이라는 사건들이 성서에서 등장한다. 에너지의 질량이 정 상적인 상태에서 비정상적인 상태로, 혹은 비정상에서 정상의 상태로 변화될 때, 그것이 긍정적이든 부정적이든 이성을 초월한 신앙사건들이 발생한다. 비극적이며 희극적인, 희극적이며 비극적인, 사건들이다.

550) 눅8:43-48, 요11:43-44.

551) *계20:4*

552) 이것은 Paul Tillich의 하나님의 이름으로 "**궁극적 관심**"의 상징이다. "궁극적 관심"의 기본적인 상징은 하나님이시다. "궁극적 관심"이 있는 곳에서 하나님은 하나님의 이름으로 부정될 수 있다. 하나님은 하나님을 위한 상징이다. 하나님은 하나님의 상징이다. 하나님은 신앙의 기본적인 상징이다. Paul Tillich, *Dynamics of Faith*. "Symbols of Faith", 41-54.

553) 요3:5-8

554) 고전3:16-17.

555) 행8:13, 요3:8.

556) 민22:28-30.

557) 눅19:40.

558) 창3:5.

559) Neal Stephenson, *Snow Crash*. 276-277.

560) *BJ.*, No. 6200. 1848.

561) *SBK.*, 548. SK는 문학적 미스터리 창작 의도를 가지고 "어느 청년의 글들"이라는 제목으로 원고를 작성했다. 이 책의 주인공은 "플렉스 드 성 빈센트"(Felix de St. Vincent)라 칭한다. 이 드라마는 **4가지 내용-1. 어느 여배우 인생의 위기 2. 가을예찬 3. 콧노래 하는 사람으로서 로젠 4. 글쓰기 견본 집**-으로 구성되어 있다. *BJ.*, No. 6060. 1848년 여름, SK는 이 작품이 너무 미학적으로 보이며, 작가 생활에서 종교적 위기를 초래할 수 있다는 생각을 가지고 있었다. 1847년 초, 헤이베르그 부인이 셰익스피어 쥴리엣의 역할을 공연했을 때, 그는 헤이베르그 부인을 기쁘게 해주는 동시에 그녀의 남편, 헤이베르그 교수를 짜증나게 만드는 전략을 시도한다. 여기에 그는 조만간에 죽을지도 모른다는 고정관념이 이 작품의 출판을 부추긴다. 출판을 생각하면, 각성과 "섭리로부터 암시"라고 생각한다. 그러나 일간지에 여배우에 관한 기사를 게재한다면, 대중들은 공격해 올 것이며, 출판하면, 심각한 위기 상황에 놓일 것이다. "피할 수 없는 데미지를 입을 것"이라고 SK는 "N.B"에 표기한다.

562) *BJ.*, No.6209.

563) *BJ.*, No.6211.

564) *BJ.*, No.6212.

565) *BJ.*, No.6231, 6238, 6242. 출판업자 기쾨드와드(Giødwad)의 요청은 "섭리로부터 암시"라고 생각한다거나, 자신이 정체성에서 벗어난 것은 약간의 변증법적 실수로 포장한다거나, 출판 문제에 대하여 하나님의 도움을 요청하지 않는다거나, 자신의 자만심의 문제이거나, 사람들

에게 상처를 줄 수 있다거나, 하나님의 처벌이라고 생각한다거나, 등등은 자기변명, 자기기만이라고 할 수 있다. *PV*에서, SK는 심미적인 것은 마지막 순간에 등장한다고 주장한다. 2년 동안 오직 종교적인 것만을 출판한 후, 심미적인 소논문-"여배우의 생애의 위기"-이 1848년 7월에 잡지 조국에 게재되면서, 심미적 저술가가 세월이 흘러감에 따라서 마음이 변해서 종교적 저술가가 되었다는 현상설명은 불가능하다. 그 이유는 애초부터 종교적 저자였지만, 최후의 순간에 이르러 심미적 저자가 되었기 때문이다.

566) *SKB.*, 226-227.

567) "유혹자"의 주제어는 BJ., No.4999, 5694, 5730, 5747, 5755, 5804, 5865, "**유혹자의 일기**"는 806, 2393, 5633, 5676, 5677, 5865, 6330, 6336, 6388, 6472, 6843, "**유혹자의 일기, No. 2**"는 5705. 참고.

568) *SKB.*, 270-271. "관음증의 미학"은 단편, 앤더슨(Sherwood Anderson)의 *하나님의 힘(The Strength of God)*에서 리얼하게 보여준다. **두 개의 건덕적 강화(*Two Edifying Discourses*)**와 작은 소논문은 서로 상반된 입장으로 상응관계이기 때문에 SK의 이중성이 처음에나 나중에나 존재하고 있었다는 사실을 거꾸로 증명한 셈이다. 모든 심미적 저술에는 가명 사용했으나, *두 개의 건덕적 강화*는 SK박사라는 것을 밝히고 있으며 소논문은 저자의 전체 저술활동의 변증법적인 구조가 완성되었음을 말해준다. 그러나 소논문의 이 같은 의의를 깊은 의미에서 알아주는 이가 하나도 없다고 그는 불평한다.

SK의 심미적 저술들과 마지막 종교적 저술들 사이에, 1846년 2월 27일 출판한 *CUP*가 등장한다. 이 *CUP*는 전환점과 같은 역할을 하며 익명의 저서들과 18개 건덕적 강화를 한결같이 염두에 두고 그 목적은 "**어떻게 그리스도인이 되는가?**"라는 문제에 천착해 있다. 그러나 익명의 저술들이 바로 그 목적에 부합한 것은 아니다. 자신의 것이 아닌 저술의 목적에 관하여 아무것도 알 수 없는 제3자인 익명의 인물이 그런 목적을 알 수가 없다. *CUP*는 심미적 저서도 아니며, 엄밀한 의미에서 종교적 저서도 아니다. *CUP*가 익명으로 출판되었지만, SK는 자신의 이름을 편집자로 올렸다. 처음부터 그 어떤 심미적 저서와 관점에서, SK는 문학평론과 시 창작에서 비판적 논평을 한적이 없었다. 종교적 저술을 한 지 2년이 지났으며, 익명이나 가명을 쓴 시기도 지났다. 그러나 그는 다시금 그 증거를 남기기 위하여, 그 심미적 소논문에 인테르 에트 인테르와 프로쿨이라는 익명을 붙였다. 미학적 "변모"(metamorphosis)(235)를 최고라고 생각하는 SK의 심미적 저자로서 위치에서 그 종교적 가면을 벗어버렸다.

SK가 이 "소논문은 전체적인 저술활동을 깨닫게 하기 위해 계산된 것이며, 소논문은 두 개의 건덕적 강화를 상기시킨다."라고 주장한다. 두 개의 건덕적 강화는 1843년 5월 16일에 출판했다. 이것은 SK가 서문에서 자신의 "**영적 에로티시즘**"(spiritual eroticism)을 너무나 잘 숨기고 있기 때문에, 쾌락을 포기하고 금욕을 주장하는 "자기포기"(self-abnegating gesture)의 태도를 보여준다. 그래서 당당하게 세상의 독자들에게 소개하는 것이다.

569) 이 작품의 목적은 일종의 연극비평으로, "회상과 회상을 위하여"(a recollection and for recollection)라는 것으로 한 사람을 기억하면서 쓴 것이다.

570) **"직접성"**(immediacy)의 주제어는 *BJ.*, No.48, 49, 102, 188, 475, 630, 1044, 1045, 1348, 1373, 1676, 1689, 1725, 2454, 2474, 2809, 3127, 3130, 3774, 3792, 3969, 4397, 4589, 4690, 5008, 5181, 6244, 6298, 6604, 6901, 참고. 1. 피스터는 직접성이 없다.(291) 2. 직접적인 코미디언도 비평가들이 해석자로 끼어든다.(291) 3. 직접적인 천재는 감탄과 관계가 있다.(292) 4. 반성과 관련된 감탄은 직접성의 언어가 아니다.(293) 5. 감탄할 만한 직접성의 아름다운 열정을 상실했다.(294) 6. 직접성에서 이것은 가장 비인간적인 것처럼 보인다. 직접성은 말할 것이다.(295) 7. 직접성의 무의식은 감탄의 외침을 격려하며 선한 본성, 겸손, 호감이다.(297) 직접성의 컨텍스트 중에서, 7번의 의미는 SK가 심리학자로서 직접성의 면모를 보여준다. "무의식은 언어처럼 구조화되어 있다."라고 주장하는 라깡(Lacan)의 명제를 반영해 준다. "반성과 관련된 감탄은 직접성의 언어가 아니다." '무의식적 직접성'이야말로 진정한 영감이라고 할 수 있다.(297)

571) Louis Mackey, *Kierkegaard, A kind of Poet.* 3.

572) **"아들러 목사"**의 주제어는 *BJ.*, No.234, 1348, 1611, 2020, 2846, 3026, … 6079, 6114, 6220, 6334, 6346, 6387. 참고.

573) *BJ.*, No.6154.

574) *BJ.*, No.6209.

575) *BJ.*, No.6615.

576) **성찬의 위로**는 *CD* 제4부에 속한 것으로 SK가 "*금요일마다 성찬식에서 강화*"(*Discourses at the Communion on Fridays*)라는 제목으로 출판되었으며, W. Lowrie가 Oxford University Press에서 *CD*라는 제목으로 1940년에, S. D. Crites가 Harper and Row에서 영역한 책으로 *Crisis in the life of an Actress and Other Essays on Drama*라는 제목으로 1967년에 출판되어 나왔다.

577) *BJ.*, No.5976. "About the Three Discourses 1847"

578) *BJ.*, Ibid.

579) **키메라**의 구조적 관점에서 볼 때, 하이픈(hyphen)의 구조적 기능은 구별이나 분리가 아닌 공존(juxtaposition)과 묶어 주는 것이다. SYB는 SK만의 철학적, 신학적 변증법을 키메라의 삼분법 구조로 설명한다. 이 부분에 대한 내용은 SYB의 책, *SK의 콤플렉스와 사이버신학사상*(2022, 169-177)-"SK는 키메라이다.", "그리스도는 카메라이다", "기독교는 키메라이다"-을 참고하면 좋겠다.

580) *WL.*, 임춘갑, 303-304.

581) 잠3:15. **"비교"**(comparison) 주제어는 *BJ.*, No.32, 924, 1350, 1408, 2066, 2986, 2999, 3895, 6270. 참고.

582) 고후10:12.

583) 비평의 개념은 "모든 학문 중에서 가장 위선적이며 진정한 가짜이다. 피를 빨아먹는 곤충에 긴장하고 낙타를 집어 삼키기는 것을 글로 쓰기 때문이다. 문학적 인습을 조사하는 일

을 제외하고는 쓸모없다."*BJ.*, No.139. 자기에게 날아오는 비판과 비평의 화살들에 대해선 전혀 인색하지 않는 모습을 보여준다. '비판'이 아닌 '비평'의 기본적 관점은 노스럽 프라이 (Northrop Frye)의 *비평의 해부(Anatomy of Criticism)*가 도움이 될 것이다. 그러면, 에라스무스(Desiderius Erasmus)의 *우신예찬(Moriae Encomium)*에 담긴 화살과 덫이 무엇인지 조금은 알 수 있을 것이다.

584) *BJ.*, No.68.

585) *BJ.*, No.25.

586) *BJ.*, No.5551.

587) *BJ.*, No.5551. 심영보, Ibid., 485-490.

588) SYB가 주장하는 SK의 인간에 대한 반감은 "SK의 *MBTI* 분석"을 참고해 준다면, 좋겠다. 심영보, Ibid. "키에르 게고르의 MBTI분석", 483-490.

589) 마5:48.

590) 창2:21. 심영보, Ibid., 106.

591) *Ibid.*, 95-110.

592) *BJ.*, No.526.

593) *BJ.*, No.6731, 6809.

594) *BJ.*, No.2439.

595) *BJ.*, No.3157.

596) *BJ.*, No.2455.

597) 심영보, Ibid., XI. SK의 SBNR. "5. SBNR을 추구한다". 430-443.

598) *CUP.*, 551-554. "건덕적 강화들"의 주제어는 *BJ.*, No.641, 656, 1588, 4261, 4924, 5487, 5644, 5686, 5734, 6229, 6234, 6242, 6388, 6472, 6545, 6593, 6800. 참고. '비유적-시적인 저자'라고 선언하는 배경에는 덴마크의 기독교와 그리스도의 기독교는 다르다는 변별력이 그 핵심이다.

599) 마6:26-34.

600) 심영보, Ibid., 106-109. 95-97. "희생의 새"에 대한 유추는 *BJ.*, No.5336. 참고.

601) *BJ.*, No.1615.

602) *BJ.*, No.3237. 1839. 5.22.

603) 요14:11.

604) 요17:21.

605) 토머스 네일, *존재와 운동*. 517.

606) 요11:25. 눅9:15.

607) *BJ.*, No. 296.

608) 요일5:6-8.

609) 창1:2.

610) 토마스 네일, Ibid., 518-519. *King James* 버전에 의하면, "하늘에서 증언하는 기록은 셋인데, 아버지, 말씀, 성령이시며 이들 셋은 하나이다."(There are three that bear record in heaven, the Father, the Word, and the Holy Spirit: and these three are one). 요일5:7

611) 테르툴리아누스의 트리니타스, 아리스토텔레스의 부동의 동자, 아우구스티누스의 공동영원성과 공동실체성, 막시 모스, 위-키릴로스, 요하네스의 페리코레오시스, 니콜라스 쿠자누스의 일자의 삼자화, 흄스, 데카르트, 라이프니츠의 호모우시아, 스피노자, 헨리, 둔스 스코투스의 숫적 실체적 동일성과 내포적 형식적 차이 등의 논쟁들이 존재한다.

612) 토마스 네일, Ibid., 529. 요하네스의 *정통신앙의 해설*에서, 다음과 같이 주장한다. "위격들은 서로 속에서 거주하며, 확고히 수립된다. 이들은 서로로부터 불가분하고 떼어질 수 없지만, 융합되거나 혼합되지 않으면서도 서로에게 부착되어 서로의 속에서 자신의 분리된 길을 계속 가기 때문이다. 성자는 성부와 성령 속에 있고, 성령은 성부와 성자 속에 있고, 성부는 성자와 성령 속에 있으나, 융합도 혼합도 혼동도 없기 때문이다. 하나의 같은 운동이 있다. 세 위격의 하나의 추동과 하나의 운동이 있기 때문이다. 이러한 것은 어떠한 창조된 자연에서도 관찰 되지 않는다."*Ibid.*, 532.

http://www.orthodox.net/fathers/exacti.html#BOOK_I_CHAPTER_XIV 776에서 재인용.

613) Ernest Holmes, *The Science of Mind*, 568.

614) 요17:4. "나는 아버지께서 내게 하라고 맡기신 일을 완성하여, 땅에서 아버지께 영광을 돌렸습니다. 아버지, 창세 전에 내가 아버지와 함께 누리던 그 영광으로, 나를 아버지 앞에서 영광되게 하여 주십시오."

615) 중세신학의 삼위일체론에 대한 **삼중적 작동-"관계적 힘, 외부적 힘, 내부적 힘"**-의 자세한 내용은 토머스 네일, 존재와 운동 516-536 참조.

616) 그 예시들을 보면, 다음과 같다: 요세푸스의 예정론, 오리겐의 예정론, 클레멘트의 예정론, 발렌티누스의 예정론, 저스틴의 예정론, 어거스틴의 예정론, 다마스커스의 요한의 예정론, 마리우스 메르카토르의 예정론, 루스페의 풀겐 티우스와 아를의 카이사리우스의 예정론, 카시안의 예정론, 오르바이스의 고트샬크의 이중예정론, 토마스 아퀴나스의 예정론, 윌리엄의 예정론, 칼빈의 예정론, 루터의 예정론, 얀센주의의 예정론, 토마스 아퀴나스의 예정론, 알미 니안주의 예정론, 몰리니즘의 예정론 등이다.

617) 겔18:21-28. **성서에서 등장하는 예정론의 흔적들:** 구약에서, 이사야의 예정론에 의하면, 이사야를 통한 야곱의 선택은 모태에서부터 시작된 사건이다. 심지어 이방인인 고레스까지 "그는 나의 목자다"라고 선택하신다. 사 44:1-2, 24, 28. 또한 이사야는 "너를 지으신 분, 네가 태어날 때부터 '내가 너를 도와 주마' 하신 분, 모태에서 만드신 분의 선택을 주장한다. 사44: 2, 24. 심지어 앗수르를 치기위한 몽둥이까지도 예정되어 있다. 사30:32. 다윗의 예정론에 의하면, 모태에서부터 예정된 것이라고 다윗은 고백한다. 시22, 71, 131, 139. 삼손의 예정론에 의하면, "모태로부터 하나님의 나실인"이라는 정체성으로 태어난다. 삿16장. 그러나 그는 '국제 테러리스트'라는 오명과 함께 자살을 기도한다. 욥의 예정론에 의하면, 욥은 동양의 의인이지

만, 그가 고난을 받고 있을 때, 하나님의 선택에 대한 불만과 원망으로 가득 차있다. 모태에서 빈손으로 태어나게 하신 어머니를 원망하며, 자신의 생일을 저주하기까지 한다. 욥3:1-11. 욥의 신학은 "공수래공수거"로써 인생의 성공과 실패는 여호와의 선택과 하나님의 섭리에 있음을 고백한다. 예레미야의 예정론에 의하면, 하나님은 예레미야 선지자에게 "복중에 짓기 전에 너를 알았고 네가 태에서 나오기 전에 너를 구별하였고 너를 열방의 선지자로 세웠노라"라고 말씀 하신다. 렘1:5.

신약에서, 세례요한의 예정론에 의하면, 세례 요한은 "모태로부터 성령의 충만함을 입어" 태어난다. 세례 요한의 출생은 미리 예정된 사건이다. 눅1: 9-15. 그러나 33년 6개월이라는 젊은 나이에 헤롯에 의하여 참수형을 당한다. 베드로의 예정론에 의하면, 그리스도의 고난과 죽음은 미리 예정된 것이며 선지자들의 예언을 통하여 이미 알려진 것이다. 행3:18. 바울의 예정론에 의하면, 예정론 교리의 실수는 만약 단 한 단어, 목적(purpose), 섭리(design)에 의하여 잘못 인도된다면, 예를 들면, 롬8:28-30절 안에서, 섭리는 미리 정해진 계획이지만, 이것은 전체 기독교를 의미하는 것으로 해석된다. 그 전체성 안에서 그 표현은 영원성으로부터 결정된다. 반면에 개인은 교훈에 의하여 소명된다. 시간에 대한 전체 관계성은 영원으로부터 결정된다. 그러나 그 같은 방법으로 그의 소명은 영원으로부터 온 것이라고 언급될 수 없다. *BJ.*, No.227. 엡1:4-12. 3:9-11. 그러나 바울의 예정론은 율법을 모르는 이방인들의 양심과 이성의 심판과는 무관하다.(롬2:14-16)

618) *BJ.*, No.1563.

619) *BJ.*, No.1230.

620) Anna S. Benjamin, *Saint augustine, On Free Choice of the Will.* xvi.

621) *BJ.*, No.1302.

622) *BJ.*, No.3545. *CI.*, 290.

623) *BJ.*, No.3544. SK가 주장하는 이 같은 입장은 "막간희극"(Interlude)에서, 클리마쿠스가 이용하고 있는 보이에 티우스의 입장을 지지한다. *BJ.*, No.1245, 3549, 4833. *PF.*, 98.

624) *BJ.*, No.227, 3547, 3548.

625) *BJ.*, No.3547. 비질리우스 하우프니엔시스(Vigilius Haufniensis)의 언급. *BJ.*, No.102, 5732.

626) *E/O.*, II. 237.

627) *FT.*,151.

628) *SLW.*, 431.

629) *BJ.*, No.3853. 한 가지 점에서 슐라이에르마흐의 **"상대적 예정론"**과 연합할 수 있을 것이라고 생각했다. 즉 사람이 오직 기독교를 만나게 될 때만이, 구원 혹은 멸망이나의 결정하는 문제가 될 것이라고 단정하는 것이다. 결과적으로, 이 결정은 시간 속에서 발생하며, 캘빈이 주장하는 것처럼, 영원에서 결정되는 것이 아니다. 그러나 기독교는 그 전체성의 표명에서 영원으로부터 결정되지만, 동시에 슐라이에르마흐의 주장처럼 모든 인간은 "필연적 현상"(necessary development)을 통하여 마침내 저주에서 구원에 이르게 될 것이라고 생각한다. SK는 슐라이

에 르마흐에게서 "무한한 죄와 무한한 구속의 수정"을 상기시킨다. 여기서 그는 슐라이에르마흐의 사상에 전적으로 동의하지 않는다. 왜냐하면, 그는 "필연적 현상"을 부당하게 생각하기 때문이다. 죄와 용서의 수용 문제에 관해서, 개인적 자유의 중요성을 무조건 주장하는 것을 원하기 때문이다.

630) *BJ.*, No.4408.

631) 눅21:19.

632) *BJ.*, No.3550.

633) *BJ.*, No.3542.

634) *BJ.*, No.1230.

635) 예수의 비유에서 "열 처녀들"은 모두 예정론에 포함된다. 마25:1-13. 교리적으로 예정론을 주장하고 있지만, 구원에 대한 보장은 그 누구도 확신할 수 없으며 믿을 수 없다. 구원은 성화의 과정이다. 이 과정에서 실수하지 않는 것이다.

636) 심영보, *하나님의 실수*. "22. 이프신학." 67-73.

637) 요3:1-8.

638) 에스겔은 "**아버지가 신 포도를 먹으면, 아들이 이가시다.**"라는 속담을 금지하고 원죄를 해체시킨다. 만약 죄를 지은 자가 회개하면, 살 것이라는 조건을 부여한다. 마25:1-13.

639) 눅23:39-43.

640) 0. 바울의 "**기억설**"과 "**새 계약설**"이다. 1. 바클레이의 "누룩 없는 빵"의 "**유월절 식사설**"이다. 2. 류맨의 "**탁상 교제와 대화설**"이다. 3. 레만의 떡과 포도주의 "**상징설**"이다. 4. 저스틴의 떡과 포도주가 그리스도 몸으로 변화된다는 "**실재설**"이다. 5. 이레니우스의 "**희생설**"이다. 6. 암브로스의 "**변화설**"이다. 7. 어거스틴의 은총의 매개를 통한 "**영적 임재설**" 및 "**신비적 연합설**"이다. 8. 라트람너스의 "**영적 변화설**"이다. 9. 아퀴나스의 떡과 포도주가 그리스도 몸으로 화체된다는 "**화체설**"이다. 10. 존 위클리프의 "**비유설**"이다. 11. 루터의 그리스도 몸의 "**현존설**" 및 "**공존설**"이다. 12. 쯔빙글리의 "**징표설**", "**기억설**" 및 "**기념설**"이다. 13. 칼빈의 성령의 매개로 인한 그리스도의 "**임재설**"이다. 14. 로마 카톨릭의 "**희생미사설**" 및 "**제사장적 공동체설**"이다. 15. SK의 "**객관성설**" 및 "**형재애 의 상징설**", "**화해설**"이다. 16. 알렉산더 쉬메만의 "**유카리스트의 장설**" 및 하나님 나라를 향한 "**여행설**"이다. 17. 헨리 노엔의 그리스도의 사라짐을 슬퍼하는 "**부재설**" 및 "**치유설**"이다. 18. 존 류맨의 "**하나님 나라의 잔치설**"이다. 19. 웨인라이트의 구속사적 "**종말론설**"이다. 20. 몰트만의 "**역사 종말론설**"이다. 21. 고겔의 그리스도 몸 안의 "**유기적 통합설**"이다. 22. 뱅크스의 그리스도 몸의 "**관계론적 통일성설**"이다. 23. 취코브스키의 하나 됨의 "**공동체설**"이다. 24. 두렐의 영적 양식과 영생을 먹고 마시는 "**종말론적 행위설**"이다./*성찬의 위로*. 216. "**성찬**"의 주제어는 *BJ.*, No.543, 586, 600, 1467, 1493, 1494, 1905, 1924, 2918, 5047. 참고

641) 눅24: 50-51.

642) 심영보, 논문, "죽음의 미학: 죽음은 예술이다." https://m.blog.naver.com/jdewpoint/

221695682559

643) 벧전2:9.

644) Joseph Campbell, *The Power of Myth*. 136-137.

645) Evardhard Arnold, *The Early Christians*. 281. "Glory be to thee, Word!" "Amen." "I would be born and I would bear!" "Amen." "I would eat and I would be eaten." "Amen." "Thou that dancest, see what I do, for thine is this passion of the manhood, which I am about to suffer!" "Amen." "I would flee and I would stay!" "Amen." "I would be united and I would unite." "Amen." "A door am I to thee that knocketh at me. ... A way am I to thee, a wayfarer."

646) 요8:51. "내가 진정으로, 진정으로 너희에게 말한다. 나의 말을 지키는 사람은 영원히 죽음을 보지 않을 것이다" 대한 성서공회, 성경전서 표준새번역. 137. King James Version, *The Holy Bible*. 950. *The Holy Bible containing The OLD AND NEW TESTAMENTS*. 821. "만약 나의 가르침에 순종하는 사람은 죽는 것이 무엇인지 결코 모를 것이다."*The New Bible with The Apocrypha*, 123.

647) *BJ.*, No.760.

648) Thoreau, *Journal*. 1853. 7.24.

649) 실존적인 문제를 철저하게 연구한 SK는 생각이든 실존이든 지속적인 이동이 불가능하다는 것을 발견했다. 사상과 실존은 분명한 한계가 있으며 다음 단계 혹은 다음 영역은 도약 없이 도달할 수 없다. 사상(생각)과 실존(현실)은 인간 생활의 두 매체이며 우선 2가지 종류의 도약이 있다. 변증법적인 것과 연민으로 가득 찬 것이다. 그러나 이것들 또한 상대에게 도약들이 존재한다. 여기서 실존에 대한 사상이 더 중요하다.

649) 빌2:12, "두렵고 떨리는 마음으로 자기의 구원을 이루어 나가십시오."

650) 심영보, Ibid. VII. "SK의 멘토들", 255-261.

651) *BJ.*, No.2345. 고전2:9, *Fragments.*, 45. 이것은 아리스토텔레스의 **수사학Rhetoric**에서 최초로 "생략삼단논법"을 발견했기 때문에 더욱 두드러진다. *BJ.*, No.822. *"Pathos in Relation to having a conviction"* 1851년. *BJ.*, No.2353. *"Conclusion-Enthymeme-Decision. A Trilogy"*. 파토스로 채워진 변화는 스피노자의 이론, 자유와 예정론에서도 등장한다. *BJ.*, No.2339.

652) *BJ.*, No. 4220. 히브리 서신의 말씀에서, "그들은 위로 받기를 그리고 도움 받기를 거절했다" 라고 표현한다. 히12:5.

653) "열정은 영혼의 문이다. 욕망, 분노, 욕심은 인간의 영혼을 파괴하는 지옥의 문들이다. 열정은 상실과 혼동의 산 사태를 야기 시키는 원동력이다. 열정은 그대의 잎들을 집어 삼킨다. 그대의 열매를 파괴시킨다. 그리고 그대를 시들어 버린 나무처럼 되게 만든다. 열정 속에 있는 인간은 미친 말을 타고 있는 것이다."Elyse Sommer, Dorrie Weiss, *Metaphors Dictionary*. 318-319.

654) "**파토스**"의 주제어는 *BJ.*, No.653, 808, 822, 1769, 1878, 2339, 2345, 2353, 2645, 2772,

3129, 4180, 4220, 4421, 5793-5796. 참고.

655) Northrop Frye, *Anatomy of Criticism*. Princeton University Press. 1957. 187.

656) Abraham J. Heschel, *The Prophets*. HarperCollins Publishers. 2001. 630.

657) *BJ.*, No.3129. 어원적으로 "**열정**"[*Lidenskab*]은 그리스어 파토스에 대한 덴마크 단어이다. 덴마크 언어에서 이 두 단어들은 부분적으로 동의어이다. 파토스와 마찬가지로 열정은 두 가지 요소가 있다. 즉 어떤 것으로부터 고통을 받지만, 동시에 고통을 야기 시키는 것에 매달리는 것이다. 그러나 SK에게 "**열정**"은 파토스보다도 더 포괄적이다. 왜냐하면, 두 가지 이상의 뜻, 부정적인 것과 긍정적인 것, 둘 다를 의미하기 때문이다. *상상된 근거들에 관한 3가지 담론들*[*중대한 상황들에 관한 사상들*]*Three Discourses on Imagined Occasions*[*Thoughts on Crucial Situations*]. 20. "**열정**"의 주제어는 *BJ.*, No.487, 488, 888, 896, 907, 1014, 2096, 2425, 2447, 2681, 2715, 3127, 3579, 3608, 3669, 4149, 4178, 4220, 4405, 4421, 4463, 4655, 5791, 6244, 6319, 6648. 참고.

658) *Ibid.*, 95.

659) *BJ.*, No.4601.

660) *BJ.*, No.4180. "*The Fate of Denmark*"

661) *SLW.*, 150.

662) *CUP.*, 347. 체계적 이데아는 주체와 객체의 정체성이며, 사유와 존재의 통일이다. 그러나 실존은 그들의 분리이다. *CUP.*, 112.

663) *Ibid.*, 386.

664) Wilkinson, Dale, *Nietzsche and the Greeks* (Continuum International Publishing Group, 2006), 101. 665) *BJ.*, No.4220. "The Highest Christian Pathos". 1853년.

667) *BJ.*, No.6050, 6358. "인간은 진리를 위하여 자신의 생명을 희생시킬 권리가 있는가?"(Has a Man the Right To Let Himself Be Put To Death for the Truth?) "*두개의 마이너 윤리적-종교적 에세이*"(*Two Minor Ethical-Religious Essays*)의 주제어는 *BJ.*, No.3429, 6049, 6114, 6115, 6229, 6264, 6358, 6399, 6400, 6407, 6420, 6429, 6447, 6704. 참고.

668) 심영보, Ibid. *377-378*

669) 심영보, Ibid., "키에르케고르는 SBNR을 추구한다." 430-443.

670) *Ibid.*, 399-444.

671) Abraham J. Heschel, *The Prophets*. XXIX.

672) *Ibid.*, 395-398.

673) *Ibid.*, 349.

674) *Ibid.*, 297.

675) *Ibid.*, 5-8.

676) *Ibid.*, 68-69.

677) *Ibid.*, 298-304, 618.

678) Robert Frost, "눈 오는 저녁 숲가에 서서"(Stopping by Woods On a Snowy Evening)

679) 마25:1-3.

680) 롬5:3-4.

681) https://blog.naver.com/jdewpoint/221695682559

682) *Ibid.*, 290.

683) 히12:2.

684) 심영보, Ibid., "왜 서문을 중시하는가?" 43-45.

685) *BJ.*, No.4421.

686) 심영보, Ibid. 104. 무장된 중립성(*Armed Neutrality*)은 1849년에 썼지만 출판되지 못했다. Ibid. 249-254. **"무장된 중립성"**의 주제어는 *BJ.*, No.1781, 1958, 1962, 2357, 3733, 5341, 6239, 6325, 6329, 6337, 6416, 6421, 6487, 6649, 6739. 참고.

687) 가예야마 이쿠오 외 지음, 절대지식 임희선 옮김, 이다미디어, 2005

688) 심영보, Ibid. "첫 사랑, 숨겨둔 애인이 있다" 59, 500.

689) *BJ.*, No.6367.

690) *BJ.*, No. 6367. 심영보, Ibid. 245-249.

691) *BJ.*, No.6317.

692) 마 13:24-30

693) 심영보, *하나님의 실수*, "22. 들보론", ㈜에세이퍼블리싱. 2010.

694) 요8:15.

693) 마7:1-2.

694) 롬4:1-5.

695) 심영보, Ibid. 249-254.

PART IV

1) **음향학의 아버지**, 클라드니는 독일의 물리학자이자 음악가이다.

2) *BJ.*, No.4966. 1850.

3) 히11:1

4) *BJ.*, No.5923 1846.

5) 심영보, Ibid. "왜 메타버스를 서핑하고 있는가?" 456-463. 미주; 547-548.

6) *BJ.*, No.617. 1837. 1.

7) *BJ.*, No.5393.

8) 요2:1-10.

9) *BJ.*, No.5113. 1835. 1836-37년, 이 시기는 SK가 미학적으로 살려고 했던 시절이었다. 그러나 한편으로는 "탕자"와 같은 방탕의 시절이었다. *BJ.*, The Third Book, 826. 자신이 누리고 싶어 했

던 욕망의 시절로서, 오페라, 오케스트라, 발라드 극장을 빈번하게 출입했던 기간이었다. 심영보, Ibid. "**왜 메타버스를 서핑하고 있는가?**" 456-463. SK는 사이버 공간의 세계, "왜, 메타버스를 서핑하고 있는가?" 그는 "**시간의 공간화**", "**공간의 시간화**"와 연관하여 '**소리의 시각화**'를 상상하고 있기 때문이다. 이 부분에 대하여, 심영보, Ibid.를 참조하면 좋겠다.

10) 심영보, *사이버신학과 디지털교회*. "제5장 하이퍼신학과 공간의 개념", 101-120.

11) "**비밀요원**"의 주제어는 *BJ.*, No.2125, 2646, 2661, 4953, 5770, 5771, 6192, 6198, 6221, 6325, 6752, 6887, 8694, 6922, 6930, 6936. 참고.

12) 슥5:1. *Ibid.*, 41-42. SYB는 사이버신학을 연구하고 연대 신대원에서의 논문-"The Digital Church in the Viewpoint of Hypertheology"(2000)-을 책으로 출판하여, 연대대학원 특강, 한국 기독교 정보학회, 한국문화와 신학학회 등에서 사이버신학이 무엇인지 발표하면서, 온라인을 통하여 21세기 신학적 패러다임의 개혁을 추구해 왔다.

참고문헌

[국외문헌 1차]

Kierkegaard, *Concluding Unscientific Postscript*. Princeton University Press, 1941.

_____, *Judge for Yourselves*. Princeton University Press, 1944.

_____, *Christian Discourses*. Princeton University Press, 1940.

_____, *The Gospel of Suffering*. Eerdmans Publishing Company, 1964.

_____, *Practice in Christianity*. Princeton University Press, 1944.

_____, *Postscript*. Princeton University Press, 1941.

_____, *The Concept of Irony*. Indiana University Press, 1968.

_____, *Attacks Upon "Christiandom"*. Princeton University Press, 1968.

_____, *The Sickness unto Death*. Princeton University Press, 1941.

_____, *Fear and Trembling*. Princeton University Press, 1968.

_____, *For Self-Examination*. Princeton University Press, 1944.

_____, *Fragments*. Princeton University Press, 1962.

_____, *The Crisis and A in the Life of an Actress*. Harper & row, 1967.

_____, *Repetition*. Princeton University Press, 1941.

_____, *Stages on Life's Way*. Oxford University Press, 1945.

_____, *Either/Or*. Princeton University Press, 1971.

_____, *The Point of View*. Harper Torchbooks, 1962.

_____, *Works of Love*. Harper Torchbooks, 1962.

_____, *The Concept of Dread*. Princeton University Press, 1944.

_____, *The Lilies of the Field*. Minnneapolis, 1948.

, "The Difference Between a Genius and an Apostle." In *Without Authority*. Translated by Howard Hong and Edna Hong. Princeton University Press, 1997.

[국외문헌 2차]

Abraham J. Heschel, *The Prophets*. HarperCollins Publishers. 2001.

Anna S. Benjamin, Saint augustine, *On Free Choice of the Will*. The Bobbs-Merrill Company, Inc. 1964.

Anderson, Raymond E. "Kierkegaard's Theory of Communication". University of Minnesota Ph. D. thesis, 1959. "Kierkegaard's Theory of Communication," Speech Monograph. 1963.

Austin Fagothey, S. J., *Right and Reason*. The C. V. Mosby Company, 1976.

Charles Hampden-Turner, *Maps of The Mind*. Macmillian Piblishing Company, 1981.

Chiesa, *Subjectivity and Otherness: A Philsophical Reading of Racan*. MIT Press, 2007.

David Farrell Krell, *Postponements, Woman, Sensuality, and Death in Nietzshe*. Indiana University Press, 1986.

Eduard Geismar, *Søren Kierkegaard*, I-VI, Copenhagen: 1927-28, I, p,29) *BJ*., Volume 5. Part One 1829-1848.

Desiderius Erasmus, *In Praise of Folly*. The Modern Library, 1962.

Elyse Sommer, Dorrie Weiss, *Metaphors Dictionary*. Visible Ink Press, 1996.

Emil Brunner, *Christianity and Civilisation*. London: Nisbet. 1948-1949.

Ernest Bloch, *The Principle of Hope*(Vol. 1). MIT Press, 1995.

Erich Fromm, *Escape from Freedom*. Henry Holt and Company, 1969.

, *The Art of Loving*. Harper & Row. 1956.

414   키에르케고르의 미완성교향곡

Engell & W. J. Bate, Samuel Taylor Coleridge. [1817] *Biographia Literaria*, vol. 1,
    J. Princeton New Jersey: Princeton University Press. 1983.

Elizabeth Boyden Howes and Sheila Moon, *Man the Choicemaker*, The
    Westminster Press. 1973.

Elyse Sommer, Dorrie Weiss, *Metaphors Dictionary*. Visible Ink Press, 1996.

Emil Brunner, Christianity and Civilisation. "Gifford Lectures Delivered at The
    University of St. Andrews". London: Nisbet & Co., LTD. 1947.

Engell & W. J. Bate, Samuel Taylor Coleridge. [1817] 1983. *Biographia Literaria*,
    vol. 1, J. Princeton New Jersey: Princeton University Press, 72.

Evardhard Arnold, *The Early Christians*. Ploug publishing House, 1997.

Friedrich Schleiermacher, *The Christian Faith*. Fortress Press, Philadelphia, 1976.

Giorgio Agamben, *Pilate and Jesus*. Stanford University Press, 2015.

Geroge Orwell, "Funny, But Not Vulgar," Leader, July 28, 1945.

H. R. Mackintosh, D.Phil., D.D and J. S. Stewart, M.A., B.D., *The Christian Faith
    by Friedrich Schleilermacher*, Fortress press Philadelphia, 1976.

James G. Frazer, M. A., *The Golden Bough The Roots of Religion and Folklore*.
    Crown Publishers, Inc. 1981.

Jean-Paul Sartre, *Existentialism*, trans. B. Frechtman, New York: Philosophical
    Library, 1947.

Joakim Graff, *Søren Kierkegaard A Biography*. G.E.C. Gads Forlag, 2000.

_____, *Kierkegaard's Muse, The Mystery of Regine Olsen*, 2017.

John Calvin, *Institutes of the Christian Religion*. translated by J. Albau,
    Presbyterian Board of Christian Education, Philadelphia, 1928.

Joseph Campbell, *The Power of Myth*. Apostrophe S. Productions and Alred van
    der Marck. Inc, 1988.

Joseph H. Smith, M.d., *Kierkegaard's Truth: The Disclosure of the Self*. Yale

University Press. 1981.

John W. Elrod, *Kierkegaard and Christendom*. Princeton, 1981.

Justinus Kerner, *Die Dichtungen von Justinus Kerner*(Stuttgart, Tubingen: 1834.
    Erscheinung aus dem Nachtgebiete der Natur(Stuttgart, Tubingen: 1836.

Karen Blixen, *Babette's Feast*. Penguin Classics, 1958.

King James Version, *The Holy Bible*. Ballantine Bookd, 1991.

The New Bible with The Apocrypha, The Oxford University Press, 1970.

Lacan, *The Seminar Book II: The Ego in Freud's Theory and in the Technique of
    Psychoanalysis* 1954-1955.

Louis Mackey, *Kierkegaard, A kind of Poet*. University of Pennsylvania Press, 1971.

Mark C. Taylor. *Kierkegaard's Pseudonymous Authorship*. Princeton University
    Press. 1975.

Marcus Aurelius Antoninus, *Meditations. XI, 3.; M. Antoninus Commentarii libri
    XII*. ed. J.M. Schultz, Leipzig: 1829.

Michael Jinkins, *The Church Faces Death*. Oxford University, 1999.

Michael J. Sandel, *Justice*. Penguin, 2009.

M. Kroy, *The Conscience A Structural Theory*. 1974.

Neal Stephenson, *Snow Crash*. Del Rey Trade Paperback Edition, 2017.

Reinhold Niebuhr, *The Nature and Destiny of Man*. Charles Scribner's, 1964.

Nietzsche, *Thus Spoke Zarathustra, Part I* (10, 138), Public domain in the USA,
    2023.

Northrop Frye, *Anatomy of Criticism*. Princeton University Press. 1957.

Oliver Wendell Holmes, *The Autocrat of the Breakfast Table*. Public domain in
    the USA. 2021.

Paul Tillich, Dynamics of Faith. Harper Colophon Books. 1957.

Ronald Greoov, J. G. Harmann, *Study in Christian Existence*. Happer & Brothers,

1960.

Rosenvinge, *Cyropaedia*, II. Harvard University Press, 1914.

Saint Augustine, Translated by Anna S. Benjamin and L.H. Hackstaff, On Free Choice of the Will. The Bobbs-Merrill Company. 1964.

Spinoza, *Tractatus theologica politicus*, ed. H.E.G. Paulus, Jena: 1802.

Stanley Corngold, *Walter Kaufmann Philosopher, Humanist, Heretic*. Princeton University Press, 2019.

SV1: Søren Kierkegaard's *Samleds Vaerker* [The Collected Works of Søren Kierkegaard]. Edited by A. B. Drachmann, J. L. Heigberg, and H. O. Lange 1st ed. 14vols. Copenhagen, 190101906.

Taylor, *Kierkegaard's Pseudonymous Authorship*. Princeton University Press, 1975.

Timothy Keller, *The Prodigal God*. Penguin Group. 2008.

Walter Kaufmann, *Discovering the Mind*, Vol. 1, *Goethe, Kant, and Hegel*, 52. *Philosopher, Humanist, Heretic*. Princeton University Press, 2019.

_____, *Nietzche Philosopher, Psychologist, Antichrist*. Princeton University Press, 1974.

Wilkinson, Dale, *Nietzsche and the Greeks*. Continuum International Publishing Group. 2006.

William Styron, *Darkness Visible: A memoir of Madness*. New York: Viking, 1990.

Bertrand Russel, *Why I am Not a Christian?* 1967.

[번역서]

Beau Lotto, *Deviate: The Science of Seeing Differently*.(2017) 이충호 옮김, 그러므로 나는 의심한다. 해나무, 2019.

Curt Hohoff, *Was ist Christliche Literatur?*. 쿠르트 호호프, 기독교문학이란 무엇

인가? 한승홍 역, 두란노.

David Janzen, *The Intentional Community Handbook*, Paraclete, 2013. 최태선 옮김, *작정하고 시작하는 그리스도인 공동체*. 2022.

Ernst Bloch, *Das Prinzip Hoffnung*. 박설호 역, *희망의 원리*. 열린책들, 2004.

Spinoza, *Ethics*, ID4. 토머스 네일, *존재와 운동*. 82-3.

Kurt Hubner, *Die Wahrheit des Mythos*. 이규영 옮김, *신화의 진실*, 민음사, 1991.

Umberto Eco, Riccardo Fedriga 편저, 윤병언 역, *경이로운 철학의 역사*. 3. 아르테, 2020.

Virginia Woolf, *A Room of one's Own*. *자기만의 방*, 이미애 옮김, 민음사, 2006.

[국내문헌]

가예야마 이쿠오 외 지음 절대지식 임희선 옮김, 이다미디어, 2005.

레비나스, *타자성과 초월*. 김도형, 문성원 역. 그린비, 2020.

심영보, *하나님의 실수*. ㈜에세이퍼블리싱, 2010.

_____, *SK의 콤플렉스와 사이버신학사상- 재판관의 책*. 한국학술정보, 2022.

_____, *마음의 지도 I*. 넥서스, 1992.

_____, *나는 이슬이다*. 한국학술정보. 2021.

_____, *사이버신학과 디지털교회*. 한국학술정보. 2008.

_____, *고갈과 소생의 변증법*. 2006.

이동진 편역, *제2의 성서 아포크리파*. 해누리, 2001.

장자크 루소, 진인혜 옮김, *고독한 산책자의 몽상, 말레르브에게 보내는 편지 외*. 책세상, 2013.

존 캐그, *심연호텔의 철학자들*. 전대호 옮김, 2020.

키에르케고르, *성찬의 위로*. 윤덕영, 이창우 옮김, 카리스아카데미, 2022.

푸코, 미셸, 오생근 옮김, *성의 역사4- 육체의 고백*, 파주 나남, 2019.

하비콕스, *예수 하버드에 오다*(*When Jesus came to Harvard*). ㈜문예출판사, 2004.

[하이퍼텍스트]

https://blog.naver.com/jdewpoint/221695682559

https://blog.naver.com/jdewpoint/222868087277

https://blog.naver.com/jdewpoint/222223621635.

https://blog.naver.com/jdewpoint/130165985710.

https://blog.naver.com/jdewpoint/221083677317

https://blog.naver.com/jdewpoint/222897163000.

https://iep.utm.edu/gorgias/#H3

https://en.wikipedia.org/wiki/Gorgias

https://en.wikipedia.org/wiki/Quixotism

https://en.wikipedia.org/wiki/Edna_Hong_(translator)

https://orwell.ru/library/articles/funny/english/e_funny

https://www.mprnews.org/story/2010/03/16/howard-hong

https://www.gutenberg.org/cache/epub/1177/pg1177-images.html

https://www.gutenberg.org/cache/epub/1672/pg1672-images.html

https://pages.gseis.ucla.edu/faculty/kellner/Illumina%20Folder/kell1.htm

http://www.orthodox.net/fathers/exacti.html#BOOK_I_CHAPTER_XIV

http://catdirtsez.blogspot.com/2019/01/evolution-of-desire-life-of-rene-girard.
    html

https://edition.cnn.com/2024/10/10/style/han-kang-nobel-prize-literature-
    intl/index.html

https://m.blog.naver.com/PostView.naver?isHttpsRedirect=true&blogId=jdewpoi
    nt&logNo=222218750554.

https://stevemay.com/the-top-of-the-fence-post/

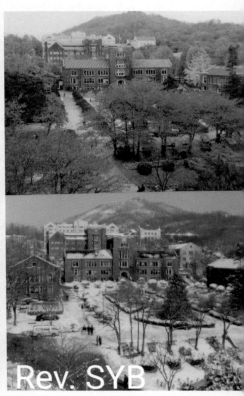

인생은 4계절만 있는 것이 아니다.

제5계절이 있다.

폭염 속에서 혹한을 느끼고, 혹한 속에서 폭염을 느끼는 순간이다.

계절에 순응하며 사는 것이 '현명한 바보'(A Wise Fool)의 겸손함이다.

-SYB

심영보(沈 泳輔)

연세대학교신학대학원(M. Div)
영문학박사(Ph.D)
대전대학교 영문학교수
대전대학교 한방병원 원목(Chaplain)
사이버은총교회(Cyber Grace Church) 목사
사이버신학연구소장(Head Manager, Cyber Theology Institute)

저술과 논문

키에르케고르의 콤플렉스와 사이버신학사상(한국학술정보, 2022)
나는 이슬이다(한국학술정보, 2022)
사이버신학과 사이버은총(한국학술정보, 2011)
은유신학과 디지털-생태신학(한국학술정보, 2012)
사이버신학과 디지털교회(한국학술정보, 2008)
고갈과 소생의 변증법(한국학술정보, 2006)
시간의 본질이란 무엇인가(북랩, 2013)
하나님의 실수(에세이퍼블리싱, 2010)
마음의 지도(번역서, 넥서스, 1997)
"키에르케고르의 콤플렉스"
"죽음의 미학"
"So It Goes의 미학"
"우연적 필연성/필연적 우연성"
외 20편

Blog: http://blog.naver.com/jdewpoint
Email: jdewpoint@naver.com
CP: 010-2415-8517

키에르케고르의
미완성교향곡

실존주의 기독교, 신앙의 본질이란 무엇인가?

초판인쇄 2025년 4월 25일
초판발행 2025년 4월 25일

지은이   심영보
펴낸이   채종준
펴낸곳   한국학술정보(주)
주   소 경기도 파주시 회동길 230(문발동)
전   화 031-908-3181(대표)
팩   스 031-908-3189
투고문의 ksibook1@kstudy.com
등   록 제일산-115호(2000. 6. 19)

ISBN   979-11-7318-378-2 93230